“十一五”国家重点图书出版规划项目

·经/济/科/学/译/丛·

A Brief History of Economics

Artful Approaches to the Dismal Science

(2nd Edition)

经济学简史

处理沉闷科学的巧妙方法

（第二版）

E·雷·坎特伯里（E. Ray Canterbery） 著

陈叶盛 译

刘凤良 校

中国人民大学出版社

·北京·

《经济科学译丛》编辑委员会

《经济科学译丛》总序

中国是一个文明古国，有着几千年的辉煌历史。近百年来，中国由盛而衰，一度成为世界上最贫穷、落后的国家之一。1949 年中国共产党领导的革命，把中国从饥饿、贫困、被欺侮、被奴役的境地中解放出来。1978 年以来的改革开放，使中国真正走上了通向繁荣富强的道路。

中国改革开放的目标是建立一个有效的社会主义市场经济体制，加速发展经济，提高人民生活水平。但是，要完成这一历史使命绝非易事，我们不仅需要从自己的实践中总结教训，也要从别人的实践中获取经验，还要用理论来指导我们的改革。市场经济虽然对我们这个共和国来说是全新的，但市场经济的运行在发达国家已有几百年的历史，市场经济的理论亦在不断发展完善，并形成了一个现代经济学理论体系。虽然许多经济学名著出自西方学者之手，研究的是西方国家的经济问题，但他们归纳出来的许多经济学理论反映的是人类社会的普遍行为，这些理论是全人类的共同财富。要想迅速稳定地改革和发展我国的经济，我们必须学习和借鉴世界各国包括西方国家在内的先进经济学的理论与知识。

本着这一目的，我们组织翻译了这套经济学教科书系列。这套译丛的特点是：第一，全面系统。除了经济学、宏观经济学、微观经济学等基本原理之外，这套译丛还包括了产业组织理论、国际经济学、发展经济学、货币金融学、公共财政、劳动经济学、计量经济学等重要领域。第二，简明通俗。与经济学的经典名著不同，这套丛书都是国外大学通用的经济学教科书，大部分都已发行了几版或十几版。作者尽可能地用简明通俗的语言来阐述深奥的经济学原理，并附有案例与习题，对于初学者来说，更容易理解与掌握。

经济学是一门社会科学，许多基本原理的应用受各种不同的社会、政治或经济体制的影响，许多经济学理论是建立在一定的假设条件上的，假设条件不同，结论也就不一定成立。因此，正确理解掌握经济分析的方法而不是生搬硬套某些不同条件下产生的结论，才是我们学习当代经济学的正确方法。

本套译丛于 1995 年春由中国人民大学出版社发起筹备并成立了由许多经济学专家学者组织的编辑委员会。中国留美经济学会的许多学者参与了原著的推荐工作。中国人民大学出版社向所有原著的出版社购买了翻译版权。北京大学、中国人民大学、复旦大学以及中国社会科学院的许多专家教授参与了翻译工作。前任策划编辑梁晶女士为本套译丛的出版做出了重要贡献，在此表示衷心的感谢。在中国经济体制转轨的历史时期，我们把这套译丛献给读者，希望为中国经济的深入改革与发展作出贡献。

《经济科学译丛》编辑委员会

简要目录

详细目录

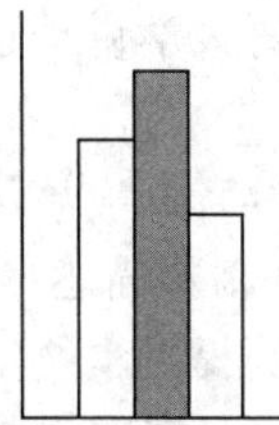

序　言

xiii 本书并非要对已故经济学大师们进行简单的登记造册。在当今经济学家们处理现代经济问题并开始改变其观点时，越来越多的读者发现，他们其实更需要一些过渡性的经济学著作，以便能在古典经济学与现代经济学之间架起一座相互联系的桥梁。《经济学简史——处理沉闷科学的巧妙方法》正好为人们提供了一座跨越这道鸿沟的桥梁。

老一辈的经济学大师们以广阔的社会生活背景作为思考问题的立足点，并运用生动鲜活的事例，以至于他们的理论著作远比许多现代学者的著述要通俗易懂，因此我相信本书会十分适合经济学的初学者。另外，假使本书的读者具有良好的经济学基础但又对经济思想史的了解多少有一点点欠缺，那么通过本书他们就会熟悉一些最具魅力的历史人物。拥有一份求知欲是阅读本书的唯一要求。

xiv 对许多问题的关注促使我决定写作《经济学简史》一书。首先，我时常感觉到，经济学的初学者和大众读者都需要一本通俗易懂而且又有趣味的经济学入门读物。对于初学者而言，尤其是作为学生，仅仅进行知识填充可能满脑子装的都是标准的初级教科书，但到头来，初学者只是掌握了一些不相关的基础知识（尽管可能为一点点收获沾沾自喜）。对于大众读者，我相信他们更需要了解教科书中所没有的知识，如对全球化、金融市场泡沫和经济失衡等问题的各种日新月异的解决办法。

其次，初学者对经济学的兴趣大体是随着社会经济问题的增多而逐渐减少的。我发现，可以借用名人传记形式［比如亚当·斯密（Adam Smith）、大卫·李嘉图（David Ricardo）、托马斯·马尔萨斯（Thomas Malthus）、杰里米·边沁（Jeremy Bentham）、卡尔·马克思（Karl Marx）、阿尔弗雷德·马歇尔（Alfred Marshall）、约翰·梅纳德·凯恩斯（John Maynard Keynes）、约瑟夫·熊彼特（Joseph Schumpeter）、托尔斯坦·凡勃仑（Thorstein Veblen）、米尔顿·弗里德曼（Milton Friedman）、约翰·肯尼思·加尔布雷斯（John Kenneth Galbraith）和罗伯特·海尔布伦纳（Robert Heilbroner）］，以及讲述爵士乐时代、大萧条、里根经济政策等为人们所熟知的历史故事来引导初学者。

再次，我也希望能将老一辈经济学家的优良品质传承给年轻一代。不管是过去的还是现代的伟大经济学家们，他们不仅清晰地表述自己的观点，同时还努力寻求表达方式生动风趣。当代读者千万不要错失拜读大师著作的机会。

我将经济学的鼻祖亚当·斯密作为本书的开篇人物。现在有一种普遍但显然误解了亚当·斯密著作思想的观点，它将斯密经济学理论中的某个观点视为斯密整个经济理论的主旨，并认为斯密的经济学理论仅适用于自由市场而政府作用有限的经济。正如钳制人的血管就会影响血液循环从而造成大脑供血不足一样，这种狭隘的看法使人们无法真正理解斯密的理论。这种观点流行的部分原因是出于追求商业利益的目的，而更多的是对理论的教条主义理解。亚当·斯密，在格拉斯哥大学讲授道德哲学的教授，倘若泉下有知肯定会对这种观点举双手反对。

我希望，干脆说是恳请，无论是初学者还是已经入门的读者都应该读一读斯密的
xv 《国富论》。这部著作处处充满着智慧的思想，比如对制钉厂的精彩描述："千万别认为我们的晚餐是来自于屠夫、酿酒师或面包师的仁慈善意，他们提供食物完全是出于对自己利益的考虑。"这段话不仅寓意深刻，而且语言生动形象，富有韵律（英文中屠夫、酿酒师和面包师这三个词都以字母B开头），用准备晚餐这件日常家务做例子来说明经济活动中的利己立场，比直接用"消费者行为最优"这种学术用语要生动有趣得多。

聚焦制钉厂和亚当·斯密让我们联想到生产和经济增长问题。这一问题仍然是目前东欧国家、前苏联成员国以及发展中国家所面临的重要挑战。成熟工业化国家通常被称为"资本主义国家"，尽管这些国家组织生产和分配的方式已经与传统意义下的资本主义有所不同，甚至包括日本在内的这些国家所面临的核心问题是生产过度和劳动力过剩。这些国家的人们表面上是按需要进行消费，然而他们的消费并不足以使得他们实现充分就业。资本主义的这一弱点在许多年前就已经被英国伟大的经济学家、商人、政治家约翰·梅纳德·凯恩斯揭示出来。

他写道：

> 古埃及是极其幸运的，这无疑应归功于它的两项活动所创造的传奇般的财富：建造金字塔和开采贵金属。贵金属不能成为人们基本生存的消费品，却可被用于建造金字塔而不致堆积成废物。中世纪建造教堂和唱颂哀挽歌的情形也是如此。对于死者来说建造两座金字塔或者做两次弥撒的功效其实跟一座或一次没有区别，但是，如果从伦敦到约克郡建造两条铁路，就不是这样了。

在这段简短文字中，凯恩斯凭借丰富的历史知识，在最后半句话中概括出了现代经济社会所缺失的东西，这也是20世纪30年代尚不成熟的资本主义的重要缺陷。如
xvi 果是在当今，他可能不会用铁路的例子，而是用900条并行的宽带信息高速公路在向各地传输庸俗的娱乐信息作为例证。

纵然借助信息高速公路的便利，也仍然无法向所有对本书做出贡献的那些评论家、读者和朋友们表达充分的感谢。几年来，约翰·肯尼斯·加尔布雷斯仔细审阅了本书的原稿，他以及其他人对我的许多帮助，成为激发我写作灵感的源泉。他对本书的影响在字里行间随处可见。我亲爱的已故朋友西德尼·温特劳布（Sidney Weintraub）为本书的初稿提供了颇有见地的评论。另一位已故的朋友海曼·明斯基（Hyman Minsky）为本书有关金融和投资的讨论贡献了许多有益的思路和建议。

约翰·Q·亚当斯（John Q. Adams）和H·皮得·格雷（H. Peter Gray）等一群思路敏锐的朋友和同事，都提出了颇具见解的批评。还有另外一位已故朋友曼科·奥尔森（Mancer Olson），他的著作《国家的兴起和衰落》给了我许多宝贵的启示。格哈德·门斯奇（Gerhard Mensch）的著作为本书的写作提供了启发，而且他对本书原稿中关于创新及其对高度工业化国家经济作用的相关材料的评论十分具有洞察力。在佛

罗里达州立大学任教的这些年里，我有幸与我的朋友、20 世纪顶尖经济学家之一的阿巴・P・勒纳(Abba P. Lerner) 进行了一些深刻的交谈。幸运的是，一次偶然机会使我当时的部分手稿获得了经济学大师琼・罗宾逊 (Joan Robinson) 的审阅，这些手稿的部分内容构成了我对凯恩斯理论的探讨。在琼给出评论的许多地方，阿巴毫无顾忌地标上了“她弄错了!”，而把比如判断有关凯恩斯的“真正含义”之类的艰巨任务留给我。

这是一个忠于历史的责任感问题。正当我们认为我们已经做出了最终判断的时候，一些睿智的专家却就此提出质疑和问题。正是由于对过去的历史并不十分确定，所以我们才鲁莽地给出了一些推测。

一本书只有出版才能送到读者手中。为此，我要特别感谢世界科学出版社的戴
xvii 维・夏普 (David Sharp) 对本书及我的另一本著作《华尔街资本主义》所给予的非同寻常的支持。我也要特别感谢奥格斯坦纳学院的理查德・鲍尔曼 (Richard Ballman)、威斯塔克社区学院的弗朗西丝・比德尔 (Frances Bedell)、路易斯安那沙乐大学的约瑟夫・凯尔洛 (Joseph Cairo)、科罗拉多州立大学的迈克尔・卡罗尔 (Michael Carroll) 以及康涅狄格大学的理查德・N・朗洛伊斯 (Richard N. Langlois)，他们仔细阅读了本书并提出了有益的批评。世界科学出版社的乔伊・奎克 (Joy Quek) 对本书进行了精心的编辑。

E・雷・坎特伯里 (E. Ray Canterbery)

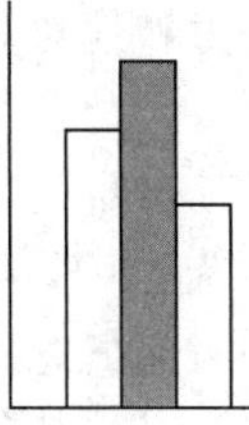

引 论

1 为确保飞机平稳运行，飞行员使尽浑身解数。经济学家们也一样，他们运用各种方法对各自的领域进行研究，所以有些方法比另外一些更为有效也就不足为怪了。无论是航空学还是经济学，我们都会遇到边界或者说界限。不了解经济学的界限就像是一个飞行员不了解飞机会受到地心引力的束缚一样糟糕。

亚当·斯密（Adam Smith）经济思想形成的某些细节对我们具有吸引力，但我们希望了解得更多。毕竟，伟大经济学家们的思想深深地影响了社会，与此同时也是由滋养他们的文化氛围所打造而成的。这种相互依存关系构成了我要讨论的主题。经济学的实质莫过如此，是所有人心驰向往的所在。当我们把亚当·斯密或者约翰·梅纳德·凯恩斯（John Maynard Keynes）置于他们的历史和知识背景中时，我们需要知道对他们来说什么问题是重要的。

是什么使得卡尔·马克思（Karl Marx）认为资本主义的矛盾会导致致命的危机？为什么商业经理的行为令托尔斯坦·凡勃仑（Thorstein Veblen）如此不安，以至于他要调整产业结构？与掌握纯粹分析、数学和统计学同样重要的是，如果只掌握了贸易
2 工具，我们将无法了解在更广泛的社会思想中经济学的地位，更不可能向门外汉进行解释。我们也将会无法巧言雄辩。

我们想走出理性重构的瓶颈①并以更加广阔的视角来思考问题。这就要求我们能同时涉及许多相关领域，例如历史、哲学、数学、政治、自然科学和文学。从而使得我们能够从伟大的经济学家们所处的时代出发对他们进行正确的评价。

随后，我们就将知道亚当·斯密继承了艾萨克·牛顿（Isaac Newton）和洛克（Locke）的哪些思想，查尔斯·达尔文（Charles Darwin）继承了托马斯·马尔萨斯（Thomas Malthus）的哪些理论。我们可以看到，1930 年大萧条时期的困境不仅体现在

① 经济学家马克·布劳格（Mark Blaug）曾使用了“专制主义思想史”的术语，后来理查德·罗蒂（Richard Rorty）的追随者使用了“理性重构”的术语。参见马克·布劳格：《经济理论的回顾》，第 3 版，2 页，剑桥，剑桥大学出版社（Cambridge：Cambridge University Press），1978；马克·布劳格：《论经济学史学的编撰》，载《经济思想史杂志》，27～37 页，1990(12)。诺贝尔奖获得者保罗·萨缪尔森（Paul Samuelson）在《从不切实际中走出来：一个有关经济学辉格党式历史的计划》[载《经济学会史公告第 9 号》，51～60 页，1987(1)] 一文使用了更令人回味的“辉格党思想史”。对萨缪尔森而言，辉格党式的历史为已故经济学家的思想披上现代理论的外衣，用现代的标准查找他们的错误，因而也就为经济学的进展提供证据。这大概也是理性重构的含义。理性重构的好处不言而喻，但它并不会在被当今经济学家任意界定的范围内都适用。本书中所使用的合理而详细的论证历史重构方法，可参见卡伦·I·沃恩（Karen I. Vaughn）1993 年 6 月 28 日在费城第 20 届经济学会历史年会上的主席演讲：《为什么教授经济学说史》，载《经济思想史杂志》，174～183 页，1993，15(2)。

了凯恩斯的著作中，约翰·斯坦贝克（John Steinbeck）和约翰·多斯-帕索斯（John Dos Passos）的书中对其也有描述。在F·斯科特·菲茨杰拉德（F. Scott Fitzgerald）的《了不起的盖茨比》一书中，我们可以感受到凡勃仑的影响力和他对炫耀性消费的理解。

建立这种联系不仅仅满足了一个思想者的好奇心（尽管对其自身而言这是一个非常好的理由）。历史的观点认为，经济学就像核物理一样，始终是一个不断进步的学科，它超越时间追求永恒的规律。然而永恒是一个非常漫长的时间概念；在较为短暂的社会历史中，社会经历了许多不同的经济制度。纵然是资本主义，其基本要件从有记录的历史到其萌芽花费了6 000年，也已经衍生出多种形态。借助于经济学的历史，我们可以看到经济思想全貌；这将使我们开阔视野，变得更善于反思且更富见地。

扩展思维角度是获取灵感的一种好方法。

历史是研究思想的基础。如果我们对经济学家们已经探讨过的思想不熟悉，我们就无法产生真正意义上的新思想。同时如果我们对那些伟大的经济学家所处的时代不了解，我们也就无法理解他们的思想。时代变迁，经济制度也在变化之中；所以，我们试图描述经济组织的发展，即从封建制度历经市场经济到复杂的混合经济再到现在的经济全球化。

经济学家从来都不会忽略历史。1993年，富有盛名的瑞典皇家科学院将诺贝尔经
3 济学奖共同授予了华盛顿大学的道格拉斯·C·诺斯（Douglas C. North）和芝加哥大学的罗伯特·福格尔（Robert Fogel），这两位都是经济学史方面的重要创新者。诺斯工作的核心是探究“为什么一些国家富裕而另外一些国家贫穷?”与亚当·斯密的答案相似，诺斯认为，答案就在于制度如何随着时间变迁以及如何影响经济运行（制度包括正式制度，如宪法、法律、税务、保险和市场规则，以及非正式的行为规范，如习惯、道德、伦理、意识形态和信仰）。诺斯已经促使许多经济学家重视“经济规律”的约束，并承认外部势力或偶然事件的发生可能带来的巨大影响。其结果视环境而定。实际上，诺斯把历史带回到了经济理论之中。

此外，在经济史的变迁中勾勒经济思想的同时，任何学科，即使是数学等自然科学，也无法摆脱人性；经济思想因此变得人性化。虽然数学神奇般地令经济学变得严谨，但历史却能防止它趋于僵化。[1]

有时，文学在我们建立社会对经济事务的态度时发挥着重要的作用。文学家有时比经济学家更准确地描述了当时的经济状况。英国工业革命时期，在描绘工厂主实行12小时工作日和雇用童工时，查尔斯·狄更斯（Charles Dickens）就比古典经济学家要略胜一筹。

一些伟大的经济学家也从事文学创作，其中包括凯恩斯（他后来转向写作经济论文）。凡勃仑、约翰·肯尼思·加尔布雷斯（John Kenneth Galbraith）、罗伯特·海尔布伦纳（Robert Heilbroner），他们既是经济学家，也是文学家。

早期的经济学家从事研究工作时常常会缺乏足够的数据，那些不能通过数字诠释

① 对学说史研究者而言，更长、更详尽的说明由卡伦·I·沃恩给出，《为什么教授经济学说史》，载《经济思想史杂志》，174～183页，1993，15(2)。最近辞世的诺贝尔奖获得者乔治·J·斯蒂格勒（George J. Stigler）是这一想法的更早倡导者，参见他的《以前的经济学有用吗?》，载《政治经济学说史》，217～230页，1969，1(2)。

的部分必须要通过恰当的表达才能体现出来。因此，钻研现有的文献资料就显得非常重要。马尔萨斯依照当时的城市人口增长速度得出了悲观主义的论断（粮食供应将无
4 法满足人口增长的需求），这就不难理解了。

近来，人们更加强调文学的作用。在**经济学修辞**意义上，成功的经济学家通常是那些言论更具说服力的人。[①] 我们可以研究伟大经济学家的小册子、信件和笔记。大卫·李嘉图（David Ricardo）比马尔萨斯更能代表工业家，部分原因是他更具说服力，而且他可以利用议会中的席位坚持自己的主张。

今天，许多“与经济学家对话”之类的著作让我们清醒地认识到我们今天生活的时代。[②] 虽然将经济学家的正式著作（少数人达到了目的）与“随便谈话”区分开来是重要的，但在一定程度上我们可以从这种新形式的文学作品中得到某些启迪。

尽管它只关注形式，致力于修辞，但它还是要依靠内容来论证问题。失去了“邪恶”的重商主义者的支持，亚当·斯密的自由贸易论与谚语中的苏格兰沿海城市一样沉闷，潮流一去不复返。如果中世纪时期大卫·李嘉图能一直拥护工业化，虔诚信仰马尔萨斯理论的人将更有可能赢得他们的辩论。此外，还有一些修辞之外的东西。伟大的经济学家们给我们提供了一个完整的系统用以观察经济行为。

那时的当务之急是考察既塑造伟大经济学家思想又受到他们影响的社会和思想潮流。认为经济学缺乏相关性的责难由来已久。如果情况果真如此，那很可能是因为一些经济学家偏离了他们各自学派的鼻祖所给出的研究轨道。有时，他们描述的经济原理就好像是作用于物质世界的不变自然规律一样。这种情况之所以发生既有思想因素，又有社会原因。

在探索各种不同的社会和思想趋势之后，我们发现，并不存在一种可以判别我们审视世界的方式是否达到“最佳”的普遍原则。然而，含糊不清并不能妨碍我们形成
5 公众价值观。一种方法是考虑特定的社会世界观，这被认为是真正重要的事情。**世界观**是一套受到普遍认同的信念的集合，人们借此来判断个体与自然、个体与其他人以及个体与神灵之间的关系。最为重要的是，世界观是一种洞察力。很显然，并不是每一个人或团体都会赞成占主导地位的世界观，也并非世界观中的全部内容都会被人们平等地接受。但是，当某一特定的世界观被广泛接受，它就为主导的社会道德价值观提供了一个框架，并且可用于解释共同的行为模式。

一些世界观依据某种自然秩序产生，而另外一些则依据某种社会秩序产生。两者之间的区别是很重要的。**自然秩序**更多地来自于人类的想象力而非人类的经验。例如，当谈及法律和正义时，我们通常指的是人类的社会秩序，比如我们所处的社会所形成的秩序。但大多数早期的经济学家认为，他们讨论的经济规律存在于自然界，并且能够为人们所发现。

社会规则和法律规定作为使私人感情和个人利益与整个集团或国家利益达成一致

① 经济学作为一门修辞学开始于迪尔德丽·麦克洛斯基（Deirdre McCloskey）的《经济学修辞》，参见麦迪逊：威斯康星大学出版社（Madison：University of Wisconsin Press），1985。麦克洛斯基是当今最懂得通俗易懂和诙谐幽默的经济学家。

② 最早出现的一本书是阿加·克莱默（Arjo Klamer）的《与经济学家对话》，参见纽约新泽西州托托韦，罗曼与阿兰汉德出版社（Totoway，N.J.，Rowman & Allanheld），1983。

的手段也很重要。一个更广泛的社会愿景也有必要包含社会规则。

伟大的英国科学家和数学家艾萨克·牛顿使人们意识到了自然秩序的存在，而运用自然秩序和自然科学对经济学进行改造则始于亚当·斯密。斯密也受到了前者的影响。牛顿所描述的宇宙由一个巨大的时钟精确地操控着；斯密希望社会秩序能成为这个大钟的齿轮。这幅 17 世纪用于描述行星运动的图画迷住了许多科学思想家。对于许多学术领域（具有讽刺意味的是，不包括现代天文学和物理学领域）的学者来说，牛顿力学仍是科学想象中理应出现的。20 世纪中叶，保罗·萨缪尔森这位注定要成为美国第一个诺贝尔经济学奖得主的大师，把经济学描述为与物理学一样，是具有统一标准和固定模式的一门科学，而他的大部分同行都表示了认同。

6 当然，有一些感兴趣的人物没有赞同这种论调，少数人保持清醒并提出了异议。他们是攻击传统观念的人或是非正统的思想家，对他们所处时代的世界观进行鞭辟入里的批判。一般来说，他们强烈反对依赖于永恒自然法则的自然秩序。他们甚至认为社会秩序也会发生变化。实际上，亚当·斯密也是他所处时代的激进者，尽管他在一本巨著中赞同自然秩序，但却在另一本巨著中认可了社会秩序。所有伟大的思想家们在其所处的年代都被视为激进派，例如，马克思、凡勃仑、加尔布雷斯、海尔布伦纳、弗里德里希·冯·哈耶克（Friedrich von Hayek）、约瑟夫·A·熊彼特（Joseph A. Schumpeter）等都不应该被忽视。

世界观——即使是经济学家所阐述的世界观——有助于为某一特定的社会组织提供辩护，但是存在着组织经济活动的一般方式以及这类组织所采取的特定形式。西方经济体的特征之一是采用市场交易体系，该体系现在为世界各国所向往，这不仅包括东亚国家，也包括先前的共产主义国家东欧和苏联。虽然如此，也存在其他的体制，而且并非所有的市场体系都一样。心生向往并不代表梦想成真。

社会安排是至关重要的。一个社会必须持续地生产产品和提供服务，否则它将会消亡：今天的俄罗斯人痛苦地意识到了这一点。同时还必须找到一种方法来分配产品，否则生产将停止：所有的社会都意识到了这个问题。第二个问题与世界观密切相关，因为生产可以被迫进行也可以自愿进行，这取决于社会成员习惯于容忍还是诉求。一般来说，可能的社会安排可以概括为一曲四重奏——习惯（或传统）、命令、竞争和合作。

在习惯性经济中，各种经济职能由传统来决定。人们从事某种职业，是因为他们
及其祖先一直从事这行。例如在古埃及，每一个成年男子都需要遵循埃及的宗教传统
7 接替他父亲的职位。在西方社会，直到 15 或 16 世纪，工作的分配也往往是世袭性的，
一个人的经济地位从出生时就已经决定了。即使在今天某些族裔群体（如阿米什）中，
人们也几乎总是选择他们父母从事的职业。

在指令性经济中，生产商品和提供服务的人被告知该如何做，就如同军队依据指挥官的命令行事一样。命令的有效范围可能只包括经济领域，也可能包含与经济共存的政治民主。然而，奴役也是一种指令性经济。虽然在古希腊，雅典城是著名的民主制诞生地，但即使在它最“民主”的时期，至少还有三分之一的人口是奴隶。罗马帝国同样也依赖于奴役。

当习惯和命令能够重叠时，纯粹的竞争就能独立出来，但是这也只发生在纯粹竞争的时候。特别是，在竞争性市场经济制度中，其自身而不是传统或权威，决定了生

产什么和为谁生产。通常在理论和实践中，所有的权利完全由商品和劳务的市场所支配。人们依据自己的主动权和技能选择职业。家庭从市场中选择任何他们想要的或是必需的商品和劳务，生产者生产消费者在竞争价格下所需求的产品。由于制度中存在着选择的机会，所以亚当·斯密将竞争性市场称为“自由的制度”。

美国经济常常被视做竞争性市场体系的一个例子，但是美国人知道这只是一个模糊的描述而已。今天的美国很少出现习惯性经济的要素，但经济的绝大部分是“公共的”，这意味着联邦、州甚至是地方政府都有相当多的中央集权指令。此外，某些大的经济部门所需要的某种产品只有少数生产者可以生产，并且有工会参与其中，在这种情况下价格并不总是形成于自由竞争。

合作可能会导致一种折中版的竞争性市场经济。产品的具体数量和价格由自由市
8 场制度确定，但是，收入和财富的分配受民主政府的影响。换言之，自由市场制度由其生产效率来衡量，但在一定程度上社会判断影响着对收入的分配。合作经济要求私营部门的生产者和公共部门的政府人员像一个整体似的相互配合，拥有一致的政见和目标。这可以通过共同参与的工人、管理人员、金融家和政府代表组成协调委员会和行政委员会努力协调一致。社会目标的基础是商界领袖、政府官员和新闻媒体的广泛对话和讨论。媒体的作用在于提供一种市政厅版本的拉里·金现场直播节目（Larry King Live）。合作经济需要广泛的意识形态灵活性以及广受赞赏的社会凝聚力。

斯堪的纳维亚经济，特别是瑞典制度，是最符合合作经济标准的。虽然90%以上的瑞典产业是私有的，但中央政府有权调整自由市场运行使之符合社会目标。瑞典经常作为“福利国家”的一个例子被提及，它的这种制度依赖于非常高的税收（大约是美国GDP中税收所占份额的两倍），其中一半以上的税收以福利的形式重新分配。此外，瑞典国民收入所得税是累进的（收入越高，税收比例越高），以至于工人收入的边际税率是美国的两倍左右。这样做的一个后果是，相对于美国而言，瑞典的收入较为平均。大多数瑞典人都归属于分布广泛的几个瑞典压力团体，它们有助于促进公共利益并且执行了大部分的协调职能。

组织一词往往暗示着整洁，但这四种笼统而又抽象的经济组织类型很少以某种纯粹的形式出现。早期的女权主义者、政治哲学家威廉·戈德温（William Godwin）（1756—1836）的妻子玛丽·沃斯通克拉夫特（Mary Wollstonecraft，1759—1797），在
9 一封信中写道：“同样特性的能量能使一个人成为凶猛的恶棍，也能在好的社会秩序下令他对社会做出贡献。”① 组织可能不是目标，但它真的很重要。个人在社会的组织过程中扮演着角色，同时社会也有助于塑造这些角色。

所以存在着习惯性、指令性、竞争性市场或合作经济的多种形式就毫不奇怪了，而且当我们把注意力转向现代世界中经济制度的某一特定类型时，我们同样发现这些制度也以凌乱的混合状态存在着。我们往往会在社会主义、共产主义甚至资本主义国家中发现所有四种类型的经济组织。例如纳粹德国也残酷地将奴役与国家社会主义和国家资本主义结合在一起。

出于政治或意识形态的考虑，我们有时会以漫画的形式来描绘社会主义、共产主

① 玛丽·沃斯通克拉夫特：《在瑞典、挪威和丹麦短暂居住期间的通信集》，第19封信，威尔明顿，德尔，威尔逊和约翰逊书店（Wilmington，Del：J. Wilson & J. Johnson，Booksellers），1796。

义和自由市场资本主义。漫画家惯会夸张，对现实的阴暗面而浓墨重彩。据说社会主义的特点是所有生产资料的所有权都归国家所有。但在现实中，**社会主义**并不要求对所有生产资料的公共所有权，而只需要自负盈亏的经济部门掌控好自身的生产资料就好。有人说《圣经》中的伊甸园是共产主义的极致，因为物品是如此丰富以至于商品价格等于零。亚当和夏娃可以根据自己的需要消费。但是现实世界中的共产主义不能免费且无限地供应物品和服务，以使得每个人根据各自需要自由地消费。即使是在《圣经》的伊甸园及其东部地区，不满和诱惑仍占据上风。

资本主义是一个以财产私有和等价交换的双向交易体制为基础的经济。实际上，这一体制有很多种组合形式，而且并不必然取决于绝对的自由竞争市场以及经济上完全的利己主义动机。在**合作经济**中，收入和财富分配并不完全取决于民主政治进程。
10 另一方面，民主政治几乎不可能在一个贫富差距巨大的社会中存在，甚至在一个围绕着自由企业资本主义组成的社会中也不可能存在。总之，这涉及人们的价值判断，而且世界观也在不断演变之中。

由于绝大多数人所认同的世界观至关重要，所以经济组织在很大程度上是人类的选择。虽然如此，信念、世界观似乎是权利的必要来源。纵观整个现代史，社会主义、共产主义和资本主义经济体诉求于不同的世界观为自身进行辩护。主要为市场资本主义辩护的西方经济思想，历来就与个人权利有关。早在亚当·斯密（1723—1790）时期，市场交易体制被认定为取决于对个人权利的自由表达：可以自由购买任何想要的东西，雇用需要的人，从事任何想从事的职业，自由选择雇主，自由决定保留收入的份额——即完全自由的交换和积累。

虽然当代经济学家已对资本主义做出了许多研究，但是并没有为我们的简史提供一个“好莱坞式的结局”。既然如此，认识资本主义的基本特点是非常重要的。当今，大多数经济学家认为利益关系不是经济的一部分。在这里我首先借用一位长期研究制度的学者罗伯特·海尔布伦纳（Robert Heilbroner）的观点来阐释资本主义。

海尔布伦纳认为，资本主义有三个基本特征，其中第一个就是存在一个被称为资本的东西或者过程。[①] 根据海尔布伦纳的理解，资本这一术语具有两个独特的含义。有形资本是我们可以接触和触摸到的，比如机器、厂房和公路等基础设施。但在卡尔·马克思看来，资本是一个过程，一个有着复杂环节的交易过程。货币成为商品，接着商品再变成货币，这一过程的目的是在结束时拥有更多的货币。这一过程导致了资本积累。

资本主义的第二个特征是亚当·斯密曾形象地描绘过的按照法律和习俗建立起来
11 的市场机制，它使得人们可以进行由马克思所详述的资本积累。因此，资本主义的经济学是有关市场（和价格）和资本积累的经济学。没有任何其他体制把市场机制作为一个连接网络。

根据海尔布伦纳的理解，资本主义的第三个特征是“政治的”。作为一种社会制

① 我的讨论来自于罗伯特·海尔布伦纳的《21世纪的经济学》，载查尔斯·J·惠伦（Charles J. Whalen）主编：《21世纪的政治经济学》，266～269页，阿莫科，纽约，伦敦，英国，M.E. 夏普（Armonk, New York, London, England, M.E. Sharpe），1996。更多的扩展讨论出自海尔布伦纳：《资本主义的本质与逻辑》，纽约，W.W. 诺顿（New York, W.W. Norton），1985。海尔布伦纳的所有书籍都值得一读，他有着独一无二的简洁文风。

度，资本主义需要一个横向和纵向的秩序架构。横向秩序维持着社会各阶层内部关系的稳定；纵向秩序广泛地维系着各阶层间的差异。与任何其他体制不同，阶层之间差异的产生取决于是否拥有资本（在资本家和非资本家之间进行分割）和政治权力。

其他体制也存在阶层的等级制度，最值得注意的就是封建主义。但是与封建主义不同，资本主义享有两大权利领域：私人的和公共的。公共领域制度通常，但并非总是强化资产阶级利益。私人领域的权利源于资本积累。权利来源于持有的资本，因为根据海尔布伦纳的理论，“权利应当与按照其意愿贡献给社会之后保留下来的财产相一致”[①]。这种权利不是绝对的，只是因为社会秩序通常运用习俗和法律来约束它。

海尔布伦纳构建的资本主义制度特征是一个有价值的框架。通过扩大他有关资本主义的定义，我们可以识别出许多不同的“资本主义制度”。例如，在美国历史的不同时代（镀金时代、爵士乐时代和 20 世纪 80 和 90 年代的思想激流时代），人们专注于用钱生钱，而把商品生产的困境抛到脑后。近来，我一直使用“华尔街资本主义”这个词，用来表示许多社会规则被打破的时代。[②]

哪个观点、哪种思想抓住了真相？这不得而知。我要传递的信息比任何快速而又精心准备的答案更为明确：经济学不是凝固、永恒的教条，它在不断演变之中。那些被喻为稳定的自然科学可能会在历史的变迁和理论的更替中变得不再牢固。但这也提
12 供了补偿。在经济学不断进步的过程中，经济学家的不安可以激发更多的想象力，就像伟大的经济学家们通常所做的那样。正如纳撒尼尔·霍索恩（Nathaniel Hawthorne）所言：“世界之所以有前进的冲动，靠的就是有人不安于现状”。

我们从封建主义的习惯和命令开始讲述，因为它的世界观很明确，也因为许多世纪以来它都在阻止着自由市场和经济科学的发展。古典经济学家仍然必须同它的最后一些残余力量相抗争。

本书以阐述 2008 年危机和 2007—2010 年经济大衰退的历史收尾。纵观近些年来的经济史，我们发现经济学大师们的思想依然颇具参考价值。尤为值得一提的是，约翰·梅纳德·凯恩斯（John Maynard Keynes）和追随他的凯恩斯主义者的独创思想被再次证明具有相关性。这一点也不意外，因为我们这些年来经历了有如大萧条时期般的经济状况。如果不是 20 世纪 30 年代的保护措施得力，我们或许将书写第二个大萧条的历史。这些保护措施让我们安全度过了大衰退的第一个阶段，但我们要付出更多的努力才能确保无虞。华尔街资本主义发展到极致就成为赌场资本主义（Casino Capitalism），其特点是通过投机的方式以钱赚钱。投机的势力通过层层叠加的衍生品被多倍放大。而衍生品源自不安全的抵押贷款及规避风险的努力。约瑟夫·熊彼特（Joseph Schumpeter）和一些制度主义者能够对推动衍生品和投机发展的华尔街金融创新做出极佳的阐释。撩去神秘的面纱，等待我们的依然是高深的理论和正统的观念。

① 罗伯特·海尔布伦纳（Robert Heilbroner）：《经济学背后的面纱》，38 页，纽约，W. W. 诺顿（New York，W. W. Norton），1988。

② 参见 E·雷·坎特伯里（E. Ray Canterbery）：《华尔街资本主义：债券持有阶级的理论》，河沿，纽约/伦敦/新加坡，世界科学出版社（River Edge，N. J. /London/Singapore，World Scientific），2000。

第1章 封建制度及其经济社会的演化

15 想要了解为什么对资本主义和自由市场的研究没有进入到有着神职人员的中世纪这一点并不困难。尽管这些市场即将重现，但当时并未运行。在当今经济学家所言的“生产要素”之中，土地占据主导地位。那些寻求财富和权力的人必然会寻求土地。然而在一般情况下，与最现代的经济不同，那时的土地通常是不出售的。封建主义按照以土地为中心的方式来管理生产，主导着整个中世纪。

欧洲封建主义不仅是一个经济体系，还是一个极其复杂的社会和政治制度。中世纪的欧洲不同部分奉行不同的社会政治制度。即使如此，欧洲封建主义总体上还是保持稳定，这是一种无政府制度主导下的稳定。由于这个制度对于土地贵族阶级明显要比对其他阶级来得亲切和温暖，所以封建主义没有给市场打开方便之门。

尽管如此，欧洲一直有着非常丰富的资源和多变的气候以及不同作物和牲畜等，所以一旦旅行能够相对安全，不同类型的商品能够相互交换就变得极有可能。商人必须能够安全旅行，这样他们才可以在不同的城镇出售他们的产品。同
16 时，社会必须保持足够和平，这样才可能有城镇。因此，法律和秩序成为封建主义衰退和市场新生的重要因素。

市场经济的形成历经了几个世纪。我们虽然不能确定封建主义彻底转变为市场体系的确切时间，但我们可以确定带来变化的主要力量。正如我们即将看到的那样，即使市场的种子随着改革之风而来，它也会因为重商主义的势力而减缓盛开的速度。最后，只有两位令人称奇的大师——艾萨克·牛顿（Isaac Newton）和亚当·斯密（Adam Smith），才可能使社会重回和谐之路。

1.1 托马斯·阿奎奈和世界观

在中世纪，世界观主要为宇宙观所占据。在这个饱含和谐统一的宇宙中，万物都体现了上帝的存在和精神。此外，在庞大的生物链中，宇宙的每一部分都有其自身不可改变之处。上帝由低等到高等排列生物。树木的地位高于草本植物。每个草本植物、树木、鸟、兽和鱼都有其特殊的地方并为它的上帝即造物主服务。

中世纪的世界观非常适合封建主义——在一个高度结构化的经济体系中，每个人都有其明确的位置。在这个世界观中“理性知识”和信念不存在冲突。托马斯·阿奎奈（Thomas Aquinas，1225—1274）的《神学大全》完整而权威地阐述了中世纪的经济思想，即适当的生活要求每一个阶级按照上帝的法则和自然规律履行其义务。

然而，这种世界观并不意味着没有“经济思维”产生。尽管阿奎奈强烈反对为了利息而贷款，反对为了利润而交易，但他并没有体现出对平等分配私有财产的偏好。事实上，任何对物品和服务的交换是否妥当的主要鉴定标准，是交换是
17 否威胁到了等级制度。根据阿奎奈的观点，一个公正的价格应当使卖者维持在其社会阶层。由于阿奎奈的经济学观点融合了他早期的宗教信仰，因而直到文艺复兴时期，脱离了宗教来源的科学才得以诞生。

现在我们在通往当今资本主义和现代经济学的道路上开始漫长的旅程。在古代世界进行短暂停留之后，我们的第一站是真实世界的封建主义，这一资本主义之前在欧洲占主导地位的经济制度。这一制度涵盖了中世纪时期从西罗马帝国的崩溃（公元476年）到东罗马帝国（拜占庭）的灭亡（公元1453年）这1 000年间的特征。

历史学家或多或少地都被迫将巨大的时间跨度归结在一起并冠之以名称（比如远古世纪或者中世纪），为的是给历史一个连贯的顺序。但显然时代的变迁并非如此简单。例如，西罗马帝国崩溃在中世纪，而东罗马帝国在诞生的同时西罗马帝国并没有完全灭亡。大量的罗马文明以这样或那样的形式存活下来，并随着中世纪文明开始发展而发生改变。一些罗马的经济遗产对封建制度的发展做出了贡献。

1.2 中世纪前的发展

西欧的封建主义发源于西罗马帝国的奴隶经济。奴隶当然就没有经济用途了，除非他们的生产能足以保证他们日常工作所需要的生活必需品——食品、衣物以及住房，加上些许剩余。在古代，奴隶是剩余的主要生产者。古希腊雅典城作为民主诞生地而著名，但即使在它最“民主的”时期，也有至少三分之一的人

口是奴隶。雅典妇女几乎没有财产权，结婚不需要本人同意，并在男性亲属的监护下生活。

18 罗马帝国是一个依靠奴工（也有大批免费的工匠和劳动力）的中央集权政治官僚机构，而这些奴工隶属于主要城镇和庞大农园（别墅）。在从希腊罗马文明末期开始到10世纪前10年的这段**黑暗时代**，那些没有被来自于北部和东部的野蛮人所摧毁的庄园成为拥有大量土地的不动产。① 一些被严重损坏的罗马城市蜕变为城镇和村庄。直到人口下降使得劳动力变得稀缺和昂贵时，奴隶才获得解放。虽然奴隶制并没有随着罗马帝国的消失而消失，但是在西欧范围内奴隶制的规模在迅速缩小。②

由于5世纪末期重大的社会和政治动乱，法律和秩序开始崩溃。帝国的公民再也不能依赖古罗马集权的控制和法律权威的保护。此外，大量希腊罗马文明随着政治秩序的崩溃而消失。

1.3 封建主义发展简史

6世纪以前的欧洲非常野蛮。一个人要想得到“自由”，就必须成为武士并拥有武器。战争是一种普遍的经济活动。掠夺（当时的一种经济和政治形式）的范围包括牛、饰品和奴隶，以及为下一次攻击而准备的武器。

不过，成功的掠夺者他们本身就是他人掠夺的目标，故掠夺成为了如何生产、分配货物和服务的一种低劣的“解决办法”。同时人们肯定也会保护他们所拥有的财产，因此，相互自卫的社会在现存的农业经济框架中逐渐演进和发展。

封建主义是以共同的责任和义务为依托的。虽然人不再只考虑自己（尽管有例外），但生存链没有被完全打破，而是以其他形式存在。农奴——封建经济范围下最底层的人——被土地束缚，为维持生存和寻求保护而向农奴主提供服务。
19 与此同时，控制了农奴和所有重要土地的奴隶主向他们的主人，即国王或者公爵提供服务。贵族和那些成为骑士或勇士的人相互提供保护。社会金字塔的顶端是国王，即菲利普·奥古斯塔斯（Phillip Augustus）国王或约翰（John）国王，他们能同时掌控土地和农奴。当然，国王可以将控制权一级一级传给他人。

在贵族阶层中，婚姻、土地和政治是紧密交织在一起的，13世纪皇家婚姻的例子是对这种状况的最佳诠释。1200年1月，法国国王菲利普·奥古斯塔斯在诺曼底战胜了英格兰国王约翰；为了锁定胜局，作为和平条约的一部分，两国决定联姻。约翰的姐姐埃莉诺（Eleanor）有两个适龄女儿，13岁的尤里卡（Ur-

① 即使是中世纪也并没有一些史学家们描写的那么黑暗。而且，拜占庭和阿拉伯世界是中世纪的黄金时期，虽然这不属于西方历史范畴。我们的归纳适用于西欧的主流态度、条件和组织，尤其适用于英格兰大部分地区。

② 到中世纪盛期（大约从1000年到1300年），释放奴隶非常普遍，以至于祈祷书中包含了相关仪式。大多数情况下奴隶通过主人的遗嘱、愿望等方式获得释放。例如，1049年吉玛（Gemma），这位意大利南部的一位公职人员的遗孀，也是玛丽亚（Maria）的主人，释放了她的奴隶。玛丽亚继承吉玛的床和即将收获的四袋小麦。

raca）和 12 岁的布兰齐（Blanche）（法律规定女孩成人的年纪是 12 岁，此后可以参与政治联姻和获得财产权）。正巧，13 岁的法国王位继承人路易（Louis）迫切需要新娘。约翰国王的母亲也就是公主的奶奶艾奎丹王朝的埃莉诺（Eleanor of Aquitaine），选定了布兰齐为新娘。

约翰承诺把他的法国土地和 20 000 银质马克作为布兰齐的嫁妆。嫁妆包括位于法国东北部阿图瓦（Artois）的法国皇室属地。这些嫁妆也是和平条约的一部分。因此，布兰齐的故事与田纳西·威廉姆斯（Tennessee Williams）的《欲望号街车》中的布兰齐相比，同样带着习俗和命令的性质，但没有激情。路易的布兰齐决不会说："我一直依赖着一位善良的陌生人。"①

就像布兰齐和路易的关系一样，家庭几乎不会影响一名男子对其领主或国王尽责，相反，国王和其他领主控制着诸侯的家庭，因此妇女和儿童几乎没有社会权利。在英格兰，不经过领主的同意女人是不能结婚的，甚至领主可以通过转让其被监护人的婚姻来收取一定的费用。例如，上文中提到的英国国王约翰在 1214 年以 2 万马克向埃塞克斯伯爵杰弗瑞·德·曼德维尔（Geoffrey de Mandeville）出让了他于 1200 年即已终止婚姻的第一任妻子格洛斯特的伊莎贝拉（Isabella of Gloucester）。

如同其他拥有大量土地的贵族一样，国王约翰也无法由自己一手掌控所有的
20 资产，他将土地分配给那些由他自己任命的地位稍低的贵族。之后，国王册封的贵族将土地转租给实际上的耕作人，通过这种方式国王约翰进一步扩大了权力范围。耕作权使得这些转租承租人（被称为农奴或"自由"的农民）有义务向打着国王名义的贵族们提供军事和其他服务。

从所做的工作来看，农奴就如同罗马经济中的奴隶，但产权制度发生了变化："合同"规定的义务已取代奴役。中世纪早期，人口稀疏和农奴与贵族势力联合防御的需要使得农奴制度势在必行。我们不能确定欧洲中世纪期间以及之前的人口变化趋势，但总体感觉是，罗马帝国时期人口数量由于 6 世纪黑死病的流行而加速下降。这一流行病持续了 50 多年，直接导致劳动力成为稀缺资源。

因此我们可以看到，封建制度是用土地来束缚农奴的，这一点明显优于奴隶制度。只要国王的直属封臣仍忠于自己的领主，他们就不必担心他的奴隶会被抢走或者离开他们。而且农奴至少享有一些他自己的劳动所带来的好处，同时也可以在一定程度上得到保护以及免遭强盗掠夺。

即使土地变更了主权，农奴还是被不成文的契约拴在土地上并要继续对之后的领主履行其义务。庄园通常以遗产形式传给下一任领主。因此，个人之间的关系主要由演变成普通法律形式的习惯所决定，而不是由经济效率决定。

土地使用权一般由长子继承，而未婚的女儿和更小的男性没有继承权。妇女只能通过婚姻获得财产份额。封建制度的意图在于封地的延续，而不是家庭或其成员的生存。

21 土地偶尔也会因国王出资而被"出售"。英格兰的一位修道院编史官（修道院的修道士提供了封建制度的大量信息）记载了 1017 年埃尔顿（Elton）村以 50

① 这是威廉姆斯的《欲望号街车》(1947) 第 11 节中布兰齐的最后一句话。

金质马克被一个国王收购，不过这种交易非常罕见。[①] 似乎没有人知道埃尔顿村是否值这个价钱，因为我们今天所知晓的土地市场在当时并不存在。就像包办路易和布兰齐的婚姻一样，土地可以更经常地被转让给他人。虽然并非封建主义的发明，但就如简·奥斯汀（Jane Austen）的书迷知道的那样，婚姻与地产财产的紧密相连在封建主义制度中并没有消失。

有时文学作品中提及土地。前文提到的艾奎丹与法国国王路易七世结婚后，使得行吟诗人（法国南部的骑士诗人）艺术在她的丈夫及贵族以及她的孩子所在的宫廷间蓬勃发展。当她离开路易嫁给安茹王朝的亨利（Henry of Anjou）（不久便成为亨利二世和英国国王）时，她经过仔细考虑，将艾奎丹王朝和她的南部诗人，包括宫体女诗人玛丽，作为了嫁妆。在《玛丽·德·法兰西的籁歌》（Lais of Marie de France）一书中，国王与他一位忠心耿耿的骑士的妻子成为了情人。然而，忠于封建主义价值观，这对情人最终还是受到了惩罚，并被沸水烫死。

□庄园制度

封建社会的经济活动大体上围绕着庄园生活展开，基本上是在领主控制下由农民和农奴耕作种植园的自给自足农业。与《乱世佳人》中描写的庄园相差无几，一块土地上提供了大多数的生活必需品。**中世纪盛期**，庄园周围的小村庄逐渐成形，有时村庄围绕着几个庄园而建。这些小型但基本孤立的定居点成为乱世之中文明的避风港。

庄园体系有两个基本目标：生产出足够的产品以保证庄园运转；为领主提供
22 剩余农产品并维护领主的权威。庄园都生产什么产品呢？生产粮食、住房、服装，以保证农民和农奴正常工作，令领主心满意足地获得盈余。怎样生产？按庄园的传统习俗进行生产。为谁生产？除了农民的必需品，产品按习惯大部分上交给了领主和国王。虽然庄园几乎能保证自给自足，但农业生产的不确定性使得庄园之间有必要进行产品交换，而这种交换往往是以“借贷”为基础的。

在英国庄园，农民或农奴可以耕作约 30 英亩的土地，耕地范围用围栏标界。每年，1/3 到 1/2 的耕地休耕或者用于放牧。农民耕作的土地中也包含着领主掠夺来为自己所用的土地（他的领土范围）。每户农家每周（一个劳动力）抽出约三天的时间在领主的私有土地上耕作，农奴不得不提供他所拥有的耕牛、大型耕犁以及其他工具。因此，除了自己的生活必需品外，农奴将剩余的产品献给领主、国王和骑士。作为回报，骑士、领主和教会给予他们微不足道的安全、和平与公正。

维护法律和秩序的代价并不便宜。一个骑士的装备经费约等于 20 头牛的价

① 这是一种丹麦人的交易，因此使用“马克”。丹麦人在诺曼征服前已经到达英格兰。《末日审判书》详细记录了自1066 年征服者威廉领导的诺曼征服 20 年后，英格兰执行处决的一份清单，这对于信息模糊的“中世纪时期”是犹如泛光宝塔似的珍贵数据资料，中世纪的其他信息来源主要是文书，例如上面引用的修道院记录。

格或者约 10 户农民所有耕作装备的费用。[①] 为满足军队需要，国王要求领主履行军事义务，领主再要求其武士履行军事义务。非自愿兵役是封建兵役制的一个部分。

在今天看来，封建主义经济体制是不可取的，甚至是荒唐的，特别是对农奴而言。一些农民暴动，如 1381 年的农民起义，对英国统治阶层造成了威胁，但大体上来看，农奴和农民只是生活在他们所习惯的“庄园”之中，并没有憧憬更加美好的生活。即使他们想要改变，也没有付诸什么行动。此外，他们普遍认为农奴制比奴隶制更优越。在这点上，他们是正确的。

□封建制度的社会理论

23 在封建社会，农奴耕作，骑士战斗，牧师祈祷，领主管理领地，国王统治国家。通常国王会把国家管理得很好。1170 年至 1171 年间，亨利二世的收入估计有 2.35 万英镑，其中，他和他的随从们花费了大约 5 000 英镑。当时每年每个教区的平均收入约 10 英镑。

我们可以预想到不同阶层之间的矛盾，但家庭与国家之间的冲突比阶层内部矛盾更为突出，因为社会被分为严格的等级。农奴出身的人几乎没有机会成为贵族阶层。传统或者说是惯例几乎决定了每一个社会阶层。尽管如此，一些具有统治性的理念也被用于社会团结，封建主义的世界观也认为神使得人类团结为整体，甚至于国王也以神的名义统治国家。

12 世纪十字军东征时期，骑士制度被美化成一个融合宗教和武士精神的道德体系。受到前基督教包括特洛伊、亚历山大大帝和古罗马人的启发，骑士精神最初很珍视异教的美德，包括基督教神学中作为原罪的骄傲。当欧洲不得不自卫以抵抗挪威人、穆斯林及其他“异教徒”时，福音书中的和平主义主张被放到了一边，教会为骑士的武器祈福并为骑士们祷告。

骑士制度为骑士的日常活动辩护，在某种程度上那些被蔑视的商人只能妒忌他们。农业经济中商人作为一个“中间人”除了赚大钱以外似乎没有任何用处。最初骑士也同样遭到质疑，因为他们最有效的工具就是死亡打击。因此，骑士的剑用于为寡妇、孤儿以及被压迫的人和教堂服务，以证明“上帝与骑士制度是一致的”。

然而，归根结底，骑士制度和商业都不能得到包容。尽管此后骑士制度主导
24 了贵族阶层的生活，但它如同道德准则一样，幻想多于现实。不过作为一种社会力量它并没有减弱。教会也为中世纪社会的团结贡献了一份力量。

教会本身拥有大量的庄园，并通过土地、贵族捐款和什一税来积累财富。什一税是指农民将其产出甚至包括地里蔬菜的总值的十分之一上缴给教会，有个人收入的店主和穷工匠每挣一英镑也要向教会上缴两先令。传统上，教会反对通过

① 亨利·威廉·施皮格尔（Henry William Spiegel）：《经济思想的发展》，49 页，恩格尔伍德·克里夫，新泽西，普伦蒂斯-霍尔（Englewood Cliffs，NJ，Prentice-Hall），1971。

贸易积累财富，而不是反对积累财富本身。[1]

原罪，深深植根于中世纪人们的思想深处，以至于人们很难去考虑改革或改变：如果人性本恶，那么人类本身和社会就都无法改变。一个女人不是处女或圣女就应该下地狱——一个平均气温被精心校准过的地方，尽管除了知道在地狱中烈火灼烧之外似乎很少有人能确切知道它的温度。直到中世纪后期，一个女人才可以在模棱两可和具有罪恶感的婚姻与在修道院修道之间做出选择。因此，从某种意义上说，宗教被用于解释现有社会和经济条件的合理化。

作为第一本英文自传，《马杰里·肯普回忆录》记述了宗教的力量。[2] 马杰里·肯普（Margery Kempe）大约在1373年出生于英国诺福克郡林恩教区，1439年已经成为老妇人的她口述了回忆录。直到最后她仍认为耶稣是她的合著者。像许多其他人一样，她的一生几乎被宗教所主导。在青年时代，马杰里犯下了原罪（无疑是性方面的）并且认为会被投入地狱而遭受众所周知的折磨。

马杰里选择了婚姻而不是去修道院修道。虽然她向当地的神父说出了罪过，也受到了神父的严正告诫，但她还是没有停止忏悔，并认为自己不会得到宽恕，注定会死亡。后来，她开始出现幻觉，看到了燃烧的火焰企图吞噬自己，她企图自杀并且终身饱受痛苦。

她对如何康复的自述同样具有戏剧性。基督穿着紫色的丝绸外衣携着美丽和
25 爱情出现，告诉她，主从来没有放弃她，并且反问她为什么要抛弃主。随后，他在光束中升向天堂。这使得马杰里重归平静——至少在最后数年中如此。但对于被她忽视的丈夫约翰而言，最坏的事情尚未到来：马杰里将性视作罪恶的行为，她认为成为圣徒指日可待。

放到今天，人们可能就会简单地认为马杰里患有精神病。然而，若果真如此，那么中世纪遍布精神病人。宗教不仅主导着人们的日常思维，也控制了人们的梦境。通常情况下，想象力总是重要的。

尽管如此，就如同侠义的骑士一样，教会仍被想象为是特别慈善的。教会从大量的资源中拿出一部分馈赠给穷人，不过，下层社会必须缴纳的什一税和各种收费使得教会舒缓贫困的慈善目的往往不能够达到。由于许多地主是神职人员，因而要求地主对领主勤政以及对教会提供慷慨服务实际上达到了双重（他们所说的崇高的）目的。

甚至到12世纪以前，法律和权威力量往往被视为是上帝惩罚人类罪过的手段。这一残留的信念使得我们相信那些骑士所做的令人讨厌的事——强行镇压那些被逐出教会的、不虔诚的教徒——即使没有那么多的骑士主义色彩，仍具有一定的浪漫色彩。中世纪的思想家和国王直属封臣都没有试图掩饰现实和等级社会的优点。等级制的社会理论非常盛行。

正如后来伟大的英国诗人杰弗里·乔叟（Geoffrey Chaucer，1342—1400）

---

① 约翰·T·吉尔克里斯特（John T. Gilchrist）：《中世纪教会和经济活动》，50～58页，纽约，圣·马丁出版社（New York，St. Martin's Press），1969。

② 马杰里·肯普：《马杰里·肯普回忆录》，H. E. 艾伦（H. E. Allen）、S. B. 米奇（S. B. Meech）合编，早期英语教材学会（Early English Text Society），1940。

在诗中所描绘的那样，骑士仍然是一个浪漫的理想：

有这样一个骑士，他是最杰出的男子，
从成为骑士的那天开始，
遵循着崇尚真理、荣誉、慷慨和礼貌的骑士精神骑马游历。
他驰骋战场维护主权，
不论是基督徒还是异教徒，
谁都没有他那么高尚，
人们永远以他为荣。[①]

26 不过，乔叟的朝圣之旅也含糊地描绘出一名商人所处的尴尬的社会地位：

他善于交换，
这能衡量商人经商的智慧，
没人知道他欠债，
在经营、贷款、讨价还价和谈判中，
他显得如此庄严。
说实话我不知道他的名字。[②]

即便如此，市场和商人不再会被否定。

1.4 市场的复兴

早在公元1050年，欧洲已经具备稳定的条件足以让商业贸易开始缓慢恢复，外国侵略者的侵略已经减少。战争虽仍然是当地领主的一种生活方式，但其程度已经有所下降。封建机构所提供的安全为人口增加以及一些庄园和村庄的发展做出了贡献。事实上，到13世纪，最好的农用土地大多已经被占用。[③]

城镇开始在人口稠密地区形成。手工业开始蓬勃发展，铠甲和马具等初级制成品与来自农村的原材料和食品相互交换。这类贸易的不断增加和劳动技能的专业化促进了商业贸易。例如，木匠或铁匠不能完全自给自足，他们不得不依靠贸易。

重要的是，许多新的城镇开始独立于封建领主，并建立了自己的政府和防御体系。这并不是一个容易实现的过程；因为拒绝执行领主的要求，不止一个城镇被愤怒的领主抢占。但在过去几个世纪中，有城墙的城镇的独立成为欧洲经济的一个既定部分。

① 杰弗里·乔叟：《坎特伯雷（Canterbury）的故事》，内维尔·科格希尔（Nevill Coghill）译，20页，伦敦，企鹅出版公司（London，Penguin Books），1977。

② 乔叟，同上，27页。

③ 参见道格拉斯·C·诺斯（Douglas C. North）、罗伯特·保罗·托马斯（Robert Paul Thomas）：《西方世界的兴起：新经济史》，12页，剑桥，剑桥大学出版社（Cambridge，Cambridge University Press），1973。

自 11 世纪后期开始，伴随着十字军东征，国际贸易量有了实质性增加。12
27 世纪，随着贸易和人口继续增加，意大利北部城镇、德国中部和佛兰德斯，都成为了重要的商业中心。13 世纪，法国的香槟、佛兰芒的羊毛以及德国开采的原材料促进了贸易量的增加，刺激了银行和其他新的商业机构的发展。

不过现在讲这些有点超前。让我们回到中世纪的一个中型城镇，尝试重塑一个主要依赖于交易或者物物贸易的社会以及使其发展成为一个真正的市场以及乡民从工匠变为商人的过程。

这一切可能始于某个宗教节日上的礼物交换。在节日期间，货物起初可能只是用于个人消费，那些带来各种各样物品的人们可能会尝试相互交换货物。最终，这样的宗教节日可能会变成一个村庄的集市，其最初的宗教目的却几乎被人遗忘。

然而，易货贸易是非常低效的，它需要双方达成一致。比如，你是一个工匠，并愿意用 1 台座钟与农民交换 10 只宰杀好的鸭。当天晚上你的家人可以吃掉 2 只，但另外 8 只鸭子肯定会腐坏。为了平衡膳食，你必须迅速找到一个收获了蔬菜的农民，并且他也喜欢鸭子。如果你的屋顶漏水，你必须与一个木匠达成利益上的一致。如果这一切都不能满足你的需要，你必须记住，一只鸭可以交换 5 块面包或者 10 根烛台。

货币使交易变得简单，它可以被用来作为商品和服务的通用计量单位。因此，随着商品和服务交换范围开始扩大，商人不得不重新使用货币（在远古时代硬币已司空见惯）。我们可以想象得到一个织工试图用他积累的少量现金在集市购买商品，并在集市结束几天后转售它们，此时这些商品已经不那么容易买到了。成功做完这些事情之后，这位织工可能会发现他已经获得了可观的利润。于
28 是，他可能会决定，让他的妻子织布，而他专门从事购买和转售货物的业务，从而成为一名中间人。然而，他讨厌在村镇间运送货物带来的不便和风险（旅行仍然不那么安全），所以他在镇上选了一个位置开商店以出售他的商品。不久，在泥泞街道的对面，他的一个木匠朋友开设了另外一家商店，同样出售易货换来的商品。

早在 1160 年，上文提及的英国埃尔顿村的记录中就提到了各种不同的职业和办事处，如碾磨工、铁匠、鞋匠、木匠、织工、商人、制革工人、面包师、裁缝和油漆匠等。在《坎特伯雷的故事》所提及的时代，还有缝纫品商人、染工、地毯制造商和所有行会的成员。此外，除了拥有五个丈夫，来自贝斯（Bath）的妇人还可以展示她那华丽的服饰：

> 周日她扎在头上的方巾编制精细，
> 我敢发誓它绝对值 10 英镑。
> 她猩红的连裤袜被吊袜带紧紧吊住，
> 她的鞋新颖而柔软。①

中世纪小镇的生活已经永远改变。

① 乔叟：《坎特伯雷的故事》，内维尔·科格希尔（Nevill Coghill）译，31 页，伦敦，企鹅出版公司，1977。

正是商业或贸易经济的开端，大大偏离了封建制度。特别是独立商人的兴起，导致了主张个人主义的这种新态度的产生，并为一种新的经济体制——市场经济——的出现铺平了道路。封建主义的产权制度是注定要失败的。在传统模式和指令性经济的边缘从事经营管理的那些特立独行的商人改变了社会。

尽管欧洲封建制度保留了近千年，但其首先在英格兰结束，其原因对我们来说十分重要。在此之前，宗教主导了人们的日常活动和思想。直到市场新生，经济学家才有了可以讨论的话题。换言之，经济学家大多要借助市场来表述自己所要揭示的现象。

1.5 和谐之路上的变革之风

29 公元1000年至1300年被称为中世纪盛期的原因很多，其中包括这期间发生的商业革命。新生的市场是这场变革的一个重要诱因，但同时也发生了其他的变化。

各式各样的革新产生的剩余农产品足以满足农民和商人的需要。在天气不可靠时，轮作耕种增加了粮食供给量；风力发电和重型犁（现在用钉上铁蹄的马匹取代了慢牛来拉犁）开始取代劳动力。对这些剩余农产品的销售不仅从农业中解放了一些劳动力，也使得庄园更加依赖于采购而非自给自足。随着时间的推移，虽然封建阶级特征在很大程度上依然被保留，但是庄园制度开始被打破。

贸易开始扩展始于1095年。早在第一次十字军东征时期，冒险者就打破了封建枷锁并率先成为客商。威尼斯是一个繁荣的商业中心，甚至就像今天一样，圣马克广场挤满游客和朝圣者。商业和贸易的发展并不顺利。持续不断的战争、人口的快速增长、卫生设施的匮乏以及缺乏足够的医疗知识，都至少在某种程度上导致了饥荒和不时发生的瘟疫。1348年至1351年间的黑死病是最具毁灭性的瘟疫，据估计欧洲人口从1300年的7 300万降至1400年的4 500万。①

欧洲格局发生改变的另一个主要因素是圈地运动，尤其是在英格兰。② 随着贸易量的增长，羊毛服装的市场不断扩大。因此，曾经开放的许多土地重新被圈了起来。贸易的复活使得生产趋于专业化，当时的土地所有者可以从养羊和畜牧业中获益；与自给自足的庄园比较，这种方式显得更加富有效率。

30 对小农场主们而言，最大的损失来自于他们拥有的公共用地——按习俗，他们可以在公共土地上饲养家禽、放牛砍柴。因此，许多农民被迫放弃自己独立耕作，而作为日工务农；另外一些人则被迫完全放弃耕作，从事分散和以家庭手工

① 原始数据和资料来源，请参见诺斯、托马斯：《西方世界的兴起：新经济史》，71～74页，剑桥，剑桥大学出版社，1973。

② 当然，在不同的地方圈地运动的进程并不相同。在英格兰，它始于12世纪，并大体完成于1700年［参见J. R. 沃蒂（J. R. Wordie）：《英国圈地运动年表，1400—1914》，载《经济史评论36》，第4卷，483～505页，1983（11）］。然而，直到19世纪，欧洲其他地区的圈地运动依然进展甚微。

业为主要形式的郊区工业。这种工业由于圈地提供的大量可用劳动力而繁荣起来。虽然如此，还是有少数人可以在城镇中少数几家商店找到工作。

拥有土地的贵族就算不是非常聪明也能意识到，由一个牧羊人就可以看守的牧场如果种植粮食则需要 10 个或 12 个劳动力。因此，我们可以知道，人们可以到哪里出售他们的劳动力——羊毛制造商或者富裕地主那里。随着人口的迅速增长，劳动力变得便宜起来。

需要更多现金建立更大教堂的教会和需要更多军队打败其对手的国王也出售土地（雄伟的大教堂，往往需要一个世纪或更长的时间才能建成，在英格兰的杜伦和坎特伯雷以及法国的亚眠和夏特尔仍有许多令人惊叹的教堂）。土地一点也不廉价，只有贵族和最富有的商人才能买得起。

充足的货币对于商人周转而言非常重要。通过西班牙和葡萄牙的探险旅行，黄金白银流入欧洲，充足的货币使得市场经济自由浮动。市场体系并没有提出更多要求，尽管它是一个缓慢的变革过程，但传统职责、价值观和封建义务逐渐被交换经济的货币效用所侵蚀。旧的封建秩序对这一新兴的货币经济的抵抗是徒劳的。货币所带来的喜悦和新的经济政治组织的出现，值得那些获得特权和保障的人做出一些牺牲——最起码对那些没落封建贵族之外的人而言是如此。

作为技术改进的一部分，新式武器改变了中世纪格局，最终推动了国家的发展。有了新式武器，国王能够摆脱骑士将防卫扩展到各个领域，而骑士由于技术
31 的发展面临着失业。早在 1302 年的库尔特雷战役中，装备有重装甲的法国骑士被只有长矛的佛兰芒步兵打败。之后英国对法国断断续续地进行了多次突袭，史称百年战争。1359 年，在一次战役中杰弗里·乔叟被抓获，第二年，他被国王赎回。在那场战争中，是英国长弓而不是后来成为诗人的乔叟，使得法国让步。作为后来中世纪结束的标志，1453 年君士坦丁堡城墙的倒塌令武士们意识到了火药的威力，并使人们质疑旧式城寨的防御能力。

直到 1453 年，现代意义上的国家（郡县和领地的整合）才开始出现。到 15 世纪末期，手枪和大炮护佑了文明。封建主义以相对狭小的政治团体为特征。在 10 世纪的版图上，今天我们称作法国的地区被分成许多相互孤立的郡县和公爵领地。所有这些不同地区的人都效忠身在巴黎的国王，然而这些地区之中最大、最有权势的地区更像是一个独立国家，而且那里的人能或多或少地做他们喜欢的事情。14 世纪初，“法国”的版图可能仍旧是许多独立的郡县和公爵领地，但是它们之中的绝大部分已经由国王直接控制。

随着国家和武器的共同发展，国家从封建领主及其庄园手中接管了对公民提供保护的权力。国王需要税收，而公民为了得到保护往往愿意承担这种负担。例如在英格兰和低地国家，具代表性的机构开始设置税率，国王交易土地，并为了获取额外收入而做出承诺。

与此同时，市场——不仅包括商品市场也包含上面提及的土地和劳动力市场——持续蓬勃发展。尽管从道德角度上人们质疑谋利手段（尽管商家给获利取了一些很好的名字），但是人们还是逐步改变了对贸易积聚成资本的看法，这其
32 中主要应归功于改革。这种变化是重要的，正如海尔布伦纳（Heilbroner）指出的那样，原因在于，私人原材料的积累是资本主义形成的一个先决条件。

改革起初是一个教会的宗教运动，旨在纠正滥用教会权力，特别是特赦（对已经承认或者忏悔的罪过减轻惩罚）的交易。早在14世纪后期，新教徒和其他虔诚的教徒，如马杰里·肯普，公开谴责教廷官方出售特赦证明的权力，特别是在1378年出现了阿维尼翁教皇与罗马教皇这两个具竞争性的教皇之后。[①] 变革最终以许多教会教义的彻底更改和各种新教教会的设立而告终。

新兴的商人阶层在这一运动中十分活跃。新教为虔诚的商人提供了避风港，因为它教导人们，辛勤工作和积累财富是一种美德。严苛专制的法国神学家约翰·加尔文（John Calvin，1509—1564）对基督教教义的进一步诠释，尤其受到人们的推崇。他告诉我们，旧约关于积累和交流的价值标准存在于基督关于富人和天国（马太福音书19：24）的教诲之中，因为所有的圣经记录了上帝曾说过的话，而上帝语录只此一部。加尔文教派的信仰明确体现在辛勤工作和节俭上。因为“上帝帮助自助者”，因此繁荣成为了虔诚的最重要指标。在约翰·加尔文的教导之下，无论是世俗的还是崇高的人，只要还没有结婚，都能通过这种方式愉快地生活在一起。

因此，约600年间这股使得竞争市场经济得以合理地建立起来的力量，在西欧大部分地区正在努力作用于以庄园制为经济基础和实行封建主义的政治体系。其中最强大的力量是农业生产率水平的提高，并由此造成庄园制解体、旅行和探
33 索、圈地运动（特别是在英格兰）、购买和出售土地和劳动力、民族国家的兴起、商业交易、政府税收中对货币功能的使用以及财富积累和经济进步是好事的想法被广泛接受等结果。

1.6 重商主义和大政府

在完整的市场经济尚未形成之时，我们遇到的第一重要阻碍就是重商主义。从15世纪初封建主义衰落到工业革命（1780年）开始的那段时期，重商主义在欧洲盛行。正如自由竞争市场将会释放自身力量一样，欧洲各国的统治者决定从自身利益出发适度干预商品经济。这些统治者仍然依据封建制度构想自己的权力。

重商主义（源自意大利语商人一词）是一个政府和商业的联盟。起初，商人受控于政府，后来，商人反败为胜，他们据理力争，在为他们的特殊利益辩护的同时扩大了重商主义思想。如同封建主义一样，重商主义在不同国家表现出不同的形态，但其基本理念却是始终如一的，那就是，政府应当将增加国家财富和国家权力作为经济管理的目的。

因为权力和财富都用黄金和白银来衡量，所以政府应当：(1) 鼓励本国商品出口；(2) 限制国内消费；(3) 实施进口关税制度；(4) 设法实现贸易顺差（出

① 参见路易丝·科里斯（Louise Collis）：《一个中世纪女人的回忆录》，23页，纽约，哈珀与若出版公司（New York，Harper & Row），1983。

口大于进口）。出口换回的黄金和白银接下来又可以用来组建一个强大的军队。限制消费不仅仅针对群众，因为进口商品往往是奢侈品，旨在控制奢侈以及奢侈品的禁奢律也严厉打击了富人，即使他们有助于贸易平衡。

34 由于贵金属作为国际流通货币使用，因而黄金和重商主义渐渐齐头并进。当时欧洲贸易正在迅速扩展，黄金和白银严重短缺。大量涌入的西班牙黄金以及西班牙在美洲殖民地开采的黄金和白银减轻了货币短缺对贸易所生产的威胁。但黄金供应量的增加导致 1500 年到 1650 年间欧洲产品价格上涨了三倍。由于简单制成品价格的上涨比工资或租金增长更加迅速，因而商人阶层的地位随着价格上涨得到提升。

16、17 世纪商人阶层通过金融资本积累扩展了简单工厂生产制（生产枪支弹药）。这种生产不同于现代工厂［英国第一家真正意义上的工厂可能是 18 世纪最初 10 年出现的隆贝斯（Lombes）丝绸厂］，但它们确实提高了斯密所说的专业化程度和生产率。生产、贸易和商业不断兴盛。察觉到这一新的收入来源所具备的优势，新型国家的君主开始为商业冒险提供军事保护。

然而，并不是每一个国家都能供应黄金。西班牙是主要的黄金供应国。其他国家的国王为了实现国家贸易顺差不得不使用垄断权力。由于这些国家不会再出现黄金短缺问题而建立，所以，法国和英国都经历了在建设国家的同时赚取利润的喜悦，虽然并不是完全依计划而进行的。尤其是在英国，商人与拥有领地的贵族顺利结盟，他们互惠互利，商人的女儿也不再只是为贵族提供按摩，商人与贵族联姻的事已经屡见不鲜。

重商主义者对金银的兴趣使得他们意识到货币量与价格水平之间存在直接的关系。一个重商主义者指出，“大量的货币导致英国本国商品涨价”，作为重商主义者这样的论断是少有的。因此，对于通过贸易顺差鼓励黄金大量流入的做法似
35 乎首次出现了异议。大量涌入的货币供给到底会不会推高物价并导致“本国商品涨价”或者如同今天美国联邦储备委员会（美联储）可能会说的那样引发通货膨胀？较高的国内物价会抑制出口，从而可能使得被重商主义者所看重的贸易盈余出现流失。

这并不矛盾。重商主义者指出，黄金的涌入将“使贸易增速”，导致更高水平的生产（包括枪支弹药），这将会大大抵消黄金涌入所造成的物价上涨。事实上，他们意识到了货币信贷扩张对不受限制的贸易增长的重要性。

重商主义时代以追求国家利益为主。金钱和财富（回顾上文，在封建社会土地就是财富）结成新的联盟，再加上新民族主义，导致国家将经济政策作为获得权力的主要工具。重商主义者看到了他们的民族为权力而斗争，致力于征服和获得殖民地。国防是重商主义的重要组织力量，而在封建制度中常常是地方防御。1600 年至 1667 年间，欧洲大国间只有一年没有出现战争。

作为一个重要的例子，路易十四执政时期在 1661 到 1683 年间担任财政部长的让·巴蒂斯特·柯尔贝尔（Jean Baptiste Colbert）极大地推动了重商主义的发展，使得政府几乎控制了经济生活的每一个方面。皇室为了能与逐步扩展的法国殖民主义企业进行贸易建立起了自己的公司。对托运人和造船业的补贴由国家负担，港口得到改善，此外还建成了运河。法国工商业，包括奢侈品制造业，如玻

璃制造和饰品制造等，成为官方关注的事项。甚至它们的生产方法和质量标准也由国家统一制定。

当一个行业出现来自于国外竞争的威胁时，柯尔贝尔就会采取防御性政策。例如，他增加了进口布料的关税并且为从荷兰和佛兰芒移民到法国北部的织工和商人提供补贴，这很有可能在与荷兰生产者的竞争中拯救法国的织布行业。

36 然而，事实最终却证明，柯尔贝尔政策的花费远远大于其创造的效益：在他极端的重商主义政策指导下，法国经济并没有走向兴盛和繁荣。柯尔贝尔却对他的管理方法得意洋洋。例如，1666 年他苛刻的规章扼杀了纺织业的主动性。在夏蒂荣（Chatillon），纺线包含的细支数目精确到了 1 216 条；在奥塞尔（Auxerre）、阿瓦龙（Avalon）和另外两个城镇，这个数目是 1 376 条；而在第戎（Dijon）和塞兰盖（Selangey），则是 1 408 条。任何纺织品所包含的线数多于或少于规定的标准就会被没收，并且，如果出现 3 次违规，那么商人就会被逮捕。

显然有必要寻求另外一种不同的方法，并且时代智慧的火花很快就能将其提供出来；重农主义首先提出了自由放任政策，这也成为日后亚当·斯密市场机制理论的基本信条。但是，要想理解这次思想变革，我们还应该像思想家剖析重商主义一样考虑这次变革的起源。

第 2 章

亚当·斯密的伟大见解

39 凡是在圣·安德鲁斯（St. Andrews）打过高尔夫球的人都知道福斯湾，同样，大多数人也应该知道亚当·斯密（1723—1790），他就出生在福斯湾对面、爱丁堡附近的一个苏格兰港口小城柯卡尔迪（Kirkcaldy），他的父亲是当地的海关官员。后来，斯密曾建议废除关税征稽；幸亏这一建议没有得到采纳，因为后来他自己成为了位于爱丁堡的苏格兰关税委员会的委员。

斯密的一生就如同他所设想的经济世界一样，是有序而和谐的。好像没有什么非常具有戏剧性的或非常糟糕的事情曾经在他身上发生。迄今为止据我们所知，他从没有与任何女性擦出过爱情火花，也没有经历过任何热烈的罗曼史——也许这是因为，以公认的英俊标准来看，他的眼睛过于凸出，而他的下嘴唇离他那令人生畏的大鼻子太近的缘故。他的头由于神经问题而经常颤抖。

斯密最独特的个性似乎是他经常心不在焉。查尔斯·汤斯汉德（Charles Townshend，1725—1767），这位斯密的崇拜者，曾在担任财政大臣期间对美国茶叶征收繁重关税（与其他商品相比），从而导致了波士顿倾茶事件，进而对美国革命做出了巨大的“贡献”。有一天，斯密陪同汤斯汉德游览格拉斯哥
40 （人口约 25 000）风光，在参观一座著名的鞣皮厂的途中，斯密由于心不在焉而直接掉进了鞣革坑里。显然是为了表达对斯密这次失足的歉意，汤斯汉德于是每年给斯密 500 英镑的生活费，以使他能够带着自己年轻的继子巴克勒克（Buccleuch）公爵，完成他著名的欧洲大陆之旅。斯密作为导师和年轻的公爵一起于 1764 年前往法国南部；为了消磨时光，这位导师开始写作一部关于政治经济学的论著。

正如汤斯汉德所知道的那样，斯密也颇具天分。他在牛津大学（他很讨厌的学校）研究希腊和拉丁文学。在返回苏格兰和格拉斯哥大学后，他又研究道德哲学。在18世纪，道德哲学包括自然神学、伦理学、法学和政治经济学。因此，在斯密的年代他所构想的经济科学要比我们现在理解的宽泛得多。在担任格拉斯哥大学道德哲学教授期间，斯密的伦理学讲稿构成了他出版的第一部著作《道德情操论》(1759)。

过去哲学家被认为就是熟知一切学识的思想家。因而毫不令人惊讶的是，亚当·斯密也得到了他之前的科学伟人的启发，其中最重要的就是艾萨克·牛顿和自然秩序思想。在继续讨论斯密的古典经济学之前，我们首先考察一下牛顿和重农主义者的影响，他们都非常看重自然秩序的思想。

2.1 牛顿、斯密和自然法则

当人们听到牛顿这个名字的时候，最容易想到的就是一个苹果和地心引力定律的故事，有些人可能还会想起天体力学，少数的人可能会想起微分学。通常人们会因其对物理学和数学的贡献而时常记起他。

不过，17世纪末系统表述的牛顿学说的原理对所有科学的分支学科都产生了强有力的影响。牛顿关于"钟型"宇宙的描述，甚至超过了科学革命，而成为
41 被普遍接受的关于物质存在性概念的基础，并且指引西方思想300多年。

牛顿的万有引力定律说明了空间物体之间的相互吸引力和排斥力使它们保持着运动或静止状态。引力，一种类似于巨大时钟主发条的力，使得宇宙能够按预测的那样永远地运动下去，而不会崩溃。牛顿学说的具体化就是所有现象和经历都是由遵循机械的、数学的严格定律的原子排列构成的。

因此，**牛顿力学**引出了科学决定主义学说的原理，即所有事件都是过去原因导致的必然结果。例如，如果一颗行星在天体力学图上被发现，那么它在随后所有时点上的位置都会被那一瞬间所有的信息完全、明确地揭示出来。此后一直到普兰克（Planck）和爱因斯坦（Einstein）的研究产生影响，科学家们仍然认为自然就如同一台大型机器设备一样，其行为可以通过观察、实验、测量和计算揭示出来。

宇宙如同一部非常协调、类似时钟的机器一样富有机械性的观点，很快就成为决定18世纪人们世界观的至关重要的因素。根据牛顿的学说，从自然法则中派生出来的上帝出现了，并且与他所设定的宇宙秩序相协调。上帝和他的宇宙一样是理性而且可靠的。这种对可靠性的乐观观念，借助于对造物主善良而仁慈的坚定信仰得到强化，从而带来了一种深深的解脱。因此，美国牧师卡顿·马瑟(Cotton Mather，1663—1728）可以用"地心引力把我们引向上帝，使我们非常接近他"的说法，而使得人们安下心来。了解地心引力就能更好地理解上帝那令人惊奇的能力。

虽然如此，牛顿自己的处事方式在不友好和无情境界中也算得上是"令人惊

奇”的了。作为英国皇家学会的主席和第一位被授予爵位的科学家，牛顿把他后半生的大部分时间都消耗于一些微不足道或完全没必要的争执之中，其中包括与
42 德国哲学家、数学家戈特弗里德·莱布尼兹（Gottfried Leibniz）关于究竟谁最先发明了微积分的争论。牛顿后来的行为给他的声誉留下了阴影。由于完全缺乏骑士风度，牛顿只能在机械论的太阳系中去寻求他的和谐。

若将骑士风度撇在一边，牛顿的天才决不能被否定。到18世纪初期，牛顿伟大的科学概括已经产生了一种新的世界观。尽管牛顿原理使人们抛弃了根深蒂固的人类位于宇宙中心的观点，从而使地球处于一种以太阳为中心的宇宙的不确定性之中，但是作为看不见的统治者——上帝的自然法则支配的宇宙的规律性和可预测性依然打消了人们的疑虑。自然法则支配自然秩序的观点统治着这种新的世界观。

2.2 重农主义者

由于历史、人类行为和经济学中的因果关系，就如同物理学和天文学中的一样，是非常清楚的，所以许多学者推测历史、人类行为和经济学也受自然秩序的支配。学者们认为，如果法则由上帝事先确定，那么人们就应该能发现这些法则是什么，从而使他们能够与控制他们的“事先建立的”自然秩序相协调。牛顿时代之后，其他世界观也要接受这种秩序观念的评判和挑战。

这种秩序的概念是法国重农主义者的政治哲学的基础。法国重农主义者生活在亚当·斯密之前的时代，并对斯密和英国古典经济学家产生了影响。以曾经担任过路易十五（Louis XV）及蓬帕杜夫人（Madame de Pompadour）宫廷医生的弗朗索瓦·魁奈（Francois Quesnay，1694—1774）为代表的重农主义者的学派被命名为**重农学派**，在法语中意为自然秩序的法则。由这些哲学家取自自然科学的观点，是18世纪中期在英法两国文化阶层中传播的众多思想中的一个典型代表。

无论是否是科学，这些作者的论述都是为了捍卫法国农民的利益而反对法国地主和商人的利益的。尽管当农业在英国遭受侵蚀的时候，巴黎已经成为了一座
43 挤满商人和咖啡屋的城市，但是农业在法国仍然保持着统治地位。因而就像现在一样，在法国农业已不仅仅是一种职业，它是一种“更高的叫法”，甚至是一种巧妙的生活方式，至少从法国奶酪和葡萄酒的例子中能看出这一点。

重农学派持续攻击重商主义者最薄弱的环节，即他们的财富观。重农主义者宣称，作为自然的一种恩赐，土地是唯一真正的财富，因为它能够使农业部门生产出超过生产耗费的净产品。由于农业是唯一真正的生产性事业，所以黄金并不是财富。更糟糕的是，与农业不同，由于工业部门生产出来的产品和它需要的投入一样多，因此工业也不能产生任何的剩余。

对于土地上的农民来说，情形甚至要更加令人沮丧。他们通过出售自己的农产品获得的现金，却又不得不作为地租交给那些购买或保有教会或国王土地的可

怕的土地贵族。非生产性的工业阶级也通过出售他们生产的产品获得报酬。除了土地所有者以外的所有人都通过他们生产的物品获得报酬——土地所有者收取地租但不生产任何物品。运用著名的《经济表》，魁奈进一步说明了农业剩余是如何流动的：地租、工资和商品通过整个经济转移出去，用以供养最低和最高端的社会阶层，就如同血从蓬帕杜夫人的血管中涌出一样。

重农主义者攻击重商主义的目的在于，希望取消封建土地所有者获得的税收减免、农民所承受的难以容忍的赋税以及为工业生产者提供保护地位。重农主义者得出的结论是，所有的土地都应该纳税，这是一种只会招致贵族和僧侣不满的观点。自由贸易，特别是农产品的出口，应该取代重商主义的关税。

凡尔赛宫中围绕在路易十五身边的法国土地贵族，较之其英国同类而言，让渡给商人阶层的特权更少。尽管魁奈和重农主义者获得了来自宫中的国王及夫人这两位“病人”的支持，但是他们仍然无法获得能够压倒贵族的力量。在医生对蓬帕杜夫人血液循环的比喻中存留下来的，就剩下了《经济表》。

44 亚当·斯密喜欢重农主义思想中自由放任的倾向，但是他否定了重农主义者关于工业不是生产部门的观点。斯密的观点被证明较重农主义者的思想更可被接受，部分原因就在于他论述了工业的积极方面，尤其是重要的是，这一论述出现在英国工业革命前夕。

2.3 亚当·斯密的方法

在斯密伟大的欧洲之旅（1764—1767）过程中，他于1765年分别在巴黎和凡尔赛拜访了重农学派的主要人物。重农主义者的名言“自由放任，自由通行”（“让事物按照其本来的路径前行!”）成为了斯密反对重商主义的口号。用一句话来很好地概括重农主义者与斯密的共有观点，就是自由市场竞争的自然优势不应该被政府干预所破坏。

斯密担心商业会因为重商主义的一揽子法令而被窒息。他记录的第一手材料表明，法国农民（指那些农场工人）仍然穿着木鞋甚至光着脚走路，而与此相反，即使是贫穷的苏格兰农民也穿着皮制的鞋子。与重农主义者一样，斯密也不相信贸易限制是有利的，也不认为黄金就是财富。黄金仅仅是货币，一种流通工具，而产品才是真正的财富。

亚当·斯密看到，作为一种自由的力量，市场正在不受阻碍地发展，就如同一股清新的空气席卷整个英国，而且更有甚者，腐朽的法国也有可能在它的冲击下趋向缓和。扩张的商业带来了新产品，这些产品被拥有剩余的土地贵族所购买。市场的扩张将会促进经济增长，工人和商人最终将获得自由而不用依靠地主和官僚。斯密认为商业是一种文明，而重商主义却是一种障碍。

斯密也接受了重农主义者关于自然法则支配经济和社会行为的设想，不过，他是满怀希望地站在商人和工场主利益上的。然而，对于这一点，斯密本可以转
45 向牛顿。在斯密是格拉斯哥大学最伟大的苏格兰人之一的那段时期，苏格兰的大

学一直在积极地传播牛顿的思想。在一篇关于天文学历史的随笔中，斯密将牛顿体系描绘成“有史以来人类最伟大的发现”。斯密认为，在一个宇宙中那些和谐而有益的组织，正是它的创造者富有智慧和仁慈的证明。

斯密预言，牛顿体系将成为所有科学体系的典范，而且，通过成功地将宇宙就如同一部按照自然法则规则运转的机器这一思想应用于社会和经济现象，斯密也表明了自己对牛顿的忠诚。被斯密认为由商业扩张和进步导致的自然以及理想结果的这种和谐与平衡，成为了后来几个世纪社会乐观主义的主要来源。而且，对于这种社会秩序而言，重商主义是不必要的。

斯密认为，如果经济在运行过程中是由上帝的手进行调节，那么它就不需要任何的改进。试图改进经济运行的努力只能扰乱这种机制，打乱它按一种规则的方式发挥作用的能力。在创建古典经济学的过程中，驱使斯密的一个重要愿望是，仿效他所处时代广受尊重的科学体系。因此，牛顿对于社会科学和社会的影响一直持续至今。

2.4 工业和国民财富

亚当·斯密于1776年出版的《国民财富的性质及其原因的研究》（后简称《国富论》）引发了经济思想史上的一场革命。这部非凡的著作成为了政治经济学这一新兴学术领域的基础，并构成了经济学第一个学派——古典学派的核心。同时，它也成为一股重要的政治力量，促进了19世纪英国经济政策的转变。

一个快速扩张的商业世界需要一种全新的经济学解读，而在这一世界中这些熟悉的传统和需求结构正逐渐消退。因而，经济科学作为一个独立学科的出现，
46 是与市场体系的繁荣、私人资本的积累以及工业制造体系令人目眩的螺旋式增长相对应的。

如同旋转的龙卷风一样，事实上任何一本伟大的著作都是一个悖论。今天，亚当·斯密被广泛地尊称为“制造业利益的代言人”和“工业革命预言家”。然而，《国富论》的矛头正是指向了“卑鄙的掠夺、商人和工场主的垄断思想，他们既不是也不应该是人类的统治者。”为什么呢？因为商人和工场主就是斯密所攻击的卑劣的重商主义的构建者。另外奇怪的是，这本书中也几乎没有暗示工业革命的到来及其正确的原因。

事实上，在1613年，约翰·布朗（John Browne）位于布伦奇利（Brenchley）的武器工厂已经雇用了200名工人来铸造枪支，这使其成为相当大的工厂。到《国富论》出版的时候，具有代表性的水力工厂已经拥有300到400名工人。然而，亚当·斯密注意到，在英伦三岛只能找到20到30家这样的工厂。

到1750年，经过一个世纪的成功扩张，奴隶贸易、商品销售、海上劫掠以及领土征服使英国已经成为了当时世界上最富裕、最强大的国家之一。尽管这些财富的大部分都掌握在国王和贵族手中，但是也有很大部分渗透给了扩张中的商业中产阶级。这种收入分配上的变化造成了对食物、家具、啤酒、葡萄酒、服装

等产品的需求，从而使得市场不断扩张。反过来，消费需求的增加又对工业进步提出了更高的要求。

从某种程度上说，英国在17世纪就为工业革命做好了准备。然而，工业革命直到几乎两个世纪以后才到来。对于18世纪早期英国工业的考察，将有助于我们理解其中的原因。

高效率的大规模制造业几乎不可能采用木制机械来生产；而钢铁由于其耐久性而变得必不可少。铁最先是利用木炭和木材的热量熔炼的。到1527年，在布
47 罗姆菲尔德（Bromfield）的贵族领地上开采出了煤炭。这一地区21年的开采权授予了一个叫兰斯洛特·洛瑟（Lancelot Lother）的人。[①] 1620年前后，一个生活在英格兰的法国人，约翰·罗切尔（John Rochier）申请到了利用硬煤制造钢铁的执照。到1635年，质量足以满足刀具厂要求的钢材已经在谢菲尔德（Sheffield）和罗瑟拉姆（Rotherham）生产出来。谢菲尔德也被认为"比其他地方都略胜一筹"。接着，詹姆斯·瓦特（James Watt）的螺旋式蒸汽机（在亚当·斯密位于格拉斯哥大学办公室的地下室设计出来的）为焦炭熔炼和钢铁锻造所需要的鼓风机提供了更加有效和可靠的动力。

尽管存在着所有这些活动，但在17世纪晚期到18世纪早期这段时期，英国钢铁生产的产量实际上是下降的。在很大程度上，那些土地贵族的社会态度起到了重要作用，因为他们拥有能够发现煤层的土地，而他们的作用在煤炭和钢铁工业生产中这尤其突出。他们对近期的利润更感兴趣，而对为了回报而需要进行大量投资的资本积累不感兴趣。而且，雄心勃勃的商人和小工场主的最高目标仍然是购买土地不动产，财富依然按照传统方式与土地而不是与社会底层开办的制造业获取的利润联系在一起。通过奴隶贸易、鸦片贸易和其他贸易流入英国的资本又被用于了炫耀性消费——建造高贵的庄园和购买精美的服装。为了能够积累建立工业社会所需要的金融资本，需要一种新的态度。

早期在兰开夏郡（Lancashire）棉花工厂工作的农民就持有这种特别的态度。举例来说，马修·鲍尔顿（Matthew Boulton）的棉花厂可能会利用他父亲在五金器具厂一生的积蓄而得到扩张。酿酒业是由贵格会成员控制的，他们的商业本能，是不爱声张崇尚节俭。无论是在好的时候还是坏的时候，贵格会成员似乎都很适合生产英国"麦芽酒"。

尽管如此，亚当·斯密并没有看到行将来临的那场被称为工业革命的大部分特征。事实上，斯密在法国开始写作《国富论》的时候，甚至农业都在倒退。到1776年，在英国农村已经能够看到新兴工业时代的商店和矿山，但是大型的工厂、工业城镇以及劳动力大军还没有出现。所以，斯密把英国称为"店主国家"，
48 虽然后来拿破仑一世（Napoleon Ⅰ，1769—1821）说这句话时带着蔑视的口吻。

在工业革命早期喧嚣的商业世界中，斯密是那个时代的正直学者。对于宗教信仰能够掩盖所有快速扩张的商业阶级所谓罪过的期望是非常迫切的，同时，商人们也需要一种新的经济哲学。商人以及处于上升势头中的工业生产阶级抓住了

① 威廉·里斯（William Rees）：《工业革命之前的工业》，第一卷，72页，卡多夫，威尔士大学出版社（Cardoff，University of Wales Press），1968。

斯密的一些能够为不断发展的经济提供辩护的思想，即经济中的货币能为商品和服务进行有效的市场交换提供便利。[①] 因此，亚当·斯密能被人们记起，并不是他的本意，而是由于他的思想精华的社会作用。从那时到现在，斯密的思想一直被用于为商业利益服务。

2.5 斯密的经济发展和增长理论

□利己主义的作用

在历史上，利己主义就如同放债人一样不受欢迎。在斯密的《道德情操论》中，自私自利被重新加以定义。我们能够把自己放在第三者的位置上，以一个开明公正的观察者的身份，通过这种方法来理解处于困境中的人，从而使得我们这把利己主义的锋利刀刃在很大程度上得到软化。

在斯密的《国富论》中，一个双向交换经济中个人追求利己主义保证了社会的和谐。在他所说的经济行为中，单个个人从来不试图去提高公共利益，同时也不知道他正在提高公共利益。他仅仅试图为他自己提供保障。斯密写道："我们想得到的食物并非来自屠夫、酿酒商或面包师的仁慈，而是来自他们对自身利益的关心。"这种利己主义和经济的自我依赖完全是自然的，以"改善我们境遇的欲望"为基础，这种欲望"与生俱来，并且除非进入坟墓，否则不会离我们而去"。[②]

49 经济利己主义从道德上讲也是有益的。斯密说："我从来不知道那些热衷于做生意的人为公共利益做了多少好事。"但是一个人的利己行为仅仅当它受到其他人的利己行为限制时才是"好"的。

□劳动分工

与重商主义者将贵金属视为财富不同，斯密将经济学的重点转移到了作为财富的商品和服务的生产上。生产以及商品和服务销售的增长增加了国民财富。亚

① 在斯密写作时，"生产商"最初被视为家庭手工业体系中兼有半个企业家和半个商人的角色。他所使用的概念是：雇主、制造商和工场主之间是可以相互转换的。雇主既表示工厂的工艺技能，又表示雇主和工人之间的管理关系。后来，卡尔·马克思（Karl Marx，1818—1883）相应的将生产商称为资本家。

② 这一章中来自《国富论》的引文对于绝大多数经济学家都是熟知的。它们被经常提及并可以被看成是公众知识了。为了减少不必要的混乱，我没有对引文加注页码。尽管如此，勤勉的学者仍然可以在经过埃德温·坎南（Edwin Cannan）1904 年校订的《国富论》最新再版本中找到。参见亚当·斯密：《国民财富的性质和原因的研究》，埃德温·坎南校订，纽约，兰登书屋（New York，Random House），1937。中文译文参考了亚当·斯密：《国富论——国民财富的性质和原因的研究》，王亚南译，商务印书馆，1976。——译者注

当·斯密所说的“财富”就是我们现在所说的国内生产总值（GDP）的年流量。启动一个国家财富增长的钥匙就是劳动分工——把一项特定的工作分成若干个独立的任务，其中每一项任务都由不同的人来完成。不同的专门职业得以发展，每个劳动者的技能也由于不断的重复操作而获得提高。

在一个著名的例子中，斯密计算了在一个制针厂中分工合作的 10 个工人——一个人抽铁线，一个人拉直，一个人切截，一个人削尖线的一端以便装上圆头（这就需要两三种不同的操作）等等——一天能够成针 48 000 枚，或者是 1 人 1 天可成针 4 800 枚。而如果由一个人完成所有工序，则 1 天可能也许只生产 1 枚，也许是 20 枚。

人们之所以愿意进行专业化分工，是因为通过从事一种最有效率的工作，能够获得足够的收入来购买他们自己生产效率会较低的那些商品。例如，优秀的面包师没有必要一定要成为一个好的烛台制造者，他更愿意做的事情是，为烛台的生产者提供两个面包，因为面包师可以用自己以擅长的方式生产的两个面包，去交换一个他非常需要但又不能像烛台生产者那样很轻易生产的烛台。这种交换并不是直接的物物交换，而是通过货币作为媒介的。

50 市场的扩张促进了劳动的专业化，这是因为，更多的人消费更多数量的产品，使得较长生产周期中在工厂体系内出现了越来越多的不同生产组织。扩大市场的一种方法是对那些国家具有绝对优势的产品实行自由贸易。在印度和锡兰，茶叶生产所需要的劳动量较美洲殖民地要少。类似的，美洲殖民地能够以较印度和锡兰更少的劳动投入生产烟草。斯密认为，印度和锡兰在茶叶生产上拥有绝对优势，而美洲殖民地在烟草生产上拥有绝对优势。

□资本积累

如果说劳动分工促进了增长的进程，那么资本积累就使得这台机器保持轰鸣。依照斯密的观点，工场主的资本包括固定资本（机器、工具和厂房）和流动资本（用于购买原料和支付劳动的资金）。后者，即**工资基金**，随着生产和利润的扩张而增长。工资是先于生产和销售支付给劳动者的，因为当生产开始的时候时间已经过去了。

工场主（作为一个企业的唯一所有者）谨慎的储蓄导致资本积累。从这些积累中，国民产出获得增长，因而支付给工人的工资也能够增加，这是因为工场主可以利用利润增加而带来的更多储蓄雇用更多的工人。工人需要的是最低保障品，食物、衣服和住房。随后，随着工人在必需品上的花费越来越多，总需求就增加了，在下一时期就有更多的产品被生产出来。这样，经济增长就会表现出良好的态势。

2.6 自然法则和私有产权

到18世纪中期，绝大多数受过教育的人都相信，上帝并不会亲自控制人和
51 事，而是间接地通过在自然界发生作用的法则来控制。艾萨克·牛顿关于上帝创造的宇宙是一部自动推进的机器的描述，给予了自利的个人主义更加持久性的支持。毕竟，只要结果总是由自然法则所决定，那么，一个工人或者一个工场主又能对社会中的其他人造成什么危害呢？约翰·洛克（John Locke，1632—1704）在政治学中也支持这一观点，他宣称，存在着高于政府的自然法则和自然权利。不需要什么同情心；人们只需要对他们自己负责。

除了证明不受约束的个人主义正确以外，这种牛顿-洛克主义世界观也为私有制提供了辩护。个人的节俭和谨慎毕竟应该得到奖励，充足的储蓄将会带来私有财产所有权。并且，如果一个人已经积累了大量的私有财产，那么他一定会有成为核心的愿望。一旦财产被积累起来，财产的保护就成为了一项自然权利，因为它属于创造它的那个人。积累也就变得高尚无比了。

至少有86%的证据表明，斯密汲取了洛克自然权利的观点，并将它运用到了私有产品及其保护上。政府是令人担忧的，因为它既能够剥夺人们的私有财产，也能剥夺个人自由。私有财产神圣不可侵犯，成为了另一个支持自由放任经济政策的理由。

斯密将自然法则的优点改造成后来所说的资本主义制度不可或缺的要素。利润是“有益的”，这是因为，它为工场主进行储蓄提供了激励。每一个工场主都跳动着一颗苏格兰人的心。资本积累也是“有益的”，这是因为，它的技术成果创造劳动分工，而劳动分工反过来又提高了劳动生产率，促进了国际贸易的扩张。如果没有私有产权，雇主就不会集中各种手段去建设和装备工厂，为自己提供就业，为他人提供工资基金。所有这些，对社会来说都是最好的，自然就应该进行下去，而不需要政府的任何限制。

2.7 斯密的价值理论

52 经济理论中最困难的问题之一，就是什么决定了一种产品的价值以及销售这种产品获得的收入如何在所有参与生产这一商品的人之间进行分配。经济学家把这一问题的解答称为“价值理论”。亚当·斯密并没有给出一个完整的解答；但他也确实提出了自己的解释。

□劳动价值论

劳动价值论认为，一种商品的价值等于生产这种商品所需要的劳动时间。亚当·斯密引入这一观点仅仅是作为对非货币经济中价值的历史考察。斯密认为，在资本积累和土地私有化之前的“早期而原始的经济状态”下，商品交换与生产这些商品所需要的劳动成比例。他举了一个著名的例子。在狩猎民族中，如果捕杀一头海狸所需要的劳动两倍于捕杀一头鹿所需要的劳动，那么一头海狸就可以换取两头鹿。在狩猎民族中，这些交换是不需要货币的，猎人的收入可以由他们所捕杀的海狸和鹿的数量来计算。

然而，即使在原始的狩猎经济中，专业分工也是很重要的。跑得快的猎人可能捕杀到的鹿要比海狸多；擅长静坐和等待的猎人更适合捕杀海狸。如果猎人们都专门从事他们最擅长的捕猎方式，那么总“产量”就会增加——猎获更多的鹿和海狸。而且，猎物的交换和贸易意味着如果每个猎人都坚持只捕杀一种动物，那么他们最终将获得更多。

在这种原始的狩猎经济中，我们并不能区分商品本身的价值和生产它所需要时间的价值，这两种价值在本质上是一样的。然而，在一个现代经济中，商品可
53 以与货币相交换。利润被支付给拥有资本的人，而租金被支付给拥有土地的人。换句话说，一种产品的价值（出售它获得的收入）必须在工场主和地主之间进行分配。要么是工场主和地主获得的收入是一种应得的报酬，要么是工人被剥夺了产品收入中理应属于他们的那份收入。

斯密所坚持的这两种情况中哪一种属实呢？尽管认为工人们总是必须“放弃部分的安逸、自由和幸福”，但是斯密仍然把雇主对劳动支付的工资和劳动本身的价值区别开来。斯密到头来并没有使得劳动价值论发挥太大的作用。

□市场机制以及它不可思议的回报

斯密并没有否认资本所有者获取利润或者土地所有者获取租金的权利。事实上，他把这些收入分配的存在性描述为经济增长和资本积累过程中“自然存在的”现象。工资基金包括了付给工人的预付款，正因为如此，作为基金所有者的工场主才拥有获得收益的权利。斯密认为，工资、利润和地租的平均率自然会相应于其时间地点而存在于每一个社会中。工人的利益和地主的利益通过资本积累所体现的进步而协调一致。

一种商品的货币价格也是这种自然的经济平衡的一部分。当一种商品的出售价格恰好能够弥补工人、工场主、地主按照普遍的、平均的耗费率付出的代价时，那么这种商品就是按照它的自然价格出售的，或者确切地说，这就知道了它“值多少”。斯密指出：“……这样，自然价格可以说是中心价格，一切商品价格都不断受其吸引。”供给和需求的变动会导致一种商品的价格围绕着自然价格上

升或下降，但是这些波动对价格的影响是暂时的，因为，按照斯密的观点，长期自然价格是由生产的单位成本所决定的。[①]

因此，在长期内，每一件商品的价格本身都可以分解为“工资、利润和地租的自然率”之和。所有工厂的生产都保持不变的成本，需求的任何变化只能改变
54 产出，而不能改变价格。在短期内（指在这一时期里，厂商的生产能力不能改变），价格是由竞争条件下供给和需求的相互作用决定的。[②]

价格下降和上升这一整个过程，正是在商业社会中发挥作用的市场机制和自然法则的一部分。个人的利己主义是这一自由市场体系的推动力。保证经济稳定的内部调节器就是竞争。

如果一个城镇的铁匠对马蹄掌索要过高的价格，那么竞争者不久就会在这个城镇里再建一个铁匠铺。除非这个铁匠降低价格，否则他就会由于竞争而被挤出这一行业。了解所有马蹄掌地点的购买者，就不会去价格较高的铁匠铺，而是会到其他地方购钉马蹄掌。大量的卖者、消费者所了解的价格和店铺的信息以及经济资源的流动性，限制了任何单一供应者影响价格的能力。一个人的个人利益是受其他人个人利益影响的。每一个人都会“在一只看不见的手引导下，去促成一种并非出于本意的结果”。

市场机制法则也决定了生产商品的数量。在现有生产水平上，对马鞭需求的增加将提高它的价格，刺激厂商生产更多的马鞭，从而限制马鞭价格的上升。然而，用于生产另外一种商品，比如面包的资源又会转移到马鞭生产中来。更多的马鞭正是社会最需要的。斯密强调了在这种竞争下自由地位的提高。消费者成为国王，而封建贵族、重商主义的计划者以及垄断者被排挤到了一边。[③]

市场机制使人敬畏的法则也调节了工人和工场主的收入。当马鞭价格开始上升时，生产马鞭的利润就会增加；随着竞争的介入，每个厂商的利润也会受到限
55 制。如果一个工人要求“太高”的工资，那么厂商自然就会雇用其他人——“参与竞争”的工人。如果某一职业的工资上升，例如家具制造业，那么工人们就会为了更高的收入而进入这个职业，直到一种“自然”的调节发生为止：家具制造业中劳动供给的增加限制了工资率（和收入）的增加。

市场是其自身的守护者；它完全能够自我调节。即使价格上升或下降，这也仅仅是临时性的偏离生产一种商品的实际平均成本，也即自然价格。商品和服务的生产者将会生产社会中个人实际需要的东西。工人会根据他们对那些社会所需要的商品生产的贡献量而获取报酬。

《国富论》的流行主要归功于三股特殊的力量：

（1）斯密的反封建主义、反重商主义、反垄断主义甚至反政府的观点，引起

① 在一个经典例子中，斯密论述了大众丧服对黑布价格的影响。黑布的暂时短缺将提高丧服布料的价格和裁缝的工资，但是对织布工的工资却没有影响，因为这种供不应求的现象是暂时的。然而，伴随着向黑布行业的转移，彩丝的价格就会大跌，生产彩丝的工人的工资也会下降。

② 在《国富论》第一册第七章的论述中，亚当·斯密即将产品的同质性抽象为竞争的一个条件，这简直令现代教科书的作者们感到妒忌。

③ 的确，亚当·斯密在经济思想上第一个对消费者给予了积极评价。他写道：“消费是一切生产的唯一目的，而生产者的利益，只能在促进消费者的利益时才应当被加以注意。”

了许多读者的共鸣。不断扩张的商业已经给个人带来了一定程度的自由和安全。那些祖先曾经卑微地依靠其皇室主人的生活并不断遭受战争伤害的人们，已经看到了伴随着一种货币交换经济的发展而出现的封建主义的崩溃。他们看到，重商主义者的战前政策由于与邻国贸易的扩展使得政治分歧消融而被逐渐削弱。斯密论述了牛顿式宇宙、从自然法则中得到的新自由以及摆脱政府专制的必要性所带来的好处，所有好处在英国、法国以及其他地方都能找到一群热切希望接受的追随者。

(2) 18 世纪的英国与亚当·斯密的观察并没有太大的出入。英国实际上就是一个店主国家，他们进行着活生生的、敌对性的竞争。一般工厂规模都很小，价格的变动经常会引起产量的变动。工资的变动有时最终也会导致职业的转换。

(3) 这本书是乐观而又民主的。英国分享不断增长的财富，已经不会潜在地受限于富有的土地所有者。实际上，从统治阶级的观点来看，亚当·斯密是一个
56 激进分子。统治者看到，在一个政府角色被“自然秩序”所取代的分散经济体系中自己是没有任何好处的。《国富论》问世 13 年后法国大革命爆发，许多英国人在斯密自由主义原则以及他对公共政策的批评声中感受到了一种与点燃法国起义之火一样的颠覆性精神。

斯密关于市场机制和个人权利相联系的观点已经被证明具有持久性。在斯密的观点中，当不受限制的市场服务于消费者的需求和愿望时，人类的福利就达到了最高。这些需求和愿望通过生产者生产和销售消费者真正想要的东西而得到满足。

斯密消除了个人私利与社会秩序之间旧有的、痛苦的道德上的两难选择。一旦竞争作为伟大的稳定器占据支配地位并且另一方面人们都变得文明，那么，经济中利己主义与社会福利最大化之间就不再存在任何的矛盾。因此，斯密的经济学是与他的道德观密切联系在一起的。

斯密为经济科学提供的观察视角，直到今天仍然为许多经济学家所接受。他们认为，平衡的自然市场体系是国民财富增长的路径。由竞争性出价带来的以较低的成本和价格进行贸易和交换的自然趋势使增长的效率通过专业化而不断累积。专业化和储蓄相结合引起了资本积累，增长也就自动随之发生。斯密的观点对经济史上的绝大多数持久的、一般的政策结论都产生了巨大影响：只要自由放任的政策不受干扰，市场就会完全有效。

2.8 斯密、现实与未来

斯密关于商业的观点，影响非常广泛并在西方世界获得了广泛的赞誉。后来的经济学家们发展了斯密的理论并使之更加精确，但是斯密对于竞争市场体系下
57 经济生活的丰富解释，没有任何一个人能与之相媲美。然而，亚当·斯密的观点与后来将自由市场资本主义作为一个必须由私利和贪婪所驱动的体系的捍卫者之间，存在着明显的区别。斯密经济学中的利己主义之所以可以被接受，仅仅是因

为它的结果是使全社会协调一致。这与他早期的观察并不矛盾：无论一个人多么自私，“这个人的天赋中总是明显地存在着这样一些本性，这些本性使他关心别人的命运，把别人的幸福看成是自己的事情，虽然他除了看到别人幸福而感到高兴以外，一无所得。”① 一个人对其他人感情的共鸣，将防止不受欢迎的社会行为出现，对财富的追逐仅仅是一个人期望自我改善的一个方面。

尽管如此，我们不能忽略仅仅抓住斯密最有利于自己目标的那些人的观点。斯密可能是心不在焉的，但是他并没有忘记自己理论体系中的弱点以及围绕在他身边的特殊利益集团。

尽管劳动分工导致国民财富的增加，但是单纯从事某一工种的劳动者单调的生活“把他们精神上的勇气销毁了，使他看不惯士兵们不规则、不确定和冒险的生活”，这增加了对于子民的国防的成本，因为这些人可能变得“在战争时不能保卫他的国家”，因此迫切需要政府的行动。势力依然强大的地主们的舒适和安全也使他们仍然是“懒惰和无知的”。

斯密对天赋自由权的怀疑自然而然地就被很快遗忘了。他发现，所有地方的雇主合谋，使工资保持在仅够维持工人“过得去的衣食住条件”所需要的水平以下。斯密也发现，商人和工场主攻击高工资很快，但是看到“他们自己收益的有害影响”却很慢。他同时也担心工场主变得太过强大，以至于拥有对工人不公平的优势。他认为，雇主在劳动纷争中总是可以坚持更长的时间：“地主、农场主、制造者或商人，纵使不雇用一个劳动者，亦往往能依靠其存量维持一、两年的生
58 活；而失业劳动者，能坚持一星期生活的已不多见，能支持一个月的更少，能支持一年的简直没有。”因此，就长期来说“雇主需要劳动者的程度，也许和劳动者需要雇主的程度相同，但雇主的需要没有劳动者那样迫切。”

当那些受过训练的读者放下《国富论》的时候，他会感到，在牛顿自然秩序所声称的协调一致中有一股酸腐味。斯密写下了下面这段著名的话：“同业中人即使为了娱乐或消遣也很少聚集在一起，但他们谈话的结果，往往不是阴谋要对付公众就是筹划抬高商品价格。”例如东印度公司，一家由英国谷物法授权的商业巨头，超出了私人小商业的行为规范，这正是斯密所厌恶的。高于自然价格的“人工价格”是法律规章、排他性公司特权、学徒制度规则以及垄断所带来的一种不良后果。

尽管斯密强烈反对对市场机制进行干预，但是确切地说，他并不是反对所有的政府行为。一般而言，他支持政府提供军事保障、主持公正以及提供私人经营无利可图的公共工程和公共设施。当我们具体考察这些支出时，具体项目达到了15 项之多，其中包括政府使用报复性关税的权力，惩罚商业欺诈的权力，管理银行业的权力以及提供邮局、公路、港口、桥梁和隧道的权力等等。尽管如此，只要私人国内市场是自由的，消费者就仍然能像国王那样占据统治地位。出于同样的原因，斯密也反对一种商品由一个生产者垄断生产。然而，总的来说，斯密把商业的开化作用看作是反抗中世纪和重商主义社会组织形式的一种神圣的

① 亚当·斯密：《道德情操论》，162 页，厄内斯特·里斯（Ernest Rhys）编，伦敦，人人丛书（London，Everyman's Library），1910。中文译文参考亚当·斯密：《道德情操论》，蒋自强等译，北京，商务印书馆，2009。——译者注

财富。

《国富论》仍然是西方文明的伟大著作之一。像所有伟大的著作一样，它的
重要性体现在不同的层面上：(1) 反对英国重商主义极具启发性的论争（尽管它
用200页论述了行将灭亡的病态重商主义）；(2) 为社会混乱设定秩序的哲学；
59 (3) 重点考察市场体系的科学的经济学体系。辩论、哲学和科学的主题是相辅相
成的；任何一个都不能脱离另外两个而独立存在。

经济增长的思想在罗马帝国或中世纪时期是不存在的。因此，我们将继续前行，探究其他古典经济学家抗争的背景——英国工业革命及其政治环境——同时，更好地理解他们的动机及思想。这些思想家所处的时代激发了他们的创作灵感。

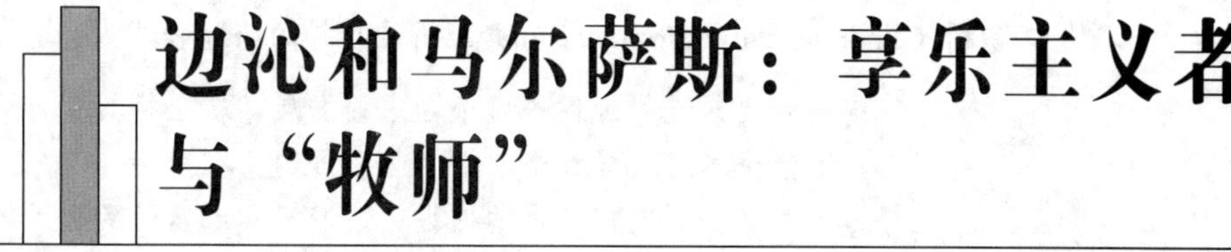

第3章 边沁和马尔萨斯：享乐主义者与“牧师”

61 亚当·斯密的见解逐渐成为了一个思想流派的基础。从开始的亚当·斯密到最后的约翰·斯图亚特·穆勒（John Stuart Mill），古典经济学统治了英国的政治经济学至少一个世纪。随后的古典经济学家们沿着亚当·斯密开辟的道路，为拥有和转移私有资本而游说，例如那些高速制针机。他们的目标是政治性和革命性的：试图从土地所有者手中夺取政府的操纵权，并使之掌控在商人和工场主的手中。古典经济学家长期在他们所处时代的政治冲突中发挥重要作用，包括自由市场、关税废除、福利政策以及工场主之间的自由竞争等方面的争论。事实上，他们中有两位议员。

那些亚当·斯密只能想象的东西，其他的古典经济学家已经可以直接进行观察了。他们能够看到处于高潮阶段的工业革命，并且英国古典经济学也在那场革命性的政治斗争中逐渐形成。小小制针厂中那么吸引斯密的东西到底是什么？是
62 劳动分工而不是机器，并且他的思想能够保持活力，也主要是因为他对土地贵族统治的旧秩序和重商主义的攻击。虽然如此，斯密依然预想到了工业革命；如果能活着看到工业革命，那么他无疑对制针机的印象会更加深刻。

3.1 古典经济学家梗概

尽管古典经济学家在某些细节上存在明显的差别，但是他们都赞同，除了军

事保障、司法审判以及私人经营无利可图的公共工程和公共设施以外，政府的干预应该受到谴责。任何超出那些被称为“政府正当法案”以外的规章制度，都被认为是对商业和工业具有破坏性。这一流行的观点为评论家托马斯·贝宾顿·麦考利（Thomas Babington Macaulay）所认同并简洁地表述为：

> 统治者要想更好地促进整个国家的发展，就应将其权力严格限制于立法职责，而让资本自我寻找最有利可图的渠道，让商品自我发现其公平价值，让努力和智慧得到它们应得的回报，让懒惰和愚蠢受到上天的惩罚，并且要做到维护社会的稳定、保护财产、减少法律成本、严格控制国家部门的花费。政府的职责应仅限于此，而人民大众有把握把其他的事情做得尽善尽美。①

继斯密之后最杰出的古典经济学家是托马斯·马尔萨斯(Thomas Malthus)、大卫·李嘉图(David Ricardo)、詹姆斯·穆勒(James Mill) 以及约翰·斯图亚特·穆勒；但除此之外的另外两位经济学家——J. B. 萨伊(J. B. Say) 和杰里米·边沁(Jeremy Bentham)——的观点也影响着经济思想。

他们都是19世纪处于中产处于阶级的自由主义者，拥有开放的自由传统和麦考利所描述的私有财产不可侵犯的信念。19世纪英国的自由主义使中产阶级摆脱了政府的控制，这是一个同当代美国类型不同的自由主义；在当今美国，政府干预主义在处理社会事务中起着非常重要的作用。

63 尽管如此，他们仍然更喜欢为达成一致而争论。这样做的目的就在于寻求经济规律或者是一贯且可靠的真理。在起始于18世纪的英格兰和苏格兰思想的伟大传统中，斯密、边沁、李嘉图以及穆勒父子的著作都在极度多愁善感中寻求情感和自由表达的同时，表现出对真理的热爱。这种思想或者说是感觉上的连续性，扩展到了包括洛克（Locke)、休谟（Hume）以及查尔斯·达尔文（Charles Darwin）等其他人的身上。所有上面这些思想家都对人们的思考方式产生了巨大的影响。

大卫·李嘉图（在边沁和詹姆斯·穆勒的鼓励和帮助下）在总共三版的《政治经济学及赋税原理》(1817、1819和1821）一书中对斯密的观点进行了最具影响力的改进。詹姆斯·穆勒的《政治经济学原理》(1821）为我们提供了一部非常优秀的古典经济学综述；后来，他的儿子、经济学及社会哲学家约翰·斯图亚特·穆勒所著的《政治经济学原理》（1848）一书经过多次再版，在美国直到20世纪20年代仍被作为教科书使用。至于马尔萨斯，他既是边沁的追随者，又是一个怀疑者。他参与了历史上两大著名的但友好的辩论，第一个是与边沁和詹姆斯·穆勒，而后一个则是与他的朋友大卫·李嘉图之间进行的。

J. B. 萨伊是法国带有激进色彩的自由放任主义的主要倡导者。尽管萨伊招致了拿破仑·波拿巴皇帝的不愉快，但是除了马尔萨斯以外的古典经济学家们大都接受他的市场定律；这一规律否定了“普遍过剩”或者商品过度供给的可能性，并在萨伊的《政治经济学概论》(1803）以及詹姆斯·穆勒（1808）那里得

① 参见《索西（Southey）论社会》，载《爱丁堡评论》，1830(12)。

到阐述和发展。

按照**萨伊定律**的观点，自由市场竞争条件下的产品总是会引起同样数量的需求。如果某一特定的商品过度生产，就会导致局部供过于求，但是在竞争的条件下，它总是能自动地进行修正。如果一种商品过度供给，就会被亏本出售，而其他商品数量不足，就会以一个足够高的价格出售从而吸引那些未被使用的资源。正如萨伊指出："一种商品的创造会立即为其他商品打开出口。"总需求总是充足的。

和斯密一样，萨伊仅仅把货币看成是商品交换的媒介，而不是由于其他原因让人们愿意持有的一种资产。因此，贮藏货币被认为是不理性的，并且没有人会
64 因是否用钱购买有价值的其他商品而产生犹豫。储蓄将被直接用于投资商品和劳动，这意味着资源供应者获得了一份收入。再一次说明，总需求总是等于总供给。由于认为不可能出现普遍的过剩（即大量商品难以出售），这种完美信念的结果，导致古典经济学家们没有将注意力集中在研究经济停滞的可能性上。并且与他们之前的斯密一样，他们也认为不需要政府援助而信奉自由主义。

在这里，对卡尔·马克思（Karl Marx）的观点避而不提，是很难做到的；有时候他的观点被看成古典学派这棵大树上的第二个分枝或者说是腐朽的一个枝条。在《资本论：政治经济学批判》（1867）第一卷中，卡尔·马克思接受了斯密和李嘉图的一些思想，例如对垄断的质疑和劳动价值论。但是马克思的大部分观点是与斯密追求个人利益会促进社会协调以及李嘉图和马尔萨斯捍卫自由放任主义的观点相矛盾的。由于马克思仅仅把资本主义视为一个经济发展的一个阶段，所以将他与古典学派分离出来是恰当的（参见第6章有关马克思的论述）。

古典经济学家在其他方面也存在着一些不同之处：马尔萨斯和詹姆斯·穆勒由于不同的原因更接近于新政治经济学的激进派。马尔萨斯并不同意斯密的乐观主义学说，相反，他认为不加节制的人口增长将剥夺资本主义给人们带来的利益。穆勒（以及他之前的边沁）针对古典学派对自然法则普遍性和持久性的信念发起了挑战。最重要的一点是，穆勒的人道主义、热心以及对穷人和受压迫者的同情，并没有被其他古典经济学家所分享，特别是没有被马尔萨斯所接受。

我们稍加停顿，因为重复常常是达到一个有用目的所必需的。对于古典经济学家来说，对真理的追求总在不断进行之中。无论是乐观主义还是悲观主义、过剩还是均衡、道德还是理性、看不见的手还是看得见的手，都是对经济规律的一种探索。

3.2 古典时期与工业革命

65 设想一下，如果亚当·斯密在1750年之前能够考察工厂、一些兴旺的行业和市场，那么什么因素将构成工业革命呢？是工业产出的急剧增加，是能与以前任何时候相比的繁荣。从1780年开始直到18世纪末，几乎所有的生产方式都处在一个急剧扩张的态势之中。从1780年到1850年，英国人均国民产出每年平均

增长 1.0%到 1.5%，人均实际产出在半个世纪内翻了一番。1826 年，后来成为英国首相的本杰明·迪斯雷利（Benjamin Disraeli，1804—1881）写道：“人不是环境的产物，环境是人的产物。”①

尽管亚布拉罕·达比（Abraham Darby）于 1709 年就在炼钢生产过程中使用了焦炭，但是直到 18 世纪中叶才有企业仿效达比的做法。之后，英国鼓风炉的数量在 1760 年到 1790 年间翻了四番，超过了 80 座。到 1830 年，已经达到了 372 座，并且在 1852 年达到 655 座。铁产量也从 1770 年的 3 万吨左右，增长到 1805 年的 25 万吨，到 1830 年接近 75 万吨，1850 年则达到了 200 万吨。

英国棉纺织工业引人注目的增长是通过布料生产中所需要的原棉进口量反映出来的。1850 年，原棉进口量为 6.2 亿磅，而与此相对照，美国独立战争开始时只有 800 万磅。1780 年只有不到 200 万棉锭，但是到 1850 年达到了 2 100 万锭。1820 年动力织布机被引进到生产过程之中；到 1830 年达到 5 万台织布机，到 1850 年已经有 25 万台。②

和绝大多数的革命一样，工业革命不管多么具有爆炸性，但总归是从时间之沙中孕育而来的。只有后来的史学家们在回顾历史时才能看清革命背后的推动力，也许其中最引人注目的就是新发明的层出不穷。作为促进自然科学知识发展的英国皇家学会早期的主席艾萨克·牛顿于 1662 年被授予皇家委任状，从而激
66 发了人们对科学的普遍兴趣并扩大了科学的声望。18 世纪晚期，一小部分富有的、重要的工场主就是这一科学学会的成员，并由此察觉到了科学发展的状况。科学进步推动了制造业的发展已经成为了一个公认的事实。进一步说，发明成果集中展现出来。1734 年以前出现了焦炭炼铁、纽科门（Newcomen）蒸汽机以及约翰·凯（John Kay）飞梭（用于纺织）。然而不出所料的是，这些最重要的发明都集中出现在那个世纪后三分之一的时间里。

理查德·阿克赖特（Richard Arkwright），一位在曼彻斯特纺织工业区附近工作的理发师，注意到了市场对纺织机器的需求，这些机器可以使家庭（或村镇）纺织厂的纺纱工技术达到更先进的水平。詹姆斯·哈格里夫斯（James Hargreaves）用他著名的乐妮纺纱机（1770 年获得专利）满足了这种需求，这种纺纱机能够使每个纺纱工的产量提高八包。在两个富有的针织品商杰迪代亚·斯特拉特（Jedediah Strutt）和塞缪尔·尼德（Samuel Need）的帮助下，阿克赖特制造出了水力机器（1769），这种机器第一次使纺织工可以用棉线而不是亚麻作为棉布的纵纹，从而使纺织出来的布匹质量更好。十年以后，克朗普顿（Crompton）的“走锭精纺机”——之所以这么叫，是因为它结合了乐妮纺纱机和水力纺织机的功能——使纺织工的生产率从八包增加到十包。英国的棉纺织工业得到了改造。

托马斯·纽科门在 18 世纪早期发明的蒸汽机主要被用于煤矿中的抽水，因为

① 《维维安·格雷》(*Vivian Grey*) 第一册，第二章，伦敦，朗文，格林（London，Longmans，Green），1892 [1826]。

② 这些数据来源于 R. M. 哈特韦尔（R. M. Hartwell）：《工业革命和经济增长》，120～126 页，伦敦，梅休因公司（London，Methuen & Co.），1971。

那里燃料便宜而又丰富。但是自从亚当·斯密的朋友詹姆斯·瓦特（James Watt）发现如何降低燃料消耗的方法以后，蒸汽机就有了更加广泛的应用。到1800年，英国大概有1 000台蒸汽机冒着蒸汽，其中大约250台安装在棉纺织工业中。

蒸汽动力对于大规模资本主义是一种解放力量。与水力不同的是，蒸汽机能够被运用到任何地方，可以更靠近原料产地和出售成品的市场，也可以更靠近人口聚集地。不久，城市就被工厂包围起来，笼罩在一片黑烟之中。

继炼钢业之后发展的是搅炼技术（1784），这种技术使得生铁在氧化环境中
67 不断搅动并转化为钢。之后，随着钢材质量的改良，第一台用于农业的高效脱粒机被制造出来（1786），并且工业用车床也得到了改进（1794）。车床和其他机械工具能够被用来制造机器，从而一个使用机器制造机器的时代开始了。金融资本积累是重要的，但利用这些资金购买的机器技术才是具有决定性作用的。①

幸运的是，1700到1750年间，英国商品的国外市场要比国内市场增长得快得多。在国内手工业生产增长只有7%的时候，出口工业生产增长已经激增到了接近80%。于是，国外市场吸收了这些生产成本已下降的新式的、改良的过剩产品。正如亚当·斯密预示的那样，这种贸易是通过英国重商主义者限制措施的迅速崩溃来推动的，与此形成鲜明对比的是，绝对主义、柯尔贝尔主义以及法国经济在同一时代停滞不前。

但是，人们当然不能用棉花、钢铁或者机器来充饥。我们也不能忽略来自农业进步的正面作用。由农业生产率提高所带来的食物供给的增加，不仅导致了人口增长，而且也形成了对新产品更多的需求。到1730年，人口和收成之间的不稳定平衡关系开始向有利于供养更多人的方向倾斜，尽管不是在所有时候对所有的家庭而言。这种生产率的提高将便宜的劳动力从农业生产中释放出来。

即便如此，也只有一种特殊的社会环境才能让詹姆斯·瓦特与一个仅仅生产纽扣和搭扣就已经非常富有的工场主马修·鲍尔顿（Matthew Boulton）走到一起，共同成立一家公司来制造蒸汽机。英国人都非常关注产权，因此专利为瓦特等英国发明家的工作提供了保护，而且，对于鲍尔顿来说，其财产的顺利积累通过法律变得更加牢靠。这种环境允许理查德·阿克赖特（在他的许多工厂里雇用了150～600名工人）和其他中等实业家开始作为拥有大量土地的百万富翁而引
68 退。这种在斯密的经济增长观点下被高度重视的资本积累通过封建继承制度而在英国维持下来。同样地，阿克赖特，一个曾经地位卑微的理发师，被授勋为理查德爵士。

3.3 斯密式和谐社会的蒸发

也许无论怎样夸大工业革命对英国以及同时对全世界所产生的影响都不会过

① 更多的名称和细节，请参见A. E. 马森（A. E. Musson）、埃里克·罗宾逊（Eric Robinson）：《工业革命中的科学与技术》曼彻斯特，曼彻斯特大学出版社（Manchester，Manchester University Press），1969。

分。许多传统的生活模式被摧毁或者被改变，改变得超出了人们的认知。对于一些人来说，生活变得更好了；而对于另外一些人来说，生活变得更糟了；但是总体而言，每一个人的生活都在改变之中。

快速增长的人口被释放（由于生产率提高）或者被吸引（由于相对工资提高）到乡村和城镇手工业部门并且大量涌入城市。这种不可避免的城市人口增长会带来拥挤的环境、污染、疾病、犯罪以及其他众多弊端。这些弊端和其他社会问题的盛行，已经得到了历史学家的广泛承认。

在这个工业快速增长的年代里，拥有大量土地的贵族阶级从食物价格升高过程中获益。而那些处于上升势头并奋力工作的工场主阶级对土地所有者和工厂的工人表达了他们的愤慨。他们认为，地主阶级只要待在土地上就能获利，而工人只想从工场主冒着风险建立的工厂中获得更多工作和更高工资。难道这就是亚当·斯密所谓的追逐利益能够带来的和谐么？这种情况不仅支持了悲观主义，而且也引发了各种不同的解释。其他的古典经济学家提供了大量两方面的论证。

对于这些经济学家来说，“和谐”通常只不过是在音乐演出中才能欣赏到的；而在其他地方，特别是在经济学中，它与 18 世纪一起落幕了。其他经济学家听到了不同社会阶级（通常根据其拥有的资本、土地或者劳动来进行区分）不相一
69 致的声音，于是冲突开始出现。一些经济学家意识到保守的土地贵族妨碍工业进步带来的危险性，另外一些则担心工业化并不是一种进步。不和谐的时代激发了经济领域或许有些刺耳的争论。

3.4 以杰里米·边沁为代表的哲学激进派

斯密之后的绝大多数经济学家都或多或少地受到了哲学激进派的影响。这些思想家试图引入一种类似于自然科学中牛顿定律的原则，以便使道德和社会科学可以在此基础上建立起来。除此以外，他们也想为人们熟知的**哲学激进主义**这种改良运动提供思想基础。

这一运动最初是与杰里米·边沁（1748—1832）相关的——他对他的挚友詹姆斯·穆勒（1773—1836）产生了重要影响。与斯密相比，边沁更多地受到了 18 世纪苏格兰历史学家和哲学家大卫·休谟的影响；休谟告诉我们，所有的思想都起源于印象，因此人类行为最终也是感性经历而不是理性思维的结果。边沁的社会伦理学将快乐与道德上的善良以及邪恶上的痛苦联系在了一起。

尽管边沁的作品不多，但是仅就这两种不同的声音而言，他的这种独创性逐渐受到了人们更多的尊重。边沁作为一个思想家和实践改革者对经济学产生了重要的影响。边沁是一个随着年龄增长奇特癖好逐渐增多的怪人。他（毕业于牛津大学）创建了伦敦大学，并将全部财产留给了伦敦大学。然而，他却要求每年的大学董事会上自己的遗体必须在场。这一状况一直持续至今。骨架内塞满填充物的边沁穿戴整齐，坐在一张椅子里，戴着手套的手里拿着一根拐棍。更加骇人的是，一个蜡制头模安放在他的身体之上，不停审视着整个房间，而此时边沁真正

的头（被完整保存下来）却被放在了他的两脚之间。尽管边沁去世了，但他从没有错过一次董事会！

边沁在年轻时忧郁而又细心，而在年长时他又是异想天开、朝气蓬勃的人。他发展出一套适宜的哲学，其中心学说就是**享乐主义**：任何好的东西也必然是令
70 人愉悦的。人生唯一的目标应该是寻找自己最大的快乐。

然而，通过与功利主义相结合，这一信条从幼稚的利己主义中被拯救了出来。功利主义相信，个人行为与政府政策都应该直接致力于最大化多数人的最大幸福。法律的、道德的以及社会的制裁，扮演着对那些可能会妨碍更大利益的个人利己主义行为提供约束的角色。于是，边沁背离了纯粹的自由放任立场；他甚至主张人寿保险行业的社会化。

边沁将这些概念应用于作为一个整体的社会，使用一种社会算术方法，从中加上快乐，减去痛苦。他认为，因为社会中所有的人都是平等的，所以任何行为对于每个人而言都会导致完全一样的快乐或痛苦的经历。社会的总福利就等于社会中所有人的福利总和。因此，如果一个人从政府政策的改变比如租金控制中获得的福利要比另外一个人失去的更多，那么，社会的总福利就会增加。[①]

然而，边沁进一步指出，个人利益并非一定是与全体利益联系在一起，因此社会行为所要求的社会和谐必须为人们所了解（他是在反驳斯密《国富论》中的断言：利己主义"自然"或天然的追求有助于最大化多数人的最大幸福）。边沁指出，教育立法有助于最大化多数人的最大幸福。大学生应该是心花怒放——仅仅因为听到这个消息而不是其他原因。

乍一看，功利主义者的效用似乎可以为市场需求一方提供一种更为客观和可计量的方法，这一方法正是亚当·斯密和其他古典经济学家很少提及的。供给是以成本为基础的，因此具有客观真实性。效用和需求在旁观者看来却是主观的。然而，通过使用货币作为衡量快乐和痛苦的尺度，边沁把握住了经济学家的想象
71 以及他们对客观性的偏好。这种深刻的见解先于仍然指导着年轻经济学家的 19 世纪 70 年代边际学派。

然而，这一创新也遭到了其他预言的致命反驳：根据持有货币量的不同，货币对于不同的人意味着不同的东西。15 英镑对于一个富人而言可能微不足道，但是却可能让一个穷人获得很好的享受。这种额外一单位货币较上一单位提供更低效用的思想，成为货币边际效用递减的原理。边沁的两条经济学"绳索"打成了一个死结：如果英镑本身用不同的满足程度来衡量，那么我们该如何对由英镑所得到的愉悦赋值呢？

这个小难题使得构建一种需求理论仍然是非常困难的事情。正如我们将要看到的那样，一旦经济学家们不再纠缠这一问题，那就意味着这个特殊的困难被克服掉了！古典经济学家们并没有解决这个问题，但是主观效用和货币边际效用的

① 边沁的分类结构要比"愉悦"和"痛苦"这两个词通常表达的意思更为详尽。他把整个范围内有意识的人类行为划分为"正面态度"和"反面态度"。所有的激励和厌恶，从最小到最大、从突然的念头到最深的愿望，都被一一包括进来。也许愉悦的同义词是意愿。也就是说，一个人想要做的事情就是能使他快乐的事情。但是，甚至这种分类本身都有问题。因为根据古老的习俗，违反规定的日本人必须要自愿地刺伤自己。很难认为这种行为是令人"愉悦的"。

思想对后来的边际主义者是至关重要的。

边沁确实给了古典学派特别是詹姆斯·穆勒大量值得思考的东西。同时老穆勒也使边沁变得更为重要，这是互惠的。边沁 60 岁时为人所知，完全是因为他发明了一种监狱，使得一个典狱官就能观察到所有的单人牢房。穆勒介绍边沁加入了后来被称为“哲学激进派”的团体，并且给予边沁一个学派和一个头衔，这是之前边沁最缺的两样东西。那时詹姆斯·穆勒 35 岁，是一个来到伦敦改变自己命运的苏格兰人。于是，作为回报，边沁给穆勒这位后来成为一名东印度公司官员和杂志记者的人，带来了一种他迫切需要的学说。

1793 年，威廉·戈德温（William Godwin，1756—1836）出版了一本最终被称为“哲学激进主义最早教科书”的著作——《论政治公平原则》。戈德温是一位政治作家、小说家以及与哲学激进派的狂热分子十分接近的哲学家。他在一个著名的知识分子圈子里处于中心地位。他的妻子，玛丽·沃斯通克拉夫特（Mary Wollstonecraft）是一名官员，女权运动的早期倡导者；他的女儿，玛丽·雪
72 莱（Mary Shelley）创作了《科学怪人》；深受他的影响并且先于他去世的女婿波西·比西·雪莱（Percy Bysshe Shelley）是著名的哲学诗人和激进分子。戈德温也对英国浪漫主义的早期领袖们产生了影响，特别是对塞缪尔·泰勒·柯尔里奇（Samuel Taylor Coleridge，1770—1850），后者的朋友威廉·华兹华斯（William Wordsworth，1770—1850）年轻时对民主自由主义和公众言论表示理解。

英国浪漫主义诗歌中表达了一种担心，人类内心存在的理性、想象、愿望和直觉的统一会被科学的单一理性所摧毁。或者，就像柯尔里奇所写的那样：

> 在事物之中，物质性与理性法则、自然意志之间相互协调，这种协调性使得后者让前者的性质得以实现。……美感产生于事物可感知的协调，……通过判断力和想象内在或制定的规则：这种美感永远都是凭直觉感知的。①

戈德温提出一种没有政府的简单社会形态，在这一社会中，人类最终可以实现完美状态。他声称，社会制度影响财富分配，阻碍了人类和谐和最终幸福的实现。戈德温提倡财富的公平分配，并为能够向世界完美过度而对智力和道德的改善提供生活必需品和留下足够的闲暇时间。

戈德温和雪莱都受到了启蒙学说的很大影响，这种学说认为，人类的理智将战胜不平等和残酷的政府政策。当雪莱了解到由于政府命令骑兵冲击曼彻斯特工人阶级集会而导致彼得卢大屠杀这一结果时，愤怒和悲哀激发他写出了《暴政的假面具》(1819)，其中写道：

> 我在路上碰上了谋杀——
> 他戴着一个酷似卡斯尔雷(Castlereagh) 的面具。

乌托邦的思想有着明显的吸引力，戈德温时代的许多人似乎都相信它；但是
73 对于其他人来说，这些思想看上去天真而又盲目乐观，甚至比边沁的功利主义更甚。对于这些愤世嫉俗者、现实主义者和阴暗与厄运的预言者来说，托马斯·马

① 塞缪尔·泰勒·柯尔里奇：《关于温和批判主义的原则》(1814)，引自约翰·巴特莱特（John Batlett）：《常见引文》，436 页，波士顿，小布朗公司（Boston，Little，Brown & Co.），1991。

尔萨斯就是一个上帝派来的反戈德温主义者。

3.5 托马斯·马尔萨斯和人口爆炸：一个无知的警示

托马斯·马尔萨斯（1766—1834）的声望源自于他对人口增长的悲观理论。马尔萨斯所攻击的并不是亚当·斯密的温和乐观主义。更确切地说，他所攻击的是功利主义狂热者的过度乐观。马尔萨斯的立场显示出他完全不同意戈德温的观点。

最初，马尔萨斯的姓氏是马尔索斯（Malthouse），意为酿造啤酒的麦芽作坊。很显然，是由于家族的宗教传统使得他的姓氏被修改。罗伯特·托马斯·马尔萨斯 1785 年进入剑桥大学，尽管他的理论可能会使很多人去借酒消愁，但是他本人在剑桥却沉浸于板球和滑冰运动中，并且在拉丁语和英语朗诵比赛中获过奖。后来，他成为了英国教会的一名神职人员，但却很少从事这方面的工作。在他获得了经济学家的声望之后，马尔萨斯成为了黑利伯里（Haileybury）学院的历史和政治经济学教授，而这所学院是由巨型商业垄断组织东印度公司在伦敦开办的。

马尔萨斯是一个令人愉快、和蔼可亲、脾气温和、忠诚而又慈祥的人。他被描绘成了一个身材高挑、外表文雅的人，并且举手投足像个十足的绅士。然而，他举止儒雅所具有的讽刺意味，不久也变得十分明显。在约翰·林内尔（John Linnell）1833 年的一幅画中，马尔萨斯面色红润、一头微红或者赤褐色的卷发，身材出众并且英俊得令人吃惊。唇腭裂的病患减弱了他的语言能力，因而马尔萨斯说话总是慢条斯理而又温文尔雅。然而，他坚定的信心和洪亮的声音总是让人们感到很舒服。

马尔萨斯直接指出，人口增长快于物质资料增长的趋势是通往戈德温所想象的完全平等和幸福未来时代的一大障碍。1798 年，在马尔萨斯和他父亲（他父亲站在戈德温一边）的争论达到顶点的时候，32 岁的马尔萨斯化名发表“关于
74 人口原理对未来的社会进步的影响：对戈德温、孔多塞（Condorcet）先生及其他作家观点的评论”。

马尔萨斯相信经济系统是受最高秩序支配的，但却不同意亚当·斯密认为的秩序的所有结果都必然是有益的观点；他指出，自然界所出现的一些问题是明显令人厌恶的。马尔萨斯的确看到了一些由人类“看得见的手”支配系统运动的余地——在这方面，他受到了边沁功利主义道德观的影响，即“为了绝大多数人最大利益”的观点。但是他较其他的功利主义者更倾向于保守，甚至是反动。

在否定了功利主义关于人类进步乐观主义情绪的同时，马尔萨斯也捍卫了英国传统的阶级结构（土地贵族位居顶端），而这正是功利主义者认为阻挡在完全民主前的最大障碍。因此，无论是在福利立法、对土地所有者征税，还是在防止萧条的问题上，马尔萨斯总是坚决反对保持现有的阶级结构而又依靠效用原则评价进步的立场。

马尔萨斯是一个非常谨慎的功利主义者，实质上他重新定义了功利主义。在功利主义者中，他是激进派中的保守主义者，乐观派中的悲观主义者。尽管如此，这种隔阂并没有妨碍他关于思想判断不同之处的和平讨论。举个例子来说，马尔萨斯看到了许多传统制度下大众福利所产生的社会效用，这种制度正是他所捍卫而激进主义者所攻击的。他也看到了他们的改革建议比他们在更为乐观阶段所宣称的给大众福利带来的社会效用要少很多。

所有以上这些把我们带到了另一个极端，那就是马尔萨斯的悲观主义。马尔萨斯为他提出的在数量上人口比物质资料趋向于更快增长的论点做出了一个说明。这个说明包括两个数量级数。如果食物供给是无限的，那么一个国家的人口数量将很容易每 25 年翻一番，以几何级数增长。但是正如马尔萨斯所写的，理
75 想条件下食物生产的增长“明显是算术级数的”。于是我们看到，城市人口按 1，2，4，8，16，32，64，128，256，512，…的比率增长，而生活资料则按 1，2，3，4，5，6，7，8，9，10，…的比率增长。正如马尔萨斯所写的：“225 年后，人口与生活资料之比将为 521 比 10；300 年后，人口与生活资料之比将为 4 096 比 13；2000 年后，两者之间的差距将大得几乎无法计算。”①

但是人们已经在城市里生活了很多个世纪了。为什么人口爆炸从来没有出现过呢？马尔萨斯给出了一个可怕的答案：人口增长超过食物生产的趋势被一些能够提高死亡率的“积极”手段所限制了——其中包括饥荒、穷困、瘟疫以及战争等形式的出现。他总结道，贫穷和哀伤是对“下层阶级”的天然惩罚。对“毫无价值的”穷人提供救济，例如英国济贫法所提供的，会因为更多的孩子可以存活下来而使得情况更加糟糕。只有“有产阶级”的生育力才是值得信赖的。这一结论与其悲观倾向同样明显：贫穷总是不可避免的。

早在 1803 年马尔萨斯的论文修订本出版的时候，他就有了一些其他的思想。他承认了道德上可以接受的对人口“预防性”抑制的可能性——包括减少婚姻、晚婚、节欲以及严守性道德等。这些行为上的改变能够降低家庭规模，尽管指望这些手段好像有点不现实。其他两个降低生育率的可能方法，即制止卖淫和节育，又是被排除在道德范围以外的。

马尔萨斯本人结婚很晚，从而亲身实践了他所宣扬的观点，并且最终只成为三个孩子的父亲。在马尔萨斯所处的时代，他是大不列颠最重要的政治经济学家。他的悲观预言促使历史学家托马斯·卡莱尔（Thomas Carlyle）把经济学家称为“沉闷科学中的可敬教授”。这一绰号至今仍然被广泛引用，并且一些人认为它仍然很贴切。

马尔萨斯关于穷人道德低下的观点在 1834 年《济贫法修正案》中被采纳。所有在类似监狱的救济所以外提供给青壮年的救济都被废除了。救济申请者必须典当他们所有的财产才能进入救济所。妇女和儿童通常被送到纺织厂工作，以远
76 离婚床的诱惑。这条法案意在表明，平静地饿死比接受公众救济更有尊严。直到第一次世界大战爆发，这一制度一直是英国济贫法政策的基础。尽管得到了人定

① 托马斯·R·马尔萨斯：《人口论》，13 页，格特鲁德·希梅尔法布（Gertrude Himmelfarb）编，纽约，兰登书屋，现代图书馆（New York，Random House，Modern Library），1960。

法的支持，但马尔萨斯仍然向自然法则低下了头：在《济贫法修正案》出台四个月后，他便因辞世而被排除在了人口之外。

数据资料既可以支持又可以驳倒马尔萨斯的人口学说。英国从 1750 年到 1800 年的数据显示符合马尔萨斯模型。从 1700 年到 1750 年英国的人口仅仅增长了 8%；从 1750 年到 1800 年，增长了 60%（这一时期的生活标准出现了一个极大的骤变）。死亡率的下降以及生产率的上升提高了人口增长率；进而膨胀的劳动供给又降低了实际工资水平。接着，从 1800 年到 1850 年，人口增长不可思议地达到了 100%。然而，到 1860 年，人口增长和生活水平下降已经不再相伴而行，因为生产率水平提高非常快。[①] 最终，工业革命打破了旧有的循环。最近对西欧、北美和日本人均食物消费的统计也显示，这一理论是不正确的。

尽管如此，世界上某些贫困地区仍与马尔萨斯时代更加农业化的社会相类似，并倾向于支持这一理论。由于人口的大量增长，人道主义在非洲、拉丁美洲的部分地区以及印度等地受到了威胁。尽管这些状况支持了马尔萨斯的观点，但是他仍然没有成功预见到一些重要的环节。第一，人类可以通过现代生育控制手段降低生育率。第二，农业技术进步，例如新的粮食品种的发展（绿色革命）会带来作物产量的极大增长。应该承认，我们不能无视那些在某种程度上支持农业的世界能源总有一天会枯竭的各种新马尔萨斯主义理论。但是这些理论也低估了我们应对这些威胁的能力，例如技术创新能力。戈德温曾经指出，技术发明可以
77 实现人类持久的改善。第三，也许是最重要的，从一个农业社会向一个城市化社会的转变，降低了家庭繁殖其自身劳动力的需要。

尽管如此，引人注目的是，马尔萨斯对进化理论产生了重要的影响。英国博物学家查尔斯·达尔文（1809—1882）知道通过选择性喂养创造更具生命力的植物和动物品种的可能性。他在寻找一种能够解释自然选择的进化理论。但是他却走进了一个死胡同，直到 1838 年，他读到了马尔萨斯的《人口论》一书（根据记述，他读此书是为了消遣，这可能与看上去一样令人奇怪）。

达尔文被动植物在自然选择的进化过程中抢夺食物与人口呈几何级数增长的说法所触动。他借用了马尔萨斯应用于人类社会的那些思想，并使之一般化，将之扩展到了植物和动物王国。[②] 正如我们在第 8 章看到的那样，这些马尔萨斯主义的思想（作为达尔文主义而被接受）以社会达尔文主义的形式在经济思想中被保留下来，但具有讽刺意义的是，社会达尔文主义又把自然选择的观点带回到了人类社会和经济生活的竞争之中。

在我们探求古典学派没落的其他原因之前，我们需要简要介绍一下马尔萨斯的另外一项贡献，他的**过剩理论**。马尔萨斯强烈反对斯密和萨伊关于无人购买商品可能性的立场。在他看来，人们对于商品的需求是无限的（也许没有对性的需求那么强烈）。然而，他也指出，如果一个希望购买的人手中没有其他人想要的东西可以出卖，那么商品就将无法出售。除非劳动者创造的价值超过劳动者的工

① 彼得·林德特（Peter Lindert）：《马尔萨斯主义的事实》，未出版的笔记，1984。

② 对整个故事的描述，参见拉马尔·B·琼斯（Lamar B. Jones）：《制度主义者及对物种起源的论述：弄错身份的例子》，载《南方经济杂志》，52 卷（1968 年 4 月），1043～1055 页，1986。

资——一个等于雇主利润的剩余，否则工场主就不会雇用工人。很明显，工人是无法购回这一剩余部分的，所以其他人必须要购买这一剩余部分。只有当所有的产出都被购买时，充分就业才能够得到保证。

马尔萨斯担心的是，究竟由谁来购买那些剩余部分。在他看来，资本家就像守财奴一样主要对积聚财富感兴趣，因而不能指望他们。在这一方面，地主构成了一个杰出的阶级，因为如果给定自然收益，土地所有者创造的收入将超过他们
78 的生产成本。上流社会的地主也有意愿消费（如果不是购买其他东西，就是雇用仆人），并且这种花费是克服经济停滞的一种最好方法。由于这一点以及其他一些原因，马尔萨斯对地主的态度是温和的，并且这一立场也导致了他与难以对付的大卫·李嘉图之间的对抗。

第 4 章 收入分配：李嘉图与马尔萨斯

79 亚当·斯密论述了政府是如何保护财产所有权的：“实际上就是保护富者来抵抗贫者，或者说，保护有产者来抵抗无产者”。斯密十分关注收入与财富分配，因为它们是关系到政治和经济的头等大事。马尔萨斯和 19 世纪早期其他两位伟大的经济思想家——大卫·李嘉图和约翰·斯图亚特·穆勒对这个问题也同样关注。

李嘉图曾经是英国下议院的议员，在那里经常发生有关国际贸易以及收入分配问题的争论。与马尔萨斯从一名经院牧师转变为实干家不同，李嘉图由一名商人、政客继而转变为一位理论家。然而，他们之间的政治争论，使得李嘉图确定了理论问题的主题。约翰·斯图亚特·穆勒为他所处的时代撰写了伟大的经济学教科书；同样，他也入选了议会，并且到最后还自称是一个社会主义者。这是一个充满伟大智慧与活力的时代。

4.1 大卫·李嘉图：证券经纪人和经济学家

80 大卫·李嘉图（1772—1823）是马尔萨斯的密友与理论对手。集他们二人之力，发展出一种被罗伯特·海尔布伦纳（Robert Heilbroner）描述为具有两幕悲剧的经济学。在第一幕里，托马斯·马尔萨斯阐述了人口过剩的可怕后果。在第二幕中，李嘉图揭示出懒惰、好逸恶劳的地主将是这种经济制度下唯一的受益者，而那些带给国家发展的工场主，则会变得灰心丧气、无能为力。

李嘉图出生在一个富裕的荷兰犹太移民家庭，在 17 个孩子中排行第三；这也就意味着，人口问题在他的家庭中一样存在。当 14 岁时，他便结束了正规的学校教育而涉足他父亲所在的证券交易行业。21 岁时，他与一个信奉基督教的女子结了婚，并且加入了基督教，这导致了他们父子二人的决裂。

于是，李嘉图开办了属于自己的经纪公司来经营债券，而且之后不久，其富有程度就超过了他的父亲。43 岁的时候，他从商界退休转而致力于经济研究并涉足政界（他为自己购买了一个议会席位）。51 岁时他因耳部感染去世；他为后人留下了 72.5 万英镑的遗产，在那个时代，这一数量的财产只有国王才拥有。他绝大部分的财产都集中在了田产和抵押借款上，这其中的讽刺意味一会儿我们就能看到。①

尽管李嘉图承认积聚财富是有价值的，但他是一个具有坚定信念、道德高尚的人，他经常倡导一些与其自身利益相冲突的政策。在获取大量土地之后，他就倡导了不利于土地所有者的经济政策。在议会中，尽管从未在爱尔兰居住过，但他却代表着爱尔兰的选民，并且主张有可能会剥夺他自己议会席位的改革。他是当时英格兰最富有的人之一，但是他却倡导对财产征税。

27 岁的时候，李嘉图开始研读《国富论》，并从此对研究政治经济学产生了浓厚兴趣。他发表的第一篇作品，就是投给一家报刊的有关货币问题的文章，而
81 且他的预言很快就得到了验证。在拿破仑战争时期，他成为了经济分析领域的代表人物，这是因为，在有关金块价格上涨原因的争论中，他指出了银行过度发行纸币是抬高黄金价值的原因。

不久以后，李嘉图遇到了詹姆斯·穆勒，他把李嘉图介绍给了杰里米·边沁，后者又把他带进了哲学激进派亲密的小圈子里。1811 年，他结识了托马斯·马尔萨斯，两人开始了一段深刻而又持久的友谊。尽管他们之间的私人关系非常亲密，但是当马尔萨斯出版了旨在辩驳李嘉图《政治经济学和税赋原理》(1820) 的一本著作时，李嘉图用了大约 220 页的评论作为回击。他们热烈的争论深入到理论和政策的每一个角落和缝隙。

只要理解那个时代的经济环境就能够更好地理解李嘉图的贡献。正如亚当·斯密所注意到的那样，一个自由的中产阶级政权的建立，要求商业从重商主义者的各种法规制度中解放出来，并且这在很大程度上促成了一种真正意义上的工业竞争制度在英国的出现。英国政府和后拿破仑时代的法国政府都公开抨击干预生产组织和劳工关系的行为，并且工会也被查禁。这就是当时的经济环境！

4.2 社会实况：自由、博爱和不平等的经济阶层

濒临工业革命时期，1776 年的美国革命和 1789 年的法国革命击中了欧洲土

① 李嘉图住在盖特库姆 (Gatcombe) 公园的庄园中，并写作出他的经济学小册子。20 世纪 70 年代，这座庄园吸引了女王伊丽莎白二世 (Queen Elizabeth Ⅱ)，她为公主安 (Anne) 及其丈夫买了下来，直至今日。

地贵族政治和君权神圣等旧有观念的要害。许多英国人与当时的时代精神产生了共鸣。亚当·斯密曾经在他周游欧洲大陆的旅行中遇到过本杰明·富兰克林（Benjamin Franklin），并对他所描述的新兴国家前景留下了深刻的印象，其中部分原因就是富兰克林创造的一句名言：“省一分就是赚一分。”

尽管法国大革命摧毁了法国封建主义上层建筑的所有残余，但是其最初目标却被拿破仑皇帝篡改了。在成功抵挡住拿破仑征服整个欧洲的努力的过程中，英
82 国被卷入到了1793年至1815年间所发生的一系列与法国的战争之中，这些战争对斯密及其追随者所代表的英国自由主义造成了很大的损伤。

1794年，《人权保护法案》被暂时中止5年，所有的秘密团体被取缔，所有参加人数超过50人的集会受到监督，印刷出版物等必须向政府登记，并且英国报纸的出口也被禁止了。在所有这些打击措施中最为卑劣的是，只有经过准许才能进入（大多是这样）的演讲堂在法律上与妓院归属一类！

在1799年和1800年，旨在规范就业环境的《联合法案》禁止任何雇主或工人结成任何形式的联合。如果说在这一片压制性立法的汪洋中英国自由主义者还有什么希望的话，那就是《联合法案》是选择性执行的，它反对工人和萌芽时期的工会，但是不反对雇主。这使得商人阶级稍微能松一口气。

当拿破仑战争的硝烟从战场上散去的时候，虽然君主和贵族阶层依然掌握着支配权，但是经济力量所必需的政治控制力已经开始向着不断扩大的中产阶级倾斜。在英国、法国和低地国家的较大城市中（伦敦已经容纳了一百万人），富有的老重商主义政府的领导人不情愿地开始与一小部分工场主、这些新的“工业领袖”分享他们的领导权。

对于中产阶级中的许多人来说，货币积累在本质上尚未达到它的终点（直到1815年，大多数家庭的生活条件都没有受到金钱多少的影响）。那些主要通过殖民地企业和早期长途贸易而积聚财富的上层贵族阶级家庭的后裔，更倾向于成为银行家和商人，而不是工场主。他们认为，财富是保证土地贵族安逸生活的唯一手段。亚当·斯密和其他古典经济学家赋予加尔文主义理性基础的那些思想，开始促使这种观念发生转变。

83 伴随着重商主义旧世界的衰落，一个新社会在英国、法国和低地国家正逐步形成。一群新型“经济人”正在出现，他们努力工作、充满活力、独力奋斗。他们奉行克己、自律、首创的精神，并且愿意为个人利益承担风险。他们决不允许工人松懈，也不认可福利救济会产生什么价值。

富兰克林式的节俭是他的口号，积攒每一分钱都是为了在他的生意中进行再投资。高工资以及政府的管制对事业都是不利的。工厂经营是需要相当长的时间，也需要用心去管理的，因此他把整天的时间都放在他的机器和账簿上，这或许完全是心甘情愿的。支配他生活的雄心壮志，就是把机器的产出提高到极限。他并不是那种你会想和他坐下来喝杯啤酒的人。

在曼彻斯特和里尔这种城市里，放眼望去，遍地皆是工厂的烟囱；但仍然有成百上千的小城镇，从但丁和中世纪时代以来，这里的经济生活就没有发生多大的改变。除了英国以外的其他欧洲国家中绝大多数的人们仍然依靠土地生活。

此外，欧洲大陆的土地所有者们仍然拥有实质性的政治权力，能够继续圈占

公众土地，把农民驱赶到更小的土地上去（到1810年，英国仅剩五分之一的土地没有被圈占，而在这个时候，圈地运动正在欧洲的其他地方开始实行）。雇农和小地主以及佃户的情况多少有所改善，他们可以自由地选择为自己购买、出售或工作，这也许改变了他们的职业。然而，整个劳动阶层的生活依然非常艰辛。

尽管亚当·斯密对商人给予了重新评价，并对拥有大量土地的统治阶层持蔑视态度，但是他的伟大见解在于把完全不同的经济因素组合起来，形成社会进步向上的和谐状态。然而，与斯密预料的情况相反，随着商业的增长，经济利益冲突也逐渐增多。更糟糕的是，斯密对重商主义的死亡诅咒迟迟没有应验。在工业扩张激起的战争中，大卫·李嘉图和牧师马尔萨斯时时处于这些冲突的中心。

4.3 李嘉图与重商主义的较量

84 诚然，对于古典经济学家来说，正如他们自己知道的那样，要想至少在英国和法国经济中获得更大范围的自由，就必须终结重商主义。于是，让·巴蒂斯特·萨伊（Jean Baptiste Say）感到，不得不通过一系列通俗易懂的文章来宣扬斯密的真理，去抨击法国的贸易限制；而在英国，李嘉图进一步扮演着这一角色，同时修正斯密和萨伊的思想，使之更加适合当地不断发展的经济状况。

那么，李嘉图面临着什么样的状况呢？那就是，重商主义的残余、依然强大的土地贵族势力、快速增长的人口以及城市普遍的贫困情况。李嘉图反对关税以及从土地上获得过度的利润。然而，与自由放任传统相一致的是，他也反对对贫困这一疾病进行干预；他选择的仅仅是解释致病因素。

在他的著作中，李嘉图能够比斯密更加准确地解释收入在工人、资本家和土地所有者之间的分配关系。并且他清楚地看到了乐观主义的斯密没有看到的事实，即在分割经济这块蛋糕时，竞争者很可能会被利益驱使着，将自己的餐刀伸向他人的蛋糕。

□关于《谷物法》的争论

对于英国经济，李嘉图最重要而又简洁的抽象，是由1814年到1815年间议会关于提议《谷物法》的争论所激发出来的；《谷物法》禁止谷物进口，除非国内谷物价格上升到一个确切的数额。这一关键性问题引起了工业家与土地所有者之间的争斗：那些土地所有者在战争导致来自欧洲大陆的农产品的进口渠道被切断时都扩大了耕地，但在和平突然出现后进口谷物突然涌入，所以他们现在都希望能够通过禁止进口来避免破产；而工业家则认为，《谷物法》是在花费他们自己的资本积累来使一小部分人受益的特殊措施，在英国土地上更为集约化的耕作所收获的食物价格越高，就意味着工场主不得不支付更高的工资。

85 由于土地所有者控制着议会，因此《谷物法》很顺利就得以通过，但是由这部法律引发的争论对经济利益集团的界定起了重要作用。同往常一样，马尔萨斯对地主阶层给予了慷慨的赞扬；而李嘉图则攻击他们的所作所为及其后果。于是，立法问题变成了经济分析和揭露阶级斗争中之间的竞赛。那么，国民收入又是如何在地主、工场主和工人之间分配的呢？

隐藏在争论背后的是后来被称为**报酬递减规律**的思想：在生产中，当只有一种投入增加而其他投入的数量保持不变时，这种同质的单一投入数量越大，它所带来的产出的增加值就越小，这是因为，在生产过程中增加的投入只有越来越小的部分能够与其他投入相结合。也就是说，随着相同面积土地上耕作的农民数量越来越多，那么生产出额外粮食的数量就会越来越少。于是，在农业生产中，土地数量一定而人口数量越来越多时，即使食物总产量也在大幅度提高，但食物的价格也会提高。进一步说，对于同等肥沃土地采用更为密集的耕作形式，不仅对经济阶级有不同的影响，而且对不同肥沃程度土地的利用也会产生不同影响。应该说，马尔萨斯对上述这一“规律”的现代版描述是非常粗糙的，而李嘉图却通过土地质量递减确切地阐明了报酬递减这一问题。

□关于“地租”的不同观点

马尔萨斯首先提出了这一论点。他把维持生计的工资和粮食等同起来。工人的工资也就等于工人所吃的东西。由于肥沃土地的供给是有限的，并且技术进步幅度也不够快，因而粮食作物的快速增长是不可能的。正因为如此，食物生产不可能比人口增长更为迅速，工人的收入将下降到不能足以维持生计。饥荒成为马尔萨斯对人口增长所给出的一种拙劣的“积极性”限制措施。

86 李嘉图赞同马尔萨斯关于人口对自然资源造成压力的观点。从这个长时间争论并最终达成一致的观点中，李嘉图提出了他的级差地租论，约翰·斯图亚特·穆勒后来将其描述成政治经济学的序数原理。李嘉图的论点比马尔萨斯的论点更为精确。然而，对于他们二人来说，问题的症结在于土地所有者的利润，或者说是“租金”。

李嘉图指出，最肥沃的土地利用最少的劳动和资本就能生产出最大产量的粮食。但是随着人口倍增和粮食需求膨胀，越来越贫瘠的土地不得不被投入到耕种之中。在贫瘠的土地上，用同等数量的工人和农具只会生产出更少的粮食。因此，粮食的价格也将由在最贫瘠的土地上耕作所花费的更高成本来决定。

上述情况是如何发生的呢？考虑仅拥有贫瘠土地的土地所有者。假定在他最贫瘠的一块耕地上，生产出 500 蒲式耳的粮食，需要耗费劳动和农具的成本是 1 000英镑。那么，他种植粮食的成本就是每蒲式耳 2 英镑。正如上面指出的那样，价格是由生产粮食的最差条件所决定的。如果人们对粮食的需求增长到需要将最贫瘠的那块土地投入使用，那么他们就必须支付用于耕种这最后一块劣等土地所需要花费的生产成本。因此，在这个例子中，粮食的市场价格就是 2 英镑。接下来，考虑拥有最肥沃土地的土地所有者。假定较为肥沃土地的所有者同样投入 1 000 英镑的总成本就可以生产 1 000 蒲式耳的粮食——正好是前者的两倍。

他每蒲式耳的成本仅为1英镑，但是他能够以两倍于成本的价格售出，因而他的境况由于这多出来的每蒲式耳1英镑而变得更好。

对于李嘉图来说，**经济地租**是由于“土地原有的、不可毁灭的自然力的使用”而支付给土地所有者的。这种租金和通过土地上的改进所获得的报酬是不同的，后者能增加利润而不是地租。马尔萨斯认为对土地所有者来说，高额租金是一件有益的事情，但是李嘉图并不这么认为，对于其中的原因我们需要做一些解释。

简单地说，李嘉图认为租金是非劳动所得。为了让小麦产量得到提升，土地所有者不得不工作更长的时间（或者，也许更准确的是，让他们的工人工作更长
87 时间），并按照与拥有最肥沃的三角洲土地的农民同样的价格出售。与人工成本扮演的角色不同，租金不能决定粮食的价格。在一定程度上，粮食价格决定了租金的多少。

令人沮丧的是，这是一个贫瘠土地与肥沃土地的故事。对于贫瘠土地的所有者来说，价格仅仅代表对他们的劳动和资本的一种回报。当然在非常肥沃的土地上，价格也代表着对劳动和资本的一种回报。然而，由于在肥沃土地上每蒲式耳粮食只需要劳动者工作较短的时间，因此，价格也提供了一种无偿的收入，或者说是李嘉图称之为经济地租的东西。贫瘠土地的所有者取得的仅有工资和赚得的利润，而肥沃土地的所有者还可以获得租金。因此，李嘉图得出结论，认为单独来自于自然的土地所有者的“租金”是不公平的，因为它是脱离粮食生产所必需的资本和劳动数量之外所产生的。

如果停留于此，我们只能获取李嘉图撒哈拉似的、简洁而通俗的经济学抽象概念。但是李嘉图天才地指出了租金的触角是如何伸展并触及整个社会的。随着人口按马尔萨斯的比率扩张，生产力更差的土地被用于耕种，直到最贫瘠的土地也被开垦，生产一额外蒲式耳粮食的成本上升，食物的价格也随之上升。伴随着更高的食物价格，刚刚足以维持工人生存的货币工资率必须比以前更高才行。然而，实际工资倾向于保持在维持最低生活的水平线上，这一法则通常被称为**工资铁律**。

更糟糕的是，同农业一样，制造业也必须支付更高的货币工资。与亚当·斯密相同，李嘉图也认为对工人的支付来自于资本家的**工资基金**。更高的工资意味着工场主只能获取更低的利润率，从而导致工场主投资于新的厂房、设备和工具，或者雇用更多工人的资金变得更少。

正如李嘉图所描绘的全新但确实令人沮丧的社会景象清晰呈现出来的那样，我们开始明白，为什么像他所指出的土地所有者的利益“总是与社会其他各个阶级的利益相对立”。更高的货币工资率减缓了资本积累的步伐，由此造成的不断
88 下降的利润率导致制造业增长减慢。由于食物价格的持续攀升，工人们将会一直在维持生存的实际工资水平线上挣扎下去。与此同时，肥沃农田的所有者将比以前变得更为富有。土地所有者不会利用他们的租金去投资于制造业，因为这种生意不能获得和他们租金率一样高的利润率，这种租金率就是一种不劳而获的报酬。

自由贸易也被推到了公众面前。“老式的”保护主义——《谷物法》——将

会维护土地所有者的特权而削弱其他社会阶级的利益。李嘉图看到了工业家是生产性社会增长的真正来源，更进一步，他注意到了在没有政府干预的情况下经济是自动调节的，因此萨伊定律将会排除工业危机。

马尔萨斯进行了有力反驳。与往常一样，他的异议又将经济分析与对拥有土地贵族阶层守旧的偏爱混杂在了一起。进步是与地主阶级相伴的，更高的租金将使他们能够永久提高土地的生产力，同时他们对于奢侈品的购买将防止一般性生产过剩的发生。更为普遍的是，马尔萨斯关注到制造业快速扩张将会带来的后果：正如所有人看到的那样，人口在城市集中，城市的环境状况对人们有害。他更偏爱于田园牧歌的农业时代。

马尔萨斯认为，制造业中的雇佣关系本质上是不稳定的，因为消费者的口味是变化无常的。他担心，这种潜在的不稳定将会导致工人的动乱。也许，最重要的是，马尔萨斯预计，工业化的罪恶将会破坏一个建立在上流土地阶级基础之上的一个社会的文化繁荣。马尔萨斯颇感困惑的是，李嘉图本身是一个土地所有者，他却没有赞扬过他自己那类人的优点。

与斯密一样，李嘉图主要看到的是工业扩张有益的方面。他预见到了诸如《谷物法》这类不明智的法律政策会导致经济陷入一种**静止状态**——工场主利润率的降低及其对积累的抑制，将导致这种停滞。人口增长将会停止，投资净额将变为零，并且人均收入也将维持不变。自由贸易，也就是取消关税，将会延缓这一可怕的静止状态的出现。

另一个与斯密的相同之处在于，李嘉图强调资本积累以及有序增长和市场供
89 需平衡的重要性和价值。他希望商业从限制其利润最大化能力的条框中解脱出来，以便使储蓄和资本积累能够继续下去。

□国际贸易理论

李嘉图也是一个国际主义者。他认为，国家竞争，比如关税、贸易限制以及战争都会减缓资本主义的发展。他使用了一个非凡的分析方法来说明为什么贸易是互惠互利的。他可能是第一个提出国际贸易理论的经济学家。

在李嘉图的比较成本原理中，他揭示了为什么一些国家出口具有一定相对成本优势的商品会获利。由于（在著名的例子里）他用生产葡萄酒和布料所需要的劳动时间来表示生产的单位成本，因此这一理论也阐明了劳动价值论。在这一例子中，李嘉图，一个议会绅士，给予英国的贸易伙伴葡萄牙以绝对成本优势。葡萄牙生产葡萄酒和布料所需要的劳动时间都比英国要少。如表 4—1 所示。

表 4—1　　生产一匹布料或一桶葡萄酒所需的劳动时间

	布料	葡萄酒	葡萄酒对布料的相对价格（P_W/P_C）
英　国	100	120	1.2
葡萄牙	90	80	0.89

葡萄牙在葡萄酒生产上具有**比较优势**，因为它生产葡萄酒的成本优势比英国相对要大；也就是说，英国的劳动成本比率 120/100 比葡萄牙的 80/90 更大。这些比率依次给出了 1 桶葡萄酒用布料匹数表示的交换价格——1.2 匹英国布料能
90 够购买 1 桶英国葡萄酒。因此贸易是值得进行的，因为英国人能够用比 1.2 匹布料少得多的价格购买 1 桶葡萄牙的葡萄酒，尽管不能少于 0.89 匹布料！

当物物交换的比率在每桶葡萄酒交换 1.2 到 0.89 匹布料之间时，贸易在双方互利的条件下成交。对于葡萄牙来说，只要 1 桶葡萄酒能够交换超过 0.89 匹的布料，那么将葡萄酒运送到英国就具有优势——在英国 1 桶葡萄酒值 1.2 匹布料。而对于英国来说，如果交换 1 桶葡萄酒所支付的布料少于 1.2 匹的话，其优势在于专业化生产布料。

通过看上去简单的智力推导，李嘉图证明了贸易即使对于那些在所有方面都有更高成本的国家也是可行的，并由此扩展了亚当·斯密在世界经济范围内进行劳动专业化具有优势的思想。在当时更为重要的是，李嘉图给出了又一个反对《谷物法》的有效论据。

4.4 李嘉图的贡献

李嘉图最持久的贡献是：(1) 他自己独有的经济学方法；(2) 收入分配的重要性；(3) 国际贸易理论。通过李嘉图的工作，经济学从哲学中分离出来，并只依赖于本身纯粹内在的逻辑产生的法则而不是其他任何法则，从而成为一门独立的学科。

真实而又抽象的经济阶级之间的冲突发生了，然而实际上在李嘉图的思想中是不存在任何具体人的，只有理想化的事物。在亚当·斯密快乐的著作中，存在着勤勉、有血有肉的工人忙着进行专业分工，而机敏、精明的生意人则在最大限度地使利益最大化。李嘉图把这些栩栩如生、形形色色的经济肖像简化成了灰暗的轮廓。

李嘉图的经济学修辞是对他那个时代经济问题的反应，但他潦草的作品却源自于他的想象，而不是研究。20 世纪 60 至 70 年代公认的经济学家给予其最高赞
91 誉，称他为“经济学中的牛顿”，甚至认为他纯粹的抽象都突然具有了现实世界的含义。例如，李嘉图试图通过寻找一种表示相对价格的“不变的价值标准”来使他的简单谷物模型一般化。劳动价值论被证明是不完备的，在这一理论中，所有的价值都来源于劳动时间和被他称为“黄金”的复合商品。在第 11 章中，我们将会看到皮耶罗·斯拉法（Peero Sraffa）是如何在阐明一些与收入分配相关的现实世界问题的同时，来解决这些问题的。

的确，在李嘉图关于收入分配的观点中，存在着对人类担心的含义，甚至具有海尔布伦纳式的悲剧色彩。他的主要理论关注点，是国民收入以工资、利润和地租的形式在三个主要社会阶级之间的分割。恰好够维系生命的实际工资能够让工人生存但却不能生活得更好。自然上升的地租会带走越来越多的国民收入。不

断下降的利润率将无法保持工业经济的扩张。

而且，更为悲惨的是，在李嘉图时代的这种体制下唯一的受益人是土地所有者，他们对于土地自然产权的垄断使他们可以获得额外支出。工资是对工人努力工作所支付的报酬，无论是利润还是利息都是资本的价格，但是地租却要大于土地的使用价格。李嘉图十分痛心地看到，一个对于进步负有责任的企业家阶层处在了这种压力之下。

这一出两幕悲剧最终未能演完。在李嘉图去世之后大约20年，《谷物法》被证明是无效的立法，并且在1846年被废除。直到今天，英国也不依靠本土生产粮食。此外，西欧的人口数量从没有像马尔萨斯和李嘉图所预见的那样对土地资源造成压力。尽管如此，李嘉图国际贸易的比较成本学说却保持了其原有的活力。

马尔萨斯和李嘉图之间伟大的争论和难以置信的友谊，直到他们去世才告一段落。李嘉图写给马尔萨斯最后一封信的最后几句话表明了他们彼此间的伟大
92 敬意：

> 我亲爱的马尔萨斯，现在，我即将离去。和其他争论者一样，在大量的讨论之后，我们各自得到了属于自己的观点。然而，这些讨论从没有影响过我们之间的友谊；如果你赞同我的观点，那么我就不会像现在这样喜欢你了。①

10年以后，马尔萨斯也去世了。

4.5 古典学派的遗产

古典经济学家的政策，是通过鼓励资本积累和经济增长，最终使得社会受益，但所得并不是平等分配的。在工业革命的过程中，依靠工资为生的人付出了特别沉重的代价。尽管亚当·斯密十分同情工人阶级，但是在一个一直对拥有土地的贵族和统治阶级抱有最大尊敬的社会里，他和李嘉图的主要理论产生的影响，是给予商人（特别是工场主）以敬意。工场主作为国家财富的促进者赢得了新的社会地位。马尔萨斯对于土地统治阶级的喜爱逐渐减弱了。尽管如此，正如我们将要发现的，非劳动所得的收入从来没有真正消失过；只是铭刻在战利品上的名字发生了改变。他致力于提高工人利益并提出了一个关于收入分配这一令人烦恼的问题，一直保持到“古典学派的终结”。那么现在，我们把注意力转向约翰·斯图亚特·穆勒。

---

① 这是约翰·梅纳德·凯恩斯在《传记文集和随笔》[38页，纽约，子午线图书公司（New York，Meridian Books），1956] 中引用的。这些随笔最早是由地平线出版公司（Horizon Press Inc.）于1951年出版的。

第 5 章

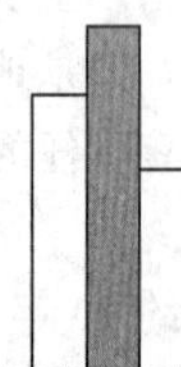

冰冷的贫困与火热的穆勒激情

93 为自己寻找特殊的利益实在不是什么新鲜事；在中世纪，国王、王后以及神职人员可以说做得很好，然而他们却并不总是在做好事。正如刚刚提到的那样，在李嘉图和马尔萨斯的时代，当不断上升的工业阶级为一块更大的馅饼向他们发起挑战的时候，土地统治阶级仍然追求着他们自己的利益。对于工业家而言幸运的是，古典经济学家的思想，作为新的正统，不仅在捍卫资本反对土地时可以利用，而且在捍卫资本反对劳动时也可以加以利用。

对于受压迫者更糟糕的是，政治经济学家一种苛刻的解释，能够转变成对于一些恶劣工作条件的辩护，而这些工作条件却被当作一个自由系统不可避免的组成部分。贫穷被描绘成自然本身需要的药物，并且贫穷的普遍性则意味着社会非常需要这剂猛药。由于工人们并不能从李嘉图、马尔萨斯和他们那些消极的学问中得到支持，因此他们开始在其他地方寻求关注。

5.1 现实工业世界中的工人

早期工厂体系最恶劣的弊端之一就是对妇女和儿童的盘剥，他们被视为有价
94 值和顺从的工人，特别是在纺纱厂和印刷厂里。事实上，在这些工厂里工作的成年男子的数量相对很少。妇女和儿童所拥有的公民自由权利是最少的，并且也最无力对恶劣的工作条件做出有效反抗。他们很容易培训，也愿意为一点点工资而

努力工作。

在英国，成千上万的7岁到14岁的男孩和女孩每天都被强迫从黎明工作到深夜［我们知道其中一些人的名字，例如伊丽莎白·本特利（Elizabeth Bentley），1815年在利兹是一位为伯克（Burk）先生工作的磨房工人］。为了使他们保持清醒并不断工作，监工们有时还会打他们。也有一些罕见的“模范”雇主，比如空想社会主义者罗伯特·欧文（Robert Owen，1771—1858），他是拉纳克（Lanark）磨坊厂的所有者，但是，即使是他那为人所熟知的善心也必须放在当时的背景下加以考察。在那个时代他受到的赞扬仅仅是因为他所雇用的接近3 000名童工中在12年内仅有14人死亡，并且没有一个成为罪犯。[①]

正如所记载的那样，在这个时期，英国棉纺工业的扩张是一个例外，那是一个考察工业革命期间工人阶级状况是否得到改善的最好去处。统计显示，从乡村作坊向工厂的转变在某些方面改善了生活水平，而在其他一些方面又使生活水准变得更糟。毕竟，更高的货币工资和规范的雇用方式把许多工人从乡村工业和农业中吸引到了兰开夏（Lancashire）的工厂。据统计，在1806年到1846年间男性不熟练工人每天可以赚到15到18个值六便士的硬币，而熟练工人每天可以赚

---

① 理查德·L·塔姆斯（Richard L. Tames）编：《工业革命档案，1750—1850》，96页，伦敦，哈钦森教育（London，Hutchinson Educational），1971。

议会专员与工厂工人的会面记录提供了关于妇女和儿童待遇的一份相当丰富的证据。其中一次会面是他们在1815年与伊丽莎白·本特利这位磨房工之间进行的。现摘录如下：

你今天多大了？

23岁。

你是从什么时候开始在这家工厂工作的？

从我6岁的时候。

在那家磨房里你的工作时间是多长？

工作紧张时是从早上5点到晚上9点。

在你工作不紧张的时候通常的工作时间是多长？

从早上6点到晚上7点。

什么时间允许吃饭？

中午12点45分。

假如你们懈怠或者说慢了一些，他们会做什么？

用皮鞭打我们。

经常吗？

是的。

女孩和男孩一样？

是的。

用皮鞭使你们受到过过分伤害吗？

是的，是这样……我曾经看到监工走到屋子的顶端，在那里有些小女孩手抱铁罐背对监工；他拿着一条皮鞭，嘴里叼着哨子，有时候他会拿来一条镣铐把她们拷住，在整个屋子里拷打她们。

因为参加这种劳动，你本人的体貌有很大变形吗？

是的。

那从什么时候开始的？

大概从我13岁时开始的……

更为完整的记录请参见约翰·凯里（John Carey）编：《历史的见证人》，295～298页，剑桥，哈佛大学出版社（Cambridge，Harvard University Press），1987。

到 33 到 42 个，与此相比较，兰开夏的农业工人每天赚到大约 13 又 1/2 个六便士硬币。[1] 妇女和儿童的收入要打很大折扣。收入更高的兰开夏劳动者可以买得起肉，而农民主要是依靠面包和水生活。

那些来自于农田的工人可能会发现，来工厂工作是惩罚性的：工人们失去了制定他们自己工作计划的自由，因为他们将屈从于固定的工作时间。尽管如此，新工厂中糟糕的条件在很大程度上反映了当时农场和车间中施行严厉监督的古老传统，并且这种情况在对工厂体系的补救性立法强制推行以后很久仍然继续存在
95 着。有的时候，孩子们也会发现工厂要比他们的家庭环境更容易忍受。

尽管工业化最终提高了每个人的收入水平（不是平等的），但是劳动的实际工资和工人的生活质量在工业革命中既没有下降也没有得到显著提高。就像飞蛾扑火一样，过剩的农业和家庭手工业的劳动力从农村扑向了工业这座火焰山，他们以一个远远超过实际劳动力需求增长的速度转移到工业城镇和城市。农业、乡村作坊、工业中的新技术都是节约劳动型的。阿克赖特（Arkwright）和哈格里夫斯（Hargreaves）的发明，极大地降低了棉纺纱对劳动的需求，手工棉纺纱的消失几乎与机器的出现一样快。[2] 城市的发展带来了拥挤环境、污染、疾病、犯罪和其他一些弊病。这些社会问题的盛行被那个时代的历史学家所普遍观察到。

于是，我们得出了一个悲哀的结论：工业革命并没有给处于那个时代的工人带来任何大的实惠，尽管城市化和快速增长的人口可能比工厂系统本身对城市贫民窟的出现负有更大的责任。在工厂雇用率很高的时期，工人享受到了高收入，但是工业的扩张却完全没有增加他们在国民财富分配中的份额。直到 19 世纪 60 年代，英国工人阶级的生活水平才有了显著的改善。

5.2 狄更斯笔下的贫困、工厂条件与古典经济学家

但是，无论怎样强调正统观点的理论体系如何杰出，这个新的工业时代的经济条件都没有引起广泛的兴趣。尽管一般公众可能会赞同斯密、李嘉图以及工业家关于自由重要性的论述，但是，贫穷和经常性的恶劣工作条件，除了工厂所有者之外不会赢得多少拥护。“激进”诗人波西·比西·雪莱在他的《麦布女王》
96 （1813）中抨击了商业买卖（“唯利是图的交换”）和加尔文教派的行为道德规范：

> 商业已经戴上了自私的面具，
> 以其所有奴役力量，
> 在一块闪闪发亮的矿石之上，

① 罗德斯·博森（Rodes Boyson）：《工业化和兰开夏工厂工人的生活》，载《关于贫穷的长期争论》，69～70 页，经济事务学会文集，萨里，安文兄弟（Surrey，Unwin Brothers），1972。

② 在工业革命以前，大型工厂中就大量雇用了手工纺纱机的操作工人。早在 1736 年，布莱克本地区的两兄弟就使用了 600 架纺织机并雇用了 3 000 名操作人员。

刻下金字图章……①

柯尔里奇、华兹华斯（Wordsworth）以及其他比雪莱更长寿的英国浪漫主义（1789—1832）的作家，也抱有这种同情，尽管没有雪莱那么强烈。虽然如此，对于工厂制度弊端和贫穷这一社会弊病的最后攻击仍然留给了一位维多利亚时代的伟大小说家。

查尔斯·狄更斯（Charles Dickens，1812—1870）的作品提供了对工人阶级和工厂主生活令人难忘的描写。狄更斯本人 12 岁就被迫离开了学校，同其他男孩一起从事给黑色涂料瓶贴标签的工作；这段经历在其自传体小说《大卫·科波菲尔》（1849—1850）中被痛苦地描述出来。这个大卫·科波菲尔并不是我们熟知的那位魔术师，但是他的作品的确充满魔力，令人不可思议。

在《雾都孤儿》（1837—1838）中，狄更斯通过一个天真无邪的小男孩噩梦般的经历，描述了救济院和贫民窟的环境，并给予了强烈抨击。在《董贝父子》（1846—1848）中，人们可以看到，作为与逐渐减弱的重商主义利益相对立的工业力量在不断成长。狄更斯对于工业社会最生动的描写出现在后来的《艰难时世》（1854）一书中。他在对科克镇——狄更斯笔下最原始类型的工业城镇——的描写中，把一个道德寓言与现实的社会分析结合在一起。狄更斯写下了如下故事：

> ……在那个怪难看的城寨内部的一些堡垒里，大自然是被结实的砖头砌到外面，正如同有害的空气和煤气是被砌在里面一样；在那窄院连着窄院、狭街紧靠着狭街的“迷宫”中心，房子都是一幢幢盖起来的，每幢房子都是为了某个人的用途而匆匆忙忙盖起来的，这整个的一片，就成为了七拼八凑的大杂拌，摩肩接踵，简直挤得要命；在这广大而又人烟稠密的地区的最挤
> 97 的一个角落里，因为缺少空气，难以通风，烟囱造得千变万化，奇形怪状，
> 好像每家都挂上了招牌，使我们可以预料哪一种人会从这里生出来……②

狄更斯为李嘉图完全抽象的收入阶级注入了生命：托马斯·格拉格林德（Thomas Gradgrind），一位退休商人；斯蒂芬·布莱克布尔（Stephen Blackpool），一个工人；约西亚·邦德比（Josiah Bounderby），一个工厂所有者。格拉格林德是对精明的边沁主义者讽刺的模仿，但不是特别的露骨，对于边沁主义者来说，任何事情都是经过处理并安排妥当的：

> 一个人为人处世都从这条原则出发：二加二等于四，不等于更多而且任凭怎么说服他……他口袋里经常装着尺子、天平和乘法表，随时准备称一称、量一量人性的任何部分，而且可以告诉你准确的分量和数量。③

狄更斯对于古典经济学的藐视由他给格拉格林德的两个孩子分别起名为亚当·斯

① 波西·比西·雪莱：《麦布女王》，引自《雪莱诗歌全集》，乔治·爱德华·伍德伯里（George Edward Woodberry）编，波士顿，霍顿·米夫林公司，剑桥版（Boston，Houghton Mifflin & Co.，Cambridge edition），1901。[1813]

② 查尔斯·狄更斯：《艰难时世》，61 页，G. K. 切斯特顿（G. K. Chesterton）作序，纽约，E. P. 达顿（New York，E. P. Dutton），1966。[1854] 中文译本参见查尔斯·狄更斯：《艰难时世》，全增嘏、胡文淑译，上海，上海译文出版社，1985。——译者注

③ 同上，3 页。

密和马尔萨斯就可见一斑。

布莱克布尔是工作在动力织布机上的一名织工，由于生活的艰辛，他看上去要比他四十岁的实际年龄更老(在小说的情节中，他由于格拉格林德的大儿子犯下的一件罪行而受到了不公平的指控)。对于狄更斯而言，封建主义的家长式统治已经被工厂所有者的家长式统治所取代。布莱克布尔和他的雇主——邦德比先生境况之间的对比，准确揭露了亚当·斯密的所谓和谐一致的私人企业：

> 斯蒂芬形容憔悴、精疲力竭，从闷热的工厂里走了出来，来到了凄风冷雨的街道上。他离开了自己的阶级和自己的岗位，只带着一点儿面包走向他的雇主所住的山上。那是一座红色的房子，外面有黑色的百叶窗，里面挂着绿色的遮阳帘，上两级白色台阶就到了黑色大门的前面，门上挂着一个铜牌，用大字刻着“邦德比先生”（字体也像这座房子的主人一样又肥又大），在铜牌之下还有一个圆得像一个大句点似的铜把手凸出来……①

邦德比先生享受着排骨加雪利酒的午餐，而不仅仅是一片面包。邦德比喝着雪利酒却不肯施舍给他的雇员一滴，还故作谦逊地说：

> 98 你从来没有找过我们的麻烦，你从来不是那种不讲理的人。你并不像他们那些人，希望坐六匹马的车子、用金调羹喝甲鱼汤、吃鹿肉吧！因此，我已预先断定你并不是到我这儿来诉苦的。②

邦德比先生比斯蒂芬自己更知道他想要什么。

狄更斯既不是一个经济学家也不是一个哲学家，一些《艰难时世》的评论者抱怨他并没有完全理解边沁和功利主义。同样的争辩是雪莱并不理解商业，他的批评也同样离题。他们作为艺术家的功能就是报告和评论他们所看到的是什么、是哪一个，尽管工业主义也许在本质上并不是罪恶的（格拉格林德和邦德比并不是“恶棍”），但对它的滥用也迫切需要得到更正。

在工厂和城市环境被破坏后引起的公愤以及在这些创造性的推动之下，一些改革措施相继产生出来。工厂巡视员是一个显著的成果。从改革的观点来看，工厂体系的一个优点就在于，由于生产是在一个地方组织进行的，因此这个体系中出现的问题就很容易被监测出来并最终得到控制。与古典经济学工业主义的解释相反，政府正开始进入角色。

5.3 约翰·斯图亚特·穆勒：资本主义与社会主义之间

查尔斯·狄更斯的一生，与古典学派最后一位伟大的经济学家约翰·斯图亚

① 查尔斯·狄更斯：《艰难时世》，68 页，G. K. 切斯特顿（G. K. Chesterton）作序，纽约，E. P. 达顿（New York, E. P. Dutton），1966。[1854] 中文译本参见查尔斯·狄更斯：《艰难时世》，全增嘏、胡文淑译，上海，上海译文出版社，1985。——译者注

② 同上，68～69 页。

特·穆勒（1806—1873）的一生是重叠在一起的。如果这能算作巧合的话，那么这种巧合充满了讽刺意味，这种讽刺并没有因为狄更斯的胜出而结束。J. S. 穆勒在最初专心致力于研究斯密、李嘉图、边沁以及他父亲的思想时，就与他们在关于生产和收入分配关系的观点上有分歧。对于正统学派而言最大的苦恼在于，
99 J. S. 穆勒试图把生产理论和生产报酬的分配相分离。直到今天，仍然是由于这个“混乱的思考”，经济学正统学派给他的打分很低。尽管如此，他仍然使这门已经变得令人沮丧的科学重新恢复了斯密的乐观主义。

□年轻的信徒

约翰·斯图亚特·穆勒的父亲詹姆斯·穆勒，尽管帮助建立了哲学激进派，但他仍然以对他儿子的特别教育而闻名——或者是臭名昭著。老穆勒有 9 个孩子，他希望其中的一个能得到适当的教育并成为他和边沁思想的信徒。

不管是否愿意，约翰被选中接受边沁主义的教育。他从 3 岁开始学习希腊语，8 岁开始学习拉丁语。到 12 岁学习微分学的时候，他已经掌握了代数学和初等几何。也就是在这个时候，他已经写出了一本罗马政府史。

约翰·斯图亚特·穆勒在经济学上明显是一个晚熟的人，他直到 13 岁才开始政治经济学的学习。从 15 岁到 18 岁，穆勒编辑并出版了 5 卷本的边沁手稿。在 19 岁时，他发表了最早的学术论文。20 岁时他患了常见的神经衰弱症。

□诗歌与对复兴古典学派的热爱

J. S. 穆勒后来的大部分生活都留下了试图克服童年时代缺乏慈爱和亲情的痕迹——他的父亲过于严厉而又善于挖苦别人，而他的母亲几乎不见踪影。穆勒冲破了他受到的极端分析方面的训练，并能够鉴赏诗歌，特别是威廉·华兹华斯的诗。穆勒无疑曾经读过来自华兹华斯《不朽颂》的其他章节：

> 彩虹来去无踪，
> 玫瑰展露娇容。

穆勒相信，是华兹华斯的诗帮助他从神经衰弱的病痛中恢复过来（边沁曾嘲笑诗歌是小孩子的游戏）。他学会了享受来自于他那个时代许多浪漫的、革命的感染
100 力所带来的冲击。与华兹华斯和柯尔里奇不同的是，年纪大了之后，穆勒仍然没有抛弃他年轻时的激进主义思想。

虽然如此，对穆勒情感产生最大影响却是他与哈利雅特·泰勒（Harriet Taylor）的爱情长跑。尽管在 1830 年他们第一次见面时，哈利雅特已经是一位成功商人的学者夫人，但是爱情还是在他们之间萌发。遵循着一项很少公开的维多利亚时代的惯例，约翰和哈利雅特一起周游了欧洲大陆，并且在英国乡间度过了美好的假期。1851 年泰勒先生去世之后，他们最终结合在了一起。

在一些客观的观察者眼中，哈利雅特优雅而又漂亮，虽然她的肖像画并不与此相符。穆勒相信她也拥有伟大的智慧，事实上他的那本有影响的哲学小册子《论自由》(1859) 是他们两人合作的成果。也许，在与哈利雅特交往过程中，穆勒是从柯尔里奇《爱》(1799) 的一节中获得了灵感：

> 一切思绪，一切激情和欢乐，
> 一切使这肉体激动的情感，
> 无非都受着爱情的驱使，
> 都为加旺它神圣的火焰。①

无疑正是她的灵感和洞察力引导穆勒在他的《政治经济学原理》再版时修正了他对社会主义的观点，并且在他后来的岁月中对女权主义的问题投入了大量的思考，写出了许多著作。他的著作《妇女的屈从地位》(1869) 无疑反映了哈利雅特的影响。在他的《自传》(他去世以后出版) 中，他称自己和哈利雅特为社会主义者。我们很难想象这位最后的古典经济学家能有这样颇具讽刺意味的结局。

□穆勒关于收入分配的观点

穆勒通过对于古典经济学大综合而形成的《政治经济学原理》，作为这一领域最重要的教科书超过了 40 年。这本书是对斯密、马尔萨斯和李嘉图全部思想的考察和总结，但是由于穆勒本人的发现使得这本书得到了一个更加完满的结
101 果。他最重要同时也是最富有争议的发现在于生产与分配的分离。该书的流行，部分原因是因为 19 世纪 60 年代工人经济条件的明显改善开始成为现实，这也支持了他这本书乐观主义的论调。该书的成功使穆勒成为了他那个时代最具影响力的经济学家，他的一生改变了古典经济学派。

与斯密和李嘉图一样，穆勒也认为工场主的利润率会持续下降，他甚至同意李嘉图的解释——伴随着人口的不断增长，食物成本不可避免地会上升。尽管穆勒也预见到了经济的一种停滞状态，但是在这一点上，他开始与他那些著名前辈之间出现分歧。斯密和李嘉图认为停滞状态是令人讨厌的；而穆勒则把它看做是经济进步的最大成就。而且，与他的前辈不同的是，穆勒强调更加平等的收入分配方式的重要性——一个并非与停滞状态无关的概念。

尽管穆勒重视物质积累，但他也指引着人们向更高的目标奋斗。他认为，在英国，对财富的渴望是自然而然的，然而需要为之奋斗的，是财富的使用、对物质的赏识以及对不可能获得财富的渴望。他写道："如果真想改善英国人的性格，无论是使得他们具有更高的抱负，还是仅仅使得他们能够更加正确地评价眼前的欲望对象，都需要减弱他们追求财富的热情。"② 行走在"经济人"身边的是一

① 中文译文参见华兹华斯等:《英国湖畔三诗人选集》，顾自欣译，长沙，湖南人民出版社，1986。——译者注

② 约翰·斯图亚特·穆勒:《政治经济学原理》，105 页，J. M. 罗布森 (J. M. Robson) 编，第 2 卷，多伦多，多伦多大学出版社 (Toronto, University of Toronto Press)，1965。[1848]

个“非经济人”。

一旦英国达到一个足够高的财富水平，穆勒发现，只要人口增长受到限制，生产就没有任何持续增长的理由。并且按照穆勒的说法，对大众进行恰当的教育将会抑制生育率。他并不想否定生产规律，他仅仅是想通过劳动分工和资本积累使经济达到一个更高的台阶——一个生产停止增长的稳定状态。对于穆勒来说，停滞状态是一种幸福的、田园牧歌般的生活，在这种生活中，公正的收入和财富分配高于无情的资本积累。

102 穆勒将生产学说与操控分配的规则相分离，依赖的是自然规律和纯粹习惯之间的区别——一种我们在第一章中讨论过的区别。在穆勒的观点中，稀缺性和报酬递减规律来自于自然，是与万有引力定律和气体扩散定律相似的自然规律。但是尽管生产要素必须按照科学原则相结合，但这种生产的分配仍然是一个社会问题，并且其分配规则是由习惯因素决定的。

对于穆勒来说，收入分配遵循社会的法律和习俗。甚至连一个人只依靠自己的劳动而没有任何人的协助所生产出来的东西，他也不能保留，除非社会允许他这样做。在李嘉图所看到的有必要允许自然价格变动以使得地主不能储存所有收入的地方，穆勒也预见到了一条规律，那就是把地主逐出他们“自己”的土地。

□穆勒的改良思想

因而，无论富人和穷人之间的关系如何，如果社会不喜欢它所看到的，那么就只有对环境做出改变。如果有这个愿望的话，社会能够采取没收财产、再分配、征税、资助等手段，甚至引发对最初由经济机器决定的收入分配格局的巨大破坏。

尽管如此，1833 年英国工人阶级运动是由罗伯特·欧文，一个空想社会主义者发动的，而不是 J. S. 穆勒。欧文带领着工人运动的领袖一起成立了被称为国民大会的第一个工会。穆勒把停滞状态看作是仁慈社会主义的第一阶段，而在英国这也是“近在咫尺”的事情。在停滞状态中，改革就会发生。国家将会对富人的遗产征税，并且将阻止土地统治阶级获取李嘉图所说的那类地租。如国民大会一类的工人联盟必将结束工场主对工厂的控制。通过温和的改革，良性的进化将会取代激烈的革命。

穆勒在其体系框架内一直是个改革者，一个完全未被他同时代的卡尔·马克
103 思所注意到的温和社会主义者。他支持免费的公共教育、对使用童工进行管制、政府拥有如煤气和供水公司一类的自然垄断行业的所有权、对穷人提供公共救助，以及政府为缩短劳动时间做出的努力（如果劳动者想要的话）。

引人注目的是，卡尔·马克思与弗里德里希·恩格斯（Friedrich Engels）革命性的《共产党宣言》（1848）与穆勒的《政治经济学原理》是在同一年出版的，但是相对于之前工人绝对贫穷糟糕的情况而言，19 世纪六七十年代的经济状况已经有了相对提高，这就使得马克思“激进主义的”思想未能流传，反而为英国主流经济学正在形成的乐观主义提供了支持，并且为 J. S. 穆勒积极的思考提供

了条件。从对《政治经济学原理》进行多次修订中可以看出，穆勒一直是一个改革者。我们接下来将更深入地研究马克思和恩格斯的思想，并进一步设想他们集体主义的命运。

不管是对古典主义正统学派多么微小的偏离，许多经济学家已经抱怨约翰·斯图亚特·穆勒的混乱。即便果真如此，那这种混乱也是处于心灵与思想之间的。从他那一时代开始，经济学家的幸运就在于，看到了社会按照穆勒照亮的道路走下去了，而他们作为科学家则可以安心于研究更加可预见的自然规律。无论何时何地，穆勒的热心、人道主义以及对穷人和弱势群体的同情都将扫除李嘉图式的政治经济学的冰冷。然而，正如我们将要看到的那样，后来的经济学家却抛弃了热情。

第 6 章

卡尔·马克思

105 古典学派已经成为正统的经济学派。但是即便如此，这种正统的经济学派也像政府甚至是经济体制一样，终究会被推翻。然而，革命是一个有风险的事业；顾名思义，所谓正统的思想就是社会上大多数人所认同的思想。但同时，对每一种科学而言，都有一些激进者，他们并不赞成正统思想或者现有社会。到如今，我们似乎早已忘记了亚当·斯密就曾经是他那个时代的激进者。尽管约翰·斯图亚特·穆勒帮助了工会运动在英国获得认可，也曾带来税制改革，但是他的《政治经济学原理》却仅仅强化了在李嘉图和马尔萨斯之后就已经颇具影响力的古典经济学的正统地位。

我们必须要找寻其他的激进主义思想者，其中最为有名的一位是卡尔·马克思（1818—1883)。与穆勒同时代的经济学家们提出了一种可供选择的并且更加完备的古典经济学体系。尽管马克思经济学在英国和美国受到了批驳，但是他的思想却产生了深远的影响，并最终把整个世界分成了资本主义和社会主义两大阵营。

6.1 马克思与他的知己恩格斯

106 马克思是一个不可思议的人物，他的命运从一开始似乎就令人难以理解。

马克思出生在普鲁士王国莱茵省的特里尔城，他的父亲是一名律师，属于中产阶级，或者说是不久后被“马克思主义”憎恶的资本主义中等阶层。马克思在一个相对自由、充满学术氛围的环境中长大，他本打算从事学术性职业，但是一些政治事件改变了这一切。他转而从事新闻工作，直言不讳地谴责欧洲的政治压迫，并因此而被流放到英国——所谓正统思想的发源地。

马克思的名字总是与弗里德里希·恩格斯（1820—1895）联系在一起。恩格斯是德国人，他是马克思一生的挚友而非仅仅是一个合作者。他们的生活背景和性格截然不同。恩格斯善于写作而马克思更善于思考，马克思一丝不苟，但是作为学者在辞藻方面缺乏天赋。

恩格斯属于资本主义上等阶层，他外表英俊、健壮、瘦高，一双蓝色的眼睛非常明亮；他爱好击剑，常常携带猎犬骑马；他也喜欢红酒和工人阶级妇女，特别是一位爱尔兰少女玛丽·伯恩斯（Mary Burns）。恩格斯天生对文学和音乐充满了浓厚的兴趣和热情。他尤其喜欢波西·比西·雪莱（1792—1822）的诗，因为他的诗时常抨击传统的基督教和长期的暴政。尽管李嘉图对雪莱将商业看做“唯利是图的交换”持以冷漠的态度，但恩格斯却从雪莱的《麦布女王》中领会到了许多东西，比如：

107 权利就像是令人悲伤绝望的瘟疫，
腐蚀着它所接触过的物质，并依附于它；
它是天赋、美德、自由和真理的祸根，
人和人的躯体都成了它的奴隶，
可以自动操作的机器。①

正如边沁所言，恩格斯在阅读雪莱诗句的过程中，痛苦并快乐着。

恩格斯与马克思之间的差异非常大。马克思因身材矮小而显得脑袋很大，并且偏胖，留着络腮胡子，看起来非常严厉。他性格粗暴，不修边幅，喜欢沉思；并且他在本国的生活一直很邋遢、凌乱和贫困。恩格斯从1848年开始就一直在经济上承担马克思的家庭支出。

虽然两人在外表和生活方面上均有很大的差异，但是有一点他们却是共同的，那就是都憎恶等级制度，并且拥有一个强烈而坚定的信念，相信这些现状一定会得到改变。恩格斯的父亲把他送到了曼彻斯特（Manchester），让其从事家族的纺织品生意。但此时，恩格斯已经把注意力转向研究社会主义理论，而且在曼彻斯特的所见所闻更加坚定了他的这一信念。他写出了或许至今仍是最强有力的对工业区贫民生活的控诉，包括贫民悲惨无望的生活以及遭受到的残暴统治等令人难以置信的描绘。

在恩格斯1844年的记述中，读者能够真切地感受到贫民的每一处葬身之所——利物浦（Liverpool）和利兹（Leeds）火车站、山顶上、工厂或者曼彻斯特的“巴士底狱”，也可以俯瞰到厂区内的生活。正如在曼彻斯特大部分厂区内出现的情况一样，这里：

① 波西·比西·雪莱：《麦布女王》，载《雪莱全集》，乔治·爱德华·伍德伯里（George Edward Woodberry）编，波士顿，霍顿·米夫林出版公司，剑桥版（Boston，Houghton Mifflin，Cambridge edition），1901。

> 饲养者租用了庭院，并在其中建起了猪舍……这里的居民把所有的垃圾和废弃物都投向了猪舍，猪渐渐变得越来越肥，而四周的空气全然被腐烂的动物尸体和菜叶所腐蚀。[①]

恩格斯和查尔斯·狄更斯有着相同的理论来源——工厂内外的社会现实。与狄更斯一样，恩格斯认为，阶级差异已经从依赖于封建制度的家长式统治转变成
108 为依赖于工场主的家长式的统治。我们回想一下狄更斯笔下的史蒂芬·布拉克布尔（Stephen Blackpool），一个从炙热的作坊中逃离出来的工人，他厌恶自己所处的阶层，而向往着邦德比（Bounderby）先生一样的上层生活。邦德比是一个生活奢侈且自命不凡的上流人物。[②]

恩格斯目睹了许多怀孕女工最终沦落为妓女，很多孩子五六岁就进入工厂劳动（就连狄更斯都是在年满12岁后才被送进工厂劳动的）；由于孩子的母亲也整天在工厂劳动，因而这些孩子很少能得到母亲的照顾，每天重复进行着机械操作，过着单调的生活，因而也就无法受到教育。马克思阅读了恩格斯的作品，并非常欣赏他。也就是从那时起，他们建立了十分亲密的朋友关系，并在1848年完成了著名的《共产党宣言》。

由于马克思的作品以及他引人注目的行动，与他作为古典经济学家的名望相比，他在革命方面更加著名。终于在1848年，他鼓起勇气高呼："让统治阶级在共产主义革命面前发抖吧。无产者在这个革命中失去的只是锁链。他们获得的将是整个世界。"普鲁士人仍然认为国王的权利是天赐的、是不可侵犯的，没有议会、没有言论自由、没有集会权、没有出版自由、没有陪审团……这种专制统治支配着欧洲绝大部分地区。

《共产党宣言》是1848年欧洲革命的重要组成部分。这部作品有着悠久的历史，但是它最初以及最直接的影响却是改变了马克思自己的命运：马克思被迫离开了他的居住地比利时。之后，期待已久的欧洲革命在巴黎爆发，新成立的法国政府邀请马克思来到巴黎。而在其他一些大城市，那不勒斯、米兰、罗马、威尼斯、柏林、维也纳、布达佩斯，人们也开始反抗。此时革命的战火在整个欧洲燃烧起来。

但是情况很快就发生了变化。到了1848年6月，随着原有统治者占据有利地位，巴黎起义已经弹尽粮绝。旧体制浇灭了整个欧洲革命的战火，起义被终结了。1849年7月，马克思被普鲁士政府从莱茵省驱逐出境。后来马克思到了伦
109 敦，并一直生活在这里，直到1883年去世。尽管他名声不佳，但事实上革命活动在其一生中只占很小一部分。

① 弗里德里希·恩格斯：《曼彻斯特工人阶级》，选自《1844年英国工人阶级状况》，载《马克思恩格斯读本》，第2版，583页，罗伯特·C·塔克（Robert C. Tucker）编，纽约，W. W. 诺顿出版公司（New York，W. W. Norton & Company），1978。

② 查尔斯·狄更斯：《艰难时世》，68～69页，G. K. 切斯特顿（G. K. Chesterton）作序，纽约，E. P. 达顿（New York，E. P. Dutton），1966。

6.2 黑格尔的影响

马克思的革命性不同政见始于他与哲学家乔治·威廉·弗里德里希·黑格尔（Georg Wilhelm Friedrich Hegel，1770—1831）的第一次会面之后。黑格尔哲学非常难以理解，但是至少有一点是相当清楚的，那就是它与马克思主义紧密相关。

与笛卡儿（Descartes）和理性主义者相反，黑格尔认为物质和意识是相互交织在一起的。经济、社会和政治生活都在不断发展之中。任何一个社会制度在赢得权力之后，都会受到来自另外一个制度的挑战。黑格尔利用辩证法来解释这一过程：一个事实（命题）对立于另外一个事实（反命题），并在此基础上产生出新的事实（综合）。例如，封建制度遇到了一种新生力量——市场经济的挑战，这种碰撞的结果是产生了一种全新的制度——资本主义制度。正确地去理解，历史是一个辩证的发展过程。

然而，人类自我认识的发展过程并不是一帆风顺的，因为这一过程会出现自我异化。从某种意义上说，马克思对黑格尔有着彻底的认知。马克思并不认为人是自我异化的，而是把有组织的宗教信仰看做自我异化的反映。正如罗伯特·C·塔克（Robert C. Tucker）对马克思观点的解释："宗教是人们自我异化的一种现象。"[①] 这种观点使得马克思被基督教徒所反感。马克思本人或许并不喜欢人群聚集，他的举动被看做是十分随意的，不像狄更斯平时的行为也像写作一样充满仁慈。但是马克思的确认为，当人们把自己看做仁爱、关心、崇拜的对象时，才能克服情感上的异化。

马克思专心研究其中的原因，认为历史是整个社会制度从低级形式（奴隶社会）向高级形式（民主和社会主义社会）演变的过程。马克思没有在自然法则下描述个人之间的争斗，而是把阶级斗争描述为一个团体推翻了另外一个团体，继
110 而决定采用何种经济制度。那一获得胜利的团体在封建社会中就是地主（就像李嘉图认识到的那样），在重商主义时期就是商人，在资本主义社会是资本家，而在共产主义或社会主义时期则是社会中的每一个成员（马克思和恩格斯经常把社会主义和共产主义交替使用）。像有组织的宗教这样的一些制度阻碍了社会从低级向高级发展的进程，因而只有推翻这些制度，历史进程才能得以提速。

6.3 经济异化的刺痛

马克思认为，在一定政体下人们之间的关系就像他理解的宗教中的关系一

① 罗伯特·C·塔克编:《马克思恩格斯读本》，19页，纽约，W. W. 诺顿出版公司（New York，W. W. Norton & Co.），1972。

样，是一个异化的过程。人们把社会权力抛给一个相对独立的势力范围，那就是统治着他们自己的国家。然而，政治异化是一种制度现实，并且它的解决有赖于真正意义上的社会发展，那就是公众要求的社会力量推翻国家的一种集体行为。

国家已经完全融入了社会经济生活之中，在很多时候这二者难以区分。而社会经济生活是人们异化的另一个领域。马克思认为，由于人们总是盲从地为市场提供越来越多的产品，从而使自身的潜力不能得到完全的发挥。在人类发展的低级阶段，这种促使人们进行利润积累的“动物本能”最终就会显露出来。

由于人们之间的异化加剧，以及由经济发展到资本主义阶段而引起的令人费解的自我认知，当中等收入阶层或者中产阶级获得了更多的权利时，封建家长式统治以及田园般的生活也就走到了尽头。

> 它无情地揭露了限制人们“自然优势”的各种各样的封建束缚，并且指出人与人之间除了赤裸裸的自私、冷酷无情的“现金交易”外再没有任何其他关系。而宗教的热情、侠义的狂热、庸俗的感情主义则淹没在了自我算计的冰冷之中。这使得个人价值变成了交换价值……①

111 马克思和恩格斯描述了19世纪资本主义社会权威性的景象：让人变得越来越厌恶的利己主义的扩展、人们陌生且文明程度并非处于顶峰的历史阶段。按照他们两个人的观点，人类的自我发展将在共产主义制度下达到顶峰。

6.4 马克思的经济学体系

尽管斯密对持久的工业制度充满信心，而李嘉图担心它会在地主阶级的政治压力下过早地消失，马克思则把资本主义看做是一种不可避免的灾祸，它将被更高级的社会制度所取代，那时私有制将不复存在。

虽然马克思赞同李嘉图关于商品的价值是由生产商品的必要劳动时间所决定的观点，但是马克思的研究更为彻底。而且，在马克思看来，一种商品的劳动价值与其交换价值之间存在一个差额。

任何商品的劳动价值都等于生产这种商品所必需的平均劳动时间。资本家为劳动支付报酬（即把劳动力看做另一种商品），这种维持最低生活水平的工资只能用以维持工人的生存、工作和生育后代。因此，工资率与一天的劳动力商品相等（马克思以各种各样的方式定义生存工资，有时还从文化上对其加以定义）。

然而，资本家认定他们自己是靠资本（机器）来生产商品的，因此，现行的劳动所生产出的商品价值超过其自身价值，即交换价值超过商品的劳动价值。马克思把二者之间的差额称为剩余价值，这就是资本家利润的来源。按照今天的经济学术语，这部分剩余价值构成了租金、利息和利润。

① 卡尔·马克思、弗里德里希·恩格斯：《共产党宣言》，载《资本论、共产党宣言以及其他著作》，315页，马科思·伊斯门（Max Eastman）编，纽约，兰登书屋（New York，Random House），1932。[1848]

□劳动的绝对剩余价值和相对剩余价值

112 大多数古典经济学家认为，资本家通过艰苦的劳动和勤俭节约积累金融资本以购买厂房和设备。马克思对于这种含蓄的工厂所有者具有高尚道德的本性的观点持怀疑态度，并且认为劳动价值本身生产出生产设备和生产车间。

马克思区分了**绝对剩余价值**和**相对剩余价值**。前者仅仅是通过延长劳动时间创造出的超过劳动力价值的那部分新价值（12 小时工作时间以外创造的价值）。后者则产生于能导致单位产品必要劳动时间降低和工人专业化水平提高的技术改进。

相对剩余价值更加不道德，因为它是隐藏在资本积累背后的动机。这种方式在制造商那里则获得了认可。资本越多，技术水平越高，劳动力的产出就越多，最终产生的利润也就应该越多了。

资本家对财富的贪婪和对交换价值的渴求是永无止境的。一个通过交换有可能产生相对剩余价值的市场体系，激起了资本家对资本的渴求。封建制度之后对私有财产最初的辩护来自于对资本积累的这种欲望，并因此导致通过不断的市场交换残酷地获取利润。

马克思也同样反对把资本看做是一点一滴节省下来的积累这种不切实际的看法。他指出：

> 这种原始积累在政治经济学中所起到的作用，同原罪在神学中所起到的作用几乎一样。亚当偷吃苹果，人类就有罪了。在很久很久以前就有两种人，一种是勤劳的、聪明的，而且首先是节俭的中坚人物；另一种则是懒惰的，耗尽了自己的一切，甚至是放纵无度的无赖汉……于是出现了这样的局面：第一种人积累了大量的财富，而第二种人最后除了自己的皮之外没有什么可出卖的东西。大多数人的贫穷和少数人的富有就是从这种原罪开始的；前者无论怎样劳动，除了自己本身之外仍然没有可出卖的东西，而后者虽然
> 113 早就不再劳动，但他们的财富却不断增加。在捍卫财产所有权的时候，这种儿童读物式的观点每天都会灌输给我们。①

就连马克思也有文采飞扬的时刻。②

□垄断资本的起源

马克思预想，通过改进技术和增加竞争，公司数量会越来越少，但公司规模会越来越大。在生产过程中，较高的技术需要更大的厂房设备和更多的生产资

① 卡尔・马克思：《资本论》，第 1 卷，713～714 页，莫斯科，外文出版社（Moscow，Foreign Language Publishing House），1961。

② 或许我们正在阅读的是恩格斯的编辑稿。

本。竞争可以使得强大的企业控制较小的企业，并最终形成垄断。垄断资本意味着，巨大的财富积聚到了少数几个能够控制商品价格的企业手中。因此，作为消费者的劳动者无法得到斯密所预想的好处。

英国制针业的演变就很好地证明了马克思所设想的工厂体系，尽管它不是行业高集中度的典型例子。针就像钢铁一样，在自从斯密以来的两个世纪中几乎没有发生任何的改变。然而，科技和工业密集程度却发生了很大的变化。

18 世纪中期，针的制造基本上属于家庭手工业，绝大部分的生产都在手工作坊中进行。机器替代劳动力进行生产改变了这一工业结构。制针机器将许多独立进行的操作组合在了一起，这些独立操作在斯密眼中可以带来劳动分工的收益（尽管斯密承认用机器发明代替劳动的积极作用）。随着时间的推移，机器的效率不断攀升，从 1830 年的每分钟生产 45 根针到 1900 年的每分钟生产 180 根，到了 1980 年每分钟可以生产 500 根针。而 1776 年斯密看到的是每个工人每天生产 4 800 根针。200 年后的英国，工人人均日产量大概在 800 000 根针，劳动生产率提高了 16 667%！

114 难道真会有人在这个例子里在乎一根针么？他要阐明的核心要点是，简单来说，在工业革命时期，机器不断代替劳动力，机器设备的成本造成了进入市场的壁垒，这就很自然地导致每个行业中剩下的企业越来越少，从而形成产业集中。到 1900 年，伯明翰（Birmingham）有 50 家制针企业，但到 1939 年，整个英国的制针企业缩减到了只剩下 12 家，到 1980 年就只剩下了两家：伯明翰的纽威集团（Newey Group）和怀特克罗夫特-斯科维尔（Whitecroft Scovill）公司在格洛斯特郡（Gloucestershire）的一家针厂。今天英国的专业化已经到了制针企业几乎只剩一家的程度。①

□工人异化

在马克思著名的**痛苦递增的学说**（doctrine of increasing misery）中，劳动者日益恶化的生活状况与资本家日益改善的生活状况形成了鲜明的对比。当大部分工人都无法再忍耐下去的时候，他们就会通过社会经济的革命来反抗资本家的剥削。在这个学说背后所阐述的是劳动异化理论，也就是资本主义制度疏远并异化了工人阶层。

为什么劳动者被异化了呢？首先，劳动者不能控制产品，反而或多或少受到了产品的控制和支配。其次，工厂的工人们工作不是为了他们自己，而是为了雇主。对于劳动者来说，任何利润增长带给他们的只是闲暇时间被占用而已；并且他们从工作中没有得到一点直接的满足感。在曼彻斯特和其他一些地方，甚至连垃圾和污物都能给家中的工人带来些许欢乐。

由于各种各样的原因导致劳动者异化在市场交换的体制下逐渐发展起来。马

---

① 数据来源于克里福德·F·普拉顿（Clifford F. Pratten）一篇精致的小文章：《针制造业》，载《经济文献杂志》，93～96 页，1980（3）。

克思和斯密都认为，越来越细的分工将促使生产率不断提高，同时斯密也指出：
115 “一个一生都从事同样一件简单操作的人，通常说来，都会变得迟钝和愚昧。”马克思断定，工人工作的分工所带来的专业化是罪恶的，这不仅仅是因为工作本身是单调的，更是因为它使得工人脱离了自己的同事以及最终的产品。所以说，资本主义是没有人性的。

即使是资本积累能带来更高的工资，工资增长也无法赶上利润的增加。工资收入或许可以使工人摆脱饥饿，但是相对工资的差距却在不断增大，因此社会不满情绪开始高涨。工作并不能提高对于需求的满足程度，它仅仅是一种满足外在需求的手段。用马克思的话说，就是：

> 那么，是什么构成了劳动者的异化？首先一个事实是，劳动对工人而言是外在的，也就是说，并不属于劳动者本人；在他的工作中，他不是肯定自己而是否定自己，不是自由地发挥体力和脑力的潜能，而是摧残自己的身体、腐蚀自己的思想。因此，工人只是觉得自己置身于工作之外，而工作的时候又感觉脱离了自己。当不工作的时候他们待在家里，而工作的时候又脱离了家庭。①

工人不再是有创造力的工艺匠，而是成为新工业进程中的佣人。就连“支配”这个词汇也由原来对工具的支配变成了人对人的支配。

因此，工人和雇主的生活出现了两极分化。随着垄断的出现，越来越多的国家财富通过工人的工作堆积在资本家的脚下。斯密所痛恨的垄断在马克思看来却是不可避免的。潜在的日益增加的冲突可能性，来自于工人们对工作本身的不满。

当工人们开始把劳动看成是一件苦差事的时候，他们便失去了多样化所带来的消遣和娱乐。工业革命时期，劳动发生了巨大的变化，从直接的手工生产（就像今天仍有一些技术和工艺采用手工生产）到进行常规性操作的生产系统。事实上，英国早期的一些工会运动并不能吸引工人，其原因就在于许多工人感到工会会员的地位是对令人憎恶的工厂制度的一种默许。

□经济周期

116 在垄断资本主义的遗骸上，马克思建立了第一个复杂的经济周期模型——繁荣与衰败。马克思认为资本主义经济的持续衰退日益严重，以至于最终工人不得不起来反抗推翻资本主义，建立社会主义经济。就像马克思所说的那样：“资本主义私有制的丧钟已经敲响，剥削者的财产将会被没收。”② 马克思的经济周期理论是很有技术含量的，我们在此能做的仅仅是对它进行总结性概括。

工业革命开始于农业和纺织业寻求就业的工人出现过剩的时候。过剩的工人

① 卡尔·马克思：《1844 年经济学和哲学手稿》，69 页，莫斯科，前进出版社（Moscow，Progress Publishers），1959。

② 卡尔·马克思：《资本论》，引自《1844 年经济学和哲学手稿》，763 页，莫斯科，前进出版社，1959。

使得工场主把工资率保持在只够维持工人生存的水平上（李嘉图的工资铁率），但是随着工业的扩张，对劳动者的需求一直增长直到达到充分就业水平。在这种较高的劳动力需求和就业水平下，资本家不得不支付越来越高的工资，以使得工厂拥有足够的劳动力。

劳动节约型机器的出现是一件令人高兴的事，它能够令资本家使用较少的工人就可以生产出同样数量的针。高工资的问题能够暂时用机器替代劳动力的办法解决，这就是今天所说的技术失业。马克思认为，称由此导致的失业者为“产业后备军”，是非常恰当的。

在这一层面上资本主义是有益的。但是，超过了这一层面一定限度，资本主义就会自毁前程。正如那些束缚工人工资的其他机器一样，新的劳动节约型机器以及高的生产率给市场带来了过剩的产品。低收入就意味着低的消费需求。

随着销售收入的减少，生产者停止执行增加资本存量的计划，而生产出的产品数量已经超过了销售数量。即便到了今天，经济学家还是把资本货物工业化的衰退看做经济形势变化的前兆。衰退最终将引起失业、工资总量降低以及国民收
117 入减少。这时，马克思就已经预见到了很久以后约翰·梅纳德·凯恩斯所提出的总需求不足理论。

与凯恩斯的观点相反而与新古典主义学派一致，马克思认为，经济从周期性衰退中复苏是自动进行的。然而，这种经济复苏不能保证资本主义制度得以存活。此外，在促成复苏的原因上，马克思与新古典主义学派的观点也不尽相同。幸存的大企业吞并了失败破产的小企业，恢复了盈利的状态，但是经济周期的脆弱性也随之加剧。每一次经济周期的出现在扭转经济的同时，也使经济陷得越深。20世纪30年代的大萧条对马克思来说，远不及之后的革命失败更令他感到惊讶。

6.5 马克思观点的缺陷

许多人在20世纪30年代的大萧条时期就做出了资本主义灭亡的预测，那时的美国共产党也赢得了一些人的拥护，甚至包括在好莱坞明星中的代表，就像罗纳德·里根（Ronald Reagan）所承认的那样。但是第二次世界大战结束后，美国的混业企业制度仍旧与马克思所抨击的资本主义形态具有类似形式。

一方面，在与苏维埃及其他社会主义国家冷战或激战阶段，国防支出迅速增加（具有讽刺意味的是，苏维埃或许已经成为美国快速增长的诱因）。另一方面，政府为了资本家和工人的利益经常进行干预。马克思恰当地把政府看做财产权的执行者和企业经济权利的保护者。比如，对资本所得征最低的税收以及降低和免征遗产税，成为了保护私有财产的手段。马克思认为，甚至可以通过战争为产品扩大市场，为了那些有利可图的贸易而修筑公路、铁路和运河。尽管马克思酷爱读书，但是他并非天真幼稚。

118 正如我们注意到的那样，《共产党宣言》与穆勒的《政治经济学原理》在同

一年出版，但是，19世纪六七十年代经济条件的好转，使得马克思的激进观点没有得以公开传播，相反却为新兴的主流英国经济的乐观主义者们提供了支持，并且推动了穆勒温和的改革政策。1862—1875年间，英国的实际工资增长了40%。虽然如此，马克思仍然相当详细地预测出了资本主义的演进过程，但是他低估了改良后的资本主义的弹性以及劳动者爱国热情的效力。同时，他也没有预计到工人阶级对资本主义生活方式的渴望。马克思推翻的制度现在仅仅是留有痕迹而已，出现反对工业化革命行动的可能性同样也被削弱了。如果说今天的美国经济被马克思主义的制度所代替，那么被推翻的并不是纯粹的资本主义，因为你无法推翻一种并不存在的制度。

第 7 章 阿尔弗雷德·马歇尔：繁荣的维多利亚女王时代

121 卡尔·马克思在盎格鲁-撒克逊国家并不很出名。然而，亚当·斯密的观点，在经过大卫·李嘉图的修订，又由约翰·斯图亚特·穆勒做出最终解释之后，被完整地保留了一个世纪。19 世纪 70 年代，**边际学派**开始形成，随后边际主义开始在西方经济思想中占据了统治地位，并一直持续至少到 20 世纪 30 年代中期。边际主义仍然对**微观经济学**领域有着一个健全的理解——对包括劳动和资本在内的所有产品的相对价格的决定因素进行了研究。然而，它并没有止步于此；今天，微观经济学也对**宏观经济学**中的总量经济模型具有驾驭能力。

在几个世纪中，边际学派或多或少地是处于独立发展过程之中。主要的代表人物有奥地利的卡尔·门格尔（Carl Menger）、德国的赫尔曼·H·戈森（Hermann H. Gossen）、瑞士的莱昂·瓦尔拉斯（Léon Walras）、英国的阿尔弗雷德·马歇尔（Alfred Marshall）以及威廉·斯坦利·杰文斯（William Stanley Jevons），还有美国的约翰·贝茨·克拉克（John Bates Clark）。

奥地利和新奥地利经济学起源于门格尔于 1871 年在奥地利出版的《经济学原理》。这本书出版两年后，本是一位优秀演讲者的门格尔，被任命为维也纳大
122 学的经济学教授，并成为王太子鲁道夫（Crown Prince Rudolf）的指导教师。门格尔的观点由其学生弗里德里希·冯·维塞尔（Friedrich von Wieser，1851—1926）和厄冈·冯·庞-巴维克（Eugen von Böhm-Bawerk，1851—1914）加以改进和传播，从而使得“奥地利传统”得以发扬光大。当庞-巴维克，这位冯·维塞尔的姐夫登上门格尔在维也纳大学的教职之后，正式命名了“边际主义”。

在这些学者中，阿尔弗雷德·马歇尔（1842—1924），这位名声与**新古典经**

济学紧密联系在一起的经济学家，是继穆勒之后的经济学教父。尽管其核心思想仍然属于边际主义，但是新古典经济学在很多方面有了更进一步的见解：它是对斯密学说的复活、重新解释以及进一步的发展。

前面提到，经济学的核心问题是解决如何决定产品的价值以及如何在众多生产者之间分配收入的问题，回答这个问题的理论被称为“价值理论”。斯密和古典经济学将价格看成是主要由产品生产成本所决定的价值。但正如我们所见到的那样，杰里米·边沁不仅强调欢乐和痛苦的重要性，而且强调货币的度量功能。在本章所讲述的维多利亚时代末期到来之际，边沁重新站到了一个支持者的立场上，提出了新的需求主导的“价值理论”。

资本也占据了一个很重要的位置。与大多数新古典经济学家相同，瓦尔拉斯把**资本**定义为机器、设备、劳动工具、厂房、工厂和仓库等。这种定义方式比斯密把资本看做像劳动和土地一样的生产性投入更为精细。正如马克思所说，当资本变得更为重要的时候，资本家也就变得非常重要。

拨开那厚重的幕帘，我们终于能够看到边际学派的一些风景了。

7.1 边际上的欢乐与痛苦

我们在第三章谈到的，那个在伦敦大学被做成木乃伊的古怪的功利主义道德家边沁，又重新占据了重要的位置。边沁人类本性的观点基于欢乐与痛苦的辩证
123 法，这种观点符合伦理学利己主义的看法，也影响了马尔萨斯、穆勒父子以及李嘉图。正如边沁所说，如果一件事可以增加欢乐的总量并减少痛苦的总量，那么个人和社会的利益就会得到增加。边沁的享乐主义，即认为凡是好的事情都会令人愉快的学说，是边际主义者计算欢乐与痛苦的基石——通过微积分的计算，竞争可以使得欢乐最大化、痛苦最小化。

快乐或者痛苦的单位变化被称为**边际**。边际学派经济学家和马歇尔用边际来解释经济行为。正如我们可以假设的那样，边际愉悦在某一瞬间只会给愉悦带来很少量的增加。理性的人会避免额外一单位的痛苦，除非它能够在边际水平上被等量的欢乐抵消掉。他们是痛苦和快乐的理性平衡者（在边际水平上），这种平衡可以被牛顿简练精美的微积分加以描述。通过这种方式，边沁的享乐主义、功利主义和理性主义融合成了一个科学的抽象概念——**“经济人”**。①

正如我们已经看到的那样，在工业革命时期，“经济人”（economic man）（或者是 person，这里性别并不是问题，除了马尔萨斯之外）的思想已经在实际中得到使用；对边际主义者而言，它的无形性正是其生命力所在。边际主义者假设，人的行为只是对有意识的和一贯性动机、偏好和期望的反应。没有反复无常

① 在微积分学中，ds 表示无穷小的增加量，因此快乐的变化率可以表示为 dp/dt，其中 dp 是快乐的微小增加量，dt 是单位时间。尽管 ds 无穷小，但 dp/dt 之类的比率未必很小。很大一个数值的分之一除以该数值的分之三仍等于1∶3。

或者实验性的行为，一切行为都是经过深思熟虑后实施的。①

例如，依照边际主义者的看法，那个时代的女人绝对不会冲动地购买一件新的、明黄色的罩袍。因为人们知道自己的行为将会产生什么样的后果（被逐出花园俱乐部）并依次采取相应的行为。选择的目的是给决策者带来好处，每个人都是他们自己财富的最终决策者。在中世纪，无论是精神世界、植物界还是魔力，都无法与这种用计算机快速计算出来的愉悦和痛苦的享乐主义相对抗。

124 抽象的经济人生活在充满激烈竞争、极端自由放任的社会中。通常所说的竞争依赖于以下几个条件：

- 经济系统中有大量的买者和卖者，任何一个人都不会对生产资料和最终产品的市场价格产生巨大的影响。
- 产品是同质的，并且可以相互替代。当然，衣服还是衣服，车还是车，马还是马。
- 进入任何一个市场都是自由的。几乎不存在由于建立新行业成本较高、风险较大而产生的限制，也没有由诸如许可证之类的监管所形成的进入障碍。②
- 每一个消费者和生产者对产品价格拥有完全的信息。一位妇女了解一件衣服在其经济状况允许范围内的所有价格，同样，衣服的生产者也了解生产这种衣服比生产其他产品能多获得多少利润。
- 市场间的距离不在考虑范围之内。一位妇女可以在她居住的伦敦购买衣服，也可以去旧金山购买。

这些条件涵盖在了瓦尔拉斯的理论之中，但是直到20世纪20年代才由弗兰克·奈特（Frank Knight）和阿瑟·庇古（Arthur Pigou）（或许更晚一些）等经济学家给出了严格的阐述。如果一个经济人是一种产品的唯一生产者，那么他就是一个纯粹的垄断者。

7.2 边际主义的桥梁

早期的边际主义者（杰文斯、门格尔和瓦尔拉斯）以及后来的托尔斯坦·凡勃仑（Thorstein Veblen），都把产品看做是一种能够带来愉悦（比如按摩）或者避免痛苦（阿司匹林）的物品或服务。杰文斯在1860年6月写给他的兄弟赫伯特（Herbert）的信中提到：

125 ……随着人们消费商品数量的增加，比如某种食品，从最后一单位商品中获得的效用或收益通常是减少的。一顿饭从开始到结束享受带来的效用会

① 用类似的方法对经济人概念的描述，参见弗兰克·奈特（Frank Knight）：《风险、不确定性和利润》，77～78页，纽约，哈珀和罗出版公司（New York，Harper & Row），1921。

② 现代人们对完全竞争假设的使用要把风险考虑进去，但人们同时也发现，其基本结论保持不变，除了对利润的解释之外。更多内容详见之前的引文。

逐渐递减就是一个例子。①

最后一单位食品的价值，也就是消费者最后想要的，决定了全部食品的价值。杰文斯是一个非常害羞的人，他没有什么朋友，并且是众所周知的最糟糕的演讲家，他自己本身也没有什么兴趣爱好。

这种在边际意义上进行主观心理评判的说明，可以参见表 7—1，该表取自奥地利人门格尔在 1871 年提供的一个例子。

表 7—1　　　　边际效用递减和欲望等级

欲望等级	Ⅰ	Ⅱ	Ⅲ	Ⅳ	Ⅴ
欲望	避免饥饿	有衣穿	居住	交通	奢侈享受
满足欲望的商品或服务	食品	衣服	房子	马匹	啤酒
增加一单位	5	4	3	2	1
再增加一单位	4	3	2	1	0
再增加一单位	3	2	1	0	
再增加一单位	2	1	0		
再增加一单位	1	0			
再增加一单位	0				

尽管门格尔不是边沁主义者，但是上面这个表格阐明了**边际效用递减规律**。这个表格表明，通过购买商品或服务来得到满足的人类有五种欲望。首先，一个
126 人按照重要性将欲望按降序排列（Ⅰ、Ⅱ、Ⅲ等）。然后，对某一种特定欲望而言（避免饥饿、有衣穿等），随着消费数量的增加人们从中获得不同的满足程度。其中的阿拉伯数字（5、4、3、2、1）表明每增加一单位商品的消费（边际增加）所获得的额外满足。递减的数字表示，增加同样一单位商品或服务，它们所能带来的满足欲望的能力是不断降低的。

我们可以看到，每增加一单位食品的消费量比前一单位的消费所带来满足程度更少。避免饥饿的满足感是随着消费食品数量的增加而逐渐降低的。例如，消费第 6 个单位的食品时它并没有给我们带来满足感。即便是狄更斯《艰难时世》中的工场主约西亚·邦德比也只能吃这么多的羊肉片，喝这么多雪利酒。

由于边际效用者也赞同价值规律，因此他们把边际满足感递减与价格和需求量联系在一起，而后得出这样一个结论，即消费者仅愿意支付等于其边际满足感的价格。由于随着消费数量的增加边际效用逐渐递减，因而消费者愿意支付的价格也是递减的。消费者愿意为最后一单位产品带来的满足感进行支付。按照这种

① 摘录于由他妻子编辑的《杰文斯书信与日志》，151 页。转引自约翰·梅纳德·凯恩斯（John Maynard Keynes）：《传记文集和随笔》，142 页，纽约，子午线图书公司（New York，Meridian Books），1956。

此外，杰文斯提供了一个运用微积分和边际概念的例子。用 a 表示一个人拥有的谷物量，b 表示另一个人拥有的牛肉量。如果其中一个人用 x 单位的谷物换取另一个人 y 单位的牛肉，并且市场是完全竞争的，那么（用微分符号表示出来的）二者之间的交换比率就是 $\mathrm{d}y/\mathrm{d}x=y/x$。交换结束后，一个人拥有（$a-x$）单位的谷物和 y 单位的牛肉，另一个人则拥有 x 单位的谷物和（$b-y$）单位的牛肉。如果用 $f_1(a-x)$ 和 $g_1(y)$、$h_2(x)$ 和 $j_2(b-y)$ 分别表示谷物和牛肉对于第一个人和第二个人各自的边际效用，则在交换中二者获得最大满足程度的条件是 $f_1(a-x)/g_1(y)=y/x=h_2(x)/j_2(b-y)$。也就是说，当两种商品的边际效用与交换率成反比时，两个消费者获得最大满足。

理论，一个向下倾斜的需求曲线就形成了。

与古典经济学家一样，早期的边际主义者把经济规律看做自然规律。他们同样分享古典经济学所坚信的个人主义，认为竞争是一个伟大的调节器，可以使得残忍的个人利己行为转变成集体主义美德。但是，这两个学派根本上的一致性并不能弱化二者之间存在的差异。

古典经济学家主要研究的是长期中的生产行为。《国富论》中的大部分内容都是在探讨生产者如何分配劳动以最大限度地提高劳动生产率。然而，在李嘉图强调长期生产成本是决定商品价值的主要因素的时候，早期边际主义者已经把重点转移到了短期需求分析上。

7.3 边际主义与分配理论

127 边际主义对收入分配理论也进行了一些研究。美国最早的边际主义经济学家克拉克（1847—1938）是当地非常出名的一位作家。他非常绅士，就连对批评自己的人都不反驳。在其发表的《财富的分配：工资、利息和利润理论》（1899）一书的开篇，他简洁地阐述了自己的观点：

> 本书的目的是要说明，社会收入分配是受自然规律支配的。如果这个规律能够完全发挥作用，那么每一个生产企业获得的财富就是它们实际所创造的财富。

克拉克的理论部分来源于**报酬递减规律**：如果生产者的资本、土地和管理技能保持不变，那么随着劳动投入的增加，每个额外劳动者增加的产量将会减少，这是因为每个劳动者拥有的其他投入份额越来越少。每个劳动者最终获得的实际收入等于劳动的边际产出。克拉克还指出，资本（现在仅指厂房、机器等）的边际产出也是递减的。然而他指出，尽管工资可能通过自由的讨价还价进行调整，但通过这种一致意见支付给工人的全部工资等于工人本身创造的那部分工业产品。[1] 他还对资本做了同样的分析，因而资本无疑也是在边际意义上进行估值的。因此，克拉克把新古典经济学家的价值理论扩展到了全部的生产要素。

私人产权是绝对的，而且要受到国家的保护。政府不能干预收入分配的“自然规律”。在私人产权不受干扰的情况下，这种权利便能够支配人们的生产。在私有企业中，从生产中获得的全部收入被划分为工资、利息和利润，这种划分是非常公平合理的，因为每个人获得的收入恰好等于他们的边际价值，“并且丝毫也不多!”托马斯·格拉格林德（Thomas Gradgrind），这位狄更斯笔下的退休商
128 人，或许会大声喝彩。根据克拉克的观点，收入和财产的分配和积累是一个人在生产过程中边际价值在不同时间段上的反映。

① 由于在铸币时代都用金币来支付工资，因此以实物单位衡量的额外产品（边际物质产品）还必须乘以产品的价格，以获得劳动贡献的价值（完全竞争条件下的边际产品价值），从而得出“适当的”工资率。

7.4 马歇尔与维多利亚时代英国的新古典美好时光

随着演出逼近高潮，或许更恰当地说是从高潮向下发展，剧情转向了维多利亚女王时代的英国：在这一阶段，阿尔弗雷德·马歇尔将会在一个非常长的时期占据舞台的中心。

边际主义者为古典经济学的复苏扫清了道路，这次复苏在细节上完全有别于古典经济学，并且不再像马尔萨斯的理论那样沉闷。然而，由于克拉克所揭示的古典经济学的基本上层建筑并没有受到触动，因而新古典经济学的“革命”也就成了维多利亚时代周日学校野餐会上令人兴奋的谈资。

维多利亚女王的统治时期长达大半个世纪（1837—1901）。她在位的前半个世纪里（大概到1870年），自满情绪占据主导，人们对稳定的政府感到骄傲，对工业的不断增长感到乐观，并且人们也一直坚守着与生俱来的自由权利，坚信人们应当拥有勤奋、自力更生、自我克制、虔诚、宽厚和严肃认真的品质。

在维多利亚时代，小说是最重要的文学类型，并且越来越成为一种流行的娱乐形式，而诗歌变得不再那么重要。19世纪早期，沃尔特·斯科特爵士（Sir Walter Scott，1771—1832）和简·奥斯汀（Jane Austen，1775—1817）的小说很少直接触及社会问题。比如在奥斯汀的小说中，暗含着一种理想而有序的生活方式：在这种方式中，一个英国家庭的那种周到的礼数只是被并不太严重的资金短缺、被恋爱中暂时出现的问题以及以自我为中心的愚蠢所破坏。好人即便不会因他的善良而得到奖励，也不会永远遭遇不公。人一生所经历的一切都是合理
129 的，如果做了什么错事，一定会受到惩罚。无论是善有善报还是恶有恶报，所有的结果都符合奥斯卡·王尔德（Oscar Wilde）在《不可儿戏》（1895）中的定义：“这就是为什么将其称为虚构的原因”。

尽管如此，在阿尔弗雷德·坦尼森爵士（Alfred Tennyson，1809—1892）和罗伯特·勃朗宁（Robert Browning，1812—1889）早期的小说中，依然保持着传统的浪漫主义风格。勃朗宁或许早在《苔丝》中就已经描述了这一切：

百灵鸟在天空中飞翔；
蜗牛在灌木丛中爬行；
上帝在天堂里——
一切都是那么和谐。

不过这种十四行诗并没有盛行太久。维多利亚时代更多的是被当时的作家们用来表示对社会的批判。到了中世纪，布朗迪（Bronte）姐妹、撒克里（W. M. Thackeray），还有更加著名的狄更斯，都开始思考工业革命之后出现的各种问题。甚至连坦尼森和勃朗宁也开始用自己的方式表达和其他小说家一样的对社会的怀疑和焦虑。

英国剑桥大学的正统学派——后来成为维多利亚时代节制、虔诚和道德理论

的根据地——对马尔萨斯-李嘉图的沉闷理论不屑一顾，并且重新开始恢复对亚当·斯密理论的喝彩。该学派中的一些同僚，最早是马歇尔、庇古，后来是琼·罗宾逊（Joan Robinson）、皮耶罗·斯拉法（Piero Sraff）以及凯恩斯，都认为剑桥大学的理论是20世纪前半期专业经济学中唯一高水平的理论。

拥有最卓越家族血统的马歇尔（1842—1924），身材和名望都很高大。画家威廉·罗森斯坦（William Rothenstein）为马歇尔画的肖像挂在剑桥市圣约翰大学的礼堂中，为我们展示了老一代教授的风采：花白的头发，银白色的胡子，一双敏锐、和善且非常明亮的眼睛。他是维多利亚时代的伟人。

马歇尔保留了古典经济学家的一些观点，并且加入了边际分析方法以及自己
130 的一些观点，从而形成了新古典经济学的理论体系。他与古典经济学的不同之处在于，他抛弃了自由放任的观点，提倡慎重的改革。同时，他还把经济研究的重点从工人阶级与资本家阶级的斗争转向了对单个小型“代表性”厂商的研究。

马歇尔既是数学家，又是物理学家、经济学家和教育家。他具有严格的维多利亚新教会教徒的背景，他的父亲很想让他成为一名牧师。然而，在剑桥大学里马歇尔从宗教研究转向了数学、物理，最终转到了经济研究上。他不仅反对正统的宗教研究，而且反对出于宗教的需要而对古希腊、古罗马的文学著作所做的研究。

马歇尔小时候受父亲的一篇反对女权运动的著作《男人的权利和妇女的义务》的影响很大。在对妇女的态度方面，并没有太多的证据可以证明马歇尔与他父亲之间有什么差异。至于玛丽·佩利（Mary Paley）（后来成为马歇尔的妻子），在她还是一名女学生的时候，她的爸爸就不允许她阅读维多利亚时代最伟大作家狄更斯的著作。

就在马歇尔从事经济研究的时候，英国的知识分子开始感受到了来自查尔斯·达尔文（Charles Darwin）和赫伯特·斯宾塞（Herbert Spencer）思想的冲击。达尔文的思想很快传播开来——通常是以通俗化的方式，比如通过“达尔文的吹鼓手”托马斯·赫克斯利（Thomas Huxley，1825—1895），这位马歇尔在一次聚餐会上认识的大众人物。这种思想传播使人们有机会了解，为生存而进行精神上和物质上斗争、由于个体差异而导致自然选择、适者生存（来自斯宾塞而非达尔文）以及物种进化等观点。在维多利亚时代，在《圣经》中有关人类创造的描述与达尔文所提出的进化论之间出现了激烈的冲突。

与那个时代的大多数人一样，马歇尔认为这两种解释之间并没有矛盾。他是达尔文进化论、基督教以及边沁功利主义的忠实教徒。对马歇尔而言，进化论意
131 味着整个社会从根本上是不断进步的，并不像社会达尔文者所认为的那样，只有能吃苦耐劳的人才能进步（在第8章中将进一步说明）。马歇尔的哲学天赋可以通过下面一段在他初涉经济学时对经济学的感悟来证明：“研究人类能力发展速度的可能性非常具有吸引力，它使我触及这样一个问题：在英国，什么样的生活条件能够使工人普遍感到满足？”①

① 阿尔弗雷德·马歇尔：《货币、信用和商业》，2页，伦敦，麦克米兰出版公司（London，Macmillan & Co.），1923。

另外两个对马歇尔思想产生重大影响的人是：著名的物理学家詹姆斯·克拉克·麦克斯韦尔（James Clerk Maxwell）和马歇尔的私人朋友数学家 W. K. 克利福德（W. K. Clifford）。当马歇尔开始潜心研究经济时，穆勒和李嘉图对斯密理论体系的创新依然未曾受到任何挑战。马歇尔把重点放在了李嘉图理论的严密性上，开始利用图表、代数等工具，寻求经济学的现代图解方法。他通常先用数学方法解决问题，通过画图加以说明，然后再把这些辅助手段置于脚注之中。

作为一名思想家，马歇尔是一位谨慎的乐观主义者。对于妇女在社会中扮演的“适当”角色，他与他的父亲持有相同观点：甚至连玛丽·佩利都说，在课堂上她的丈夫是在“讲道”。在 18 世纪前半叶，散文作家亚历山大·波普（Alexander Pope）所宣称的“一切皆正确”在一定程度上概括了牛顿乐观主义观点。正如罗宾逊夫人所说，马歇尔的说教“……不论是什么，通常最后显示出来的都是最接近完美的”①。

马歇尔 35 岁时就已经独自构造出了他经济学体系的基础。根据马歇尔的学生、传记作者凯恩斯的叙述，马歇尔“一直把智慧私藏在家中直到能够为它披上完美的外衣……”，其中一部分原因是因为马歇尔非常爱面子，他害怕出现错误。② 像牛顿一样，他出书很慢；马歇尔的巨著《经济学原理》直到 1890 年才出版了第一版，最后一版 1920 年才面世。甚至到了 1931 年，约翰·肯尼思·加尔布雷斯（John Kenneth Galbraith）教授在伯克利（Berkeley）讲授经济学初级课程时仍采用《经济学原理》。稍后我们再回到它的具体内容上。

7.5 马歇尔的贡献

132 尽管边际效用在马歇尔的需求概念中也有所提及，但是马歇尔希望把货币当做衡量工具（正如边沁所建议的那样），以减少对效用的不科学的主观表述，就像任意形式的电表都可以用千瓦小时作为计量单位一样。为了避开边沁货币及收入边际效用递减这一两难困境，马歇尔假定货币的边际效用为一个定值。

其他一些边际主义者或许会说，如果一套衣服比一条裤子有用三倍，那么你就会花 30 美元购买一套衣服，花 10 美元购买一条裤子。马歇尔将这一理论进行了推广。他指出，由于你愿意花三倍于裤子的价钱购买这套衣服，那么这套衣服的用处对于你而言一定三倍于那条裤子。马歇尔的解释更加贴近于今天的经济学，因为价格是用货币单位来衡量的，而精神上的满足程度即使能够衡量也是非常困难的。

① 琼·罗宾逊：《经济哲学》，74 页，芝加哥，阿尔丁出版公司（Chicago，Aldine Publishing Co.），1962。

② 约翰·梅纳德·凯恩斯：《传记文集》，212 页，伦敦，麦克米兰出版公司（London，Macmillan & Co.），1933。中文译本参见：《精英的聚会：凯恩斯文集》，刘玉波、董波译，南京，江苏人民出版社，1997。——译者注

□马歇尔的供给和需求理论

马歇尔经济学理论中贯穿着一系列的均衡价格。在自然科学和经济学中，**均衡**都是指在两种相反力量和行为作用下形成的平衡状态。均衡可以是静态的，也可以是动态的，这取决于保持平衡状态的物体是静止的还是运动的。在物理学中，处于动态均衡的物体在一段时间内沿着可预知的方向运动。一种牛顿称之为重力的神秘力量，能够使行星沿着固定的方向运动，因此处在一种动态的均衡状态之中。

马歇尔对经济学的最大贡献在于，他把古典经济学的生产理论与边际主义者的需求理论结合在一起，形成了著名的"马歇尔十字交叉"，进而成为新古典价值理论的基础。经济学中经典的静态均衡的例子就是马歇尔对由供给和需求力量所形成的**均衡价格**给予的解释。

133 1蒲式耳谷物的价格越高，农民每月提供的谷物就越多。由于边际报酬递减，因而多生产1蒲式耳谷物比之前的1个蒲式耳要付出更高的成本，所以农民提供谷物的数量使价格恰好等于生产的边际成本。递增的边际成本导致一条向右上方倾斜的供给曲线。新古典经济学假定边际报酬递减和边际成本递增，并将其应用于对生产的分析。

如果价格下降，消费者每月对谷物的需求量将增加。价格下降导致需求量增加的观点来源于边际效用递减的边际主义概念。随着消费量的增加，每一蒲式耳谷物所带来的满足感越来越少，因此价格必须降低才能确保有人购买。这就是通常所说的**需求定理**，即随着价格的降低，人们对谷物的需求量增加。当供给曲线与需求曲线像螺旋桨的两叶一样交叉在一起时，各种力量达到了平衡，形成均衡价格和马歇尔最优解。这个价格将持续存在且各种力量保持静止。其他的一些因素，比如收入和成本的变化，将会使供给和需求曲线移动，形成新的均衡价格。

马歇尔引入的另外一个重要且有用的概念是**弹性**。尽管1868年由工程学转向经济学研究的亨利·C·F·詹金（Henry C. F. Jenkin，1833—1885）在1870年的一本供给与需求的刊物上涉及了弹性概念，但是直到马歇尔自己进行研究之后，弹性概念才得以扩展。马歇尔指出："市场需求的弹性或者敏感程度的大小，取决于一定价格增量所引起的需求量变化的大小"。① 简单地说，经济学教师对于初学者给出的需求价格弹性的定义，是需求变动的百分比除以价格变动的百分比。马歇尔又把弹性的概念扩展到供给、要素市场以及收入等级等方面上。

除了上面提到的一些理论，新古典边际主义还声称解决了跨世纪的一个古老

---

① 阿尔弗雷德·马歇尔：《经济学原理》，8版，102页，伦敦，麦克米兰出版公司（London，Macmillan & Co.），1920。

134 问题——价值理论。斯密、李嘉图以及其他古典经济学家得出了供给曲线。古典经济学家得出的农业的供给曲线是一条向上倾斜的直线，但是对于制造业来说，供给曲线却难以脱离地心引力，从而变得呈水平形状。由于古典学派研究的制造业价格由生产成本所决定，并且价格不随着产量的增加而上升，因此产量可以无限增加；用马歇尔的话说，“对于价格具有完全弹性”。

一旦平均生产成本或者单位成本得以确定，价格也就确定下来了。由于生产者的生产成本是一个常数（增加一单位产量的成本与上一单位的生产成本相同），因此，生产者并不关心一单位成本的产量以及价格。所以，供给量仅由消费者的需求量决定。

古典学派的观点就其逻辑而言并没有什么不妥。需求的唯一作用是确定产量水平。但是如果生产成本不是常数呢？假定每增加一单位产量的成本超过前一单位产量的成本增加量（就像李嘉图关于农业的例子和马歇尔所说的），那么，我们将得到一条向上倾斜的供给曲线，在这条供给曲线中，价格不再是由生产的平均成本决定，而是由边际成本所决定。这样，边际成本就等于均衡价格下的边际效用。价格（价值）也同时由供给量和需求量决定。新古典经济学家拥有了一种可以描述主观需求和递增成本的形式化方法，并因此可以通过引入一些遗漏的因素来解决古典经济学的困惑。

马歇尔将由供给与需求的均衡点决定价格的思想加以扩展，创造出了整个牛顿式的理论体系。在这个体系中，所有的经济元素都是相互影响并且可以相互抵消的。这一均衡点成为新“价值理论”的基础，最终使得价值与价格成为了同一个概念。因此，现代经济学家把“价值理论”也称为“价格理论”。

尽管马歇尔一直潜心于数学研究，但是他却从未忽视过经济制度的作用。他坚信，经济制度能够确保他所观察到的事物的稳定性。特别是，马歇尔并不赞成
135 克拉克用边际生产率来解释收入分配问题。马歇尔写道：“工人的工资等于其生产的净产品的说法本身就没有真正的意义；因为为了估计出工人的净生产量，我们不得不考虑除了工人工资以外他生产商品的全部花费。”[①] 马歇尔认为，抛开各种制度因素，如行业协会和厂商对工资和收入分配的影响来谈论边际生产率是不合理的。

7.6 面临瓦尔拉斯均衡的碰撞

在19世纪70年代中期，瓦尔拉斯（1834—1910）发表了用复杂的数学表述的一般均衡理论，其中包含了所有的商品和要素市场的均衡。

① 阿尔弗雷德·马歇尔：《1908年写给J.B.克拉克的私人书信》，载《纪念阿尔弗雷德·马歇尔》，519页，A.C.庇古编，纽约，凯利和米尔曼出版公司（New York，Kelley and Millman），1956。

像斯密一样，瓦尔拉斯也受到了牛顿力学的启发：他解释了如何在理想的市场体系中达到一种像天堂一样和谐的状态。瓦尔拉斯对整个经济系统进行了形象的比喻——经济系统就像一台机器，价格像杠杆和滑轮一样上下波动——这种比喻比斯密更加直接。尽管瓦尔拉斯的理论并未得到当时经济学家的好评，但是今天他已经被认为是一位最伟大的纯理论经济学家，这种变化反映出了人们对数学作用的重视。与此同时，瓦尔拉斯还积极寻求旨在增加人类财富的政策措施。

瓦尔拉斯的一般均衡概念不同于马歇尔提出的当时流行的对市场的看法。瓦尔拉斯的理论体系基本上沿袭了魁奈（Quesney）和萨伊的传统（参见第 2 章和第 3 章），认为通过市场调节可以达到充分就业。假定除了小麦市场和一个非小麦市场以外的市场全部达到了市场均衡。那么小麦市场的超额需求一定能够在另外一个市场上找到相应的超额供给。如果在目前价格下，小麦的需求量大于供给量，则小麦的价格会上升，使得小麦的超额需求消失。然而，由于所有的市场都
136 是相互作用的，因此这种价格的上升必然会打破另外一个市场在原有小麦价格下的均衡，原有的均衡价格在现有价格体系下变得不再合理了。因此，所有的市场都会相应地做出进一步的调整，然后小麦市场也跟着调整，如此循环往复。通过这种方式，整个市场体系必将向着一个完美的多市场均衡变动。

个人是如何了解所有商品的数量和价格，以确保这种完全同步的均衡出现的呢？瓦尔拉斯的回答是，这依赖于他的**试探**理论（用瓦尔拉斯的话来说，即 *a tátonnement process*，试探这个词与今天我们的学生所理解的意义有所不同）。在瓦尔拉斯看来，就像商品交易所一样，买者和卖者在任意价格下说出他们愿意交易的数量。例如，在存在超额供给的情况下买者降低价格，在存在超额需求的情况下买者提高价格。

买者和卖者不断地自由报价，直到达到一个能够使超额市场出清的价格（均衡价格）。买者和卖者在交易之前都通过追踪和试错的方法来发现真正的均衡价格。最终，瓦尔拉斯求助于一位拍卖人。在这个试探过程中，拍卖人（**瓦尔拉斯拍卖人**）处理所有的报价和售价，以决定能使所有市场出清的价格，只有这样，交易才能进行。

瓦尔拉斯体系看起来似乎极端抽象，这是因为笛卡儿的理性主义似乎把瓦尔拉斯带进了狭窄的牛顿体系类比之中。实际上，在现代经济中，个人并不能够公开报出价格和工资率，拍卖人也只是在特殊情况下才会出现。而且，成功地实现同步的多市场均衡运动过程本身就具有讽刺意味：在这种情况下，与封建社会相比，现代社会中不再需要瓦尔拉斯或其他经济学家了。瓦尔拉斯也很容易赞成市场社会主义，凭借政府的力量可以强化竞争性市场，从而使他的理论可以站稳脚跟（参见参考资料 7.1）。

137

参考资料 7.1　诺贝尔奖回眸：瓦尔拉斯一般均衡理论的发展

1972 年，肯尼思·阿罗（Kenneth Arrow）和约翰·R·希克斯（John R. Hicks）因“对一般均衡理论和福利理论的创造性贡献”共同获得了诺贝尔经济学奖。希克斯通过对消费者和生产者行为的假设，构造了完整的一般均衡模型，使瓦尔拉斯方程式更为具体，并说明了消费者偏好的变化如何影响整个经济。阿罗与德布鲁（Gerard Debreu）在 1954 年运用数学中的集合论重新阐述了瓦尔拉斯模型，并给出了获得唯一具有经济学意义的新古典一般均衡解所必须满足的条件。

之后在 1982 年，德布鲁因“对一般均衡理论更加严密的阐述”而获得诺贝尔经济学奖。斯密认为，个人为获得私人最大利益而努力工作，就像一只“看不见的手”，使得价格机制让每个人获得最大财富。德布鲁自己得出了确保价格机制能使资源按照人们的预想得到充分利用而必需的数学条件。然而，这种情况在现实经济中能否实现却不得而知。

更详细的内容和传记，参见阿萨·林德贝克（Assar Lindbeck）编：《经济科学诺贝尔演讲集》，1969—1980 年度，103～131 页，新加坡/新泽西州/伦敦/香港，世界科学出版社，1992；以及笛卡儿-格兰·麦（Karl-Göran Mäler）编：《经济科学诺贝尔演讲集》，1981—1990 年度，79～102 页，新加坡/新泽西州/伦敦/香港，世界科学出版社，1992。

马歇尔的一些独特方法与瓦尔拉斯形成了鲜明对比。由于商品的市场价格和数量并非是不变的或者是按假设的那样产生的影响很小，因而马歇尔引入了局部均衡概念。在构造英国羊毛行业的需求曲线时，马歇尔详细描述了与羊毛价格有关的羊毛需求，而羊毛价格又受到其他商品比如棉花的价格，还有货币收入、消
138 费者偏好的影响。瓦尔拉斯则考虑到所有商品的价格，包括棉花和羊毛的价格（仍然假设货币收入和偏好是一个常数）。尽管瓦尔拉斯的一般均衡就像一系列联立方程的解，马歇尔希望一次只考虑一种市场，使它独立于其他市场之外。

对于局部均衡和一般均衡，很容易看出哪个更易于理解。直到今天，大学生在学习微观经济学时学到的仍然是马歇尔的局部均衡；他们没有足够的数学背景来求解联立方程组。但是，一般均衡从 20 世纪 50 年代开始就被用于高级经济学的研究，并且在 20 世纪 90 年代广泛应用于经济学家的研究之中。

这里留给我们一个非常有趣的谜题。与瓦尔拉斯相比，马歇尔受过更多的数学教育，可是为什么马歇尔厌恶一般均衡呢？答案是简单而直接的：马歇尔是一名优秀的数学家，他看到了瓦尔拉斯方法中的错误，知道解决一般均衡所需要的数学方法在那时并不具备。

马歇尔凭直觉认为，各种各样的市场均衡是很容易被打破的。随着均衡价格和均衡产量的波动，需要运用比瓦尔拉斯设想的更为复杂的数学工具。直到 20 世纪 90 年代经济学家才可以较为娴熟地运用混沌学、非线性动态学等数学工具来描绘这个系统。

马歇尔不失准确地调侃道：瓦尔拉斯留下了许多没有解决或者无法解决的问题，不仅仅是拍卖人的缺位。然而是瓦尔拉斯，而不是马歇尔在 20 世纪末支配了整个经济学领域的研究。在后面第 17 章中我们还将探讨这一问题以及它对经济科学的未来发展所产生的影响。

7.7 马歇尔的巨大影响

马歇尔所带来的经济学变化在他那个时代并没有被看做是一种创新。首先，
139 他的价值理论对古典经济学家的理论没有太大的突破。他们的理论都是为了维护资本主义制度。其次，马歇尔的理论在写作出版之前已经被他的学生、同事和见过他并与之交流的人所了解，并相互讨论。再次，马歇尔的作风和讲述方式温和且易于理解。《经济学原理》中的很多概念都是第一次出现，但却没有任何引人注目的地方。他的风格简单、不加修饰，也不突出，就像他的外表一样。他的书似乎更像是在进行一项真情告白，尝试放弃因为发现那些他所执著追求的经济学真理而应得的奖赏。

然而，马歇尔却是他那个时代最伟大的经济学家。他不愧为维多利亚时代的人、经济学史上的杰出人物。维多利亚时代的英国在 19 世纪末愉悦情绪和进步力量的推动下快速发展。对工业社会进程的乐观主义之风也是社会进步的因素之一。英国平均实际工资在 1850 年后开始上升，普通工人乞讨、偷窃、把他们的孩子送进工厂工作或者饿死等现象越来越少。由于科学技术的改进，工作时间开始缩短：纽·卡斯尔（New Castle）化学厂每周工作时间渐渐由超过 60 个小时下降到了 54 个小时。

为什么维多利亚女王（1837—1870）在位的前半期英国的绝大部分体制改革如此成功呢？英国的成功，依赖于它在世界工业品生产中近乎垄断的地位，这最终使英国发展成为世界上最重要的贸易国，而且扮演了世界银行家的角色。

英国的繁荣之所以依赖于国际贸易，有两点原因：(1) 英国工业规模巨大，高生产率的工业设备所生产出来的产品和服务，远远超过了普通英国工人的购买力（几个世纪以来，英国工人的工资只够购买生活必需品）。(2) 由于英国国家比较小，资源有限，因此它的发展要依赖于一些欠发达国家，比如印度，通过进口这些国家的食品和原材料促进本国生产。

140 欠发达国家与英国建立了一种相互依存的关系。发达工业化国家（比如美国、英国、德国）竞争力的加强，使它们成为英国潜在的竞争对手。然而在此期间，英国与主要的欧洲国家于 1863—1874 年间建立了金本位制度，这大大简化了世界贸易过程中的融资活动。更为重要的是，由于英国大量的黄金储备以及专业的国际金融技能，使得伦敦成为了世界贸易的金融中心。

然而，正当英国成为权力中心时，一些重大事件开始改变这一切。英国在维多利亚女王在位的后半期（1870—1901 年）受到了各种各样的侵害，其中包括好战分子发起的日益增多的民族独立运动、大量失业带来的恐惧、进化论的说服

力逐渐削弱以及传统道德价值观的日渐幻灭。尽管如此，太阳绕着大英帝国升起和落下也是不争的事实。早期维多利亚时代的经济扩张风潮促使一部分人对整个系统的运转进行细致的研究，但是他们并没有对基本的价值观产生怀疑，也没有对未来给出令人不安的预测。

尽管接受维多利亚时代的现状似乎是一种固有的倾向，但是与许多古典经济学前辈相比，马歇尔对自由放任的经济有了更为不一样的看法。他总体上同意把经济规律看做是一种自然规律，但是他却未必认为这就是仁慈的。马歇尔对人类的同情是真诚的。今天把马歇尔的名字与微观经济学中的欧几里得几何联系在一起的人，很可能没有注意到马歇尔在《经济学原理》的前言中所写下的一句话："对贫穷原因的研究就是对大部分的人出现退化原因的研究。"

马歇尔产生的影响是巨大的。那个时代的一位经济学家（在 1887 年）曾说，英国经济学讲堂上的座位有一半是被马歇尔的学生占据的。[①] 目前，新古典学派
141 扩展了一般均衡理论，并与被修正了的凯恩斯主义一起在西方国家的舞台上占据重要的位置，同时它们二者还与马克思主义和制度学派共同占据世界相关领域。即使是到了 19 世纪 80 年代——《经济学原理》第一版出版 10 年前——除了马歇尔对垄断的讨论之外，新古典经济学的准则，即有关完全竞争的基本命题，对于确保其用于政策指导也是非常不现实的。甚至连瓦尔拉斯也认为，政府有必要强化竞争。边际主义一直坚持古典经济学的条件，甚至是在它相对衰落的时候也是如此。

马歇尔的《经济学原理》还是一部有关 19 世纪英国资本主义的令人印象深刻的社会学著作，其中渗透着经济制度演化的历史意义。马歇尔的追随者发展了马歇尔的分析思路但并没有沿用他历史演化的思想。据一位著名的经济学家说，忽视历史背景而过度简化的马歇尔主义经济学一直在大学教学中盛行，直到"许多的经济学家彻底对它感到反胃"[②]。

在维多利亚时代，举止、道德和温和的态度比行为更为重要。这是多么恰当的一种行为标准。并不是所有的一切都总是按照新古典经济学理论规定的时间发生。它只存在于马歇尔贝列尔山庄（Balliol Croft）的家中。均衡是一种完美的静止状态，就好像是某一天下午萨拉（Sarah，马歇尔的女仆）来到马歇尔的书房——在他与学生们做完面对面的交流之后——侍候马歇尔到附近的棚子里喝上一杯茶，品尝一块蛋糕。

然而，在贝列尔山庄的围墙外，历史的时钟就像一颗定时炸弹一样滴答作响。在马歇尔那个时代，历史奇迹般地一跃——俄国十月革命、第一次世界大战、反对殖民主义斗争。是什么开辟了这样一条道路呢？欧洲资本主义将会衰落，君主制也将衰败，大萧条即将来临。马歇尔在他的《经济学原理》中提出自然界绝无大跃进，或者是"自然没有飞跃"。难道这些变化都微不足道吗？现实是否构成一个巨大的瓦尔拉斯一般均衡条件？

① H. S. 福克斯韦尔（H. S. Foxwell）：《英国的经济运动》，载《经济学季刊》，92 页，1887（2）。

② 约瑟夫·A·熊彼特（Joseph A. Schumpeter）：《十位伟大的经济学家》，95 页，纽约，牛津大学出版社（New York，Oxford University Press），1965。

142 维多利亚时代的大幕最终在贝列尔山庄上演的人类戏剧中徐徐落下：1924年马歇尔去世之时，所有英国伟大的经济学家都对他表示了敬意。《经济学原理》中基本内容、脚注中注明的那些数学方法和图表，可以挽救整个维多利亚时代。然而，他对经济制度的丰富见解并没有产生这种效果。具有讽刺意味的是，马歇尔的这些见解却是由于约翰·贝茨·克拉克的一位具有流浪色彩且超凡脱俗的学生托尔斯坦·凡勃仑而被保留了下来，从而在制度现实中恢复了它的地位。

第 8 章

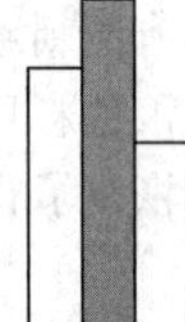

托尔斯坦·凡勃仑引领美国工业航船

145 在维多利亚时代，英国不仅在经济思想上占据了统治地位，而且还在世界经济中起主要支配作用。然而在许多方面，美国却是个例外。它是“美国梦”的发源地。同时，“美国梦”所描绘的大部分乐观情绪都来自于18世纪美好、慈善而又和谐的宇宙观；正如我们所看到的那样，艾萨克·牛顿为这种信念做出了值得纪念的科学表达，约翰·洛克为它提供了政治理论基础，而亚当·斯密和阿尔弗雷德·马歇尔给予它经济表达。

此外，英国主张过清教徒式生活的人，通常是具有丰富新教徒伦理道德背景的北美移民。加尔文主义和清教主义的主要经济信仰，是宽恕且鼓励人们拥有道德并谨慎地积累财富，这是一种同时接受斯密理论和造物主观点的做法。新教徒的伦理道德不仅有助于欧洲和美国资本主义的产生，而且勤劳节俭的新教徒通过挣钱和储蓄，也能够保证自己过上稳定的生活。

到19世纪中期，工业革命从欧洲扩展到了美国；在那里，新教徒与那些拥
146 有美国梦想的人结婚生子，繁衍生息。大概从1870年到1910年，也就是美国历史上的“镀金时代”，“美国梦”呈现出一种完全唯物主义的形态。在本章中，我们将介绍工业革命在美国经济的历史舞台上所产生的影响，并且通过古怪有趣的凡勃仑来讨论“镀金时代”具有讽刺意味的影响。

当然，正统的观点认为现实是逐步发展的。然而，马歇尔主义的正统观点以及一些被称为社会达尔文主义的人，不得不与凡勃仑以及美国唯一的经济学派——制度学派——分享某些相同的看法。的确，或许有些人会认为20世纪20年代的制度学派无论是在大学内还是在大学外，都与新古典学派一样，对美国经

济产生了很大的影响。他们在“更加热情和睿智”的人中盛行，也就是约瑟夫·A·熊彼特（Joseph A. Schumpeter）所说的那些对新古典经济学“完全感到反胃”的人。然而，首先让我们来关注一下可以让银行家和工业家从中获得精神力量的独特的美国视角。

8.1 小霍雷肖·阿尔杰与和谐世界

小霍雷肖·阿尔杰（Horatio Alger，Jr.，1832—1899），一名为儿童撰写虚幻小说的牧师，成为“美国梦”的同义词。阿尔杰的小说是《旧约全书》中有关诺亚（Noah）、亚布拉罕（Abraham）、约瑟夫（Joseph）以及大卫（David）故事的最新版本，是一些善良的人通过公认的美德获取财富的故事。

阿尔杰的故事为新教徒注入了来自牛顿的科学元素，即万物都是因果相应的。如果好人变得富有，那么推断富有的人都是好人也就相对合理了（即使不完全符合逻辑）。在阿尔杰的故事中，物质上的富有来源于必然结果和偶然巧合。遗产只能由那些“应该得到它的”人来继承，即那些拥有高尚情怀和热火精神以确保遗产能不断增值的人。

在阿尔杰经典的小说《勇猛无畏》中，贫穷但诚实的罗伯特（Robert）救下了一位富人，结果得到了他的一小部分财产。现在，罗伯特处在舒适的环境之
147 中，就读于一所著名学校，在那里他取得了很大的进步。在小说的结尾，罗伯特有希望能很快成为一名杰出且富有的商人。他的好运不仅来自于他的良好品质，还来自于伟大的远见，这一切不停地促使他在适当的时间去做合适的事情。

阿尔杰的故事以浅显易懂的方式将美国乐观精神人格化。但是潜藏在故事背后的基本价值——自然对世界了如指掌——却非常深刻，罗伯特的“幸运”是某种更高计划的显像。自然这位神灵向值得奖赏的穷人分发财富，给予好人好的运气，这一观点从未被彻底抛弃过；实际上，直到今天，在福音传道主义的电视节目以及政治思想中，依然保留有这种信念。

但是，如果极少数的人变得非常富有并且拥有权力，那么仅仅是写给孩子们的故事和宗教是不能洗清他们的罪恶的。就像《旧约全书》本身警示的那样，美德本身并不总是有回报的：“赛跑并不是为跑得快的人而准备的，战争并不是为强者准备的，面包并不是为聪明的人准备的，财富也不是为有理解力的人准备的，运气也不是为有技能的人准备的，时间和机遇会出现在他们每一个人身边。”因此，美国大企业的首脑们将他们的目光放在了牛顿及其自然科学上，这是因为牛顿的科学方法适用于三位维多利亚时代具有巨大影响力的人的身上：生物学家查尔斯·达尔文、哲学家赫伯特·斯宾塞（Herbert Spencer）以及社会经济学家威廉·格雷厄姆·萨姆纳（William Graham Sumner）。然而，率先来临的是工业革命。

8.2 第二次工业革命

工厂出现于工业革命之前。诸如塞缪尔·斯莱特（Samuel Slater）和摩西·布朗（Moses Brown）这样的人，在18世纪90年代就拥有了工厂。弗朗西斯·C·洛厄尔（Francis C. Lowell）以及纺织品制造厂出现得要稍晚一些。到19世纪30年代中期，只有少部分的军火制造公司享受到了与亚当·斯密例子中的针厂一样的专业化带来的好处。专业化一旦出现，一支枪的所有部件就在一个工厂里进行组装——锁闸、托柄和枪管。这种现代工厂的原型是位于马萨诸塞州斯普林菲尔德（Springfield）的拥有250名工人的美国兵工厂。从某种意义上说，是美国政府带来了现代工厂。[①]

148 尽管美国从1815年到1860年间一直享受工业化带来的好处，但是从1840年到1860年经济才出现高速发展。之后的美国国内战争（1861—1865）损害了许多地区的工业增长，特别是南方经济在19世纪60年代的10年中遭遇了人均商品生产的负增长。[②] 当战争结束后斯嘉利（Scarlet）返回塔拉（Tara），一切都变了，甚至连雷特·巴特勒（Rhett Butler）也与以前不一样了。

美国工业革命大概是从1840年开始的，或者确切地说是在战前。在之后的半个世纪里，每单位资本的总产出以大约每年2%的速度增长。到了19世纪80年代，制造业每年的产值最终超过了农业产值。19世纪前半叶发生在英国的一切到19世纪后半叶又在美国上演。因此，这也被称为第二次工业革命。

科学和技术对两次工业革命都产生了巨大影响。第二次工业革命的主要标志是铁路机械、化学、电子科学的技术发展，以及改变美国人生活方式的新能源和内燃技术的发展。由于劳动力短缺，从19世纪40年代开始，美国的工业技术与英国相比拓展到更多不同的领域。不仅是来源于蒸汽、电力、内燃技术的新能源使机器动力更加强大并且提高了自动化水平，而且替代劳动力的新技术使美国形成了许多与英国相比规模更大的工厂和公司。通过规模生产，美国工业降低了单位成本，这种方式被后来的经济学家称为“规模经济”。之后在制造业中，我们预计看到的将是规模报酬递增，而不是李嘉图农业生产中表现出来的规模报酬递减。

钢材被用于发动机，铁轨被用于铁路，这些应用现在已经遍布整个大陆。随着工业化进程的推进，社会已经进入到大规模生产的时代。亨利·贝西墨爵士（Sir Henry Bessemer）最先通过把生铁直接转化成钢而生产出大量的钢材，降低

---

① 小阿尔弗雷德·D·钱德勒（Alfred D. Jr. Chandler）：《看得见的手：美国商业的管理革命》，72～73页，剑桥、马萨诸塞和伦敦，哈佛大学出版社贝尔耐出版部（Cambridge，Massachusetts and London，The Belknap Press of Harvard University Press），1977。同时参见第67～72页对整个纺织厂作为一个欠发达但进行大规模生产单位的讨论。

② 参见斯坦利·英格曼（Stanley Engerman）：《国内战争经济影响》，再版于《美国经济史的再解释》，371～372页，罗伯特·福格尔（Robert Fogel）、斯坦利·英格曼编，纽约，哈珀和罗出版公司（New York，Harper & Row），1971。

了大约八分之七的生产成本。19 世纪 60 年代，威廉·西门子（William Siemens）
149 采用平炉冶炼过程，克服了贝西墨钢材质量的不稳定性。在后来的 10 年里，一位沉默寡言的苏格兰移民安德鲁·卡内基（Andrew Carnegie），采用了平炉炼钢技术，并且残酷地运用市场手段——增加生产规模，并且经常采用低于生产成本的价格销售，直到最终把所有的竞争者驱逐出市场——最终超过了世界上所有的钢材生产者。钢轨的价格在 1873 年是 120 美元一吨，到了 1898 年每吨售价低于 17 美元。钢材的总产量在 1870 年不足 7.7 万吨，1900 年不足 1 122.7 万吨，到了 1913 年达到了 3 408.7 万吨。①

由于生产技术的改变，商业组织也发生了变革。早期铁路公司的非正式联盟成为一种避免通过极力降低成本而进行恶性竞争的方式。1873 年后的萧条消除了这种非正式联盟所具有的优势。紧接着出现了正式的联盟，这种方式最后又被 19 世纪末最难对付的投机商杰伊·古尔德（Jay Gould）所打破。

企业家亨利·福特（Henry Ford）以及他的 T 型汽车将美国工业革命带向高潮。1909 年，福特决定只生产一种造型的汽车，只喷一种颜色的漆，最初售价只有 850 多美元。福特说："只要汽车是黑色的，任何一位顾客都可以拥有一辆喷着自己想要的颜色的汽车"。一种非常实用的设计使得汽车可以开到任何一个即使是没有道路的地方（或者只有很少的道路）。福特的 T 型汽车成为人们的一种生活方式，就像他的移动装配线成为一种生产方式一样。1908 年到 1909 年间，福特公司的汽车销售量达到了 10 607 辆，公司也因此不得不拒绝一些订单。1912 年到 1914 年间，福特公司生产的 T 型汽车达到 248 307 辆，1920 年到 1921 年，这个数字上升到 933 720 辆。由于福特公司的发展，到了 20 世纪 20 年代，汽车可以说已经是无处不在了。②

这种大规模的生产带来了大规模的消费。福特认为他必须付给工人足够的工资（每天 5 美元），这样他们才能够买得起汽车。他充分理解市场扩张以及规模经济。"如果生产增加 500%，成本就会降低 50%，成本的降低伴随着销售价格的下降，最终将会使 10 倍的工人能够购买产品。"③ 福特懂得，工人的工资收入是销售量的源泉。

150 1840 年，美国悄无声息地成为世界上一股强劲的经济力量；其 GNP 大概仅低于英国和法国。据估计，在 1834—1843 年和 1894—1903 年的两个 10 年间，美国的 GNP 增长率达到 48%。人均 GNP 增长显著：大概每 10 年增长 16%。④

---

① 《历史统计系列丛书》，265～265 页。更加详尽的数据可参见乔纳森·休斯（Jonathan Hughes）、刘易斯·凯恩（Louis P. Cain）：《美国经济史》，第四版，313 页，纽约，哈珀-柯林斯出版公司（New York，Harper Collins），1994。

② 乔纳森·休斯讲述的福特和汽车时代的完整故事参见：《关键的少数：企业家与美国经济进步》，扩充版，纽约和牛津，牛津大学出版社（New York and Oxford，Oxford University Press），1986。

③ 最初的引文出自亨利·福特关于"大量生产"的一篇文章，该文收录于《大不列颠百科全书》第十三版，重印于克利夫顿·费迪曼（Clifton Fadiman）：《大不列颠百科全书文库》普通版，403 页，纽约和伦敦，瓦伊金出版公司（New York and London，Viking），1992。

④ 这些估计来自罗伯特·E·高尔曼（Robert E. Gallman）的开创性研究：《美国 1834—1909 年的国民生产总值》，载《收入和财富研究》，第 30 卷，表 A1，多萝西·S·布雷迪（Dorothy S. Brady）编，纽约，国民经济研究局，哥伦比亚大学出版社（NewYork，NBER，Columbia University Press），1966。

就像英国的发展进程一样，快速的城市化伴随着工业化的整个进程。居住在城市的美国人口率在1840年仅有3%，而到1900年则达到了18.7%。从那时起不久后，汽车和公路建筑就共同构成了城市居住群体。[①]

8.3 英国工业：太阳渐渐西去

与此同时，新古典主义经济学家并没有觉察到1870年英国的经济状况发生了怎样的变化。在中世纪，英国生产的煤产量约占世界的2/3，铁产量占世界的一半，钢材产量占世界的5/7，具有商业规模的棉布产量占世界的一半。然而，随着美国、法国、德国工业化进程的不断推进，英国的相对优势开始缩小，并且不仅仅是把他们的棉布洗了再晾干那么简单了。到了19世纪的最后10年，英国虽然仍保持着强大的工业力量，但是已经不再是领导者。更为糟糕的是，工业化国家正在经历着一场对维多利亚时代的繁荣造成重创的长期萧条（1873—1896年）。

当英国的资源几近枯竭，现存的技术早已被充分利用的时候，新兴国际商业趋势开始兴风作浪。[②] 此时，英国面临两方面的挑战。第一，欠发达国家的原材料和食品有了其他的输出地，也就是其他的工业化国家。第二，美、法、德三国在世界范围内与英国的商品销售展开了竞争。

同时还有一些其他没有被关注的压力。尽管英国在维多利亚时代实际工资有
151 一定程度的增长，但是工资增长与经济增长并不同步。有40%的工人阶级生活在“贫困”的环境之中，约有2/3的劳动者一生中过着贫民生活。只有不到15%的工人阶级的居住环境被认为还算舒适。

这就难怪，到19世纪70年代早期，英国贸易联盟（就像它之前的企业巨头一样）成为激烈竞争过程中的一大麻烦。最初的贸易联盟仅包括熟练并且工资相对较高的手工艺工人，因而规模并不很大。然而到了19世纪末，非熟练工人也逐渐形成了规模更大的组织。实际上，世纪之交标志着英国工党的产生。

无论是英国还是美国，劳工运动都在艰难进行之中，直到劳动力短缺状况伴随着第一次世界大战出现。公众对劳动状况的强烈不满，在很大程度上是由于人们普遍接受了社会达尔文主义的原则，认为应该得到更多。

① 关于城市化的数据来自《历史统计》，摘自系列A57-69。转引自乔纳森·休斯、刘易斯·凯恩：《美国经济史》第四版，317页，纽约，哈珀-柯林斯出版公司，1994。

② 参见黛尔德拉·麦克洛斯基（Deirdra McCloskey）：《维多利亚英国衰败了吗?》，载《经济史评论》，第23卷，446～459页，1970（12）。

8.4 强盗男爵复活

无论是在英国还是美国，生产更多价格低廉的实惠产品的企业家，与为达到不正当目的不择手段进行生产的企业家形成了鲜明对比。像亨利·福特和托马斯·爱迪生（Thomas Edison）这样的人都具有前一种企业家的品质。接下来，我们将把重点放到臭名昭著的后一种人身上；我们永远不会忘记他们的名字。安德鲁·卡内基可以说在一定程度上介于上述两类人之间。

大规模工业生产需要大量的金融资本，使得企业必须寻求私有银行和货币资本市场的帮助。渐渐的，对商业和工业企业的金融控制与进行生产的方式相分离。股份公司——斯密认为这是一种有害的组织方式——使得个人通过普通股而拥有企业所有权，并且不必介入企业的生产和管理。

更糟糕的是，竞争使得企业面临的生存环境更加险恶。对于企业巨头而言，
152 竞争已经过时，因为对厂房和设备的投资非常之高，以至于要想取得成功已经不能依赖于市场机制的运行了，虽然竞争是一种有效的市场均衡行为。尽管如此，阿玛莎·利兰·斯坦福（Amasa Leland Stanford），这位从1863年到1893年去世前一直担任太平洋中央铁路公司总裁的企业家，在1878年给股东的年报中写道："通过政府和国家来控制公司事务是丝毫站不住脚的。这是一个权力问题，而且权力的归属取决于你的意愿。"然而，商业意识中所设想的竞争导致对商业行为越来越少的政府管制，同时所有权与生产过程的分离引发了不负责任的金融操作行为。斯坦福主张的自由放任还是受到了质疑；在发表这番主张的同时，他正在享受着运用政府建造铁路的基金组建的公司带来的利润。

正是大投机商杰伊·古尔德，迫使宾夕法尼亚铁路公司放弃与其他公司的合作战略，建造国家第一个地区间的铁路企业集团。古尔德、丹尼尔·德鲁（Daniel Drew）和吉姆·菲斯克（Jim Fisk）早在1868年就通过非法手段，巧妙地阻止了科尼利厄斯·范德比尔特（Cornelius Vanderbilt）在一年前获得纽约中央铁路线控制权后接管伊利湖（Erie）铁路线。古尔德成为伊利湖铁路公司总裁和最大的股东。尽管他不择手段，但是依然没有掌握整个国家系统。1869年10月，在他试图垄断整个黄金市场时，他失去了打败范德比尔特的财务支持。

但是，古尔德并没有倒下去。他开始从事铁路合作的投机活动，这一尝试在早期非常顺利。1873年的大萧条使联合太平洋公司（与太平洋中央共同经营第一条横贯大陆的铁路）股票处于较低的价位。古尔德开始购买这只股票，到了1874年春天他拥有了该公司的控制权。他购买视线内的所有铁路股票；很快，古尔德掌握了15 854英里的铁路，约占美国铁路里程的15%。①

铁路和重工业的出现以及银行的迅速扩张，增加了家族集团的财富，家族名

① 这些及其他许多相关活动参见小阿尔弗雷德·D·钱德勒的详细阐述：《看得见的手：美国商业的管理革命》，第5章，剑桥、马萨诸塞和伦敦，哈佛大学出版社贝尔耐出版部，1977。

称与金钱和权力具有相同的含义。其中杰出的代表是摩根。

153 J. P. 摩根公司于1838年在伦敦成立，1856年朱尼厄斯·摩根（Junius Morgan）获得公司的控制权。掌控着美国金融界的摩根交易所位于华尔街23号，紧邻纽约证券交易所和联邦大厦。朱尼厄斯的儿子大J. P. 摩根［又名皮尔庞特（Pierpont），1837—1913］和孙子小J. P. 摩根［又名杰克（Jack），1867—1943］使得他的财富得以增加，并提升了他的影响。这两个摩根经常被人们混淆，这不仅是因为他们具有相似的外表——圆圆的大鼻子、梨形的身材和光光的秃头，而且也因为他们都非常地冷酷。

1861年，刚刚成年的皮尔庞特看到了国内战争带来的又一个获利机会。阿瑟·M·伊斯门（Arthur M. Eastman）以每支3.5美元的价格从林肯政府那里购买了5 000支内径光滑的霍尔卡宾枪。皮尔庞特借给西蒙·史蒂文斯（Simon Stevens）2万美元，后者以每支11.5美元的价格从伊斯门那里购买这些霍尔卡宾枪，并通过在其内径中刻制膛线对其进行改进。然后他再以每支22美元的价格把它们卖给密苏里州联合部队指挥官约翰·C·弗里蒙特（John C. Fremont）少将。J·皮尔庞特·摩根这种具有创造力的融资方式，使得政府又重新买回了自己卖出的产品，尽管产品得到了改进，但是价格却是同期90天短期国库券到期价格的6倍。①

但是，与后来的行为相比，皮尔庞特利用美国国库加装膛线的行为简直是小儿科。1900年，他领导着国家第二大钢铁集团，那时卡内基钢铁集团是粗钢市场的老大。卡内基对成品钢生产，例如电线和钢管等，虎视眈眈。由于担心爆发价格战以及激烈的竞争会对工业产生巨大打击，皮尔庞特为卡内基钢铁公司以及其他许多公司发行债券，使得所有的公司都在他的控制之下。随着美国钢铁公司的成立，全国一半的钢材生产都由一种人所决定，那就是银行家。到1901年，皮尔庞特的竞争手段变得异常残酷，这使得美国钢铁行业成为一个垄断行业。

强盗男爵这个词汇不应被轻易使用。在中世纪，**强盗男爵**指的是通过专制统治欺压人民的封建贵族。这个词汇在19世纪的后25年中又被重新开始使用，用
154 来描述控制美国工业的一小部分商业巨头。这其中除了古尔德、菲斯克、卡内基和摩根之外，还包括A.B. 韦德纳（A.B. Widener）、查尔斯·泰森·耶基斯（Charles Tyson Yerkes）、詹姆斯·R·基恩（James R. Keene）、E.H. 哈里曼（E.H. Harriman）、詹姆斯·J·希尔（James J. Hill）、约翰·D·洛克菲勒（John D. Rockefeller）、H.H. 罗杰斯（H.H. Rodgers）、乔治·F·贝克（George F. Baker）、威廉·洛克菲勒（William Rockefeller）、威廉·C·惠特尼（William C. Whitney）和乔治·F·巴尔（George F. Baer）。所有的这些人都是在1860年到1870年间庆祝他们25岁生日的，这意味着他们成熟的思想和行为出现在美国国内战争前后。同时，他们至少熟知战争产生的一个问题，那就是，大量的生产以及随之而来的进行大规模生产的必要。

① 这个故事与朗·切诺（Ron Chernow）的著作有关：《摩根家族：一个美国银行王朝和现代金融的兴起》，21～22页，纽约，大西洋月刊出版社（New York，Atlantic Monthly Press），1990。

8.5 社会达尔文主义

19 世纪下半叶，美国和英国的现实条件遗留下两个尚未解决的经济问题。在完全竞争的条件下，如何判断一个工业家积累大量财富是否合理？如何解释有些人没有从整个经济中受益而处于贫穷的状况？一种出人意料的答案，来自于一个新兴的社会学科，他的创立者是赫伯特·斯宾塞（1820—1903）。

□古老时代虔诚美好的宗教信仰

宗教与许多方面有关。强盗男爵除了控制大量的生产以外，还拥有其他一些共同点：其中至少有 7 个人常去教堂做礼拜，6 个人积极参与教堂事务。J. P. 摩根或许是美国圣公会中最有名的教徒；美国圣公会中领受圣餐者包括 1900 年纽约市 75 位亿万富翁中的一半。[①] 洛克菲勒兄弟是有名的浸信会教友。

许多强盗男爵都相信，上帝是他们的盟友。约翰·D·洛克菲勒曾说过："上帝给予我金钱"。巴尔在 1902 年煤矿工人罢工过程中反击劳动者的时候也说：

155 劳工的权利和利益将会受到保护和关注——这种保护和关注不仅来自于劳动的鼓吹者，还来自于上帝以无比的智慧赋予他们这个国家财产利益控制权的基督教徒。[②]

像 J. P. 摩根这样的强盗男爵，拥有巨额的行贿基金，以用于在华盛顿政府和国家资本主义中购买选票。他们通过股票操纵制造虚假利润而在股票交易中榨取公众钱财。然而，当历史车轮向前推进的时候，他们又都热切希望自己能被载入史册。

这些人并不完全是伪君子。我们在第一章已经看到，加尔文主义和清教徒主义提倡物质产品的积累和内心虔诚的精神生活。同样，尽管皮尔庞特·摩根和 E. H. 哈里曼不负责任的铁路控制权斗争带来了金融恐慌，但是他们依然非常虔诚。洛克菲勒无情地淘汰竞争者，但是他仍然在欧几里得林荫大道的浸信会教堂与主日学校的孩子们一起唱颂歌。亨利·沃德·比彻（Henry Ward Beecher），这位后来美国最有名的牧师以及其他一些人，在讲坛上共同为富有的善良人讲道，但是他们也给摩根、哈里曼和洛克菲勒的唱诗班讲道。

两个主要的政党也保持正确的政治姿态。在 1876 年选举中获胜的民主党总统塞缪尔·J·蒂尔登（Samuel J. Tilden）在答谢朱尼厄斯·摩根的宴会上提出

① 弗雷德里克·刘易斯·艾伦（Frederick Lewis Allen）：《造物主》，87 页，纽约和伦敦，哈珀兄弟出版公司（New York and London，Harper & Brothers），1935。

② 同上，91 页。

了一个长期坚持的信条：

> 从某种意义上说，毫无疑问，你执著于为自己而工作的幻觉之中，但是我非常荣幸地告诉你，你是为全体公众而工作。（鼓掌）当你为自己谋求利益的时候，一个显而易见的有力证据是你做的大部分事情都以公众利益为导向。现实中拥有巨大财富的人，即使不是事实，从功能上讲也是公众的托管人。①

摩根的合作伙伴亨利·P·戴维森（Henry P. Davison），可能会要求参议院专门委员会调查垄断状况。“如果在实践过程中证明它是错误的，那么它将不会存在……事物本身能够纠正自己。”②

156 如果是市场均衡，那么一定与强大的竞争力量无关。毫无疑问，新古典主义经济学家并不希望自由放任最终使得强盗男爵保留下来。如果某种力量能够使市场保持静止或者均衡，那么它或许是卡内基、摩根和洛克菲勒他们通过经营铁路、钢厂和银行的结果。但是所有的这些经营都是基于垄断行为进行的。

□赫伯特·斯宾塞社会和谐论的科学基础

信念只能在一定程度上发挥作用。就像烟草大王最终还是需要经验丰富的医生来解释烟草给健康带来的益处一样，强盗男爵们越来越需要科学的支持。幸运的是，这两个要件他们都已拥有。

在很大程度上受到马尔萨斯人口论的启发，达尔文发展出了自然选择理论：对某一特定种群的生存有益的变化容易在自然界中被保留下来，而对生存没有益处的变化将会完全消失，最终导致新的种群的进化。赫伯特·斯宾塞继承了达尔文的观点（斯宾塞误解了达尔文）并且加入了物理学观点，使之与“科学社会主义”相结合，最终形成了社会达尔文主义——“柏油铺地的丛林”的概念。

在斯宾塞看来，富人越来越富有、穷人越来越贫穷，是一种物种优化，同时也是经济改善的自然方式。这是一个强盗男爵及其随从、仆人和中产阶级（他们现在虽然并不富裕，但是“美国梦”使他们认为这只不过是个时间的问题）都赞成的方式。

斯宾塞写道，既然进化过程是按照不断增长的顺序进行的，那么他的科学社会主义与沉闷的自由放任学说并不矛盾。由于通过自然法则，人类的生活条件变得越来越好，社会变得越来越有序，因而人类不应该干预自然的进步。通过私人帮助或者公共救助帮助穷人，干扰了种族的发展。适者生存的达尔文法则被解释
157 为现存的生存状态是最好的，因为它是一个自然选择的结果。

因此，由于小霍雷肖·阿尔杰书中虚构的男主人公能够完成登上最高阶层的“美国梦”，因此社会达尔文主义者的学说能够保留这种社会进程，而这种社会进

① 《护民官》，1877年11月9日。也参见刘易斯·科里（Lewis Cory）：《摩根家族》，80页，纽约，哈珀兄弟出版公司（New York，Harper & Brothers），1930。

② 转引弗里茨·雷德里奇（Fritz Redlich）：《沉浸于两种文化》，44页，纽约和埃文斯顿三世，哈珀和罗出版公司（New York and Evanston，Ⅲ.，Harper & Row），1971。

程的成功是非常罕见的。社会计划提高了成功的几率，但是由此引起的一些不适合的种群发展会令人反感。

斯宾塞还解决了社会达尔文主义给基督教，包括强盗男爵带来的真正意义上的宗教危机。诺亚·波特（Noah Porter，1811—1892）是公理教会的牧师，也是托尔斯坦·凡勃仑在校期间耶鲁大学的校长。直到1877年，他才屈从于进化论的影响，当时在一次演讲中他发现："在博物馆的一个角落中寻找论据（其中包括证明进化论的论据）与在大学礼拜堂中另一个角落里教学并不矛盾"。[①] 因此，宗教能够与科学相调和，尽管许多人难以接受人类是由猴子进化而来的。

亨利·沃德·比彻表达了他希望能在天堂与赫伯特·斯宾塞相见的愿望。更可喜的是，无数个地方在销售斯宾塞的著作，1882年在纽约举办的签售会上，就连圣母玛利亚肖像的销售员都感到羡慕。

□威廉·格雷厄姆·萨姆纳的社会达尔文主义

尽管整个一代学者都受到了斯宾塞的影响，但是在美国最出名的是威廉·格雷厄姆·萨姆纳（1840—1910）。他把三种西方资本主义文化传统相结合——新教徒的伦理道德、古典经济学和达尔文的自然选择——通过独创性的方式把牛顿、神学和生物学同时引入到了古典经济学之中，把中世纪行为中的经济伦理与19世纪的科学融合在一起。萨姆纳的社会学就是让为生存而斗争的适者努力工
158 作、勤俭节约，同时通过决定论巩固李嘉图理论的必然性并坚持自由放任。萨姆纳是一个快乐的指挥家，他说："百万富翁是自然选择的产物……是自然选择的某一项工作的代理人。他们虽然获得高工资、生活奢华，但是这种交易对社会是有益的。"[②]

达尔文理论的其他解释者回避了动物斗争与人类竞争的类比，但是萨姆纳却把经济竞争看做是动物生存状况的最佳反映。在斗争中，人们从自然选择转向对人的社会选择，从"更强适应性的器官形式转向具有经济优势的公民。"[③] 这种选择过程依赖于与自然规则相对的自由竞争环境，并且这种环境像重力一样是必不可少的。当社会普遍获得自由，具备勇气、事业心、受过良好教育、聪明并且坚定的人们将会进入上层社会，处在一种完全竞争的状态下。因此，美孚石油公司的创始人约翰·洛克菲勒在周日学校的课中讲道：

> 大企业的发展只不过是适应能力强的人得以生存……红蔷薇只有舍弃四周繁茂的嫩芽才能给他人带来色彩和芳香。这并不是商业中罪恶的渊源，而

---

① 查尔斯·舒克特（Charles Schuchert）和克莱拉·梅·莱文（Clara Mae LeVene）:《O. C. 马什（O. C. Marsh）——古生物学家先驱》，247页，纽黑文，耶鲁大学出版社（New Haven，Yale University Press），1971。

② 威廉·格雷厄姆·萨姆纳：《事实和其他论文的挑战》，90页，阿尔伯特·加洛韦·凯勒（Albert Galoway Keller）编，纽黑文，耶鲁大学出版社（New Haven，Yale University Press），1914。

③ 同上，57页。同时参见约瑟夫·多夫曼（Joseph Dorfman）：《美国文明中的经济思想：1606—1865》，第2卷，695～767页，纽约，奥古斯塔斯·M·凯利出版公司（New York，Augustus M. Kelley），1966。

仅仅是自然规则和神意的选择。①

当然，约翰·D·洛克菲勒在许多石油公司绽放成为像美孚石油公司一样的红蔷薇之前就扼杀了它们。他没有给任何人一座蔷薇花园。

至于萨姆纳，他担心竞争过程中的收入分配会让位于通过表决进行的局部再分配，这种担忧常常被用于反对累进所得税。由于资本积累是自我牺牲的结果，因此财产证明了财富优势是由积累者本身的优势所决定的。资本家成为道德高尚
159 的人，而挥霍的工人成为罪人。向富人征收高于穷人的税率，被看作是为了支持下等人而增加上等人的负担。

因此，萨姆纳和斯宾塞都支持通过监护人的方式使得富者更富有，强者更强。就连安德鲁·卡内基也成为一名忠实的信徒，他描述自己在阅读达尔文和斯宾塞作品时混乱的精神状态是多么不可思议：

> 我已经明白了进化论的真谛。“一切都发展平稳则一切都好，”这已经成为我的座右铭、我舒适的真正源泉……人类追求完美并不需要意料中的结局。将脸转向光明，站在阳光下抬头仰望。②

社会达尔文主义者与正统经济学家得出了相同的结论：由于干预企业的行为就是对自然法则的违背，因而自由放任是可取的。强盗男爵赞同适者生存，因为这本身就是一种自然法则，而人为的干预是多余的。他们把竞争过程中的斗争看做本质上与自然界中的生存法则毫无差别。自然规则要求进行财富分配，而人类不该试图去愚弄自然。

斯宾塞和萨姆纳的学说在今天看来或许有些冷酷无情，但实际上他们并不冷酷麻木。在20世纪30年代，当匹兹堡的阿特拉斯（Atlas）工厂的总经理被问到如何提高工人每天75美分的工资时，他很可能科学地回答：“我认为没有什么可以做的……‘适者生存’的法则决定着这一切。”同样，20世纪90年代美国许多关于“像我们知道的那样结束福利”的观点听起来很像远古时代的回音。

8.6 修正的达尔文主义：凡勃仑与制度经济学

并不是所有人都赞同斯宾塞和萨姆纳的观点，同时他们也未必认可强盗男爵
160 的行为。特别是，正统经济学受到了讲授经济学但却成为著名社会批评家的人的挑战。他的名字是托尔斯坦·凡勃仑。具有讽刺意味的是，凡勃仑是J.B.克拉克（J.B.Clark）的本科学生、萨姆纳的硕士毕业生；直到今天他依然算得上是一位著名的文学家。

---

① 威廉·J·根特（William J. Ghent）：《我们慈善的封建主义》，29页，纽约，麦克米兰出版公司（New York，Macmillan Co.），1902。

② 安德鲁·卡内基：《安德鲁·卡内基自传》，327页，波士顿，霍顿·米夫林出版公司（Boston，Houghton Mifflin），1920。

与穆勒和马歇尔的《经济学原理》不同，凡勃仑的《有闲阶级论》（1899）或许是19世纪唯一一本直到今天依然具有娱乐性和实用性的经济学著作。甚至有一些经济学家自嘲地给这本书加上一个小标题“理论阶级的闲暇”。

在凡勃仑看来，经济学与文学是分不开的。文学家一般与经济学家具有截然不同的思路；但与此不同，凡勃仑通过巧妙地、创造性地运用英国散文，将艺术和科学紧密地结合在一起。像F·斯科特·菲茨杰拉德（F. Scott Fitzgerald）一样，他受到英国小说家约瑟夫·康拉德（Joseph Conrad）严谨但晦涩的散文风格的影响。①

对于过多的强盗男爵，凡勃仑（1857—1929）在仔细分析新古典主义观点的同时，创立了美国唯一的经济思想分支——制度学派或演化学派。② 凡勃仑和他的追随者对财富的不平等和强盗式垄断者嗜财如命的状况深感愤怒，因此主张在美国建立民主福利国家［与此同时，劳工组织者尤金·德布斯（Eugene Debs）发表了激动人心的演讲，工会成员也渐渐增多起来］。社会主义哲学和马克思主义意识形态在英国和欧洲大陆发挥了重要的作用。然而，凡勃仑并没有转向有组织的劳动者，而是转向有经验的技术人员，这样就可以在资本主义成为企业“所有者缺位”的牺牲品之前，为挽救它而拥有必需的科技技能。

□凡勃仑的世界

1882年凡勃仑在耶鲁大学从事高级研究；同年，达尔文主义者赫伯特·斯宾塞开始游历美国的旅行，在德尔莫尼科（Delmonico）餐厅享受“最后的晚餐”，这个地方后来也成为纽约富人常去的区镇。其他经济学家阅读马歇尔的
161 《经济学原理》，享受着社会现状并为其辩护，认为没有必要进行改革。然而凡勃仑却这样描述社会状况：国家被少数百万富翁、强盗男爵所控制，他们不是通过生产而大多是通过金融操纵聚敛了大量的财富。

凡勃仑本身是一个奇怪的人。他有一双鬼鬼祟祟的眼睛、蠢钝的鼻子、蓬乱的胡子和短而凌乱的胡须。他态度冷漠、穿着简单，经常穿一条斜纹软呢的裤子，并用很大的安全别针别在袜子上。他嗜好颇少——抽名贵品牌的俄国香烟，在打高尔夫球的时候经常寻找丢失的球，当然也找女人——这些嗜好中只有最后一项令其陷入危险境地。在他打高尔夫球的过程中，他进入了一个自我世界。事实上他也的确如此。

凡勃仑的思想与那个时代的传统经济思想不同。正如书中所记载的那样，当时资深的经济学家约翰·贝茨·克拉克，这位凡勃仑的导师、一个古怪人，将边际物质产品与完全竞争价格的乘积看成是资本的收益。凡勃仑对资本主义的解读完全与众不同。凡勃仑写道，那些积累财富的人之所以这样做，是为了获得更多超出其基本满足的东西：富人通过一种引人注目的方式积累财富，因为在唯物主

① 约瑟夫·康拉德最有名的著作是《黑暗的心》，这本书被拍摄成许多版本的电影。

② 我喜欢制度学派的称谓，并且在随后的叙述中用它来描述该学派。

义文化背景下，财富就是权利、荣誉和名望的象征。通过这种复杂的表达方式，凡勃仑采用微妙奇特的逻辑，使得社会有了足够维系其发展的理由。

□有闲阶级的起源

凡勃仑第一本也是最著名的一本书是《有闲阶级论》，与克拉克关于分配的书在同一年出版。这本书介绍了许多新的术语，尖锐地讽刺了当时的社会，而且这些术语也成为经济语言的一部分，比如有闲阶级、趋利（俗称赶上与自己同等地位的人）；所有这些新术语中最有名的是“炫耀性消费”，即卖弄自己的财富。

162 凡勃仑写道，对有闲阶级而言，“他们并没有丧失勤俭节约的动机；他们的行为大大受到趋利要求的限制，当这种趋利的要求处于支配地位时，勤俭节约的动机就毫无用处了。”① 正如凡勃仑所看到的那样，在世纪之交，科尼利厄斯·范德比尔特，这位疯狂掠夺公众手中财产的富有经验的企业家，花费 300 万美元修建了一栋房子，取名“波涛”，用以为他那位拥有魔鬼身材的妻子（明显是一个“战利品”）营造一个小小安乐窝。范德比尔特只花 50 万美元就买下了范德比尔特大学，这个数目使他巨额家庭消费显得非常浪费。

与马歇尔不同，凡勃仑认为浪费扮演着一个重要的社会角色。这位传统的叛逆者写道：“在整个炫耀性消费的发展过程中，无论是商品、服务还是生活，都蕴涵着一个明显道理：为了获取声誉就必须进行奢侈消费。”②

□那个时代的制度

凡勃仑的书源自于一场关于经济制度演化的争论，该书采取新颖的手法运用了达尔文的生物暗喻。达尔文主义者曾经说过，在生物进化发展的过程中，自然选择的结果是适者生存。凡勃仑反驳说，制度也在发展之中，但是在现代观念与基于传统观念而形成的现代制度之间，总是存在文化滞后。

凡勃仑说：“制度是历史过程中的产物，它只适用于过去的情况，因此从来都不会与当前的要求相适应。”③ 凡勃仑把社会达尔文主义的观点颠倒过来，认为进化之所以是阻力是因为“遗留下来的制度，包括思维习惯、观点、心理态度

---

① 托尔斯坦·凡勃仑：《有闲阶级论》，41 页，约翰·肯尼思·加尔布雷斯撰写引言，波士顿，霍顿·米夫林出版公司（Boston，Houghton Mifflin），1974。[1899]

② 同上，77 页。有关如何将凡勃仑的需求理论纳入到主流经济学的论述，参见 E·雷·坎特伯里（E. Ray Canterbery）：《〈有闲阶级论〉与需求理论》，载《制度经济学的形成》，139～156 页，沃伦·塞缪尔斯（Warren Samuels）编，伦敦和纽约，路特里奇出版公司（London and New York，Routledge），1998。这本书的某些章节也指出了不同经济学是如何能够与过剩假设取代稀缺性假设的这种更加凡勃仑主义的观点相一致的。

③ 托尔斯坦·凡勃仑：《有闲阶级论》，133 页，约翰·肯尼思·加尔布雷斯撰写引言，波士顿，霍顿·米夫林出版公司（Boston，Houghton Mifflin），1974。[1899]

以及才能等等……它们本身就是不变的因素”[①]。如果正面朝上（即颠倒过来），则现存的制度至少是符合现状的。

163 凡勃仑所说的社会，是倒转过来的新古典主义社会。由于财富避免了经济变化带来的巨大影响，因此有闲阶级很自然地信奉这样一句格言：一切都是正确的。反之，凡勃仑说，之所以某些东西从制度上看很可能是错的，那是因为它的发展步伐落后于制度所反映的社会状况。

落后的制度塑造出来的人比古典经济学的“经济人”更为复杂。凡勃仑嘲笑新古典学派的快乐论和马歇尔需求曲线的基本原理，认为这些理论会使“一群阿留申群岛的居民为了捕捉贝类而用耙子和不可思议的咒语除去海藻和海浪……目的是为了寻找租金、工资和利息的快乐平衡点”[②]。

斯密和马歇尔把竞争看做约束商业行为的本质上有益的动力，而凡勃仑则把它看做是一种卑鄙的掠夺行为，是一种“工业巨头们”需要慢慢加以克服的习惯。凡勃仑写道：“渐渐的，随着工业活动更加深入地替代掠夺行为……积累的财富将更多地代替在传统上被视为杰出和成功的掠夺性剥削所得。”[③] 凡勃仑的“经济人”生活在一个竞争会引起有利于强者的激烈冲突的社会里。

□既得利益与工程师

凡勃仑看到人们形成不同的集团以维护共同的利益，也就是“既得利益”。由于利益不同，冲突就在所难免，但是不同集团的根本利益从未受到过关注。比如美国劳工联盟的工会主义者并不希望推翻银行家，因为他们忙于既得财产的挥霍（在金链子上挂金表），并赢得利益。竞争是为整体利益——对金钱的热爱——来服务的。如果财富和金钱的分配是公平的，那么这种有害且无意义的竞
164 争将不复存在。甚至连不贞节的性行为场所——那是凡勃仑非常了解的地方，并且一度把它看做只为富有男人开放的禁地——也会挤满了人。工人们不愿清除那些矿山所有人；他们也希望加入有闲阶级。

凡勃仑最终扩展了经济学的领域，加入了像社会制度和财富心态这些并非纯经济学的因素。他使许多经济学家开始停下来思考他们自己的冷酷和经济行为的框架。凡勃仑还是一名才华横溢且语言诙谐的作家；即便《有闲阶级论》是糟糕的经济学著作——事实上并不是——但它依然是一部天才的作品，是20世纪为数不多的有影响力的作品。

在学术理论方面，凡勃仑目睹了现代强盗男爵巨大的影响力。就像封建主义沿袭了基督教的家长式统治一样，工业中的基督教巨头不仅对医院、私立中学和

① 托尔斯坦·凡勃仑：《有闲阶级论》，133页，约翰·肯尼思·加尔布雷斯撰写引言，波士顿，霍顿·米夫林出版公司（Boston，Houghton Mifflin），1974。[1899]

② 托尔斯坦·凡勃仑：《现代文明中科学的地位及其他论文》，193页，纽约，B.W. 优比克出版公司（New York，B. W. Huebsch），1919。

③ 托尔斯坦·凡勃仑：《有闲阶级论》，73页。

大学进行施舍，还直接对穷人施舍，通过这样的方式减轻良心上的愧疚。然而，在大多数情况下他们这么做仅仅像家长关心孩子一样。

凡勃仑理解一个强盗男爵开始在大厦中进行的慈善活动。商人对大学的捐赠，包括凡勃仑的大学，大大影响了学校的校长，校长转而要求教授们尊重财产、尊重权利以及拥有财产和权利的人。出于这样或那样的原因，其中包括一些女生私下疯狂追求他，凡勃仑经常更换女友。

凡勃仑起初在康奈尔大学任教，后来跟随他的妻子埃伦（Ellen）去了芝加哥大学（由洛克菲勒提供资助）。尽管在芝加哥凡勃仑与埃伦在一起，但是由于厌恶哈珀（Harper）校长，因此他与另外一位著名的芝加哥女人一起去了国外。这又到了他重新开始的时候了，他首先到了斯坦福大学（具有讽刺意味的是利兰·斯坦福资助了他），后来又去了密苏里州政府支持的一所大学（在与埃伦离婚之后），并在20世纪20年代早期来到了纽约一所新学校（工资是由他以前的
165 学生资助的）。凡勃仑在1924年担任享有很高声望的美国经济协会的会长，但也因受到明显的冷嘲热讽而被排斥；对他而言，这个职位来得太晚以至于并没有发挥应有的作用。

然而，凡勃仑的著作一直影响着经济学的发展，他在一系列著作中详尽阐述着其主题：《有闲阶级论》、《商业企业论》（1904）、《工艺的天性与工业艺术的王国》（1914）、《工程师与价格制度》（1921）、《不在位的所有权和近代企业：美国案例》（1923）；并且把人们的注意力从完全竞争转向了垄断。凡勃仑关于大企业寻求利润最大化而不是产量最大化的争论，阐明了纯垄断模型的框架形式。不仅如此，凡勃仑还提出，随着工艺天性渐渐消失而金钱优于物品本身的时候，销售能力的重要性就增加了。与满足人们需要的有用性相比，大企业更加注重商品的销售。对于凡勃仑而言，销售人员通过承诺来美化他们并不过硬的技术，但实际上他们却无法履行自己的承诺。

由制造业协会和分配机构决定生产、雇佣和最终价格。这就是为什么当社会达到一个很高的生产水平时，会增加店员、广告员和会计数量以代替生产专家的原因。正如凡勃仑所说，这些专业人员必须承担起领导的责任，其中包括工艺师、工程师或适合他们的所有称呼。接下来凡勃仑写道：

> 所有先进工业者的物质财富都依赖于他们所掌握的技术，如果他们只是那样认为，则可以通过集合大家的建议，建立起自己领导的国家工业参谋部，并在缺位的所有者助手的帮助下进行分配。①

凡勃仑抱着少有的乐观态度，设想着“工程师”推翻“缺位”的资本家并改造工业。凡勃仑还提到，随着经济发展，企业家必须承担一定风险。

166 凡勃仑不仅背离了正统学派，而且还对它给予了强烈抨击，并在其废墟上尽情发挥。

① 托尔斯坦·凡勃仑：《工程师与价格制度》，136～137页，纽约，B.W.优比克出版公司（New York，B. W. Huebsch），1921。

8.7 新古典的统治地位和公共政策

在19世纪末之前，如果不是在全社会范围内，至少在理性领域内社会达尔文主义开始衰落，但是正如贸易保护主义者所认为的那样，当国内公司受到威胁时，人们再次意识到无论什么时候穷人的社会福利问题都应该予以考虑。社会达尔文主义依然持有一种比许多正统经济学家更为激进的观点。美国经济协会的形成在很大程度上是为了反对经济上的古典自由主义而支持工业家排斥下层社会的人们。1885年创立美国经济协会的重要人物理查德·T·伊利（Richard T. Ely）将萨姆纳作为他不希望加入协会的经济学家的典型。

尽管如此，凡勃仑却并不占优势。在凡勃仑的那个时代，古典经济学最终在整个经济和社会中占据了主要位置。经济学家努力将自己的理论披上科学的外衣，但还是无法摆脱无懈可击的马歇尔十字交叉图形分析。新古典理论解释的是纯垄断经济（一个只有一家公司的行业）和完全竞争经济，但是通常避开介于这两个极端情况之间而普遍存在的模糊的竞争类型，即凡勃仑所生活的这个世界。凡勃仑还极力反对他所观察到的高等院校中的一些倾向，并把它归因于所有的制度对创新的厌恶。

然而，科学中均衡的普遍存在性令人感到相当烦扰。甚至在马歇尔享受他作为经济学宗师地位的时候，现实似乎已经脱离模型而对它提出了新的挑战。强大的托拉斯规避竞争，是在走向毁灭而不是相互协调和融合，美国钢铁公司、美孚石油公司、通用电气、美国电话电报公司、福特汽车公司以及美国烟草公司都在美国工业部门取得了垄断权。

到1886年，美国最高法院已经把第14号修正案的权利扩展到了公司。尽管
167 该修正案旨在保护自由劳动者的权利，但是将权利扩展到公司使得它们的所有权成为了自然权利。从那以后，国家立法对劳动时间、童工和工厂的条件以及垄断的管制受到极大压制。由于反对像土地法这样无限制的自由放任行为，著名的法官奥利佛·文德尔·霍尔姆斯（Oliver Wendell Holmes）只是发出略微不同的意见——第14号修正案无法使赫伯特·斯宾塞的《社会静力学》成为法律。

凡勃仑并不是在编织一个缺乏实际数据的理论上的传奇故事。在凡勃仑戏剧性的故事中，在美国获得社会认可以及随之而来的权势，可以由洛克菲勒、范德比尔特和摩根这些人用金钱买来。到1890年，也就是马歇尔《经济学原理》出版的那一年，就连被认为是落后制度体现的议会也开始调查公司的欺骗行为。议会的行业委员会向凡勃仑提供了控股公司和虚股的19项数据。之后，哈丁总统任期内臭名昭著的石油丑闻蒂波特山事件（Teapot Dome），印证了凡勃仑“商业破坏”的想法——为了维持价格而尽力降低行业效率。

从19世纪90年代到20世纪20年代出现了很多百万富翁，这使得其他经济学家再不能忽视这个问题了。核准单中大部分都是为了保留《反托拉斯法》中的竞争。同时，这些经济学家也主张管制像公用事业部门这样的自然垄断行业，尽

管有人坚持认为政府不提供保护，垄断利润就会诱发竞争从而弄巧成拙。还有一些人选择对垄断置之不理，因为大规模生产可以带来降低成本的好处，所以对管制持谨慎态度。

在总统哈里森（Harrison）、西奥多·罗斯福（Theodore Roosevelt）和塔夫托（Taft）任职期间，政府对詹姆斯·布坎南·杜克（James Buchanan Duke）的美国烟草公司（控制了美国80%的烟草生产）这一类受到凡勃仑嘲笑的企业努力进行管制。其中尤以罗斯福为甚，他采取了各种各样的措施；但是对于国会和法庭中的富商来说，这不过是汹涌暗流中的一枝小小的木棍，毫无用处。改革往往是见效很慢或者根本就没有什么效果。在1911年的一份关于约翰·D·洛克
168 菲勒的裁决书中，高等法院宣布了著名的“合理法则”，有效地阐述了需要管理的并不是企业的规模和影响力，而是对这些影响力的非法以及不合理的利用。这种管制思想至今都在或多或少地影响着美国政府对企业巨头的态度。

8.8 显著的和谐缺失

自由放任更多地是被用于理论而不是实践。在强盗男爵出现的时候，即便政府进行干预，也经常是站在大企业的一边。美国南北战争（1861—1865）将东北部出现的工业影响带到了政治领域，更不用说提高进口税并在战后抬高关税的《莫利尔关税法案》(1861)。对横贯大陆的铁路提供联邦补贴也从《太平洋铁路法案》(1862和1864）得到保障。

一家或少数几家企业控制着主要行业是否真的对消费者有负面影响？规模经济有效地降低了成本并潜在地降低了产品和服务的价格。这些有利的影响只有在一个或少数几个处于支配地位的企业，凭借市场力量抬高价格使之高于平均成本并且取得可观利润的情况下才能实现。在19世纪下半叶，规模较大行业成本的降低也使其他行业的价格降低，并且使得巨额利润在各个行业间传播开来。美孚石油公司信托资产的利润总和估计达到其在竞争条件下利润总和的两倍。[①]

但是，这个时代的经济问题源于大工业家政治权力上的独断专行，以及投机商在金融市场上运用影响力所产生的作用。1873年9月，美国南北战争期间联邦债券的主要销售对象杰伊·库克（Jay Cooke）及其公司破产，引发了股票市场的崩溃和银行业的恐慌。这也一度带来了对当时市场发行的主要证券，即铁路债券的金融操纵。之后的大萧条持续到1878年。1884年5月，股票市场和银行
169 业再一次陷入恐慌，并伴随着持续两年的萧条。1893年2月，美国又一次经历了股票市场和银行业的恐慌和崩溃，并持续到1897年。

破产、恐慌和萧条的代价是失业、收入损失以及工人阶级暴动。1877年，铁路工人停工和工资削减引发了许多地方的罢工；美国的政治革命也一触即发。

① 美孚石油公司的数据来源于斯坦利·莱伯戈特（Stanley Lebergott）：《美国经济记录》，333页，纽约和伦敦，W. W. 诺顿出版公司（New York and London，W. W. Norton & Company），1984。

尽管有第 14 号修正案作为保证，但是暴力行为依然导致了众多铁路设施遭到破坏。麦考密克（McCormick）收割机制造厂的工人暴动，导致了工人受伤以及无政府主义者《复仇》报的诞生。暴乱还引发声名狼藉的晒草场事件，导致 7 名警察死亡，68 名警察受伤。

19 世纪 90 年代这段艰难岁月还引发了匹兹堡附近安德鲁·卡内基家族钢厂工人的罢工。工资削减、拒绝承认工会以及对数以百计的罢工者的利用，引发了工人与管理者之间的冲突，最终导致 20 人死亡，50 人受伤。

“达尔文主义的竞争”在许多方面都是对现实的恰当描述，因为这种新的社会学将强盗男爵们置于了他们所期望的控制之中。即使强盗男爵引来自相残杀，那也是以普通大众作为代价，而且这种代价是基督教家长式统治所无法补偿的。到 1920 年，美国企业家中出现了一个善良可敬的名字——福特，他占有了 45%的汽车销售份额。尽管托尔斯坦·凡勃仑认为自利使得经济运行状况背离和谐，但是到那时已经有了一些不同的看法：我们已经赢得了一场消灭所有战争的战争胜利，爵士乐时代是一个令人舒适的时代，大萧条为未来留下了许多机遇。就像对于普通大众一样，对于新古典主义而言，最好的时代与最坏的时代是交织在一起的。

8.9 凡勃仑被载入传说

如果说美国有一个像菲茨杰拉德小说中虚构的故事一样的学术传奇，那么这
170 就是托尔斯坦·凡勃仑的故事。然而，小霍雷肖·阿尔杰却从来没有从凡勃仑的事迹中获得任何启发。很少有具有如此优秀才干的人去不懈地“追求失败”并获得如此大的成功。由于他荒唐度日、其观点的非正统性以及作为一名教师却故意每天毫无效率地唠叨，凡勃仑从未在学术阶梯上达到很高的等级，而且薪水也很少。

正如故事中所讲述的那样，凡勃仑受邀到哈佛大学商谈担任一个职位。在告别晚餐上，校长 A·劳伦斯·洛厄尔（A. Lawrence Lowell）婉转地指出了凡勃仑那最臭名昭著的学术污点：“你知道，凡勃仑博士，如果你到这里来，我们的一些教授可能要担心他们的妻子了。”对此，凡勃仑回答是：“他们不必担心，我已经见过他们的妻子了。”无论真实与否，这个故事都是传说中的一部分，因为女士们对凡勃仑的迷恋对他的学术生涯而言甚至可以说是致命的。

凡勃仑晚年回到了加利福尼亚。他的生活几乎不能自理，经常是他的少数几个忠诚的学生，包括韦斯利·C·米切尔（Wesley C. Mitchell）照顾他的日常起居。一旦凡勃仑知道在他的有生之年将再也不会有工程师和技术人员组织起义，那他也就慢慢地在向死亡靠近。他居住在一个摇摇欲坠的简陋小屋里，70 岁时停止写作。1929 年大危机前几个月，他孤独地离开人世，却几乎没有引起任何其他经济学家的注意。

然而，股票市场大崩溃使得凡勃仑的观点引起人们的注意：人们对金融投机

的兴趣已经超过了对生产的兴趣。凡勃仑的作品开始受到尊敬，现在都是名著了，但在他那个时代却不被注意。在今天的经济学可以找到的他的那些词汇，同样可以在像《蓝调牛仔妹》这样的小说中看到：小说中“笨手笨脚的”西赛（Sissy）正在解释着“中国佬”这类神秘宗师的智慧。西赛说：“只有在流动的文化中……过剩作为一种超出预期的成就，才会导致冬季赠礼节和带有攀比性质的节日狂欢那种毫无节制的消费和明显的浪费；这都为简单、健康、有效的经济体附上一些具有破坏性的权力和名望。”① 之后，这本书成为“重要的电影题材”，凡勃仑一定会觉得好笑。

凡勃仑也影响了另外一位传奇人物，F·斯科特·菲茨杰拉德，他与塞尔达（Zelda）一起给出了爵士乐时代这一称谓。同样，凡勃仑时代的一些重大事
171 件——第一次世界大战、凡尔赛的短暂和平、繁荣的20世纪20年代——也给另外一位伟大的经济学家约翰·梅纳德·凯恩斯提供了发展的舞台。

① 汤姆·罗宾斯（Tom Robbins）：《蓝调牛仔妹》，238页，纽约，美国矮脚鸡图书出版公司（New York，Bantam Books），1976。

第 9 章

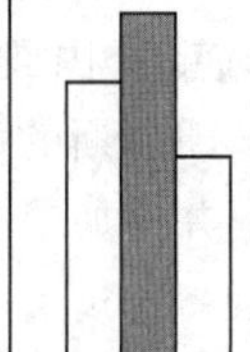

爵士乐时代：战争的后果和大萧条的序幕

175 或许维多利亚时代对世界的幻想比现实更加受人们欢迎。在经济学中，由供给和需求平衡所确保的和谐带来了过度的乐观。而这种过度的乐观又引起了人们在心理上和公共政策上的自满。股票牛市将永远不会出现下跌；这是一种金融市场中价格从未下降所带来的欢愉。然而，如果注意一下整个历史的发展过程，那么我们就会发现，它所带来的后果已经近在眼前了。

9.1 爱德华七世时代和凯恩斯早年在布鲁姆伯利的生活

在此期间，英国经历了一个欢乐但是短暂的过渡时期。从 1901 年维多利亚女王去世到第一次世界大战爆发这一阶段，在英国被称为爱德华七世时代，这是一个对于性和礼仪采取更加宽容态度的时代。尽管连国王爱德华七世也是一个自我放纵的符号，但这一时代的人们依然保留着许多维多利亚时代的传统。

176 英国社会依然保持严格的阶级统治：英国的社会财富还是集中在少数人手中。但是英国也出现了显著的变化。《1870 年教育法案》的颁布使穷人摆脱了文盲状态，而廉价的新闻报刊则为他们参与民主活动提供了便利。作为改革者而不是社会主义革命者的费边社团，成为一股重要的知识力量。无论是在国内还是国外，这种气氛都从清教徒内部向外传播到很远的地方。

当时并没有人知道，这个新时代即将诞生一位伟大的经济学家，他必将在适当的时候取代马歇尔（Marshall）占据核心地位。即使在刚刚到来的爱德华七世时代，约翰·梅纳德·凯恩斯（1883—1946）的先辈也是地位显赫的贵族——他的名字可以追溯到1066年黑斯廷斯战役中威廉征服军的一位议臣，威廉·德·卡哈基斯（William de Cahagenes）。凯恩斯的父亲，约翰·内维尔·凯恩斯（John Neville Keynes）是新古典时期重要的逻辑哲学家。凯恩斯的母亲毕业于剑桥大学，曾任剑桥市市长。在儿子去世时，他们都健在，并参加了在威斯敏斯特修道院为儿子举行的葬礼。

凯恩斯的早期教育和儿童时代都是按照维多利亚和爱德华时代的英国传统进行的。凯恩斯有一个家庭女教师，之后进入当地的幼儿园和预科学校，并获得伊顿公学奖学金。后来，他获得了剑桥市国王学院最有名的古典文学和数学奖学金。凯恩斯身材高大并且非常显眼，但是嘴唇很厚、下巴很尖，留有一小撮胡子，形象并不是很英俊。小时候他就认为自己很丑，而且这种看法一直没有改变。

凯恩斯发现，与他在剑桥的老教授阿尔弗雷德·马歇尔所处的斯巴达式统治相比，新爱德华七世时代更符合他自己的生活方式。作为一名书籍收藏家和艺术倡导者（加玛格芭蕾的组织者和剑桥艺术剧院的建造者），凯恩斯似乎大部分时间都生活在一个艺术家和作家的殿堂里。尽管在与“愚者”的争论中他有时也表现得很激动，但是他经常开怀大笑——就像时常享受香槟酒一样兴奋。

凯恩斯深受布鲁姆伯利社交圈内各成员的影响，其中包括英国天才的作家、
177 艺术家和知识分子，他们经常在布鲁姆伯利开展一些非正式的讨论。布鲁姆伯利是1907年到20世纪30年代伦敦的一个区，位于大英博物馆附近。伴随着布鲁姆伯利社交圈的出现，产生了文学艺术的现代主义。在文学方面出现了很多著名的小说，作者中包括约瑟夫·康拉德（Joseph Conrad，1857—1924）、D. H. 劳伦斯（D. H. Lawrence，1885—1930）、E. M. 福斯特（E. M. Forster，1879—1970）、詹姆斯·乔伊斯（James Joyce，1882—1941）。格特鲁德·斯泰因（Gertrude Stein），这位居住在巴黎的美国人，他注定要成为包括F·斯科特·菲茨杰拉德、厄内斯特·海明威（Ernest Hemingway）等人在内的战后“迷惘一代”童子军的女训导。在艺术方面则产生了后印象派作品和立体派。

实际上，凯恩斯在剑桥大学上学的第一个学期末，就接触了布鲁姆伯利的史前史。当时他在那里遇到了布鲁姆伯利社交圈的两位“奠基人”——伦纳德·伍尔夫(Leonard Woolf)和利顿·司特雷奇（Lytton Strachey）（凯恩斯的朋友，但也是他的情敌[①]）。在1908年瓦内萨·斯蒂芬（Vanessa Stephen）[后来的瓦内萨·贝尔（Vanessa Bell）]和维吉尼亚·斯蒂芬（Virginia Stephen）[后来的维吉尼亚·伍尔夫（Virginia Woolf），小说家]担任负责人时，凯恩斯开始正式参

① 除了一般男生的经历之外，阿瑟·李·霍布豪斯（Arthur Lee Hobhouse），一位英俊的剑桥三一学院的大一新生，是凯恩斯的第一最爱。根据一篇传记记载：“在后来的17年里，他（凯恩斯）与男人之间有了一些感情纠纷，其中最重要的有一位（邓肯·格兰特），也有几个只是逢场作戏。”罗伯特·斯凯德尔斯基（Robert Skidelsky）：《约翰·梅纳德·凯恩斯：希望的背叛，1883—1920》，128页，纽约，企鹅图书出版公司（New York，Penguin Book），1994。凯恩斯的男性性取向大约持续了20年。

与伦敦布鲁姆伯利社交圈的活动。[①] 次年，凯恩斯又当选为国王学院的研究员，成为布鲁姆伯利社交圈中的核心人物。福斯特为他举行了庆祝活动，并在他的《漫长旅行》（1907）中讲述了国王学院与布鲁姆伯利社交圈中人们的一些故事。

尽管布鲁姆伯利社交圈中的人数从未超过 24 人，但是这个圈子却确定了当代英国艺术的标准，它的成员融合了分别来自巴黎和美国的 F. 斯科特（F. Scott）和塞尔达·菲茨杰拉德（Zelda Fitzgerald）的别致风格。布鲁姆伯利艺术还包括 E. M. 福斯特和他的《此情可问天》；文艺批评家克莱夫·贝尔和罗杰·弗莱（Roger Fry）；作曲家威廉·沃尔顿（William Walton）；舞蹈指导弗雷德里克·阿斯通（Frederick Ashton）；人像摄影家邓肯·格兰特（Duncan Grant），也是男性中凯恩斯最喜爱的一位；以及其他一些顶尖的艺术家和知识分子。布鲁姆伯利圈子的人都认为文学作品值得研读；他们认为，小说与非小说的散文之间没有清楚的界限。作为一个在很多方面都颇为精通并且很自信的一个人，凯恩斯质疑一切。

凯恩斯在布鲁姆伯利社交圈子中接触到了哲学；他有极强的个人主义色彩，就像他在 1938 年论文集中提到的：

178 我们是乌托邦中的最后一群人……我们相信，随着道德水平的不断上升，由于受到现实和客观标准的影响，人们已经成为可靠、理性、合适的人，因此他们能够完全摆脱习俗、传统标准和一成不变规则的束缚，并且通过自己明智的方式，摆脱追求利益的纯粹动机和可靠直觉。[②]

与他的前辈托马斯·马尔萨斯一样，凯恩斯早先的乐观主义和愉悦的心情被一些不合理的事情和历史事件特别是战争所破坏。但是很快，我们就很难把凯恩斯的命运与他的国家分开了。

9.2 帝国主义和 1917 年俄国革命

英国经历了很长一段时间的繁荣，尽管它不是正式意义上的殖民地帝国；对一个小岛国来说，把自己的制造品销售到国外似乎是非常重要的。在 1757 年孟加拉被占领之前，英国的东印度公司就已经在印度开展贸易活动长达一个多世纪；之后，东印度公司在印度也成为了统治力量，并且剥削开始替代了原来的贸易。当英国不得不与其他工业化国家争夺其他欠发达国家市场的时候，这个非正

① 有许多有关布鲁姆伯利社交圈的书籍。对这一群人生动轻快而又简明的介绍，可参阅昆廷·贝尔（Quentin Bell）的《布鲁姆伯利》，纽约，基本图书出版公司（New York，Basic Books），1968。如果你想更详细地了解布鲁姆伯利圈子中各成员以及他们的作品，请查阅 S. P. 罗森伯姆（S. P. Rosenbaum）的《维多利亚时代的布鲁姆伯利》，伦敦，麦克米兰出版公司（London，The Macmillan Press），1987，这本书从布鲁姆伯利社交圈的“父辈”，维吉尼亚·斯蒂芬（伍尔夫）的父亲莱斯利·斯蒂芬（Lislie Stephen）的介绍开始，以一个内容丰富的自传结束。

② 约翰·梅纳德·凯恩斯：《我的早期信仰》，载于他的《传记文集和随笔》，253 页，纽约，子午线图书公司（New York，Meridian Books），1956。[1938]

式意义上的帝国开始发生了巨大的变化。在19世纪的后25年，欧洲的帝国主义才真正开始发展起来。

从19世纪80年代，帝国主义将世界从政治上分割成各个具有强大力量的正式殖民地，并结合经济附属地的建立，这种统治方式在所有工业化国家中开始盛行。到1900年，世界四分之一的人口处于欧洲和美洲的工业统治之下。随着经济力量日益加强，形势似乎变得对英国非常有利，但是殖民主义的政治形式使英国成为可怕的帝国主义。有时大国之间的经济竞赛变得非常血腥。

□塞西尔·罗兹和约翰·A·霍布森

179 阿尔弗雷德·马歇尔并没有详细地描述帝国主义；供给和需求的光芒只照亮了小范围的一些地方。同时，战争似乎远离了均衡与和谐。约翰·A·霍布森（John A. Hobson），牛津大学毕业后成为公立学校的一位教师，他并没有受到这些观点的束缚。甚至连塞西尔·罗兹（Cecil Rhodes），也把帝国看成是一种获得新的领土、为英国帝国主义高效生产的产品提供新的市场的一种方式。后者参与突袭南非的德兰士瓦省（Transvaal），这一事件点燃了英国和荷兰之间布尔战争的战火。在考察非洲，甚至在突袭德兰士瓦省的前夜与罗兹进餐之后，霍布森在《帝国主义》（1902）一书中撰写了与罗兹所设想的内容非常相似的情形。

霍布森从收入和财富分配的不平等状况无法再维持下去的事实中发现了资本主义的深层次矛盾。甚至连热情但模糊的约翰·斯图亚特·穆勒也从来没有进行过如此深入的研究。马克思发现资本主义的很多矛盾，而且这些矛盾足以使资本主义像一块扭曲的饼干；但是，霍布森并不赞同马克思主义的观点，这种讽刺很快便成为一件显而易见的事情。霍布森的悖论很容易阐述：尽管穷人在数量上很大，但是所有的报酬都完全用在需要的地方，并且限制了所能购买的商品。富人得到了丰厚的收入，但是富人的数量却很少。如果生产者生产的商品不能够全部销售出去，那么他们就会破产，因此应该避免过度储蓄和消费不足。既然工薪阶层不能购买那么多的商品和服务，那么只有富人的消费能够挽救资本主义。因此，还是有摩擦存在的（即使这种摩擦很温和）。众所周知，约翰·D·洛克菲勒不可能花费掉他全部的财富。即便富人极其渴望避免储蓄，但不幸的是，他们也别无选择。更糟糕的是，富人实际上是希望储蓄的。

既然工薪阶层有需求但没有收入，而富人有收入但没有需求，那么就会出现购买力不足的问题。当然，像记述的一样，J. B. 萨伊，更不用说斯密、李嘉图和穆勒，都认为应当把那些过多的储蓄直接变为新的投资，使得整个经济中没有
180 剩余的商品。但是，霍布森发现了一个问题，如果工薪阶层也无法购买高效的资本主义生产出来的全部产品，那么企业家为什么还要购买那么多资本、生产那么多剩余产品呢？

霍布森给出的答案与罗兹一样。富人过多的储蓄应当被用于在非洲建造工厂；英国卖不掉的过多产品应当卖给穷困的非洲人。这种有效的循环过程不会就此停止；像橡胶这样的廉价原材料应当卖回给英国用于轮胎生产。这样的殖民化

过程就能挽救英国资本主义。

这一切听起来似乎难以置信，但是事实的确如此。正如记载的那样，当时许多国家已经完成了工业化——着手生产剩余产品——并且彼此是竞争对手。德国、意大利、比利时、日本和美国，这些国家希望从非洲、印度、拉丁美洲或者其他一些贫穷但拥有丰富自然资源的地区获得自己的一块领地。这些帝国主义国家通过工业化疯狂追逐其他市场和资源，从而为战争做准备。战争的胜负决定了市场争夺的结果。英国入侵荷兰开始于布尔战争。当然，并不是所有人都是失败者；就像布尔战争创造了温斯顿·丘吉尔（Winston Churchill）的神话，进攻圣胡安山使得具有冒险精神的西奥多·罗斯福的名字千古流传。

□列宁登上历史舞台

在霍布森漠视马克思观点的同时，弗拉基米尔·伊里奇·尤尔雅诺夫·列宁（Vladimir Il'yich Ulyanov Lenin）在19世纪80年代早期到19世纪90年代却在研读马克思的文章。在有关暴动的历史记录中，1917年的俄国十月革命常常与马克思联系在一起，尽管当时他已经去世30多年了。这种联系有些勉强，因为马克思和恩格斯认为，共产主义革命首先应该在先进的工业化国家展开，而不是在像俄国这样落后的封建社会中。然而，令马克思感到非常惊讶的是，1868年《资本论》被译成俄文时，取得了比在其他任何一个国家都要大的成功。除了马
181 克思以外，还有两件事对十月革命产生了决定性的影响：1914年第一次世界大战的爆发，1917年4月列宁来到位于圣彼得堡（St. Petersburg）的芬兰（Finland）车站。

当时俄国受到尼古拉斯二世（Nicholas Ⅱ）的专制统治，依然是一个贫穷的农业国家，农民阶级的不满情绪极其强烈，而且还处在与强大的普鲁士比斯马克的战争之中。正如鲍里斯·帕斯捷尔纳克（Boris Pasternak）《日瓦格医生》中所描述的那样，第一次世界大战把俄国推向了痛苦的社会和政治蜕变之中。在这本书的结尾，作者阐述了战争正反两方面的影响：

> 与非人的统治相比，战争爆发并非是真正的恐怖、危险和死亡威胁，人们庆幸自己在已经注定死亡后终于获得了解脱。

1917年3月，对于战争手段及圣彼得堡经济条件的不满导致沙皇政府垮台[基于这一结果，产生了许多有关阿纳斯塔西娅（Anastasia）女神复活的电影]。战争也拖垮了亚历山大·克伦斯基（Aleksandr Kerensky）临时政府，一个非常粗心而又短命的过渡时期政府。伟大的革命家列宁并没有打垮沙皇和克伦斯基政府。它们垮台完全归咎于自己的无能。

但是列宁还是给社会带来了两样东西：农业国家的“革命”理论和政治动乱及后来内战的政治领导。

列宁1870年出生于历史上有名的伏尔加河畔的一座小镇，父母给他提供了良好的教育。按照当时的传统，列宁很快进入了激进的知识阶层。他是马克思的

一位与众不同的弟子。尽管看上去马克思更像一个革命者，而列宁更像一位CPA，但是实际上列宁更称得上是一名革命者。他们两个人都把新闻与革命行动联系在了一起，而且列宁还是俄国《真理报》的专栏作者。

在西伯利亚度过了3年的监狱生活之后，1912年列宁来到了现在属于波兰的克拉科夫（Cracow）。克拉科夫是奥匈帝国（受维也纳控制）的一部分，列宁
182 很喜欢这个地方，因为这里离俄国很近。在停止为《真理报》提供新闻后，列宁开始在一个叫做杰玛·米凯利科娃（Jama Michalilkowa）的小咖啡屋（现在依然存在）中为其他革命者提供消息，这个小咖啡屋也成为革命者聚集地点之一。

□列宁在芬兰车站

起初，第一次世界大战给列宁带来了麻烦。奥地利人一开始认为列宁是俄国沙皇的亲信，而现在他们已经无法判断他是否是俄国间谍。列宁再一次面临被捕的危险，而且在允许他及全家去瑞士之前还在监狱里待了一段时间，后来瑞士成为所有革命者的避难所。

在瑞士，列宁坚持撰写重要的革命小册子。《帝国主义：资本主义的高级阶段》在瑞士受到了广泛的关注，不过直到1917年列宁回到俄国，这本书才得以出版。列宁的观点与霍布森非常相似。按照他的说法，像殖民主义一样，资本主义已经发展到了它的最高阶段，并开始扩充其帝国主义势力。马克思主义的正统观点，把像英属印度这样的殖民地看做是资本主义剩余产品的销售市场，而列宁则把殖民地看做投资和经济发展的方向。垄断者已经把他们的手伸向自己的领土之外，在这一点上，与马克思相比，列宁的观点与霍布森更为贴近。

与马克思相反，列宁注意到，由于资本主义经过帝国主义阶段变得更加强大，因此工人们的革命性相对变弱。随着欧洲和美洲资本主义获得更大的权力，它们开始用金钱贿赂工人。金钱就像一瓢冷水浇熄了工人的斗志。更糟糕的是，帝国主义就其个人利益来说是非常成功的。殖民地已经瓜分完毕。第一次世界大战是资本主义国家疯狂争夺最后一块殖民地的战争，而这场战争得到了爱国的工人们的支持。

资本主义国家总是责备穷困国家的落后。现在列宁指责资本家和他们的工人
183 使整个国家贫困。为了摆脱贫穷，穷困的国家必须起来反抗压迫它们的殖民统治者。马克思和恩格斯认为，自发的共产主义革命只会在先进的工业化国家内爆发，但列宁认为革命应该在拉丁美洲、亚洲、非洲，但首先应该是在俄国爆发。

正如我们看到的那样，1917年3月俄国爆发了各种各样的“革命”或者至少是反抗。列宁在苏黎世了解到了这里发生的一切。由于他被看成是革命者而不得不回俄国，可是又如何回国呢？若途径法国，那么他将会被逮捕，因为法国人认为列宁回到俄国没有什么好处。如果途径德国，俄国人会认为他是德国的特务。在历史上一个重要的偶然事件是，德国人帮助列宁抵达俄国，因为他们相信列宁的干预能够帮助他们达到自己的目的。

列宁及夫人，法国丽人伊尼莎·阿尔曼德（Inessa Armand），还有20位布

尔什维克，乘坐一列并非德国本国的（或不受管辖的）火车飞速地穿过德国。尽管行驶在德国的铁路上，列宁和其他德国乘客受到了特殊保护，因为他们是在密封的列车内完成行程的。1917 年 4 月 3 日到达圣彼得堡的芬兰车站；同年 11 月，列宁和布尔什维克在这里成立了临时政府，以填补克伦斯基临时政府留下的空缺。无法否认列宁对于革命的魔幻力量，其势力的增强有赖于第一次世界大战使得俄国力量削弱、克伦斯基政府的无所作为以及具有讽刺意味的、由俄国的敌人提供的这次密封旅行。列宁的成功很大程度上是因为其他人的失败。

从那以后，列宁的运气不再那么好了。尽管布尔什维克占领了最重要的城市，但是直到 3 年残酷的内战结束后他们才控制了广阔的俄国领地。更糟糕的是，约瑟夫·斯大林受指派，出面维持经济局面和解决政治力量问题。1922 年斯大林成为苏维埃共产党中央委员会总书记。1924 年 1 月列宁去世，他的遗体完好地保存在红场墓中。20 世纪 20 年代后期，斯大林成为俄国无可争辩的领导者。

184 ## □艾·兰德和冷战的前因

艾丽斯·罗森伯姆（Alice Rosenbaum），后来成为小说家的艾·兰德（Ayn Rand），12 岁时见证了布尔什维克革命的第一枪。在内战及不断遭受欺压的那段日子里，她和她的家人一直生活在贫困的边缘。这样的经历使得她充满了对布尔什维克的憎恨，因为这些人认为人必须要为国家的主权活着。这种思维以及对个人主义的完全排斥是非常恐怖的；而且，其他一些恐怖事件——流血冲突、夜晚被捕等，深深笼罩着她所深爱的城市。艾·兰德的第一部小说，《我们活着的人》——就描述了这些经历；她欣赏一种与国家主义对立的观点。正当斯大林上台时，艾丽斯来到了纽约。

斯大林集权政治制度出现于 20 世纪 30 年代；这种制度完全有悖于马克思的初衷。警察和法院机构的强制性行为，被用在了农业集体化上，以满足工业化的需要。斯大林的偏执还表现在 1934 年到 1938 年的大清洗，在事件中有数百万的共产主义者和非共产主义者被捕、受拷打、奴役甚至被判死刑。据说，斯大林残害的共产主义者比任何法西斯独裁者都多。后来，三大同盟国（苏联、美国、英国）崩溃，这标志着冷战的开始。直到 20 世纪 90 年代初，苏联才出现（但不太确定）民主主义的曙光，这是它从未经历过的事情。尽管苏维埃的共产主义似乎命中注定要灭亡，但是冒险家乐园的资本主义的东方形式或许也根本无法盛行。20 世纪 90 年代中期，品尝了无序资本主义滋味的俄罗斯人民才开始喜欢上了社会主义。

无论是仅仅由于经济力量的原因，还是其他更为复杂的原因，包括帝国主义和民主主义的傲慢，随着美国孤立主义的灭亡，欧洲发生的一切很快传播开了。反过来，从 1914 年到 1918 年的第一次世界大战导致的社会、政治、经济力量的变化彻底改变了美国。但是在随后几年中，这些改变被看做是暂时性的混乱，很快就会恢复到原来的状态。总体而言，正如我们将会看到的那样，与其他任何学

185 派相比，新古典主义对未来更有辨别能力。

第一次世界大战不仅给欧洲人民带来了灾难和毁灭，而且也给欧洲的殖民地国家和传统造成了极大破坏。战争结束后，伍德罗·威尔逊（Woodrow Wilson）总统和列宁同志（又名弗拉基米尔·伊里奇·尤尔雅诺夫）在遭受毁坏的领土两端，规划着世界的未来 70 年。威尔逊在巴黎主持和平会议，他的 14 点意见成为《凡尔赛条约》的基础，也为第二次世界大战埋下了祸根。列宁领导了俄国的布尔什维克革命，并为冷战创造了舞台；在他去世后，俄国由斯大林领导。

9.3 约翰·梅纳德·凯恩斯在凡尔赛

第一次世界大战甚至毁掉了布鲁姆伯利社交圈，凯恩斯也被派到了财政部。战争结束后，他作为英国代表团高级财政部官员参加了巴黎凡尔赛和平会议，并且作为英国官方代表出席了高级经济研讨会。然而，凯恩斯虽然有一些很好的想法，但却没有能力影响这场博弈的进程。他还目睹了伍德罗·威尔逊总统被法国总理克莱门索（Clemanceau）算计而遭到挫败。

条约的签订结束了第一次世界大战，但其中的条款使凯恩斯顿感醒悟，也非常沮丧，因而于 1919 年 6 月痛苦地选择了辞职。他说，《凡尔赛条约》产生了“迦太基式的和平”：德国及其盟友被迫向同盟国做出让步，其赔款数额巨大但不可能兑付。《凡尔赛条约》没有任何用处，只能带来麻烦。凯恩斯回到了瓦内萨·贝尔的住所，并迅速完成《和平的经济后果》的写作，运用小说的技巧与布鲁姆伯利批评家的敏锐洞察力，对《凡尔赛条约》进行了猛烈抨击。这本书迅速走红，使得凯恩斯声望倍增，从而确立了他的权威地位。这本书到现在依然是一本文学名著。

186 司特雷奇的传记著作《维多利亚女王时代名人传》嘲讽了那个时代末的伟人们。凯恩斯的著作则采取一种更为大胆的手法抨击了同时期的人以及与会的伟人们。对于克莱门索，他写道：“他于法国就像伯里克利（Pericles）对于雅典一样——这也是他唯一的价值所在，其他再无任何意义了；但是他的政治理论是俾斯麦（Bismarck）的。”凯恩斯说，克莱门索“有一个幻想，那就是法国；还有一个觉醒，那就是人类，包括法国人但不限于他的同事。”① 对于伍德罗·威尔逊，凯恩斯写道：“……像奥德修斯（Odysseus）一样，坐着的时候看起来更加聪明。”②

大国势力的与会者考虑到了所有事情，但却对身边的问题视而不见。凯恩斯写道：“他们眼前的欧洲面临饥饿和崩溃，但却是一个不能引起其他四国兴趣的问题。”关于赔偿，“他们把它当作一件神学、政治、诡计以及多方面的问题来处

① 约翰·梅纳德·凯恩斯：《和平的经济后果》，32 页，伦敦，麦克米兰出版公司（London，Macmillan & Co.），1919。

② 同上，40 页。

理，但却并不把它看做是决定掌握在他们手中的那些国家经济前景的问题。”①

凯恩斯预见到和约导致的暗淡或许还有些血腥的前景。他警告说：“欧洲人民生活水平的迅速下降已经到了有一部分人会被饿死的境地（这种情况已经出现在俄国，也将会出现在奥地利）。人们不能对此再无动于衷了。”②

和平的调解人对于后来出现的一些事件应承担多少责任，有了公开争议。有些人把这次会议称为第二次世界大战的前奏。有些人把俄国斯大林主义的出现与俄国的经济萧条联系在一起。德国为了支付赔款而印制货币以及经济衰落导致了1919年到1922年令人难以置信的恶性通货膨胀。

凯恩斯通过公开声明的方式强调了自己在《和平的经济后果》一书中提出的观点；这本书对公众舆论产生了重要的作用，并且也对1924年道斯（Dawes）计划开始的减少赔款数额的行动产生了影响。但是这一切对于德国而言来得太晚了，德国的社会和经济已然遭受了严重的破坏。德国糟糕的经济状况使得希特勒上台成为一种必然。

187 凯恩斯的著作还以另外一种方式给出了有关未来的预言。这表明，对于公众在财富和工作方面态度的认识上，他走在了其他经济学家的前面。他对于国家应具备节俭和财富积累美德的假设产生了怀疑。凯恩斯说，第一次世界大战“揭示了所有人消费的可能性以及节制产生的空虚。”③ 而资本主义社会中的大多数人已经接受了资本积累及物质发展过程中财富不平等的现状，现在他们希望获得自己的份额。

工业革命早期的资本主义出于自身的利益，强调劳动和勤俭以及对工作的奉献精神，并且反对消费。闲暇被视同为懒惰。但是，早在19、20世纪之交凯恩斯就发现，普通人开始把工作看做是可以带来金钱享受的一种长期行为。工作和节俭的重要性被消费的欢乐所冲淡。

9.4 美国的情况

1918年11月11日，美国工厂的汽笛声和教堂的钟声宣布着停战的消息，这时距离美国加入战争不到一年半。欧洲付出了巨大的代价——超过1 000万士兵战死，有差不多同等数量的老百姓死于战火。以1918年英镑为标准，全部损失估计达到3 500亿。

战争给美国带来的影响相对较小（1918年流感疫情造成的死亡是德国炮弹和子弹造成伤害的4倍），但是在18个月的战争中，整个国家变得更像欧洲了。在来自于盟友生产的压力之下，政府开始干预国民经济——分配资源、管制价

① 约翰·梅纳德·凯恩斯：《和平的经济后果》，226～227页，伦敦，麦克米兰出版公司（London, Macmillan & Co.），1919。

② 同上，228页。

③ 同上，22页。

格、监督庞大的卡特尔、运营铁路，甚至征用工厂。战争迫使生产者生产出了比原来更大规模的必需品。

如此繁荣的经济和政治同盟是成功的，但是在不同的地方却有着不同的结
188 果。欧洲获救了，但是战后的政治剧变颠覆了旧有政权。随着上百万的步兵从法国归来，美国的工业开始为和平而努力重组。

对很多人来说，和平不仅意味着从充满血腥的他国领土上撤退，还意味着抛弃对别国的阴险企图以及远离邪恶势力。美国又回到了孤立状态，有大约 250 名来自不同国家的激进分子在 1918 年圣诞节当日被驱逐出境。在 1919 年大约 2 700名共产主义者、无政府主义者以及各种联合激进分子被捕。当波士顿警察举行罢工时，国民警卫队接到命令逮捕他们。许多美国人没有看出工会主义与俄国共产主义到底有什么差别。

约翰·多斯-帕索斯（John Dos Passos）影响广泛的小说《美国》，通过描述一位记者与她的出版商之间就曝光匹兹堡钢铁工厂的“劳工运动阴谋”的对话，表明了这种态度：

> 希利(Healy) 先生，难道工厂的条件还不足够糟糕吗？
>
> 我已经爆出了所有内幕。我们有可靠的证据证明，他们被俄国革命者用偷来的金钱和珠宝所收买；但他们对此并不满足，还到处转悠寻找被落下的那可怜的几尼金币……呃，我所能说的就是，枪毙对他们来说是最好的结局。[①]

实际上，许多工会组织者都被枪杀、刺杀、棍打，或者身上被沾满柏油和羽毛。

1920 年，美国选举著名的中间派参议员沃伦·G·哈丁（Warren G. Harding）为总统，美国回到了过去的保守和孤立状态。哈丁说，一个国家，需要“保持一种常态”而不是革命、骚动、变革或者国际性。但是，美国经济所发生的一切绝不是正常的。从 1920 年末起，美国经济开始萎缩，整个 1921 年都处于一场时间虽短但却非常严重的经济萧条之中。[②] 实际 GNP 下降了 6%，失业率激增到 12%。

第一次世界大战期间国民经济的调节使政治领导者认识到政府的行为能够产
189 生影响广泛的经济后果。因此，在经济萧条和经济危机过后的时期里，政府开始号召有声望的经济学家对影响全体人民的经济政策提出建议，这一举措一直延续至今。

---

① 约翰·多斯-帕索斯：《美国：金钱》，150～151 页，波士顿，霍顿·米夫林出版公司（Boston，Houghton Mifflin，Boston），1946。

② 直到 20 世纪 30 年代和大萧条，所有的经济低迷还被称为**恐慌**或**萧条**。对于萧条需要有一个温和的名称，这催生了一种委婉的说法——**衰退**，现在用它来描绘月度衡量的低迷状态而不是长达数年或十年的萧条。美国总统对这一不太令人恐慌词汇的应用具有深刻理解。

□经济学家的建议：经济复苏会自动完成

大部分经济学家并没有真正做好接受这项任务的准备。由于新古典主义经济学研究的只是单个行业和企业以及某种商品的相对价格，因此经济学家们必须开始涉足新的领域。起初，他们结合各种微观经济理论来解释一般经济情况，比如国民收入和就业水平。

新古典经济学更喜欢润色亚当・斯密及法国经济学家 J.B. 萨伊（第 3 章）等人的理论，倾向于他们认为的价格调整将会阻碍经济中产品过度供给（需求足够）的观点。竞争性市场可以抛开未来的不确定性，也可以不用去管是将钱塞满雇员的钱包还是放在公司保险柜中的需求，它可以不断地调整自己。生产中获得的收入可以立即通过这样或那样的方式花出去，从而使得产品长期匮乏，不会造成过度供给。

这种理论并不是说没有人会储蓄，而是意味着储蓄货币的数量总是等于能满足企业投资所需要的货币量，因此货币从来就不会闲置下来。储蓄者延期消费获得的利率恰好等于投资者使用货币支付的利率。利率具有自动调节的机制，它有规律地自发变动，保持着一种“适度的”平衡，总能保证储蓄与投资相等。

马歇尔关于竞争性劳动市场的见解被用于进一步解释除了暂时性背离充分就业状态以外，如何保证充分就业。首先，高工资率将吸引更多的工人。其次，低工资率促使生产者愿意雇用更多的工人。在新古典主义经济学中，工资用实际工
190 资率表示为具有固定购买力的货币。供给和需求的迅速调整，会使得工人对更多收入的需求大致等于生产者对更多收益的需求。最为“合适”的工资是劳动需求恰好等于劳动供给时的均衡实际工资率。

假设提供服务的劳动者数量大于劳动需求量。该理论认为，在工资等于劳动者认可的市场价值的条件下就会有一部分工人出现非自愿失业。如果工资率暂时高于均衡水平出现失业，那么工人通过降低工资率就可以轻松地找到工作。如果工人不愿意接受均衡水平下的工资率就会出现自愿失业。因此，根据这种理论，充分就业是能够实现的。

□阿尔弗雷德・马歇尔的货币观点盛行

尽管阿尔弗雷德・马歇尔最初认为无需增加太多限制就可以接受萨伊定律，但他的货币理论还是稍微放宽了对萨伊定律的限制。马歇尔很少采取强硬立场，但是在晚年，他的文章几乎不引用萨伊的观点。

在马歇尔看来，个人的货币需求主要是为了从事商品交易，但出于流动性的目的，人们也持有现金余额。换句话说，人们愿意持有一部分现金来弥补取得收入和花费之间出现的时间空隙。

比如说，如果这种偏好使得货币量以每年平均 4 次的速度周转，那么就相当

于国民收入中有四分之一的货币供应量将以现金余额的形式被持有。因此，1美元的国民收入所需要的现金（马歇尔把它表示为 k）等于货币周转速度或循环速度的倒数。如果 V 是周转速度，那么 k 等于 $1/V$。在我们的例子中 V 等于 4，则 k 等于 0.25。也就是说，在特定的条件下，每个家庭愿意为 1 美元的即期收入持有 0.25 美元的货币。

191 然而，马歇尔把持有"过多"现金余额的人看成是近乎于精神病患者。例如，每 1 美元收入持有 0.5 美元货币一定"太多了"。毕竟持有货币不同于持有债券，它没有利息。从主观角度来看，货币不是一种仅仅为了获利而持有的资产。由于货币周转速度（V）是一个不变的数值，因此马歇尔理论中的 k 就是一个固定常数。那么，如果 V 等于 4，1 美元的货币供应量在一年内可以周转 4 次。

特定商品的价格，就像维多利亚秘密系列内衣中不值得一提（相对于经典）的那些产品价格，与货币供应量或者整体价格水平无关。这是因为现金和经常账户财产无法替代实物（比如有花边的薄内衣裤）。缺乏资产属性的货币只能当作一种交换媒介。由于家庭日常需要和企业交易需要的货币超过现金余额，因此销售产品获得的货币常常被（最终）用于购买其他商品。

毕竟这只是理论上的，尽管马歇尔有一些不必要的顾虑，但是萨伊定律的必要条件或多或少地与马歇尔的理论相吻合，就像它对大多数新古典主义经济学一样。换句话说，持有货币只是为了满足临时购买消费品或购买产品的需要，因而一定数量的产出会导致等量的消费。只有在 V 是可变的情况下，萨伊定律的结论才会不成立。甚至在 1914 年前，年轻气盛的凯恩斯也坚持货币数量论经得起科学的检验。

但是如果就此得出结论，说所有的新古典经济学家都忠于货币数量论并且坚持萨伊定律的正确性，那或许是错误的。例如，一个重要的特例是瑞典经济学家约翰·古斯塔法·克纳特·威克塞尔（John Gustav Knut Wicksell，1851—1926），他批判市场自由的可靠性，并勾画出了经济周期理论的轮廓。1921 年，凯恩斯已经开始主张运用利率来调整经济了：在繁荣时期提高利率，在萧条时期降低利率。

对于大多数经济学家来说，充分就业的自发调节仍然是一个真理；这使得政
192 府在 1921 年相信，无论经济中对商品的需求处于什么样的水平，都可以通过工资的变化使得经济趋于充分就业。没有什么可担心的。整个大萧条期间（开始于 20 世纪 20 年代的英国），阿瑟·庇古，马歇尔的得意门生，一直重复着这个令人欣慰的观点。在解释暂时失业时，他提出"当前存在的失业完全是由于需求状况不断变化以及摩擦因素的存在而阻碍了工资做出适度的调节。"①

① 阿瑟·庇古：《失业理论》，252 页，伦敦，麦克米兰出版公司（London，Macmillan & Co.），1933。

9.5 繁荣的20世纪20年代

尽管真实世界对货币的观点是它应该以任何必要的手段进行积累，但是美国的爵士乐时代免除了新古典经济学的全面窘境。毫无疑问，经济从1920年到1921年的大萧条中恢复过来，似乎是经济自动调节的结果，而且之后经济出现长达10年的空前增长，大多数的人生活殷实。生产率提高带来的产量剧增转化为更低的产品价格，同时信用的发展也促进了电灯、抽水马桶和汽车的产生。20世纪20年代抵押贷款增加到192亿美元，而在1910年到1919年间还不足36亿；20年代分期贷款激增到45亿美元，而20世纪前10年仅有13亿。①

喧嚣的20世纪20年代不仅为大多数美国家庭带来了塞尔达·菲茨杰拉德和摩登女郎，同时还为他们带来了汽车，并从此成为了一场方兴未艾的运动。F·斯科特·菲茨杰拉德，这位爵士乐时代的预言家，在1919年8月把他的《人间天堂》最终稿交给了出版商，此时也正是凯恩斯逃离凡尔赛后一个月。1920年，现在遍布大街的T型汽车售价850美元，大约25%的家庭拥有了汽车；到1930
193 年，尽管经济处于艰难时期，但家庭拥有汽车的比例还是激增到了60%。工业家亨利·福特（Henry Ford）及其生产线做出了很大贡献。由于决定大规模生产汽车，福特公司对生产过程采取了根本性变革，从而降低了汽车价格。较低的价格刺激了需求，增加了销售量，同时也为进一步降低生产成本创造了条件。1909年到1929年间，福特公司的产品价格下降了80%。

为了与福特竞争，其他生产者也行动起来。通过这种方式，20世纪20年代汽车工业在经济中起到了主导作用；而在此前的1865年到1893年间，铁路建设在经济中起主导作用；这二者都影响了对原材料新的需求（后向联系），形成了新的产业（前向联系）。1909年到1929年间，工业生产率提高5倍。② 坚持生产T型汽车的福特感到非常苦恼，因为消费者喜欢更加时尚、舒适的一些国外车型。随着非价格竞争的日益激烈，汽车工业的领导地位被通用汽车公司所占据。

加油站逐渐增多，道路建设逐渐扩大，促使石油工业发展，而且汽车制造业也成为钢铁、厚玻璃板以及橡胶等产品的主要需求来源。美国分期付款信贷业务的开展，使得普通收入家庭也能够买得起汽车：到20世纪20年代中期，有3/4的汽车是通过贷款购买的。

除了给年轻人提供了私人空间，汽车也促使美国人到郊区居住，过着一种上下班往返于郊区和城市之间的生活。新郊区的建设促进了住宅建筑业的发展，进一步使贷款期限从5年延长到了20年。对收音机、冰箱、洗衣机和其他电器等耐用品而言，更多的住宅意味着更大的市场。用电需求的增长对电力设备形成新

① 美国商务部：《美国历史数据》，X-551。

② 参见斯坦利·莱伯戈特（Stanley Lebergott）：《美国：经济记录》，440页，纽约和伦敦，W. W. 诺顿出版公司（New York & London，W. W. Norton & Co.），1984。

的需求。收音机的巨大用途导致产生了更多的广播电台。在过去的 10 年中，制造业的生产率提高了 72%，而上一个 10 年中生产率仅提高了 8%。人均 GNP 增
194 长 19%（尽管在 19 世纪 90 年代达到 26%），非农就业者的收入增长 26%，而前 10 年收入仅增长 11%。而且经济还在以这样的方式连续增长。

在令人眼花缭乱的 20 世纪 20 年代期间，家庭用电量翻了一番，洗衣机的数量增加了两倍。用私人抽水马桶的家庭增加了一倍多。1929 年，除了银行账户之外，其他一切商品看上去都很充裕，这是因为消费信贷大约增加到所有非食品购买的 15%。农业是一个极端的例外：在长达 10 年之久的萧条期，农产品价格的下降幅度超过汽车业。世界范围内的农业已经通过大量生产从大萧条中恢复过来。拖拉机（汽车的副产品）的产生不仅取代了马匹和骡子，而且也增加了盈余。萨伊定律的失效就是农民的失败。

在 20 世纪 20 年代，银行业中摩根财团毫无悬念地占据了统治地位。资本主义的价值观念和制度发生了变化："美国梦"从节俭、努力工作加运气，转变成消费、创造和使用金融工具等新方式。甚至连菲茨杰拉德的小说《了不起的盖茨比》(1925) 中的主人公尼克·卡拉韦 (Nick Caraway) 也是一位债券销售员。同时，正统经济理论依然坚守着维多利亚时代的价值观。

或许我们可以从布鲁姆伯利社交圈内打听到一些新的价值观念，同时还可以从当代小说和传记中了解到比马歇尔更加丰富的内容。就像 F·斯科特·菲茨杰拉德虚构的杰伊·盖茨比 (Jay Gatsby) 和现实生活中的约瑟夫·肯尼迪 (Joseph Kennedy)，爵士乐时代的新贵拥有巨额财富但缺乏与财富传承相联系的传统。因此他们被那些老财主们认为很庸俗。毫无疑问，正如肯尼迪所认识到的那样，成为暴发户毕竟比一辈子得不到财富要强！其他人，比如菲茨杰拉德笔下的布坎南斯 (Buchanans) 或者现实生活中的杰克·摩根，皮尔庞特·摩根的儿子，他们创造了巨额财富，并因此形成了通过继承而拥有的传统。他们更容易由于漫无目的和滥用金钱而堕落。

爱德华·斯特迪纽斯 (Edward Stettinius)，20 世纪 20 年代摩根财团的合伙人，拥有 6 辆汽车，若干套住宅。他每年花费 25 万美元用于基本生活开销。甚
195 至在实施禁令期间（这或许是城市化浪潮之中美国农村和乡村小镇最后一次政治胜利），斯特迪纽斯在派克大街住所的地窖中还储藏着足以能浮起泰坦尼克号的酒。据他自己估算，他拥有一千多瓶上好的葡萄酒，包括 40 瓶海格和海格威士忌，这很可能是由一位平民乔·肯尼迪 (Joe Kennedy) 偷运进来的。

在《了不起的盖茨比》中，新增财富和已有财富都致使人们走向失败，尽管这些失败的表现形式不一样。在小说最开始的部分，杰伊·盖茨比以一个崇拜者的身份出现，他孤独地张开双臂，伸向布坎南斯码头遥远的尽头漂浮在水面上的那一道孤零零的绿光——他看得见热望。绿色是一种承诺、希望以及重新开始的象征，当然也象征着金钱。对于盖茨比而言，理想被金钱所掩盖，这也意味着堕落的结局。但是，戴西·布坎南 (Daisy Buchanan) 并不是想象中的那样，她那"粗俗庸俗的华丽"以及盛气凌人是一个陷阱。盖茨比混淆了戴西和美国梦之间的差别，在幻想破灭后死去，而戴西却无知地活着。有许多类似于盖茨比这样的热望以及对于这一新版本美国梦的肤浅认识。

菲茨杰拉德的一生比其受到的赞赏更为复杂。他和霍雷肖·阿尔杰（Horatio Alger）相处得非常愉快，经常写一些模仿自己故事或特征的滑稽故事。菲茨杰拉德不仅阅读过马克思的书，而且还在笔下让尼克和盖茨比无聊时阅读克莱（Clay）的经济学教科书。克莱清楚地表明，他不喜欢社会达尔文主义，而比较赞赏凡勃仑的观点；这一观点在菲茨杰拉德开始撰写《了不起的盖茨比》时就发挥了重要作用。这部小说从垄断时代写起，然后是20世纪20年代，像《有闲阶级论》一样，讽刺性地描绘了富人的状况。[①]

尽管如此，1922年到1929年的经济发展远不是盖茨比和新的有闲阶级的消费狂潮。这一切不仅由住宅和消费品（特别是耐用消费品）的需求提供保证，而且还由私人投资、企业建设和政府道路建设作为支撑。此外还有我们看到的生产
196 率增长。电动机代替了蒸汽机和水力机；装配线和大规模生产技术蓬勃发展。化学技术的进步也被应用于生产之中（比如人造纤维、高辛烷汽油）；管理技术水平也得到了提高。爵士乐时代并不完全是狂欢和别克轿车。

9.6 罗宾逊夫人、张伯伦先生和非价格竞争

就像1967年电影中的本杰明·布拉多克（Benjamin Braddock）［达斯廷·霍夫曼（Dustin Hoffman）饰演］一样，汽车工业时代已经过去了。别克汽车不仅有了不同的颜色，也有了不同型号和不同的特点。别克汽车和杰伊·盖茨比的乳白色的劳斯莱斯与福特普通黑色T型汽车有着很大差异。尽管新古典主义经济学能够解释普通商品的供给与需求情况，但却不能解释仅仅具有外包装差异的商品供求状况及由此产生的“市场不完全性”。粉红色装束的盖茨比已经备受冷落。

随着经济学王国再次移向英国剑桥大学，不完全竞争理论开始浮出水面。

20世纪20年代，皮耶罗·斯拉法，这位剑桥大学的经济学教师和马歇尔以前的学生，向经济学家们说明了如何研究作为不完全竞争者的厂商。在一段本应出自亨利·福特笔下的描述中，斯拉法写道，随着企业产量的提高，每单位产品的生产成本逐渐降低。

斯拉法得出结论：随着生产成本的降低，需求而不是竞争成为了限制企业规模的重要力量。福特每天付给工人5美元的工资是非常明智的。但是，汽车制造商可以在某种程度上通过生产性能相同、外观不同的产品来影响需求。别克公司和福特公司都提供旅客运输工具，但是别克公司提供了许多舒适的设施，甚至包括不同款式的名称。到了爵士乐时代，很少有现实主义者还用单色眼镜将世界看
197 成是所有商品都同质的完全竞争经济。同时，广告变得异常重要，以至于盖茨比因为“一个广告创意”而吸引了戴西。制造业和市场运作方式不仅影响戴西的偏好，而且对所有消费者的偏好产生了普遍影响，这也在某种程度上侵害了消费者

① 凡勃仑和菲茨杰拉德之间的关系是由E·雷·坎特伯里在《托尔斯坦·凡勃仑和〈了不起的盖茨比〉》［《经济问题杂志》，第33卷，297～304页，1999（2）］中发现的。

的权利。

因对竞争含义进一步认识而广受赞誉的研究，源于另外一个剑桥的经济学家和另外一位“罗宾逊夫人”，琼·罗宾逊，后者在1933年出版了《不完全竞争经济学》。罗宾逊是凯恩斯的学生，也是剑桥大学的一位教师。沿着斯拉法引领的对成本递减的研究，罗宾逊带领着年轻的经济学家们进入到了垄断竞争世界。

与此同时，在另外一个剑桥（马萨诸塞州）的哈佛大学里，经济学家爱德华·H·张伯伦（Edward H. Chamberlin，1898—1987）在具有重大意义的1933年出版了研究同一主题的一本书。一家大型股份公司并没有受到斯密式竞争的攻击，它采取非价格竞争，通过特殊的产品特性和服务而不是通常的降价方式来吸引购买者。然后，生产者可以通过广告方式显示其产品的“唯一性”，通过新设计而不是降价来吸引新的消费者。

张伯伦的观点与罗宾逊夫人并不完全一致。他看到的是不完全竞争的“优点”，而罗宾逊夫人则像斯科特·菲茨杰拉德一样，看到的是“浪费”。经济学家对于纯粹垄断者与纯粹竞争者之间的灰色地带充满向往：这仍然是一个模糊的地带，很像菲茨杰拉德笔下的纽约城与西卵（West Egg）之间的“未开垦地”。不完全竞争理论中的不确定性与完全竞争条件下牛顿理论中自动均衡的状态并不匹配。在当时，现实与理论之间的不一致性困扰着少数一些经济学家。

至于布鲁姆伯利社交圈子，其成员自身的行为仍像维多利亚时代上层阶级一样。按照现代标准，布鲁姆伯利社交圈中的成员被限制在自己的语言文化环境之中，并且浪漫的激情促使他们之间产生了性关系。他们反对性禁忌，女性也与男性拥有同等地位。他们的女权运动——不同于19世纪清教徒式的女权运动——
198 是一场自由运动。更主要的是，他们为“寻求真理”而共同探讨，并且蔑视传统的思考和感知方式。有一些人认为他们是最后一批空想社会主义者；而另外一些人则认为他们是最后一批维多利亚式的人物。

第 10 章

凯恩斯与大萧条

201 尽管在爵士乐时代时，约翰·梅纳德·凯恩斯已经是一位著名的经济学家了，但是一些人仍会说，他有一个明显的缺陷；他读过马歇尔的《经济学原理》，参加过马歇尔讲座，因而是一个传统的但不过是有一些才气的新古典经济学家。凯恩斯的新古典主义是由他的天赋所决定的，这种天赋使他成为一个科学上的革新者和震撼全球的人物。正是由于他的出现，使得两代经济学家看到了一个完全不同的世界。为了找到一位同样有影响力的经济学家，我们不得不想到卡尔·马克思，凯恩斯恰好在马克思去世的 1883 年出生。

凯恩斯不仅仅是一位经济学学者。他曾经是财政部出席巴黎和平会议的首席代表、财政部大臣的助理以及那个时代最有声望的经济学杂志的主编，他还是英国银行的总裁、国家剧院的理事、音乐和艺术促进会理事、剑桥国王大学财务主管、《国家》和后来的《新政治家》杂志的主席以及国家互济人寿保险联盟的主席。

除了对艺术［他的妻子莉迪娅·露波可娃（Lydia Lopokova），是俄国皇家芭
202 蕾舞团的一个明星］的贡献之外，他在经营一家投资公司的同时还抽出时间在剑桥大学经济学系的发展过程中扮演重要角色。凯恩斯充分利用每一分钟：例如从事外汇投机交易，每天早上还在床上的时候，他都会花半个小时时间顺次打电话安排各项工作；通过辛勤的工作，他积累了价值 200 万美元的财富。

在完成了革命性著作《就业、利息和货币通论》之后不久，1937 年，凯恩斯患上了心脏病，这致使他情绪狂躁。第二次世界大战（以下简称二战）期间，政府为了令其出谋划策，在财政部为凯恩斯安排了一间办公室。他撰写了《如何

筹措战争经费》，在布雷顿森林体系下创建世界银行和国际货币基金组织的过程中他是主要人物，他在一个关注音乐和艺术的新的政府委员会中担任领导，同时他还做了很多其他事情。现在他是凯恩斯勋爵、泰尔顿男爵。在英国第一宗战后贷款谈判之后，他准备重回剑桥大学任教。但是，由于突发咳嗽，在莉迪娅的陪伴下凯恩斯离开了人世。

如果不是出现意外，应该是凯恩斯本人而不是凯恩斯主义引导自二战后到约1968年间美国的宏观经济政策。自20世纪30年代中期到玛格丽特·撒切尔（Margaret Thatcher）1979年担任首相，这期间凯恩斯的思想主导了英国经济政策的走向。20世纪20年代始于英国随后又在30年代的美国肆虐的大萧条，促使凯恩斯主义政策革命突飞猛进。

10.1 大灾难的前奏

大萧条是与第一次世界大战（以下简称一战）后的剧变以及爵士乐时代的毫无节制密不可分的。战后通向繁荣的道路已经混乱不清，而且极其不平坦。特别是农民，长久以来他们没有得到过繁荣带来的好处。部分原因是，一战期间出口增加，使得农产品产量剧增，农民通过举债将更多的土地投入到生产过程之中。但是战后，这种战时扩张的生产能力膨胀，同时来自欧洲的竞争加剧，从而价格下降，致使农民收入减少。

203 1921年的经济危机使价格加速下滑，同时农民又必须生产更多的产品才能偿还抵押贷款，因而他们在生产中采用更多的拖拉机和更有效率的联合收割机以替代工人。但是，农产品的丰饶在充分满足国民需求的同时，却使得价格更加低廉。越来越多的农场没有任何利润可言，破产率也从1920年的1.7%上升到了1924年到1926年间的18%。

结构上的改变同样困扰着煤矿业这个竞争激烈的行业：煤炭价格很低而且持续下降，来自电力和石油的竞争也初露端倪。另外，纺织工业也没有加入到兴旺行业之列。像农业和煤矿业一样，纺织业也是一个古老但又必须面对“过多”竞争的行业。仿照塞尔达·菲茨杰拉德（Zelda Fitzgerald）笔下的时髦女郎绘制的图片，已经显示出一件衣服不需要多少布料了。伴随着裙子越来越短，纺织业的利润也越来越少。

此外，早在1916年，铁路的相对地位就已经开始下滑。资本投资和劳动生产率水平的提高都使得劳动就业量减少。对铁路的竞争主要来自于自动化革命以及公路建设的增加，因为像原来铁轨建设一样，高速公路投资也得到了政府的补贴。曾经依赖铁路的经济增长，现在转而依赖汽车工业。

10.2 投机泡沫

令人们印象最深的应该是相当明显的投机泡沫。一些劳动者尚在艰难时段，而另外一些人的生活却好得不能再好。据推测，1929 年，拥有最高收入的 5%的人群占所有个人收入总和的 1/3。保证小康生活的个人收入，例如利息、股息和租金，约为二战后初期总量的两倍之多。仅仅 24 000 个家庭的年收入超过 100 000美元，与此同时，却有 71%的家庭年收入低于 2 500 美元。在反对剥削
204 的进程中，穷人变得更加贫穷，富人的平均财富则达到穷人的 40 倍。

1929 年出现的财富不平均状况更加严重。整个国家中 4/5 的家庭没有任何储蓄，相反，处于顶端的 24 000 个家庭却拥有所有储蓄的 1/3。所有储蓄中的 2/3被控制在 2.3%的年收入超过 100 000 美元的家庭手中。而股票所有权更趋于集中。①

把公平问题放在一边暂且不论，财政的不均衡暴露了其自身存在的问题。除了生活必需品的购买，富人们大量的临时性收入并非消费可依托的来源。这些收入经常会被用来购买公寓、游艇、劳斯莱斯汽车或供他们到加勒比海游玩，或者会被储蓄起来，而这些储蓄则受更加不可预测的厂商行为的支配。厂商发行新的股份或债券来增加他们的设备是一回事，富人之间仅靠改变价格和所有权来买卖现有有价证券是另外一回事。用来购买其他有价证券的钞票也许从来就没有这么多。

当数量如此巨大的储蓄被这么少的人所掌握时，它们就必然会停留在某一地方或者从一个地方到另外一个地方不停地转移。尽管闲散资金会带来显而易见的麻烦，但人们仍会把注意力放在这些不停移动的资金上：他们想以最少的努力尽快发财。于是到了 1929 年，这些过度闲散的资金使泡沫达到了鼎盛。

到 20 世纪 20 年代中期，一股巨大的投机泡沫在温暖的佛罗里达州（Florida）上空慢慢膨胀。迈阿密（Miami）、迈阿密海滩、珊瑚阁——事实上北至棕榈滩的整个东南海岸线——都沐浴在房地产巨大繁荣的和风细雨中。“海景地产”通常需要借助望远镜才能看到海，查尔斯·蓬齐（Charles Ponzi）“紧靠杰克逊维尔（Jacksonville）”的一小块供销售的地其实远在西边的 65 英里之外，更靠近

① 这些数据来自于：莫里斯·莱文（Maurice Leven）、哈罗德·G·莫尔顿（Harold G. Moulton）、克拉克·沃伯顿（Clark Warburton）：《美国的消费能力》，54～56、93～94、103～104、123 页，华盛顿，布鲁金斯学会（Washington，Brookings Institution），1934；塞尔马·戈德史密斯（Selma Goldsmith）、乔治·贾西（George Jaszi）、海曼·凯茨（Hyman Kaitz）、莫里斯·莱本伯（Maurice Liebenber）：《30 年代中期以来收入规模分布》，载《经济学和统计学评论》，16、18 页，1954（2）；罗伯特·J·兰普曼（Robert J. Lampman）：《最大财富持有者对国民收入的瓜分：1922—1956》，纽约，国家经济研究局（New York，NBER），1962；詹姆斯·D·史密斯（James D. Smith）、史蒂芬·D·富兰克林（Steven D. Franklin）：《个人财富的集中：1922—1969》，载《美国经济评论》，第 64 卷，162～167 页，1974（5）；约翰·肯尼思·加尔布雷斯：《1929 年的大崩溃》，177、180、182、191 页，波士顿，霍顿·米夫林出版公司（Boston，Houghton Mifflin），1954。

奥克弗诺基（Okefenokee）沼泽而不是亚特兰大（Atlantic）。但是，几乎所有的人都认为，佛罗里达州的房地产价格会永远上涨，然而 1926 年秋天的两股而不是一股飓风吹散了这些泡沫。其中一股较大的飓风说明，“一股来自西印第安的
205 暖风会造成什么样的后果。”[①] 这股飓风使得 400 人遇难，并使得许多游艇被抛上了迈阿密的街道。

佛罗里达州房地产繁荣状态的崩溃并没有使投机活动就此结束；它仅仅终结了佛罗里达州的经济繁荣。股票价格在 1924 年下半年以更稳健的步伐开始攀升。那年 11 月，当飓风吹散了佛罗里达房地产业的泡沫时，股票价格略微降了一点点，但很快就恢复了上涨趋势。股票市场的真正繁荣自 1927 年进入起步阶段，这年年末，道琼斯工业股票价格指数的前身《泰晤士报》工业股票价格指数上升了 69 个百分点，达到 245 点。

之后发生的一切，都被很好地记述在约翰·肯尼思·加尔布雷斯的一本书中：

> 在 1928 年早期，繁荣的实质发生了改变。大众陷于假象之中，如此之大的疯狂投机举动，都是从真诚的心愿开始的……就像所有时期的投机活动一样，人们不愿被现实所说服，而是不断寻找借口进入一个虚幻的新世界。[②]

1928 年间，《泰晤士报》工业股票价格指数增长了 35 个百分点，从 245 点上升到了 331 点。无线电从 85 点上升到了 420 点，而莱特航空则从 69 点上升至 289 点。无线电从未分过红！运用借钱的差价，就像莱特航空的飞机一样，股价直冲云霄。投机者能用不到 100 美元的钱购买价值 1 000 美元的股票。

这十年的早些时候，一些有投资信用的公司就首次出现在美国了，这类公司的数量在 1929 年出现了跳跃式增长。它们唯一的目的就是购买其他公司的债券以使得投资人更加富有。例如 J. P. 摩根及其公司，在 1929 年 1 月发起成立了一家联合公司。J. P. 摩根提供了一揽子公共股票份额，并按 75 美元卖给联合公司的投资人。这家联合公司在美国一上市，就迅速上升至 99 美元，卖出后就有相当可观的利润。

即使忽略欺骗和盗窃行为，拥有公司或持有投资基金数量的激增也会促使企业经营发生改变，就像股票购买者被股价影响一样。实际生产商品的公司获得的
206 红利被用来支付公司债券的利息。产品收入的暴跌意味着利息的削减，还可能引起债券逾期偿还的问题。这种倒置的金字塔招致了从底部向上绵延的崩溃。

与此同时，美国经济在夏季处于顶峰，并且正如 F·斯科特·菲茨杰拉德对爵士乐时代悼念性的诗文所描述的那样，“史上最昂贵的放纵”[③] 很快就走向了消亡。

---

① 弗雷德里克·刘易斯·艾伦（Frederick Lewis Allen）：《就在昨天》，280 页，纽约，哈珀出版公司（New York, Harper），1932。

② 加尔布雷斯：《1929 年的大崩溃》，11～12 页。在这一段和下一段中，我有些不顾脸面地引述了本书的一些章节。还没有哪一本书能将 1929 年的信息与娱乐结合得如此神妙。有关这一主题的广泛而又详细的历史，请读者参阅《1929 年的大崩溃》。

③ F·斯科特·菲茨杰拉德：《爵士乐时代的回音》，载《崩溃》，21 页。

10.3 大崩溃

1929 年的大恐慌始于 10 月 24 日，一个黑色星期四。在交易所正常营业后不久，股票价格开始加速下跌。11 点，恐慌性抛售如此狂野，以至于惊动了整条华尔街。11 点半，价格体系完全崩溃，人们的担心真正变成了恐慌。人群全部聚集到了纽约市布罗德街（Broad Street）的证券交易所外面。

位于华尔街 23 号的 J. P. 摩根公司办公室的会议内容传出之后，第一波的恐慌袭击在中午时分渐渐平息。聚集在一起的银行家们发誓要运用他们的资源扭转市场局面。但是，他们也只能拖着笨重的身躯随风而动。到 10 月 28 日星期一下午，这些努力归于失败。《泰晤士报》工业股票价格指数一天内下挫了 49 点，其中通用电气就下降了 48 点。连自动收报机都跟不上交易节奏，没人知道当天收市时情况会有多糟。银行家们四点半再次聚集到了摩根公司。现在他们必须试图挽救自己，必须依靠低价出售来把损失减少到最低。第二天，也就是 10 月 29 日，星期二，情况最为糟糕，许多品种根本就没有人下单。随着《泰晤士报》工业股票价格指数巨幅下跌 43 点而宣告交易结束时，恐慌已经弥漫整个华尔街。

而股市仍然在无情地继续下跌。《泰晤士报》工业股票价格指数，在 1929 年初曾经达到过 331 点，1932 年 7 月 8 日仅收于 58 点。它的股票市值损失了 82.5%。通用汽车从 73 点狂泻到 8 点。但这些低价格仅仅被报纸或者市场所关注，人们现在将更多的注意力转移到了正在做自由落体的经济本身上。

207 当经济学家们回顾大崩溃时，可以找出很多明显的迹象：股市崩溃只是经济衰退进程的一部分。只是很少有人愿意相信如此美好的时代会走向终结，所以这些迹象都被一一忽略了，因而伤口不可避免地加深了。

10.4 余波

由于市场是深深地镶嵌在美国文化和繁荣的氛围之中的，所以消费者和生产者的信心被市场的崩溃彻底碾碎。不仅如此，股票价格的下跌使得股票持有者（其中大部分是富人）变成了“穷人”，这减缓了人们在奢侈品上的消费。最后，大崩溃也打破了世界金融资本的循环流动秩序。

美国流向战败国德国的金融资本被用于德国向从前的同盟国提供的赔款（巴黎和平会议上由同盟国提出），这些资金又作为战争赔款及时地流回到了美国。但是就像凯恩斯预测的那样，遭受经济困扰的德国最终停止了提供战争赔款。这不仅仅是因为世界交换体系被削弱，还因为国际贸易量剧减，从而进一步加剧了全球需求萎缩，使得支出和就业减少。

银行系统甚至在大崩溃之前就已经存在问题。银行持有约 40 亿美元用于购买股票的短期贷款。随着股票价格下跌，一些银行不能依靠有价证券的售卖而进行放款，因而遭受了很大损失。在密苏里州、印第安纳州、艾奥瓦州、阿肯色州和北卡罗来纳州等农业地区，银行破产的比率在1930年11月和12月间大大增加。纽约的美国银行破产。由于存款安全性丧失，银行破产致使人们减少银行存款而增加手中的货币持有量。存款流失又导致更多的银行破产。

美国银行业采用按比例拨备准备金制度。例如，银行账户上100美元负债需要手头留有10美元现金，另外90元可以作为银行贷款。这个体系是互相依赖
208 的，一家银行的破产可能导致其他更多银行的破产。这意味着，存款负债也具有很强的杠杆效应。这种效应是双向的：在经济上升和螺旋下降时都发挥作用。从信用金字塔顶端的窗口一眼望去，你能看到这样一个景象：持有6亿美元或仅仅占有美国货币供应量3%的银行破产，就能引起1930年冬天的恐慌。

银行业的喧嚣之声在1933年春天达到高潮。20世纪20年代曾经非常红火的银行贷款，就像贷款所营造的商品价格或者间接投入的房地产价值一样，变得不受人欢迎。1933年3月4日，富兰克林·罗斯福总统上任，借此机会宣布的“银行假日”使得所有私人银行关闭一周，这个行动阻止了美国银行体系的彻底崩塌。

10.5　20世纪30年代的大萧条

大多数经济学家认为，大萧条在美国持续时间超过10年——从1929年至1940年二战北美总动员时期——在这段时期内起起伏伏。国民生产总值（GNP）从1929年中期达到1 044亿美元的周期性顶峰，下降到1933年春的556亿美元最低谷，这构成了大萧条过程中最糟糕的一部分。到1933年为止，美国约25%的劳动力处于失业状态。

美联储并没有起到什么作用：在当时，它仅仅采取了根据“交易需求”来增加信用的政策，这意味着如果企业并不愿贷款，那么联储系统也不会增加货币供应。没有什么能比这项政策更无能了，因为它使银行信用和货币供应在困难时期更加收缩。由于银行业崩溃，而生产性企业又不愿贷款，致使货币供给量在1933年春天经济周期低点时已经下降了1/3。

209 只有美国国会才能加剧这种不相适应的状况。迫于压力，国会在1930年中期通过经赫伯特·胡佛（Herbert Hoover）总统签署的声名狼藉的《斯穆特-霍利关税法案》，招致了全球报复性关税和贸易战。于是，世界贸易呈螺旋状加速下降。图10—1比用上千个文字更能形象地展现这种螺旋状下降的过程。

210 一些历史学家和经济学家用“大萧条”来表示1929年到1933年的经济并不奇怪，因为其后实际GNP（以1929年的价格进行换算）开始恢复。1933年，存款保险系统的建立对重建信心和信用体系起到了帮助作用。1934年到1936年间，货币供给量也急剧上升。在政府创造就业工程的刺激以及企业和消费者重拾信心的影响之下，经济缓慢回升，到1937年春天实际GNP达到1 091亿美元，略高于1929年的水平。随后，1937年到1938年的衰退又使得实际GNP下降到

了 1 032 亿美元。

无论称之为又一次衰退还是把它视为大萧条的延续，经济的低迷状态从 1937 年春天一直持续到了 1938 年夏天。在这一年中，工业产出下降了约 1/3，而失业却增加了约 1/5。根据官方统计数据，1937 年约 650 万人失业，1938 年则大约为 1 000万。6 年危机之后，1938 年的失业率比 1931 年的还要高（参见表 10—1）。

209

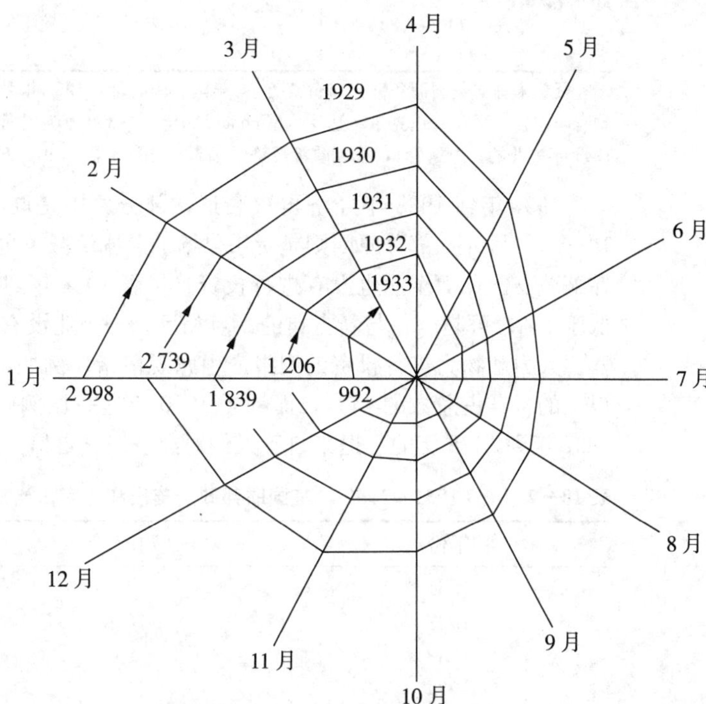

图 10—1　1929 年 1 月到 1933 年 3 月世界贸易呈螺旋状收缩：75 个国家的进口总额

注：以原有的 100 万美元为单位计算的月度数据。

资料来源：查尔斯·金德尔伯格（Charles Kindleberger）：《萧条中的世界》，172 页，伯克利，加利福尼亚大学出版社，1973。经允许使用。

表 10—1　　　大萧条时期的失业率（占全民劳动力的比重）

	官方数据（%）	达比（Darby）数据（%）
211 繁荣的和平时期		
1919	3.2	—
大萧条时期		
1930	8.7	—
1931	15.9	—
1932	23.6	—
1933	25.2	20.9
1934	22.0	16.2
1935	20.3	14.4
1936	17.0	10.0
1937	14.3	9.2
1938	19.1	12.5

续前表

	官方数据（%）	达比（Darby）数据（%）
二战开始后		
1939	17.2	11.3
1940	14.6	—
1941	9.9	—
1942	4.7	—

资料来源：美国商务部人口普查署：《美国历史统计：1960年系列》，46页，华盛顿特区，美国政府印刷社，1975；迈克尔·达比（Michael Darby）：《350万美国雇员被错误安置：或许是对1934—1941年失业的一个解释》，载《政治经济学杂志》，第84卷，1976（2）。

1937年到1938年经济再次衰退，部分原因是联邦预算赤字锐减（参见表10—2），另外一部分原因则是货币供给的急剧缩减。也就是说，那个时候政府正在缩减支出，而企业也没有进行投资，尽管1938年纽约市的短期贷款利率已经低于1%。可是——与新古典的观点相反——企业没有投资，明显是因为它对机器、人力和物力进行投资的回报产生悲观情绪。例如，1925年工业生产中10年以上的机器占总数的44%，而到了1940年这一比例已经上升到了70%。因此，1937年到1938年的衰退来自于人们对经济缺乏自信，从而无法支持企业投资。

218 **表10—2　　1931—1939年美国联邦政府支出和赤字占当期GDP的比重**

年份	支出（%）	赤字（%）
1931	4.7	0.6
1932	8.0	4.7
1933	8.3	4.7
1934	10.2	5.6
1935	9.0	3.9
1936	10.2	5.4
1937	8.6	3.1
1938	8.0	1.4
1939	9.8	4.3

资料来源：基于美国商务部的数据，《美国历史统计，殖民时期到1970年》，华盛顿特区，政府印刷社，1975（Washington，D.C.，Government Printing Office，1975）；美国商务部，国民收入账户（NIPA），1929—1976统计表，1981（12）。

10.6　新古典主义的看法

在这场大灾难之中，唯一令人安慰的声音出自于世界上一些最著名的经济学
211 家。阿瑟·庇古（Arthur Pigou）解释说："完全的自由竞争中……总有一股趋势力量在起作用，使得工资率能与充分就业的需求相适应。"① 而在此时此刻，庇

① 阿瑟·庇古：《失业理论》，252页，伦敦，麦克米兰出版公司（London，Macmillan & Co.），1933。

古的祖国——英国正处在萧条阶段的第二个 10 年。

莱昂内尔·罗宾斯（Lionel Robbins），边沁的伦敦大学经济学教授，在 1934 年写道：“……总的来说，更大的工资率弹性在相当程度上会减少失业。”他还补
212 充道：“要不惜代价地将工资率保持在维持消费者购买力的水平上，如果不是因为这种观点流行，那么大萧条的危害程度和与之相伴的失业规模将会大大减少。”① 重返充分就业只待自由市场力量的作用。

罗宾斯在适时修正的《大萧条》统计附录表述的状况与他给出的评论相矛盾。如同预计的那样，价格随着工资呈螺旋状下降，但是（罗宾斯自己的数据表明）在美国生活的费用从 1929 年末到 1933 年末也下降了将近 25%，而工业生产指标也下降了几乎同样的比率。美国的工资从 1929 年末到 1933 年末减少了约 1/5，同时，失业人数从接近于 0 增加到 1933 年的 130 万——大约是美国劳动力的 1/4。② 而新古典主义者却仍然坚持工资下降会带给我们充分就业的神话。

然而，这场灾难并没有被当代文学所忽视。1939 年约翰·斯坦贝克（John Steinbeck）出版的描述美国摆脱大萧条努力的小说《愤怒的葡萄》，就是一部 20 世纪 30 年代贫困农民忍受痛苦、遭受盘剥的血泪史：

> 衰败在国土上蔓延，甜美的气息成了一种悲哀。那些培植树木、播种丰收的人们，不能让忍受饥饿的人们吃到他们耕种的粮食。那些能够收获果实的人们不能创造出一种让人们把果实吃掉的制度。国家的未来悬在半空，让人们深深感到悲伤。③

斯坦贝克的悲观情绪代表着一种普遍现象。

10.7 凯恩斯的学术盟友

并不是每一个英国经济学家都赞成庇古和罗宾斯的观点的。除了凯恩斯自己
213 外，其他人在传统经济学的边缘上吹毛求疵，其中包括凯恩斯的学生、朋友和剑桥的同事——丹尼斯·罗伯逊（Dennis Robertson，1890—1963）。当凯恩斯 1930 年出版了他自认为是代表作的《就业、利息和货币通论》之后，立刻招致了批判。这些批判主要来自于剑桥大学的罗伯逊、琼·罗宾逊（Joan Robson，1903—1983）和理查德·K·卡恩爵士（Sir Richard K. Kahn，1905—1989）④，他们的反对意见帮助了凯恩斯，并使之很快反思自己的观点。

---

① 莱昂内尔·罗宾斯：《大萧条》，186 页，伦敦，麦克米兰出版公司（London，Macmillan & Co.），1934。

② 在 1932 年报道的各种工资和条件中，宾夕法尼亚州磨锯厂的工资是每小时 5 美分，砖瓦厂是每小时 6 美分，一般工厂定为每小时 7.5 美分；在田纳西州，一些工人的工资甚至只有一周（50 小时）2.4 美元［小阿瑟·施莱辛格（Arthur Schlesinger）：《旧秩序的危机》，249～250 页，波士顿，霍顿·米夫林出版公司（Boston，Houghton Mifflin），1957］。

③ 约翰·斯坦贝克：《愤怒的葡萄》，448 页，纽约，海盗企鹅出版公司（New York，Viking Penguin），1939。

④ 其他一些批评者包括詹姆斯·米德（James Meade）、奥斯汀·罗宾逊（Austin Robinson）以及后来的皮耶罗·斯拉法（Piero Sraffa，1893—1983）。

在 1933 年的一篇文章中，琼·罗宾逊很明确地解释了在家庭意愿的储蓄与生产者计划的投资支出不相等的情况下，事后衡量的储蓄与投资是如何达到平衡的。这是家庭与企业两者目标之间磨合出现失灵，从而导致低迷。通过试图节省更多的钱，购买更少的福特汽车，家庭将没有卖出去的汽车留在了经销商那里，而这些汽车又会被记载在存货清单上。存货增加是企业投资的一种形式（尽管并非意愿的），其积累导致工厂里生产和就业量减少。在汽车没有售出的情况下，事后衡量的储蓄等于投资对经销商而言不是什么安慰，因为作为事后投资一部分的没有售出的汽车与他的计划有出入。同时，失业对于汽车工人来说也非常残酷。

卡恩开始提出公共就业对经济有乘数效应的看法。基于凯恩斯两年前提出的关于建造大楼的观点，卡恩在 1931 年证明，政府在公共事业上的支出会以工资的形式分配给工人，其中的大部分又会被花费在消费商品和服务上。商店店主会把他们从消费者那里得到的收入中的大部分花费在工资、存货等支出上。如果政府雇用 200 000 个工人去修剪树枝，那么，在消费者产品行业中就会增加400 000 人（二次雇用），结果，总就业就增加了 600 000 人。就像一个简单的加法一样，这里就存在着一个等于 3 的就业乘数。

与此同时，大萧条头 3 年中赫伯特·胡佛总统的一次精彩演讲表达了官方的意图。1930 年 1 月，胡佛说：“企业和各行业已经转危为安了”；在那些年中，
214 这句话被不断反复使用，以至于“转危为安”成为了一句谚语。胡佛就像一位社会主义者和共产主义者那样注视着帮助那些没有工作、无家可归和忍受饥饿人们的政府救济工程。然而，尽管他延期设立公共事业项目，但这却是完全不适当的。

事实上，尽管新古典主义提供了信念，而病人们的总统也断言病人早已康复，但美国资本主义正在灭亡。这就如同向濒临死亡的亚历山大·波普（Alexander Pope）送去临终安慰一样，医生向他保证，他的呼吸轻松，脉搏稳健，如此种种。但是他对他的朋友说：“我正在一百多种美好的征兆中走向死亡。”

10.8　凯恩斯的政策建议

伴随着资本主义的衰落，凯恩斯的新思想却在 1931 年到 1934 年间逐步发展出来。在 20 世纪 30 年代刚开始的时候，凯恩斯就断言，衰退的最基本原因是缺乏新厂房和新设备，是资本投资“目光短浅”所致。为了改变这种短视现象，就必须增加利润；这将刺激投资。但是，仅靠减少成本无法得到更多的利润，相反会造成通货紧缩。凯恩斯认为，可以依靠引导公众更多地消费来增加利润，或者依靠引导企业更多地进行投资来增加利润，但是不能两种方式同时使用。

在这点上，凯恩斯仍然部分秉承新古典主义的思想：消费增加需要相应地减少储蓄，而储蓄是用做企业投资的。他甚至没有预想到总消费支出和总投资支出同时增长能够来的令人愉快结果的可能性。

尽管如此，凯恩斯 1931 年告诉他在英国广播中的听众，增加支出对于抵御大萧条是很有必要的，这虽然是一种直觉，但是经证明却比新古典主义者的建议有效得多。凯恩斯抨击节俭这种维多利亚式的美德，因为他看到了在事实上没有
215 任何投资机会的情况下，希望用投资抵消由节俭形成的大量储蓄这种期盼的错误所在。例如，到 1932 年，美国工业销售量还不到 1929 年产出的一半。

凯恩斯鼓励家庭多消费［就像乔治·布什（George Bush）总统 1991 年 12 月在经济衰退中所采取的措施一样，到 J. C. 彭尼（J. C. Penney）公司购买袜子］，敦促政府增加公共事业支出（就像同一个月布什总统在视察得克萨斯高速公路工程时所做的那样）。他反对庇古减少工资的建议；他觉得，这将会导致事情变得更糟。

1931 年，凯恩斯也在为麦克米兰（Macmillan）委员会服务，主要考察英国经济并提出相关建议。带着他后来的乘数理论，凯恩斯和委员会中其他与新古典主义意见相左的成员认为，由于私人失业率已经很高，政府的公共支出并不会与私人投资抢占资源，相反却会产生一个复合效应。

尽管凯恩斯承认，公共事业工程会在短期内打击企业的信心，但他认为，总体而言，增加政府支出将会是有帮助的，甚至是大家渴求的。凯恩斯开始提出这样的建议，即如果自由市场不再能产生劳动的人群和嗡嗡作响的工厂，那么政府就有必要出面干预，以促使经济活力处于一个较高的水平。①

在凯恩斯之前，对新古典主义的批判很容易被驳回；因为批判者根本就不懂。但是很显然，凯恩斯能理解，而且在声讨自由放任的政府政策时，他是严肃认真的。在 1926 年名为《自由放任的终结》这篇文章中，他反对自由放任的斯密原则和建立在利己主义之上的个人与社会之间的亲密关系。凯恩斯对总存在足够的支出来稳固经济的观点表示怀疑——这意味着，他质疑萨伊定律的正确性。但是在这一点上，他缺少一个能与马歇尔经济学相抗衡的理论体系，仅仅有一个模糊的概念而已。

10.9 最初的凯恩斯主义和早期的新政

216 凯恩斯感觉到了消费者信心缺乏会致使工商业萧条。正如富兰克林·D·罗斯福（1882—1945）1933 年 3 月当选美国总统时承诺过的那样，我们需要重建信心。之后，罗斯福开始了他著名的新政。尽管那时这也被谴责为彻头彻尾的社会主义行为，而且之后也经常受此批判，但实际上，这个项目的目的在于拯救美国资本主义制度。他所采取的那些经济政策，虽然算不上社会主义，但以和平时

① 我与已故的琼·罗宾逊之间长达几年的通信在很大程度上促进了我对凯恩斯在《通论》之前经济思想的认识，也在很大程度上指引我改正了对凯恩斯主义思想某些更细微方面的理解上出现的几个错误。我已故的同事和朋友，阿巴·P·勒纳（Abba P. Lerner），也提供了相同的引导，尽管他与琼之间并不经常能形成一致。当他们的思想或选择相抵触的时候，最后我就充当起了他们之间的仲裁者。但是，并不是每一个人都同意我的裁决。

期的标准来看，确实有些激进，因为这些政策试图消灭自由放任主义，而让政府作为一个积极参与者，有意识地操控经济。现在，这被称为“最初的凯恩斯主义”。

1933 年 3 月，罗斯福在凯恩斯改革理论发展完成之前就已经开始施行最初的凯恩斯主义政策。罗斯福在他的第一次讲演中就着重强调了消费者信心缺乏所产生的害处：“首先，我坚定地相信，我们唯一需要害怕的事情就是害怕本身——一种无名的、没有理由的、未被证实但使人们麻痹的恐惧，需要我们努力去将衰落转化为进步。”到 1933 年 5 月，联邦紧急救助管理署（FERA）拨出 5 亿美元来为穷困人群提供救助金，这也标志着联邦福利工程的启动。

虽然救助让人们免于饥饿，但是罗斯福新政的基本策略是创造就业，直至将人们从慈善机构的名单中剔除并重建他们的自尊心。它给美国人带来了许多新的联邦政府机构。其中一些机构很成功，如民众保护公司（CCC），它为 18 到 25 岁的年轻男性提供管理工作。另外一些却不成功，如农业调节署（AAA），它对不生产的农民进行补偿，并因此提高了农产品价格。尽管此时仍有土地未被开发，黑人小佃户和佃农仍然没有土地可种，有些人还在忍受饥饿，但依据政府法令，仍有牲畜被屠宰，一些未收获的棉花被犁掉。

政府也在为新的基础设施筹集资金。田纳西流域管理局（TVA）是一个社会化的水力发电工程，它不仅发电，而且修建水坝、生产肥料、绿化造林、重造
217 田地。管理局还建造了美国橡树山脉实验室，之后也为原子弹的研发提供了帮助。在大萧条中蹒跚而行的私人公司，不再具有专有性，也不再是神圣无比的了。

为了支撑失败的银行体系，联邦存款保险公司（FDIC）得以创建，以确保银行存款安全。家庭贷款公司也建立起来，以便进行更多的抵押贷款，同时也防止更多抵押品赎回权被取消的情况发生。

新政巅峰之作是设立国家复兴委员会（NRA），目的是为了监督和加强《国家工业复兴法案》（NIRA）的实施。通货紧缩使得农业和工商企业破产，同时急剧下降的工资也让消费支出陷入泥潭。制造商在反托拉斯法免责条款的保证下尝试自己制定价格。工资被压至最低而劳动时间却被拉到最长，并且集中协商权利延伸到了工人层面上。因此，《国家工业复兴法案》进一步削弱了自由市场最重要的前提假设。国家复兴委员会确实壮大了工会联盟（矿工联合会工人人数增加到了 50 万），但是工商企业把价格固定在更高而不是更低水平上，就涉嫌滥用了固定价格法。

大萧条在 20 世纪 30 年代中期趋于平缓，而恰巧这时最高法院一致判定国家复兴委员会违反宪法。但是，罗斯福并没有因此受挫，在 1935 年，他又成立了工程进度管理局（WPA），1939 年改名为项目管理局。工程管理局雇用工人建造的公路占美国新公路的 10%，还有新建医院、市政厅、法院和学校等。例如，管理局建成了连接佛罗里达要塞与迈阿密之间的桥梁和道路，修建了顽石坝（现在的胡佛坝），建成了连接纽约与新泽西的林肯隧道，连接曼哈顿与长岛的三区桥梁系统，还有被称为诺克斯要塞（Fort Knox）的储藏官方黄金的仓库。除了建筑工程之外，管理局还雇用了上千名穷困潦倒的艺术家、作家和音乐家，为相

关艺术工程工作。

218 在数据方面，财政赤字并不高企：联邦政府支出到1934年上升到国内生产总值的10.2%，以繁荣得多的20世纪90年代的标准来看，这并不是一个很刺眼的数字，90年代政府支出占GDP的比重平均达1/5。然而，由于新政中大约1/5的联邦支出被用于创造就业，且这些支出（与货币供应量增加一起）使得实际GNP恢复到了1929年的水平，因而使得1937年的官方失业率数据并不可信。经济学家迈克尔·达比纠正了官方失业率的数据，使之包含了公共就业（参见表10—1）。

达比的公共就业数据使得1934年到1939年的“官方”失业率每年平均减少
219 了6个百分点。但是，罗斯福的就业创造工程并没有使经济达到充分就业，甚至在最好的1937年也没有。直到第二次世界大战爆发，与战争相关的就业才让整个经济达到了充分就业。

10.10 著名的凯恩斯乘数

与此同时，凯恩斯找到了完成他的理论所必需的纽带。在新古典理论中，在可贷资金市场上，储蓄与投资确定利率。同时，均衡的利率又保证了储蓄与投资相等。如果储蓄暂时超过了投资，那么利率会下降（同时投资量会上升），直到储蓄与投资再次相等，同时保证了充分就业。但是，由于大萧条的阴影挥之不去，尽管利率极低，凯恩斯发现工商企业仍然拒绝投资。所以，他得出结论：收入和就业水平一定不是仅仅取决于由利率所决定的储蓄和投资之间的平衡。一旦这个基本错误能为人所理解，那么经济理论的革命也就会随之产生。

凯恩斯把他的同事理查德·卡恩的就业乘数的思想改变成自己的理论。这远不是什么新想法：很多经济学家都推测过，政府支出通过消费支出的成功流转可以产生乘数效应。但没有一个人把它发展成一个可接受的新理论。

凯恩斯赞赏被卡恩作为关键联系的数学。他使用了投资乘数这一术语：如果政府或企业最初投资10亿美元，国民收入因此增加20亿，那么投资乘数就等于2（没有数据或任何统计工具，凯恩斯正确猜测出英国的乘数是2）。

冒着过于简单化的危险，乘数关系能用一个表格加以表示（参见表10—3）。
220 这个例子假设每个消费者打算将税后收入1美元中的3/4用于消费（凯恩斯的边际消费倾向），并储蓄剩下的1/4（边际储蓄倾向）。在开始我们的进程之前，假设企业由于利润预期提高而增加了50亿美元投资。

表10—3显示了这一过程中发生了什么。在这一过程中，50亿美元乘以4，最终变成了200亿美元的新国民收入。乘数4来源于所有未消费收入增量占1/4这一指标。[①] 当所有期的周转完成之后，由投资改变量而导致的储蓄改变量将会

① 边际消费倾向（或边际储蓄倾向）与投资支出之间的简单数学关系给出了乘数的数值。投资乘数＝1/(1－MPC)＝1/MPS。由例中的数据我们可以得出，投资乘数＝1/(1/4)＝4。

等于投资的最初增量。投资支出越高，不管是私人的还是公众的，国民收入的乘数本身也就发生改变，并且获得高工资支付的工人就能储蓄更多。因此，最初的投资借助于储蓄的增加为其自身筹集了足够资金。

表 10—3 乘数形成过程 单位：10 亿美元

	收入改变量		消费改变量		储蓄改变量	投资最初改变量
最初投资增加						5.00
第一期周转	5	＝	3.75	＋	1.25	
第二期周转	3.75		2.81		0.94	
第三期周转	2.81		2.11		0.70	
第四期周转	2.11		1.58		0.53	
第五期周转	1.58		1.19		0.39	
其他所有期	4.75		3.56		1.19	
总　计	20.00		15.00		5.00	5.00

在新古典经济学中，不仅仅是储蓄主要取决于利率，而且任何储蓄增量也是来自于消费量的减少。凯恩斯乘数结束了这种零和博弈。消费并不依赖于储蓄，而是依赖于收入。现代社会有一个稳定的心理倾向，那就是消费者在收入增加时
221 会消费更多，而在收入减少时会减少消费。与维多利亚时代的人不同，新型消费者把奢侈的购买看做是一种美德，而避免节制之苦。在爵士乐时代，斯科特·菲茨杰拉德和塞尔达·菲茨杰拉德曾经把节俭看做是一件极其光荣的事情。

如果收入对消费来说很重要，那么同样的，对储蓄来说也很重要，因为储蓄只不过就是“不消费”。为了保证任意特定的就业水平，就必须有一定数量的企业投资支出等于总产出（特定就业目标下）超过消费的差额。这意味着，投资必须与社会所要求的就业（和产出）相一致。

凯恩斯《就业、利息和货币通论》（1936）的早期草稿片段说明，早在 1932 年，他就在他的理论体系中运用了乘数概念。但在这个充斥着著作和建议的年代里，凯恩斯被其他大多数经济学家仅仅看做是新古典主义完美无瑕的玫瑰园中的一丛荆棘而已。

10.11 幻觉和国民收入

在新古典主义的理论中，自由浮动的工资和利率导致充分就业。凯恩斯就像法庭上的律师一样盘问着新古典主义者。他指出，假设在新古典世界里，工资和利率自由浮动是不可避免的，那么：(1) 这将不会发生；(2) 即使发生，这也不能带来充分就业。

凯恩斯知道大幅度削减工资是不切实际的政策理念。更进一步说，即使能这样做，单独的货币工资降低也不会改善就业情况。尽管它能使厂商减少成本进而

降低价格，但是它也减少了作为消费者需求源泉的收入。经济中总需求的动力必须来源于其他方面。

被新古典经济学家视为高尚的节俭行为所得到的报偿，在凯恩斯看来则会对
222 就业产生反面作用。更高的储蓄倾向意味着更低的消费需求，对商品和服务需求的减少导致更低的生产水平，就业所能得到的收入越少，用来储蓄的数量越低。因此，储蓄会比原有的水平要少。比预期低的储蓄会使得与之相匹配的投资所决定的国民收入处于一个较低水平上。这个平衡是建立在总需求（和总支出）不足以使得每一个劳动者都能就业的水平上的，所以节俭本身就是一个悖论。

总需求是消费者、企业投资者和政府三方支出的总和。当总的计划支出超过了总产出时，产量就会增加。反之，当总的计划支出比总的潜在产出低时，产出又趋于下降。最终趋势是国民收入处于均衡状态。

在这个问题上，凯恩斯与新古典经济学家之间很少具有一致性。新古典经济学家认为，这种均衡总是建立在产出足以维持充分就业水平上的。这一点遭到了凯恩斯的强烈反对，他认为所有市场包括劳动力市场、货币市场和商品市场在充分就业水平上自然达到同时均衡是不可能的。进一步，他说，均衡过程的失败会带来非常可怕的社会后果。

当总支出与潜在产出或总供给相匹配时，比如说 4 900 亿美元，此时新古典主义者便叫嚷“均衡了”，并结束探求，早早回家了。这必须是均衡，因为在其他任何产出水平上，需求不是“太低”就是“太高”。但是，凯恩斯声称，国民收入的均衡并不必然符合充分就业要求。

由不确定性预期所决定的私人投资，不能担负起保证所有就业的责任。在这一点上政府支出可以发挥作用。凯恩斯声称，在稳定性政策中发挥作用，并增加必要数量的净支出（例如减税）方面，只有政府被寄予了很高的期望。

假定目前政府支出和私人支出产生了不高于 4 900 亿美元的收入均衡和不多
223 于 7 500 万的就业，那么 8 000 万劳动力总量中就留下了 500 万没有就业。[①] 5 100 亿美元的产出水平将足以保证全部的 8 000 万劳动力得到雇用。假定投资乘数等于 4，凯恩斯就会认为，我们或许需要 200 亿的额外产出和收入来使得产量增加到每个人都能就业所必需的 5 100 亿美元。因为投资（或其他支出）乘数是 4，我们只需要在支出上额外增加 50 亿美元就行了。

这个缺口可以通过政府持续增加净支出（例如减税）50 亿来弥补（支出增加，但税收不增加等量数额，会导致政府赤字）。在新的 5 100 亿均衡国民收入水平上，8 000 万的劳动力将会全部就业。

然而，凯恩斯说，就是这种人为的“均衡”也并不稳定——它受到诸如预期利润的变化等因素的影响。实际经济在均衡附近不稳定地振荡，就像怀特兄弟的第一架飞机一样翻腾和振荡，甚至会坠毁！

---

① 凯恩斯其实还是遵从了新古典经济学的传统，因而总产出随着就业增加而增加，但由于报酬递减，增加的比率逐渐减少。这种复杂性在建立国民收入均衡分析时是不需要的，相反，为了简单起见，我们采用了报酬不变假设。

10.12 货币和不确定性

一旦一个人决定了将其收入中多大比例用于消费，多大比例用来储蓄，那么还有更进一步的选择等着他来决断，那就是，他将以什么样的方式支配未来的消费？马歇尔和大多数其他新古典经济学家都会说：理性的人不会以现金或支票账户的形式持有储蓄。但凯恩斯反对这种说法，他认为，当未来不确定时，消费者为了自己着想而持有一定数量的现金余额是完全理性的。不确定的经济条件使现金成为一种比债券更吸引人的资产，即使它会被塞在床垫下而得不到任何利息。作为一种资产，现金就像莱纳斯（Linus）的“花生”漫画中的那张安全毯。正像凯恩斯所说，持有现金让我们消除了焦躁与不安。

利率是我们在交换中通过放弃现金获得的资产，它衡量了我们的“焦虑程
224 度”。万事都能确定是不可能的。凯恩斯把利率看做是非流动性资产的报酬所得，或者说是人们克服个人**流动性偏好**的成本，而不像新古典经济学那样把它视为维多利亚式的节制所获得的褒奖。因此，人们持有货币的数量只有在利率上升时才会减少（流动性偏好曲线是向下方倾斜的）。

凯恩斯和新古典经济学家之间的本质区别与债券市场有关。债券的价格随着供求而变动，且供求两方面都是不可预测的。然而，持有债券的利息量是固定的。例如，持有任何一种债券［除了詹姆斯（James）债］，假定债券售价1 000美元，持有者每年可获得100美元的利息收入。那么，这种债券的年利率是100美元/1 000美元，即10%。如果这种利率的债券供给减少（并经常是不可预期的）或大量到期，那么这类债券的价格——通常是市场价格——将会上升。例如，如果债券价格加倍至2 000美元，那么利率会下降到5%（100美元/2 000美元）。

如果债券利率稳定或者债券价格上升，从而能提供可观的资本收益，那么由于利息收益大于持有现金的零收入而决定买入债券的债券持有人就是成功的。但是，如果债券价格下降或者债券持有人在一个相对较高的价位（即低利率）上购买了债券，那么随后价格稍微跌落，就会导致债券持有者资本价值上的损失，这足以抵消从这种不能流动的资产上获得的那很小的一点利息收入。这时，现金突然变成了一种比债券更加吸引人的资产。

在凯恩斯看来，这一点正是麻烦的根源所在。如果债券价格如此之高以至于个人认为还会继续升高（例如，利率已经达到了最低点），那么，对流动性的偏好或持有现金并令其闲置的心态将会是无限的。实际上，如果每个人都保留现金而不持有债券，那么债券市场的利率将不会进一步下降。这时，经济将会处于由凯恩斯的朋友兼同事丹尼斯·罗伯逊命名的**流动性陷阱**之中。

如果现金和债券的持有者对未来持悲观态度，那么试想一下，如果要把资金投入到一个未来30年的销售预测不确定的新工厂，那么公司的CEO将作何感
225 想！这时，即使利率非常低，也不会有企业去贷款或投资新项目和新设备。事实

上，如果经营前景足够低迷，人们将会需要一个负的名义利率去刺激投资，而这是不可能的。

□内部和外部货币供给

不管是持有还是用于消费的货币，它是从哪里来的呢？凯恩斯认为是基于债务产生的，而债务又是一份延期支付的合同。货币形成是因为在商品生产和现金收讫之间存在时间间隔。亨利·福特每星期生产上百辆 A 型汽车，但之后要把它们送往经销商处，然后销售人员还要说服消费者去购买——所有这一切都需要时间。这个时间间隔由银行系统或新发行的债券来填补，在这个过程中我们为商品生产筹集了资金。这类货币是在私人企业体系内部产生的。这就是亚当·斯密的流动资本，它是通过现代银行体系周转的。

在现代经济中，大多数货币是以活期存款形式出现的，这是个人的流动性资产或者是第一国家银行的负债。因为现代银行采用部分储备制度，银行存款的一部分可以被用于企业贷款。一家银行的贷款变成第二家银行新的活期存款，如此贯穿整个体系中的所有银行，依次可以产生大量这样的存款。用这种方式，货币供给量以类似于凯恩斯乘数的规律膨胀。随着更多的贷款被用于企业扩张，或被用于购买存货或用于生产过程中的其他支出，货币供给在不断增长。

其他的货币在银行体系之外产生。如果需要做出如此选择，那么政府也可以通过赤字支出来创造债务。例如，在 20 世纪 80 年代和 90 年代早期，美国政府就极其规律性地采用这种手段。政府支出超过税收的部分能由政府向中央银行
226 （央行）售卖国债来弥补，央行将国债用于支持商业银行贷款和发行货币，以此增加货币供给。

货币供给总量主要取决于商业银行和货币当局的行为，因为二者都对个人、工商企业和政府的需求给予回应。以此方式，货币在私营银行体系内部和外部的稀薄空气中被创造出来。

□利率和不确定性颠覆了货币数量论

货币的供求决定利率。不同于古典的货币数量论那一浅薄观点中所扮演的角色，货币供给的变动对收入和价格水平仅仅产生间接影响，通过货币的利率来发挥作用。因此，如果预期商品销售收入足够高，且利率足够低的话，那么企业就会从私营银行贷款，从事积极的投资活动。

如果通用电气的灯丝供应商看到它的销售前景一片光明，那么它就会用贷款购买更多的现代化生产设备扩大生产，以满足顾客的需求。然而，由于公众对流动性的意愿（流动性陷阱），利率不可能降至足够低，或者是投资前景的不确定性太大，无法引致企业在任何利率水平上进行投资。

我们知道，阿尔弗雷德·马歇尔对货币数量论和萨伊定律情有独钟，由此我

们可以看到，凯恩斯对货币的看法严重冲击了马歇尔的理论。首先，货币流通速度（V）将不再稳定，也不会长期不变。如果货币需求或流动性偏好对利率变动（债券价格变动）敏感，或者是对有关经济前景的心理变化敏感，那么，货币流
227 通速度 V 也许就很容易变动。货币流通速度会随着公众对现金（流动性）需求的摇摆而发生改变。事实上，在流动性陷阱里，公众对流动性的渴望是无限的。货币余额就不再恰好等于家庭日常需求和企业交易所需要的资金了。当个人和企业预计债券价格居高不下时，他们持有货币余额的愿望就成为扰乱萨伊定律链条的重要一环。

□货币与大萧条

凯恩斯并没有说货币无关紧要。相反，他想说明，在收入、产出和就业决定方面，货币是一个重要因素。尽管如此，他给出的信息仍然使得凯恩斯理论的一些解说者颇感困惑。大萧条深陷流动陷阱之中，企业前景极为暗淡；面对如此条件，这些解说者迫切希望经济摆脱大萧条的影响。

在利率不能降低而投资者又小心谨慎不愿投资这样一个双重陷阱之中，货币政策毫无作用。如果私营银行不愿意贷款，中央银行也不能增加货币供给，而如果没有贷款人，私营银行也不愿意向央行借贷。这样，货币流通速度 V 就极低，银行破产难以避免。中央银行陷于困境。利率不会下降到 0，因为人们不愿意看到债券价格继续上升（或利率继续下降）。当今的一些经济学家，例如麻省理工学院的保罗·克鲁格曼（Paul Krugman）就坚持认为，20 世纪 90 年代的日本就是处于流动性偏好陷阱之中。

在这样一场恐怖怪异的混乱中，唯一的解决方案就是让政府花费超过其财政收入的支出，从而形成赤字，并将它的债务（国债）卖给中央银行。政府不仅需要创造外在货币，而且需要依靠消费来保证其能够周转。政府支出的增加扩大了总需求，这导致产出重新流动，使得就业和收入增加，而收入的增加又进一步产生了一个乘数效应。被称为财政凯恩斯主义者的凯恩斯理论的一些重要解说者，强调赤字财政的重要性，这放在资本主义制度黄昏的阴影中，就显得容易理解了。

10.13 凯恩斯、哈佛以及后来的新政岁月

228 后来新政的设计者与约翰·梅纳德·凯恩斯之间的联系是间接的。尽管罗斯福总统在 1934 年把凯恩斯请进了白宫，但是他本人对这位“稀奇的数学家”印象并不深刻。正如约翰·肯尼思·加尔布雷斯（John Kenneth Galbraith）所说，

凯恩斯革命是通过哈佛大学传到华盛顿的。[①] 凯恩斯的思想像一阵强有力的春风吹遍整个哈佛，而华盛顿的官员经常参加哈佛大学的学术研讨会，从而了解了凯恩斯经济学。在接下来一章我们将回过头来讨论这些研讨会的内容。

凯恩斯主义者以某些方式向唱诗班传道。在华盛顿，美国联邦储备委员会的理事会主席马里纳·S·埃克尔斯（Marriner S. Eccles）已经预见到了凯恩斯的思想。著名的劳克林·居里（Lauchlin Currie），曾经是埃克尔斯的研究和统计主席助理，后来也是白宫首席经济学家，也是《就业、利息和货币通论》之前的凯恩斯主义者。他们及加尔布雷斯在各种政府活动扮演着信赖凯恩斯主义的经济学家角色。[②]

之后的新政也将已经存在于欧洲的“福利国家”带到了美国，带到了资本主义制度的这块重要阵地，亨利·福特在1931年关闭工厂解雇75 000名工人之前可以因工人短暂不幸而责怪他们的懒惰。福特在这些游荡在街上的衣衫褴褛的人身上看到了希望的光芒：“因为对这些四处游荡的孩子们来说，这是世界上最好的教育！他们在几个月内得到了比在学校里几年中还要多的经验和教训。”

就所有激进的解决方案而言，新政都是极度保守的。它在资本主义制度范围内起作用——尽管批评如潮，但目的是为了保留这种制度。在制度无法完成的方面，联邦政府必须承担责任，尽管做得不够完美。事实确实如此，就业被创造出来，饥饿的人能吃上东西了。在这个过程中，联邦政府转换了角色，由消极地影响家庭转而对他们产生可感觉到的广泛影响，二战结束时这种影响的范围更大。这对拯救美国的政治制度有很大的必要性，即使约翰·梅纳德·凯恩斯从未出
229 现，这一切仍有可能发生。最终，用凯恩斯主义经济学证明政策的合理性成为了一种时尚。

10.14 凯恩斯革命：为什么？

什么是革命？这是显而易见的。英国新古典经济学家把充分就业看做是自动实现的，而凯恩斯认为并提倡必须通过政府行为才能达到充分就业。在衰退中，私人支出不得不由公共支出加以弥补。这对维多利亚式的节俭美德而言，是一次值得一提的飞跃——或者说理应如此。

更宽泛的问题是凯恩斯的思想为什么会席卷经济学界并在之后40年中成为标准呢？答案与其说是凯恩斯创造了一个完美坚固的理论（事实上不是如此），倒不如说是因为他毁灭正统经济学地位的雄心——一些人所说的野蛮行为。

在对萨伊定律进行文字攻击的同时，凯恩斯也批评了阿尔弗雷德·马歇尔，

---

① 参见约翰·肯尼思·加尔布雷斯：《凯恩斯如何来到美国》，载《经济学、和平与欢笑》，波士顿，霍顿·米夫林出版公司（Boston，Houghton Mifflin），1971。

② 参见约翰·肯尼思·加尔布雷斯：《生活在当代：论文集》，68～70页，波士顿，霍顿·米夫林出版公司（Boston，Houghton Mifflin），1981。

这位曾经建议凯恩斯从研究数学和哲学转向研究经济学的大师，因为马歇尔曾经是萨伊定律的忠实拥护者。在寻找马歇尔拥护萨伊定律的证据时，凯恩斯转向了马歇尔的早期作品，因为随着马歇尔思想的变迁，他对这位法国经济学家的“定律”日渐怀疑。像凯恩斯所承认的那样，“从马歇尔的晚期作品中引用类似的文章是很不容易的”。

凯恩斯，这位有着坚毅面容、专注而智慧的眼神且不受压抑而性格急躁的人，也攻击了阿瑟·庇古的著作，后者曾经每周一次邀请他的学生凯恩斯一起吃早餐。凯恩斯对攻击目标的选择是依据其大小而定的：庇古的《失业理论》是对新古典就业理论唯一详细的阐述。虽然凯恩斯对这部著作的抨击已经不能再激烈了，但从另一角度来说，这也是对《失业理论》的一种肯定和赞扬。

琼·罗宾逊为凯恩斯的动机提供了一个解释：

230 （他）离开自己的方向去挑选出马歇尔与他自己的观点最冲突的片段，粉碎它，嘲弄它，并在这些损毁的碎片上手舞足蹈，仅仅是因为他认为人们必须知道他所说的事情是新鲜的，这是一件有着真实性、紧迫性、政治上重要性的事情。如果他彬彬有礼、娓娓道来；如果他用了学者恰当的严谨和学术上的保留，那么他的书将会因为不受重视而被埋没，成千上万个失业家庭将会离摆脱困境更远。他希望自己的书能在正统的框架中驻扎存留，只有这样，他们才会不得不吐出它，或者仔细咀嚼。[①]

理论还是那样，但凯恩斯出色的策略取得了成功。

毫无疑问，凯恩斯有着异乎寻常的好运气，据此他的优势更加明显。马歇尔对他的影响使他在剑桥所有经济学家中享有良好的声誉。《就业、利息和货币通论》又在围绕在他周围的一批年轻经济学家的帮助下极大地增强了力量。《就业、利息和货币通论》的某些片段是由其他人完成的，而且随着时间的推移，这部著作的活力越来越依赖于修订者本身。

可以肯定的是，凯恩斯对马歇尔、庇古和英国财政部经济政策的猛烈抨击，确保了他的著作拥有大批读者。同时大萧条也为凯恩斯耸人听闻的结论提供了及时展现和证明的机会。剑桥的新古典主义只有在解决了失业这个极为重要的现实问题之后，其学术竞争力才能保证正统地位。具有讽刺意味的是，当革命的火焰在英国剑桥大学内部熊熊燃起时，新古典经济学家却没有能力去扑灭这由经济事实所点燃的革命之火。

① 琼·罗宾逊：《经济哲学》，79页，芝加哥，阿尔定出版公司（Chicago，Aldine Publishing Co.），1962。琼·罗宾逊的观点得到了凯恩斯与已故罗伊·哈罗德（Roy Harrod）之间通信集中的一些章节的证明，其中凯恩斯说，他想“让（他的）批判变得足够强劲，从而迫使古典主义者进行反驳”。参见1935年8月27日给R. F. 哈罗德的信，载《约翰·梅纳德·凯恩斯选集》，第8卷，548页，唐纳德·莫格里奇（Donald Moggridge）编，纽约，圣·马丁出版社（New York，St. Martin's Press），1973。

10.15 补充说明及序曲

231 关于什么是凯恩斯经济理论中最重要的方面，迄今为止，经济学界仍没有一致定论。凯恩斯自己却骄傲如常，他在 1935 年写给著名剧作家乔治·萧伯纳（George Bernard Shaw，他的一个朋友，费边社会主义者）的一封信中说："你必须知道，我相信自己正在写作一部极具革命性的经济理论方面的书——我料想不是现在，但在接下来的十年中，我确信这本书将在很大程度上革新世人思考经济问题的方式……"① 罗伯特·海尔布伦纳强调了这场革命的政策后果："根本就没有自动的安全机制！……经济大萧条……根本不会自愈；经济可能无限期低迷，就像一艘没有风力的帆船一样。"②

凯恩斯的拥护者从一开始就持有异议，他们强烈反对凯恩斯的真正意图。最初的占统治地位的凯恩斯主义观点由于当时的条件而受到了青睐，革命性的反萧条政策取得了胜利。然而，凯恩斯没有替换马歇尔在微观领域层面上的价格理论（凯恩斯认为对于他的主要论点而言这不重要），这个错误为反革命的言论打开了一道自由之门。理论，从来都是经济学家的战场，而不是杀场。

凯恩斯对英国的反萧条政策有着巨大的影响，这是毋庸置疑的，并且他的思想对整个欧洲和加拿大、美国的战后重建政策也产生了很大影响。联邦政府有义务保证它的选民有足够的总需求水平，用以完全雇用整个国家的劳动力。在英国，这个新的道德准则意味着节俭和政府自由放任的经济政策的终结。这个局面一直持续到玛格丽特·撒切尔的出现。

在凯恩斯的影响以及其他影响力量的作用下，从二战结束后到撒切尔主义开始之前的一段时期，英国失业率相当低。在美国，这个新的道德准则带来了 1946 年的《就业法案》，它认可了联邦政府的一些政策。这些政策为那些有能力且愿意工作并正在寻找工作的人们提供了就业机会。凯恩斯经济政策被杜鲁门（Truman）政府广泛采用。在 1968 年越南战争逐步升级之前，肯尼迪（Kennedy）和约翰逊（Johnson）政府最为成功地实施了一项修正的凯恩斯主义项目。③

232 凯恩斯写《就业、利息和货币通论》不是为了解决假设条件下的难题，而是出于对经济事实的迫切关注，即政府难以解决英国 20 世纪 20 年代和 30 年代以及美国 20 世纪 30 年代的失业和剥削问题。在 20 世纪 80 年代和 90 年代，我们丢弃或者忘记了凯恩斯关于社会不公平的很多信息，比如财富的增长并非依赖于富人的节制。结果，对极其不平等状况做出判断的一个主要理由也就不存在了。

① 罗伊·哈罗德：《约翰·梅纳德·凯恩斯的一生》，462 页，纽约，奥古斯塔斯·凯利出版公司（New York，Augustus Kelly），1969。

② 罗伯特·L·海尔布伦纳：《世俗哲人》，第 6 版，271 页，纽约，西蒙及舒斯特出版公司（New York，Simon & Schuster），1986。

③ 在那些年里应用理论的政策细节，参见 E·雷·坎特伯里（E. Ray Canterbery）：《新前沿经济学》，加利福尼亚州贝尔蒙特，沃兹沃斯出版公司（Belmont，California，Wadsworth Publishing Co.），1968。

越南战争之后，美国经济学家主要集中讨论曾一度被凯恩斯用做学术论点的均衡趋势，反而掩盖了他对经济波动未来不确定性所给予的强调。如果不经过思考，每次一有机会就冲进均衡的怀抱，那么我们将只能对历史做出一个机械类推。在均衡之上我们什么也不能做——因为我们已经站在那里了。

10.16 结论

尽管美国大萧条期间的状况与新古典主义的思想直接冲突，但是大多数经济学家仍然对此视而不见。经济科学的变迁远比价值和资本主义制度的变迁要慢得多。

琼·罗宾逊和爱德华·H·张伯伦的不完全竞争思想在大灾难中迷失了方向。大萧条使这一理论脱轨了，就像在爵士乐时代迫使消费者至上主义偏离了正常方向一样，它使不完全竞争思想仅仅成为了经济学分析方法的一个进步，而不能成为思想或意识形态方面的一次革新。商品的多样性对那些失业或领取救济金的人来说毫无意义；他们对明天是否能吃饱要更感兴趣一些。

然而，琼·罗宾逊的出现和大萧条是一个引导因素，他们引导了自阿尔弗雷德·马歇尔以来经济思想的第一次广泛公认的革命：新古典的异教徒，马歇尔在剑桥大学的一位学生，约翰·梅纳德·凯恩斯，发动了凯恩斯革命。

第 11 章

若干现代凯恩斯主义者

235 约翰·肯尼思·加尔布雷斯写道，凯恩斯因其著作思路清晰观点明确而长期遭受同事们的质疑。但“由于《就业、利息和货币通论》…（他）重新获得学术尊重。这是一部极为晦涩难懂的作品，写得很糟糕而且提前出版了。”① 当一个人驶入未知水域，他也许期待能有雾出现。凯恩斯努力避免把《就业、利息和货币通论》与他的早期作品，例如《和平的经济后果》进行比较。他的努力得到了最大的成功，他的经典作品得到了很多的阐述和解释。

在这片迷雾之中，一些松散意义上的“凯恩斯主义”学术流派还是可以为人所知的。根据出现的先后顺序，它们分为新凯恩斯主义和更多样化的后凯恩斯主义。

“新凯恩斯主义”（Neo-Keynesian）本身是一个新术语，但是该流派的立场观点却并不新。它在大萧条中成长并由第二次世界大战烽火硝烟中出现的经济学家新生代组成。据 1981 年度诺贝尔奖获得者詹姆斯·托宾（James Tobin），这位新凯恩斯主义者的说法，该流派最基本的论题是“市场经济中是否存在宏观经济性质的市场失灵。新凯恩斯主义者认为，存在这种失灵并且政府能改善它的运
236 行。需求管理政策能够帮助经济保持在其均衡轨迹附近。”② 更进一步，新凯恩斯主义的两个分支也相继出现——财政凯恩斯主义和新古典凯恩斯主义。新的凯

① J. K. 加尔布雷斯：《货币：从何处来，到何处去》，217～218 页，波士顿，霍顿·米夫林出版公司（Boston，Houghton Mifflin），1975。

② 阿加·克莱默（Arjo Klamer）：《与经济学家的对话》，101 页，新泽西州托托华，罗曼和阿兰赫尔德出版公司（Totowa，New Jersey，Rowman & Allanheld），1984。

恩斯主义（New Keynesian），一个说新不新的学派，也将在后文中被提及。

不过，我们将首先讲述大萧条和第二次世界大战后的美国经济转型。

11.1 二战使经济转型

萧条和战争不仅使经济转型，也使人们的意识转型。约翰·梅纳德·凯恩斯（John Maynard Keynes）不是唯一预测到会发生二战的作家。1875年出生于德国的小说家托马斯·孟（Thomas Mann），1929年出版了《马里奥和魔术师》。书中描写了一个德国家庭，他们在夏末被困在了一家欧洲旅馆里，由于停留的时间比预期要长，所以去观看了一个著名魔术师的表演。这个魔术师显然是一个骗子，但是却用一种观众无法抵挡的强大力量深深吸引着观众。这家人想离开，但最终没有；某种原因使得他们留了下来。马里奥（Mario），一个被魔术师侮辱过的人，成功雪耻，但这并没有给他及那些尊敬他的人一点点满足。没有任何补救办法：大家只能希望表演在某个时刻能够终止，尽管它可能会永远表演下去。

法西斯主义已经摧毁了意大利，并且影响到了许多德国人。孟的故事就是关于法西斯主义的。他看出了“高超的欺骗”并且认为人们在区分现实和幻想时存在困难。1933年，希特勒政府将孟驱逐出境。1944年他获得了美国国籍。

美国小说家厄内斯特·海明威（Ernest Hemingway，1899—1961）亲身经历了战争，他18岁时在一战期间受到了严重的枪伤。居住在巴黎的小说家F·斯科特·菲茨杰拉德当时已经很有名气，但海明威还是打算超越他。他的小说《太阳照常升起》，是描写一战后居住在巴黎的美国人中“迷失的一代”。在《永别了，武器》中，他将浪漫主义与男性的英雄气概糅合在一起。在其他作品中，他让那
237 些把二战看做是“好的、公正而又必需的”一场战争的一代人感到疑惑。战时的经历也使得海明威看到了集体行动中的美德。在1937年的小说《有的和没有的》中，即将逝去的英雄断断续续地告诉人们：“独自一个人没有……任何机会。”之后，在《丧钟为谁而鸣》中，海明威为人类的手足之情做出了很好的解释。

当然，大萧条期间的孩子们和二战时期的老兵们，并不是迷失的一代。他们从生活中学到了海明威笔下的英雄们从死亡中所学到的东西。他们学会了新的技能并且愉快地进入了依据比尔（G. I. Bill）法案建立起来的大学中学习。他们中的一些人在哈佛学习了凯恩斯主义经济学，并成为了他们那一代中最重要的一批经济学家。另外一些人，例如托宾，离开哈佛参加了四年半的战争，然后又返回哈佛重新读取学位。年轻一点的保罗·萨缪尔森（Paul Samuelson）和稍年长的约翰·肯尼思·加尔布雷斯以及更年长一些的阿尔文·汉森（Alvin Hansen）、爱德华·张伯伦、约瑟夫·熊彼特（Joseph Schumpeter），都已经在那里教学。罗伯特·索洛（Robert Solow）从童年时代就处在大萧条给他的家庭和其他人所带来的阴霾中。1940年他也来到了哈佛。当战争来临时，他从军了，因为这看起来比学习更重要，1945年退伍后他继续钻研经济学。阿尔文·汉森和这些年轻人都相信“独自一人”不会获得机会，所以他们都在美国凯恩斯主义经济学中扮

演了重要的角色。

二战不光塑造了一批新生代的经济学家，而且也在很大程度上改变了美国经济。与一战不同，二战后的萧条得以避免。相反，在延期消费16年之后，经历了萧条和战争的美国人把他们积蓄的流动性资产转化为房产、汽车和其他的耐用品。G. I. 比尔法案也有助于经济扩张，并且整个国家重新采用消费信用。致力于重建欧洲工业的马歇尔计划也保证了盟国同时也会购买美国的产品。

战时联邦政府工程对军械产品产生了巨大需求。除了战争部门的军用服务之外，还有战时人力委员会、战时生产委员会的原材料控制计划、战时劳工委员
238 会、价格管理委员会等等。指令由这些部门发放，资源被充分调动起来。新政充实了政府在经济活动中所扮演的角色，而二战确保了它能在长期中发挥作用。

1946年的《就业法案》，建立了美国总统经济顾问委员会；该法案宣称："联邦政府有责任采取持续性政策，运用一切手段……促进就业、生产和购买力的最大化。"这是一个凯恩斯主义的文件，它由新政的实施者所撰写，但却得到了两党的支持。胡佛以来的第一任共和党总统德怀特·D·艾森豪威尔（Dwight D. Eisenhower），启动了公共事业工程，来抵御1953年到1954年的经济衰退。为了应对1957年到1958年的衰退，则更多采用了公众支出和社会保险手段。

凯恩斯1934年就来过白宫，但却没能得到理解。即便如此，他仍然主导了两次世界大战之后的经济政策走向。这一代美国人，他们在经济困难时期长大，生活受到战争的扰乱，而后在为国家服务过程中获得成功。他们被友谊紧紧地联系在了一起。

11.2 财政凯恩斯主义者

在凯恩斯来到美国时，他在20世纪30年代末期最重要的追随者是阿尔文·H·汉森，最初批评《就业、利息和货币通论》的一位哈佛大学教授。由于汉森在美国学术界有很高的声望，所以美国经济的确立，既不能忽视他对凯恩斯的大力支持，也不能忽视他学生，尤其是保罗·安东尼·萨缪尔森的观点。

萨缪尔森的教科书《经济学：入门教程》1948年首次出版便掀起了一阵反对的浪潮，人们认为它并没有对凯恩斯主义理论做出什么贡献。然而，它最终引导了世界上数以百万计的财政凯恩斯主义者以及后来的新古典凯恩斯主义者。除
239 此之外，萨缪尔森的著作也使得凯恩斯成为美国经济思想中被接受的一个部分。之所以能够达到这一目标，也正是因为伴随着国民收入统计的出现，凯恩斯方法变得越来越具有可操作性。

□保罗·安东尼·萨缪尔森：名誉退休的学术奇人

保罗·萨缪尔森1970年获得了诺贝尔经济学奖，成为美国备受尊敬的自由

主义经济学家之一。他 1915 年出生在印第安纳州加里市，一个由美国钢铁厂创立的企业社区。在这里，他从实践中很早就获得了有关凯恩斯乘数的认知。由于钢铁业的繁荣，他父亲的杂货店生意也随之红火。他们一家后来搬去了芝加哥，萨缪尔森也进入芝加哥大学学习，后来成为自由主义经济学的创始人。

1940 年，萨缪尔森还仅仅是哈佛大学经济学院的一名讲师，但他却沿着查尔斯河来到马萨诸塞州，获得了麻省理工学院的教授职位。这个矮小、有着卷曲红发的年轻人，很快成为一位以智慧和博学而闻名的广受欢迎的教师。二战结束后，萨缪尔森开始讲授基本的经济学原理，他也基于这门课程开始撰写他的教科书。

萨缪尔森的《经济学：入门教程》使得政府可以通过制造财政赤字消除失业的观点受到大众的欢迎，尽管也是因为它具有激进的特征。《经济学：入门教程》主宰了战后大学经济学本科的教学，这一点很像 20 世纪早期阿尔弗雷德·马歇尔（Alfred Marshall）的著作。作为 20 世纪 60 年代早期约翰·F·肯尼迪（John F. Kennedy）总统的顾问，萨缪尔森为《新闻周刊》撰写一个专栏。在尼克松（Nixon）执政期间，他被认为足够激进而在声名狼藉的“敌对名单”上占有一席之地。

据统计，肯尼迪执政期间是美国凯恩斯主义的巅峰时期。[①] 肯尼迪总统指定了一个天才的经济顾问议会（CEA），它由睿智、气度不凡且令人钦佩的沃尔特·海勒（Walter Heller）领导。经济顾问议会的另一位成员是詹姆斯·托宾。
240 因此，这个明星云集的议会就聚集了也许是历史上最棒的一批经济学家，其中还包括 1987 年诺贝尔经济学奖获得者麻省理工学院的罗伯特·索洛、马里兰大学的查尔斯·舒尔茨（Charles Schultz）以及后来成为麻省理工学院教务长的莱斯特·C·瑟罗（Lester C. Thurow）。

1963 年肯尼迪去世后，其着重于税收削减和信用的财政项目被林顿·B·约翰逊（Lyndon B. Johnson）总统通过不提反对意见的国会推动起来。随之而来的强大经济现象就是教科书中描述的财政凯恩斯主义。萨缪尔森对财政凯恩斯主义影响巨大。他的《经济学》随后的版本以及他深奥的数学理论都深深地影响了新古典凯恩斯主义者，当然这是后话。

□凯恩斯主义的交叉图形

萨缪尔森在 1948 年将凯恩斯思想表述为“凯恩斯十字交叉图形”，即凯恩斯总需求曲线与一条 45°线的交点，而这条 45°线来自于萨缪尔森的《经济学：入门教程》。总需求与总产出只有在 45°线上相交时才相等。萨缪尔森把凯恩斯交叉图形看做与马歇尔关于需求与供应曲线十字交叉图形同等重要，因为它为战后的财政政策提供了基本的定位。

① 有关约翰·F·肯尼迪经济学的更多细节，请参见 E·雷·坎特伯里（E. Ray Canterbery）：《新前沿经济学》，加利福尼亚州贝尔蒙特，沃兹沃斯出版公司（Belmont，California，Wadsworth Publishing Co.），1968。

凯恩斯的交叉图形是在假定生产技术水平和劳动力数量保持不变的条件下描绘出来的。所有变量的值都是按现行货币计量的。其中，纵轴表示消费和投资支出的总额，横轴表示国民收入或国民生产总值。

凯恩斯交叉图形或“45°线模型”表明，如果国民收入增加，经济中潜在供给的商品和劳务的美元价值也增加同量数额。这意味着，收入每增加 1 美元，商品和劳务的总量也会沿着 45°线增加 1 美元。这就是所谓的“凯恩斯定律”，即“需求自行创造自己的供给”。

241 假定在一个经济中，要想实现充分就业（每一个希望得到一般工资水平的人都有工作）需要国民收入达到 22 000 亿美元。但是现在国民收入并不能达到这一水平。在国民收入均衡时，总支出必须恰好等于商品和劳务的价值，这一条件在收入水平为 16 000 亿美元时达到。如若国民收入达到 22 000 亿美元，此时供给的商品和劳务的价值将会比该收入下的总支出多出 2 000 亿美元。萨缪尔森将这一差额称为“通货紧缩缺口”。

凯恩斯认为，政府支出可以弥补这一通货紧缩缺口，并且政府支出净值一旦达到 2 000 亿美元的水平，就会实现充分就业。这将使得总需求上升至 22 000 亿美元的水平。这个看起来很有魔力的乘数（此处等于 3）会使国民收入总量从 16 000亿美元增加到 22 000 亿美元。于是，国民收入水平和充分就业的均衡就会在 22 000 亿美元的水平上同时达到。所以，在遭受了大萧条的巨大破坏之后，政策制定者都求助于凯恩斯的交叉图形，因为它标志着非充分就业和巨大不确定性的终结。

然而，萧条经济只是一种特例。在“正常”时期，以财政政策刺激国民收入时，一部分的增长来自于价格上升，另一部分则来自于商品和劳务的增加——更多的钢铁，更长的律师服务。凯恩斯交叉图形并不能区分这两种不同的来源。它不能区分国民收入的实际增长（更高的生产率）与名义增长（更高的价格）。萨缪尔森和财政凯恩斯主义者忽视了这一局限性，而是继续采用该图形来阐释纯粹通货膨胀条件下的经济。

满足充分就业的国民收入水平是 22 000 亿美元，但国民收入均衡也许会在 28 000 亿美元的水平上达到，萨缪尔森称此时收入与支出的差额为“通货膨胀缺口”。这里，均衡状态下的国民收入总额明显过多，因为没有多余的工人，现有的商品和劳务的价格就会上升。结果，国民收入处于 22 000 亿美元的水平时，24 000 亿美元的总需求将会比总供给多 2 000 亿美元。

242 在凯恩斯主义的这段记述里，导致通货膨胀的唯一原因是相对于供给而言需求过剩——过多的空气被注入到了产业的气球之中（其他一些作者也采用别的比喻，将这种膨胀的变动称为需求拉动）。面对急剧上升的价格，凯恩斯主义政策的制定者只需要反用刺激性的、反萧条的凯恩斯政策。如果总需求能够降低（这里减到 22 000 亿美元），那么价格就会下降到之前的水平。

这样开出的政策药方将会部分紧缩气球。通过减少政府支出、增加税收和提高利率，这种政策可以发挥作用——通过一切方式减少在耐用品上的支出。用当时的说法，“紧缩联邦支出”和“紧缩货币”，从而紧缩经济。

当从理论转到政策时，我们发现，这个价格的气球理论看上去充满了热气。

如果模型能很好地发挥作用，那么稳定价格下的国民收入（22 000 亿美元）和实际的国民收入（28 000 亿美元）之间的全部差额都会造成价格膨胀——全部都是热气。另一方面，当紧缩的货币和财政政策导致国民收入减少时，生产也会下降，同时与之相联的就业水平也会下降。这个气球就会逐渐缩小。

□菲利普斯曲线

在财政凯恩斯主义者看来，通货膨胀与和失业之间并不存在替代关系。但事实上的确存在。A. W. 菲利普斯（A. W. Phillips）发现了反常之处，描绘出了一条菲利普斯曲线。它的纵轴是货币工资变动的百分比或相关生活费用的涨幅，横轴则是失业率。当工资增长超过生产率的长期增长率（近些年为每年 2%）时，工资增长就转化为了价格上升。

菲利普斯曲线的形状预示着竞争性劳动市场的状况。当市场繁荣时，对劳动
243 的需求加大导致工资增长加速，这意味着更大的生产成本和更高的产品膨胀率（工资构成了生产成本的绝大部分）。在这些时期，失业率就会下降。而当市场处于低迷状态时，就会有相反的结果。

菲利普斯曲线被萨缪尔森和索洛用于分析 20 世纪五六十年代的美国经济，结果显示，低失业率的确与低通货膨胀之间存在交替关系。更进一步讲，这种交替关系也很稳定。这对于备受选举者关注的总统来说并不是一个好消息，因为他们在期待低通货膨胀的同时，还希望有低的失业率。实际上，一项政策如果使通货膨胀率从 6%下降到 3%，那么它就会使失业率从 5%上升到 7%。对于在任总统而言，尽管华盛顿并非真实世界，但这仍然意味着“再见，华盛顿”。

11.3 新古典凯恩斯主义者

□萨缪尔森的基础：宏观经济学的微观基础

正如前面提到的那样，保罗·萨缪尔森在经济学的地位和风格也影响了凯恩斯主义的新古典分支。

美国经济学家往往对经济学是一门“科学”这种说法过度敏感，与他们的同行比，他们在对国家政策、公共辩论或教育事业的贡献方面很少赢得赞誉。在经济学家中，萨缪尔森的地位归因于他深奥的《经济分析基础》(1947)，正是这部著作将数理经济学变成主流经济学的一部分。《经济分析基础》将马歇尔最初的数学从他的《经济学原理》的脚注中提取出来，应用现代数学加以精炼，然后将其写进正文。

《经济分析基础》运用基本的、强有力的而又无懈可击的数学工具表述了马

歇尔经济学的本质。通过物理学家詹姆斯·克拉克·麦克斯韦尔（James Clerk Maxwell），这位被视为马歇尔的同龄人和导师的学者，萨缪尔森与马歇尔跨越时空，紧密联系在一起。在1970年获得诺贝尔奖的演讲中，萨缪尔森将他关于消
244 费者需求理论的一个重要思想归功于麦克斯韦尔那本“颇具魅力的”《热力学导论》。

在那次演讲中，萨缪尔森将经济学的另一个发现归功于他在哈佛大学受人尊敬的物理老师埃德温·比德韦尔·威尔逊（Edwin Bidwell Wilson）：保持其他所有要素价格不变，提高其中任何一种要素的价格，将会减少这种要素的需求总量（哪怕是最简单的命题证明，都需要复杂的数学知识）。

尽管绝非有意，萨缪尔森对数学的使用最终损害到了马歇尔和凯恩斯的经济学。他以一种抽象的“选择理论”代替了充满着真实世界可能性的经济学。微观经济学的任一部分都能被简化为一个简单的最大化问题。依据一个人作为买者或卖者的身份，人们确定一个等式来描述利润、工资或价格等各类变量的最大化或最小化。这一思想成为了新古典凯恩斯主义的微观基础。

最大化或最小化选择通常会面临条件约束。事实上，选择被看做是在约束范围内挑选最优的单一经济行为。家庭购物选择受到家庭预算的约束，企业决策者的选择受到其他公司的竞争、生产资源的成本以及技术状况的限制。对金融资产的持有人而言，利率和宏观经济学尤为重要。在净财富既定的条件下，他们要在货币和债券之间进行选择。然而，由于这些限制因素都是“给定的”，所以它们很快就成为看不见的障碍。

选择理论中出现的完全竞争是一种“理想状态”。我们可以在萨缪尔森的序言中看到：“至少从重农主义和亚当·斯密时期开始，经济文献的主体从来不缺乏这样的思想，那就是，在某种意义上，完全竞争代表着一种最理想的条件。”甚至连马歇尔也认为斯密的思想不过是“报酬最大化假设”。这样看来，将完全竞争引入凯恩斯主义的外科移植仅仅是一项快捷而又简单的手术。

245 一旦离开手术室，选择理论经济学就变得无法控制了；在20世纪70年代美国权威经济期刊上发表的文章中，它占据了统治地位。在芝加哥，最大化方法在涉及婚姻、婚外情、同性恋、离婚甚至宗教信仰等选择问题上都发挥着作用。无所作为的经济学家受到人们的尊敬。①

① 男人或女人从婚姻中获得的好处被认为，取决于他们的收入、人力资本（终生收入）和相对的工资率差别。婚外恋的数量则取决于如何在配偶与情人之间对闲暇时间进行最优配置。个人对义务的承担也可以“被解释”为家庭成员对时间的最优分配。同性恋也仅仅是另外一种最优选择：假如作者［加里·贝克尔（Gary Becker），1992年诺贝尔经济学奖得主］认为自我刺激需要更少的投入和更少的时间，那么他就会认为手淫比同性恋和异性恋都具有优势。所有这些分析都被认为是“超值”的，但是很多经济学家将这种选择理论经济学的延伸称为“经济的帝国主义”。

有关“超值”经济学的评论，请参见E·雷·坎特伯里、罗伯特·J·伯克哈德（Robert J. Burkhardt）：《从何种意义上谈经济学是一门科学?》，载《经济学为什么还不是一门科学》，15～40页，阿尔弗雷德·S·埃克纳（Alfred S. Eichner）编，纽约阿曼克，M.E. 夏普出版公司（Armonk，New York，M.E. Sharpe），1983。

□走向希克斯-汉森综合

保罗·萨缪尔森并不认同新古典凯恩斯主义的经济学基本概念。新古典凯恩斯主义的播种期与新分支的成长期之间间隔很长——这种情况经常发生。

《就业、利息和货币通论》很难被公众所理解。于是，一位英国经济学家（也是1972年诺贝尔经济学奖获得者）约翰·R·希克斯（John R. Hicks）在新古典范畴内对其进行了重新阐释。希克斯遵循新古典的传统套路，将所有的变数都看做是现实的。因此，在希克斯看来，当前的国民收入受到了一个价格指数的调整。对于面对通货膨胀的政策制定者而言，这种调整使得制定政策的难度增大：在没有任何价格存在的条件下，他们必须给出价格上涨的原因。

凯恩斯已经注意到，在马歇尔经济学中，投资和储蓄不可能单独影响利率，但投资、储蓄和利率一起能预测收入，投资、储蓄和收入三者能确定利率。① 由于凯恩斯对利率的解释并不完整，所以希克斯将马歇尔和凯恩斯经济学综合在一起，提出了 *IS—LM* 模型。其中，整个经济被表示为仅仅由两条曲线相交而确定的唯一点，这一点给出了利率和国民收入的均衡值。

最有趣的是，货币市场和商品市场同时达到均衡。几乎称得上神奇，一个单一的利率使得货币需求和货币供给相等，同时，这一利率也使得商品需求和商品
246 供给相等。希克斯证明，在货币市场上的货币需求与供给之间以及在商品市场上的投资与储蓄之间同时达到均衡是可能的。

对经济学家来说，最让人兴奋的是均衡自然存在。当 *IS* 曲线与 *LM* 曲线相交时，实现了一般均衡。均衡利率不仅使货币需求等于货币供给，还使得投资等于储蓄。因此，所得的国民收入也处于均衡状态。

这个小小的工具对货币政策和财政政策来说很重要；直至今日，政策制定者仍然要依赖于 *IS—LM* 模型。这一模型说明，货币供给增加如何能在一个较低的均衡利率水平实现较高的国民收入。较大的联邦财政预算赤字增加了国民收入，但却可以不促使利率提高。当贷款利率提高时，就会产生一个古典式的对投资的"挤出效应"。后者的影响表现为，利率上升会削弱凯恩斯乘数的作用，这是凯恩斯主义最重要的新特征。

当时凯恩斯并不赞同这种说法，这尤其可以在1937年3月31日他给希克斯的一封信中看到。② 凯恩斯认为，财政政策赤字并不一定会提高利率，这完全取决于经济中所有的基本条件。另外，*IS—LM* 模型中对当前国民收入的使用，掩

---

① 在描述经济学学生思想困惑的散文中，凯恩斯得出结论："因此，古典理论所采用的机理，也即相应于利率的变动，投资的反应与给定收入中储蓄数量的反应，并没有为利率理论提供依据；但它们能告诉我们，在（其他来源及）利率给定条件下收入水平是多少；或者换一种说法，如果收入水平保持在一个既定的水平上（比如说处于充分就业水平），那么利率将会是多少。"约翰·梅纳德·凯恩斯：《就业、利息和货币通论》，181～182页，纽约，哈考特、布雷斯和世界出版公司（New York，Harcount，Brace & World），1936。

② 伊丽莎白·约翰逊（Elizabeth Johnson）、唐纳德·莫格里奇（Donald Moggridge）编：《约翰·梅纳德·凯恩斯选集》，第14卷，79～81页，伦敦，麦克米兰出版公司（London，Macmillan & Co.），1971。

盖了预期在企业投资决策中的至关重要的作用。此外，该模型也没有考虑劳动市场。

在将收入、投资和货币需求放在一起来决定利率方面，凯恩斯的解释相当模糊。然而，希克斯此时并未切中凯恩斯有关现金的要害——在投资决策和个人流动偏好中预期和不确定性的重要性是如何超过利率的。

然而正如我们说过的那样，希克斯的冲击被耽搁了。这是因为，在大西洋彼岸，20 世纪 30 年代美国凯恩斯主义者将“凯恩斯交叉图形”成功地带进了白宫，而且二战后数以亿计的学生开始学习萨缪尔森经济学。[①]

247 事实上，尽管美国凯恩斯主义的主要代表人物阿尔文·汉森 1953 年在他的新书中详尽阐述了希克斯的光滑曲线，但美国凯恩斯主义似乎曾一度完全舍弃了希克斯的重新解释。但汉森稍早期的学生保罗·萨缪尔森已经了解这种解释并且改变了自己的立场。对于当时那些受过数学训练、对物理学感兴趣、考虑过牛顿暗喻并努力使经济学成为自然科学的经济学家来说，一般均衡显然具有无法抗拒的力量。萨缪尔森将希克斯体系融入了他那本著名的教科书之中，并在 1961 年出版时高兴地称之为“伟大的新古典综合”。

然而，随之而来的争论与最初的那些书信讨论并没有多少相似之处。渐渐的，凯恩斯主义和初始的新古典经济学之间的差异仅仅被描述成为有关“不同曲线”确切形式和重要性的争论。的确，国民收入可能会大幅减少到利率不能再降低的程度。在某种程度上利率的升降将不再影响投资支出，这也是对的。

这些都是对的。然而，正是明智的财政政策这部令经济回旋的装置，让所有的市场都有可能同时达到均衡。例如，关于产品市场，凯恩斯的系统令其处于消费者愿意的任意程度的竞争状态，而新古典主义则自然选择了完全竞争。当然，在完全竞争保证低通货膨胀率的情况下，对均衡和经济稳定的信念符合现实。

在约翰·希克斯爵士不经意间挑起一次反凯恩斯革命 37 年之后，他声称，承认凯恩斯有关货币、投资和不确定性的观点有着更深层的意义。[②] 但是，正如希克斯最初的时间选择就不好一样，这一次他又失败了，因为几乎没有多少理由让经济学家注意到它。在 20 世纪 50 年代和 60 年代的大部分时间里，通货膨胀和高利率并不构成问题，在凯恩斯政策起作用的时期，希克斯-汉森模型与数据和时代同步。

11.4 拯救凯恩斯理论

248 就如同古老乡村歌曲中的妇女一样，经济学家也愿意被那些指导过他们的理

① 希克斯的稿件以“凯恩斯先生与古典经济学：一个建议性解释”为题发表在《计量经济学》第 5 卷上，147～159 页，1937。

② 希克斯改变后的观点出现在他的《凯恩斯经济学的危机》一书中。纽约，基本图书出版公司（New York，Basic Books），1974。这是一本很好的读物。

论带回家。20 世纪 70 年代，当通货膨胀成为一个难题时，财政凯恩斯主义和新古典凯恩斯主义之间似乎毫无关联。但是，创立了新美国宏观经济学的那些凯恩斯主义者自然准备要为他们的下一代而努力。他们试图拯救凯恩斯理论。但是用哪个理论呢？

□通货膨胀中的工资

人们通常错误地认为，凯恩斯并不担心通货膨胀问题。当然，在大萧条期间他不用担心这个问题，但并不是凯恩斯主义不关心。二战期间，凯恩斯就担心过通货膨胀的问题，并且写作完成了《如何筹措战争经费》一书，其中他建议应要求家庭购买政府债券以“强制储蓄”。此外，另外一个模型也散落在凯恩斯的著作之中。

在某些地方，不确定性原则被用于解释经济波动。而在另外一些地方，凯恩斯分析了通货膨胀如何能在充分就业之前发生，就像我们现在所称的菲利普斯曲线所描述的那样。凯恩斯还写道，对一个行业而言，价格主要取决于支付给生产要素的报酬，这些报酬构成了生产成本。在特定的生产技术和适当的设备条件下，一般价格水平主要取决于工资率。在达到充分就业之前，总的有效需求增加一方面会增加产出，另一方面也会提升价格。

同样，停滞性通货膨胀（滞胀）状态也被描述出来。如果在充分就业之前工资就上升了，由于工资是生产成本的一部分，那么总供给曲线将不仅仅由财政凯恩斯主义的 45°线推导出来。由于工资率是单位生产成本的重要组成部分，因而提高工资率就会使得生产者减少他们的产量。但是他们也会同时提高价格来弥补生产成本的增加。这样，当价格上涨时，产量（就业水平）就可能减少。当然，
249 在财政凯恩斯主义者和新古典凯恩斯主义者看来，这种结果是一种反常现象，就更不用说从菲利普斯曲线的角度来看了。

由凯恩斯描述的这个比较完整的总需求和总供给模型被自称为他嫡传的理论，也就自然地被后凯恩斯主义者们所接受。他们确信，在通货膨胀时期，这将会拯救他们的理论。

□拍卖者缺失的情况

在离开凯恩斯及他那些模型之前，我们必须提及另外一次甚至可以说更辉煌的复兴凯恩斯理论的尝试。两位经济学家——罗伯特·克洛尔（Robert Clower）和似乎有些发音不准的阿克塞尔·莱荣霍夫德（Axel Leijonhufvud）——捍卫了凯恩斯的非均衡概念。他们指出，由反对凯恩斯革命的新古典主义表述的一般均衡，要求经济中的价格和产量能即时进行调整。但这样一种完全的市场出清，要求有一个“瓦尔拉斯拍卖者”[莱昂·瓦尔拉斯（Léon Walras）提出每个人都在“探索”正确的价格]。随着拍卖者喊出每件物品的价格，包括劳动价格（工资），

经济中的每个参与人都会根据有效信息做出精确的调整，从而使得所有的市场达到真正的均衡。

但罗伯特·克洛尔和莱荣霍夫德指出，在现实世界中并不存在这样的拍卖者！因为个人并没有完全的信息，包括工资率在内的先行价格还没有确立。这就是说，人们在一个“错误的”价格基础上进行决策，因为这些价格并不是均衡价格。

正如莱荣霍夫德这位颇具洞察力的学者所说的那样，个人的反应将受到他们预期收入的限制。失业者没有可靠的消费资金。与萨缪尔森的选择理论相反，收入的限制是相当严格的。因此，相对于扰动，市场依靠收入的反作用和生产变动来进行调整，而价格改变则相对滞后。在真实世界中信息是不完全的，人们也不
250 会等待所有的价格调整都发生。这种价格的非均衡进一步降低了一般均衡的适用性。基于这些开创性工作，经济学家们开始研究非均衡模型。今天，罗伯特·索洛将他的“凯恩斯主义”建立在这种思想基础上：产出和就业量的调整比价格调整要慢得多，而且它们的调整速度也具有惰性。对克洛尔、莱荣霍夫德和索洛来说，在现实世界中完全竞争并非主流。

凯恩斯自己对不确定性有着更为极端的观点。例如，他将股票市场比喻成为“一场叫停、递物和占位的游戏”。在《就业、利息和货币通论》出版一年后重新谈到这一问题时，他排除了几乎所有的其他因素而是强调，信息和预期的不确定性是失业延续时间很长的原因。[①] 凯恩斯不仅放弃均衡转向非均衡理论，而且还对完全基于非均衡理论的政府政策所产生的作用提出了质疑。充分就业均衡只能通过政府行为来大致实现。

11.5 后凯恩斯主义

将若干不同的经济思想交织在一起，甚至将不同的人放在一起，通常会带来不幸。在乔治·萧伯纳的公映剧《皮格马利翁》（后被改编为音乐剧《窈窕淑女》）中，各式各样的人在一阵突如其来的倾盆大雨中出于保护自己的本能而被带到了同一个地方。在那里，我们看到了伪装成上流社会但实际处于贫困中产阶级的克拉拉·埃斯福特-希尔（Clara Eynsford-Hill），一个富有且看起来非常宽容的印裔英国绅士科洛尼尔·皮克林（Colonel Pickering），一个看起来相当偏执而又以自我为中心的语音学教授亨利·希金斯（Henry Higgins），一个来自底层社会但非常具有上进心并且非常粗野的卖花姑娘伊莉莎·杜利特尔（Eliza Doolittle）。具备这些特性的人原本永远也不会聚集到一起，除非像这样一场突如其来的大雨。

一些赞同凯恩斯但不赞成凯恩斯主义的经济学家，一直以来都在贬损凯恩斯主义对这位伟人思想的粗俗化以及因此产生的货币主义。这种反对活动在经济学

① 约翰·M·凯恩斯：《就业的一般理论》，载《经济学季刊》，第51卷，209～223页，1937（2）。

251 中进行了几十年。让各种处于纷争的思想漂洋过海聚集到一起的那场“突如其来的阵雨”，正是20世纪70年代同时出现的高通胀率和高失业率。这种滞胀现象为“正统的”新古典凯恩斯主义，也被后凯恩斯主义者归于“庸俗的”凯恩斯主义，带来了一场大范围的信任危机。

后凯恩斯主义不仅在美国而且在英国剑桥和意大利都获得了发展。[①] 在大洋两岸，后凯恩斯主义者重拾古典经济学对收入分配的关注。不过，美国人更多地关注货币经济，而欧洲人则更强调古典的现实经济。

从他们的著作中我们可以了解他们的一些思想。至少在以下方面，后凯恩斯主义者与新古典凯恩斯主义者存在区别：

- 他们超越了凯恩斯的教条，着重阐述了随着时间推移，收入分配如何作用决定国民收入及其增长率。
- 他们在古典的定价理论中加入不完全竞争条件，用于解释经济停滞和通货膨胀并存的现象（滞胀）。
- 他们运用收入分配理论和价格加成理论，形成了新的收入政策。
- 他们引导了一场对凯恩斯不确定性思想的复兴，特别是不确定性对流动性偏好和企业投资的影响。他们还复兴了凯恩斯的另外一个理念，那就是货币主要是由银行系统创造出来的（内生货币）。因此，他们明确界定了货币政策能做什么与不能做什么。

11.6 收入分配

对于不同的收入阶层，约翰·梅纳德·凯恩斯有两种思想：他在《就业、利息和货币通论》中表明，收入和财富分配的巨大不平均会导致资本主义秩序紊乱；而在他所处的上层阶级和占主流的精英阶层中，我们又看到了他个人的舒适
252 生活。即使是对于因为阅读卡尔·马克思的著作而转变为费边社会主义者的乔治·萧伯纳来说，也仅仅是从凯恩斯和布鲁姆伯利圈子走到了路边而已。克拉拉·埃斯福特-希尔是萧伯纳笔下的一个角色，他没有一丝粗野的痕迹，然而却代表了萧伯纳和伊莉莎所排斥的中产阶级（资产阶级）。这就是说，克拉拉属于伊莉莎认为的低她一等的人。凯恩斯也蔑视那些维多利亚女王身边的资产阶级世界的人，但他们同样也看低他。

在《就业、利息和货币通论》结束语中，凯恩斯反对对巨大不均等的财富和收入进行再分配。这一观点基于对资本增长主要来源的一个错误理解：他认为，

---

① 英国的《剑桥经济学杂志》和美国的《后凯恩斯经济学杂志》这两本期刊主要刊登后凯恩斯主义经济学的成果，它们见证了该学派的发展。《后凯恩斯经济学杂志》创刊时的联合主编是保罗·戴维森（Paul Davidson）［当时在罗格斯（Rutgers）大学，现在在田纳西大学］和宾夕法尼亚大学的已故教授西德尼·温特劳布（Sidney Weintraub）。该杂志的主要创建赞助人约翰·肯尼思·加尔布雷斯是编辑部的荣誉主席。已故的琼·罗宾逊（Joan Robinson）和劳德·尼古拉斯·卡尔多（Lord Nicholas Kaldor）则是《剑桥经济学杂志》的创刊赞助人。

资本增长中很大一部分“依赖于富人对他们过度消费的节俭”①。正如他的理论所阐述的那样，“资本的增长不取决于低的消费倾向，恰恰相反，资本增长会被低消费倾向所抑制。”事实上，他进一步得出了这样的结论：“在当前的环境下，财富的增加非但不取决于富人的节俭，反而像人们通常假设的那样，节俭会阻止财富增加。因而，对财富巨大不均等给予社会价值判断的一个主要理由也就不存在了。”②

失业是由巨大的财富和收入的不平均导致的；一个经济学家可以很容易地猜测到，这是《就业、利息和货币通论》的中心思想！毕竟，投资决定了储蓄，而不是其他。然而，正当进步的经济学家准备宣称“乔治，我想他已经发现真理了”的时候，凯恩斯出面阻止；他重新开启了通向保守主义的那扇门。“我相信，财富和收入分配明显不均有正当的社会和心理原因，但不应当像现在存在的这样大。”③ 对保守主义者而言，“巨额的差距”只可能存在于文学作品幻想的世界中。

这不是一个“凯恩斯主义为什么不能更接近凯恩斯”的简单问题。还可以是这样一个问题，那就是，凯恩斯为什么不更像一个后凯恩斯主义者？我们的答案
253 越简单越好。凯恩斯记忆中有大萧条的烙印；宝贵的时间限制了《就业、利息和货币通论》无法打开解决问题的每一条通道。凯恩斯最终的使命是依靠英国的精英实施他的社会计划，以拯救资本主义。除此之外，阶级意识也是凯恩斯的一个显著特征。在一次攻击《资本论》时，凯恩斯写道：“我怎么能够接受（马克思主义）喜欢泥土而放弃鱼儿的信条呢？他们竟然将粗野的无产阶级凌驾于资产阶级和知识分子之上，而这些知识分子代表了生命的质量，承载着所有人类成就的种子。”④ 这并不矛盾：凯恩斯需要依靠这些精英，尤其是英国那些充满智慧的精英去贯彻他的社会计划。

伊莉莎·杜利特尔以及收入分配给后凯恩斯主义者留下了无尽的思考。

□斯拉法清除边际主义的企图

毫无疑问，英国剑桥的后凯恩斯主义者为了收入分配而试图推翻边际主义者的解释。出于这一方面的原因，他们对边际主义的批判追溯到了大卫·李嘉图。

固定投入比例的古典体系被边际主义一扫而空。在总是等量劳动与单位资本相结合的古典生产过程中，资本的边际产量不仅仅是看不到，而是根本就不存在！实际工资率不能由劳动的边际物质产品或每一额外工人的单位超额产出所决定。边际主义者的价值或价格理论消失在了边际上。

① 约翰·梅纳德·凯恩斯：《就业、利息和货币通论》，372页，纽约，哈考特、布雷斯和世界出版公司（New York，Harcount，Brace & World），1965。[1936]

② 同上，373页。

③ 同上，374页。

④ 引自查尔斯·海赛（Charles Hession）：《约翰·梅纳德·凯恩斯》，224页，纽约，麦克米兰出版公司（New York，Macmillan），1984。

皮耶罗·斯拉法（1898—1983）是凯恩斯的学生，他是一个聪明而又可爱的意大利经济学家。相比于出版著作，他更喜欢休闲。他每天花费几分钟或几个小时来校订大卫·李嘉图的多卷本著作仅仅是因为后者活得时间长。不仅如此，20世纪60年代他最终出版了他在20年代写成的一本谜一般的著作，并给它起了一个奇怪的书名：《用商品生产商品：经济理论批判序言》。其中，他在对边际主义进行猛烈抨击的同时，为李嘉图理论披上了现代的外衣。

254 斯拉法认为，资本品是不同质的，并且依照任何一个等价指标（例如另一件商品或货币）测量的资本“数量”都会随着机器自身的价格变动而发生变化，并且这些价格会随着工资和利率的变动而波动。因此，资本的价值（它的价格乘以数量）并不是由其边际产品所决定的，土地、劳动和资本之间的收入分配也不是由市场所决定。

例如，一本书生产过程中使用了三种机器：一台电脑、一部印刷机和一个装订器。然而，资本的货币价值取决于价格乘以所有这些资本品（及其他）组合起来的数量。电脑、印刷机和装订器的售价是不断变化的。利润不再是资本基于这些价格上的回报，也不是这些资本品提供服务的“租金”，它们本身取决于收入在工人和资本家之间的分配。

这种对李嘉图思想的复兴并不像解释的那样重要。没有任何有关收入分配的经济阐述出现，这正是它的关键信息。工资和利润是社会和政治上的事情。就像约翰·斯图亚特·穆勒一样，斯拉法也将生产和经济效率从收入分配中分离了出来。不同阶级之间的收入分配不是由经济的自然力所决定，而是由阶级斗争、管理价格和相对的谈判力量所决定的。

□卡莱斯基的收入阶层：工人和资本家

剑桥后凯恩斯主义中另外一位贡献者是马克思主义经济学家迈克尔·卡莱斯基（Michael Kalecki，1899—1970）。1935年从波兰自我放逐来到剑桥后，卡莱斯基成为了约翰·肯尼思·加尔布雷斯的朋友。“一个矮小、性急、独立且极度极端的人，”加尔布雷斯说，“卡莱斯基是我认识的经济学家中除了凯恩斯之外最有革新意识的人。”[①] 像斯拉法一样，卡莱斯基很少动笔。但他一旦开始写作，其思想的清晰度和深度都具有震撼力。

255 1933年，卡莱斯基先于凯恩斯的《就业、利息和货币通论》独立地发展出了一个凯恩斯式的就业水平决定理论。他的收入分配观点与李嘉图和马克思关于收入阶级的观点非常一致。事实上，卡莱斯基的理论可以概括为一句话，那就是，“工人花费他们所得到的；资本家得到他们所花费的”。这为乔治·萧伯纳的戏剧提供了一条神奇的线索。

国民收入或国民产品的计算既能从收入方面入手，也能从支出方面开始，

① 约翰·肯尼思·加尔布雷斯：《生活在当代：论文集》，75页，波士顿，霍顿·米夫林出版公司（Boston，Houghton Mifflin），1981。

也即：

收入方面

利润（资本家的收入）＋工资（工人的收入）＝国民收入

支出方面

投资＋资本家的消费＋工人的消费＝国民产品

在上面的等式中，工人的全部工资都花费在必需品上，所以工资必然等于工人在消费品上的支出——例如食物、住房、衣物和生活与工作所必需的交通服务等（现实中，当今的工人将收入消费在一些非必需品的商品和服务上，但卡莱斯基采用的是马克思和穆勒关于社会生计的概念）。斯拉法的体系揭示出，生产特定产出投入是必需的；而卡莱斯基则界定了必要消费品的数量。①

如果我们更进一步简化，将所有的利润都再投资，用来购买新的投资品，那么储蓄以及投资就都等于利润。在这个简单经济中，资本家是唯一的储蓄者。

令人惊奇的是，资本家可以依靠在上一期增加投资支出获得国民收入中的更多份额（利润）。用凯恩斯主义的话来说，总产出以投资的倍数增加。更多的产出带来更多的利润。

256 更令人惊奇的是，尽管资本家仿照20世纪80年代储蓄和贷款经理人的方式来消费他们的利润——购买游艇、建造别墅、供养情人，但他们的利润收入却并没有降低。消费之所以没有影响资本家的收入，是因为他们购买商品的增加导致更高的生产水平。资本家的利润就像自流井中的水一样，不管取出多少，井底都不会干涸。

资本积累既像一条彩虹也像一个金罐！如果将国民产出中大部分份额用于投资，那么就业水平就会增加，（因为投资等于利润）国民收入的大部分也就会流向资本家。相反，如果产出中的大部分份额被用于消费必需品，那么工人就会获得国民收入馅饼中的一大块。

尽管在上述意义上，资本家是自己世界的主宰，但卡莱斯基也看到了外部因素的影响，例如利润投资的不确定性会导致利润率不可避免地波动。

11.7 价格加成与通货膨胀

□竞争的不完全性和卡莱斯基的"垄断度"

工人和资本家之间的斗争不仅决定了收入分配，而且也决定了古典的定价方

① 在《加尔布雷斯、斯拉法、卡莱斯基和过剩的资本主义》一文中，E·雷·坎特伯里建立了这种联系；载《后凯恩斯主义经济学杂志》，第7卷，77～90页，1984。这篇文章包含更多有关如何将加尔布雷斯、斯拉法和卡莱斯基的思想综合起来的细节。也参见E·雷·坎特伯里：《过剩资本主义的理论》，名人演讲，载《东部经济杂志》，1988。

式。这些力量组合在一起为停滞和通胀的可怕组合即滞胀现象提供了一种解释。

卡莱斯基对行业中或市场上只有少数几家企业进行生产的不完全竞争世界进行了深入的研究。如果行业中其他企业保持行动一致，那么一家企业可以根据它的生产成本提高产品的价格。例如，全美三家汽车生产商中最有效率的通用汽车
257 公司以高薪与全美联合汽车工人工会签订了一份联合协议之后，根据工资的涨幅也或多或少地提高了自己汽车的价格。然后，克莱斯勒和福特公司也随之涨价。

“垄断度”不仅是产业集中的结果，还是私下订立协议、售卖代理人和广告共同作用的结果。在最后发表的一篇论文中，卡莱斯基解释了（成本之上的）高额的价格加成如何刺激更为强大的贸易联盟来争取更高的工资，因为寡头厂商有能力支付这类高工资。论文中还有少量一些关于加尔布雷斯的内容（后文将会提到）。

□加成因子和价格水平

将不完全竞争引入到宏观经济理论之中不仅要归功于卡莱斯基、约翰·肯尼思·加尔布雷斯和琼·罗宾逊，还要归功于西德尼·温特劳布（Sidney Weintraub）。卡莱斯基和温特劳布关于制造业部门的定价观点可以由卡莱斯基隐秘的“加成”方式表示出来。①

下面这个例子清楚地说明了价格加成因子所扮演的角色。如果每台个人电脑的工资成本是700美元，加成因子是10%，那么每单位产品的利润流就是70美元。如果每年能出售100万台个人电脑，那么行业的利润就是7 000万美元。如果工资成本上升至每台800美元，而加成因子保持在10%的水平上，销售相同数量的电脑就会产生8 000万美元的利润额。

如果货币工资由工会管理协议来确定，那么收入平衡由工资之上的加成所决定，其中大部分是利润留存（利润加上折旧）和股息支出。生产能力的利用程度可能会根据需求而上下浮动，但企业一般会保持价格稳定以便使自己的利润达到目标水平。企业的利润目标取决于它给股东的分红支出率、企业相对于资产的债务额以及［根据阿尔弗雷德·S·埃克纳（Alfred Eichner）等一些后凯恩斯主义者的观点］企业预计的投资需求。根据温特劳布的说法，即使竞争程度很高的企

① 不过，卡莱斯基的加成定价只应用于制造业，而温特劳布的理论则更具有一般性，可应用于所有行业，包括那些接近竞争性的行业。现在，加成定价规则被广泛地应用于正统的经济计量学建模中。参见奥托·埃克斯坦（Otto Eckstein）编：《定价的经济计量学》，华盛顿特区，美联储董事会（Washington，D. C.，Board of Governors of Federal Reserve System），1974；阿瑟·奥肯（Arthur Okun）：《价格与数量：一个宏观经济学分析》，华盛顿特区，布鲁金斯学会（Washington，D. C.，Brookings Institution），1981；以及威廉·D·诺德豪斯（William D. Nordhaus）：《下降的利润率》，载《布鲁金斯经济活动论文》，第74卷，169～208页，1974（1）。

258 业，也要依据加成规则确定价格。① 尽管在现有成本基础上提高价格已经反映出了集中行业中企业的市场支配力，但固定的加成因子使企业在每单位生产成本增加时仍然可以抬高价格。

超过维持人们生计所需的收入为厂商提供了契机和喘息空间。价格加成是一股可供呼吸的新鲜空气。尽管工人和资本家之间程式化的收入划分创造了马克思主义以“阶级斗争”为特征的喜剧，但卡莱斯基知道，这种分配并不能完全解释收入分配以及它对“丰裕社会”（加尔布雷斯的用语）的影响。新的中上层消费者，以前只满足于黑色 T 型汽车，现在却希望买一辆流线型、适于奔跑、富于色彩的汽车，这辆车能最大化地利用道路而且也许还充满了异国情调。

□滞胀

我们如何从企业和行业的定价行为扩展到一般价格水平的决定呢？让我们从原有的交换方程式开始。如果：

$$价格水平 \times 实际产出 = 名义国民收入$$

或者

$$价格水平 = \frac{名义国民收入}{实际产出}$$

那么，价格水平的稳定就要求货币收入的增长不能比实际产出的增长更快。如果每一个就业者的货币收入增长没有他的产出（生产率）增长快的话，通胀率则几乎为 0。

于是，货币工资对价格水平而言就显得非常重要了。货币工资在向下方向上具有刚性，因为减少货币工资违反了与工人之间的隐含协定，甚至也许会违反通常由行业协会谈判形成并签订的劳动合同。如果卡车司机工会签订一份三年内平均每年实现 30%工资增长的合同，那么没人会在第二年把工资增长降低到 5%以
259 内。因此，短期内产品价格必须依照货币工资和产品成本做出调整，而不是相反。一个修正的结果是，在货币工资率决定之后，价格水平和通胀也就被确定下

① 根据坎特伯里《过剩资本主义的理论》（出版信息同上）和威廉·米尔伯格（William Milberg）《具有加成定价方式的技术变动的演进模型》［载《巨型公司和宏观动态学》，85～100 页，纽约阿曼克和英国伦敦，M. E. 夏普出版公司（Armonk，New York and London，England，M. E. Sharpe），1992］的分析，企业目标的最高限度是由行业中现行企业的数目、企业预期的需求价格弹性或消费者对价格变化的敏感程度所决定的。一般来说，行业中企业数量越少，消费者对价格提高的敏感程度越低（需求的价格弹性越低），则价格加成的上限就越高。

投资“需要”的动机可能来自于市场占有率、增长和具备支配力等目标。对这些目标的解释可参见，阿尔弗雷德·S·埃克纳：《大型企业和寡头：宏观动态学的微观基础》，剑桥，剑桥大学出版社（Cambridge，Cambridge University Press），1976 和罗宾·马里斯（Robin Marris）：《“管理”资本主义的经济理论》，纽约，基本图书出版公司（New York，Basic Books），1964 以及约翰·肯尼思·加尔布雷斯的解释。在借贷资金作为增加资本存量的资金来源的意义上，新的金融资产在企业投资过程中得以创立。海曼·明斯基（Hyman Minsky）在《约翰·梅纳德·凯恩斯》［纽约，哥伦比亚大学出版社（New York，Columbia University Press），1975］一书中提到了这一点。

来了。在斯拉法体系之外，货币工资是由社会政治条件所决定的。①

这种后凯恩斯主义者的观点揭示出通货膨胀与失业并存（滞胀）的可能性。短期内对消费者限制消费所带来的反应，不是工资减少或者价格降低，而是生产减少。生产的稳步减少会导致（中间会有时滞）工人失业。这个观点也能解释为什么在1974年到1975年以及1979年到1980年世界石油价格持续上升期间经济衰退和通货膨胀会同时发生的原因。

11.8 收入政策

后凯恩斯主义对收入分配和价格水平的解释导致凯恩斯主义财政和货币政策之外第三种经济政策的产生。如果说坚定拥护赤字支出是倡导财政的凯恩斯主义的特征，那么，彻底实施收入政策则可以将后凯恩斯主义从中划分出来。

尽管如此，一些财政凯恩斯主义者，例如詹姆斯·托宾就与后凯恩斯主义者一样，认同收入政策的重要性。直接地说，一项收入政策要求在某种意义上对工资予以“控制”。无论如何，利润增加量都会既定，因为价格加成因子相对保持不变。然而，随着时间推移，工资就会上涨，物价也会随之上升。

□控制什么：工资还是利润?

如果所有因素都可以控制，那么企业会希望控制工资，而工会则更赞成对利润进行控制。如果只控制工资，公平和政治问题就会随之出现。一个可变的价格加成因子会成为利润推动型通货膨胀的诱因，因而没有被公司留存下来用于投资
260 的那部分利润也应该得到控制。因此，应该对股息和公司薪金按一定的税率征收税收，使之与工资收入增长保持一致。不管如何实施，所有的收入政策都具有相同的准则：货币收入的改变要与生产率的步调相适应。

在现实世界中，收入政策有很多种实施方式，从自发的工资和价格指导线，到约翰·肯尼思·加尔布雷斯长期推进的强制性工资和价格管制。这些措施在不同的形势环境下得以运用，并在肯尼迪、约翰逊、尼克松、福特和卡特政府中保持活力。

□基于税收的收入政策

对工资和价格指导线或者管制政策的替代方式是税收激励，这是改变工会和

① 在坎特伯里的劳动力市场生命周期理论中，货币工资被描述为是内生决定的。参见E·雷·坎特伯里：《个人收入分配的生命周期理论》，载《南方经济杂志》，12～48页，第46卷，1979(7)。

高集中度行业行为的一种明智的做法。价格机制的激励和制约是相互作用的。温特劳布和曾经的美联储主席亨利·沃利克（Henry Wallich）提出了一个以税收为基础的收入政策（TIP）。

基于税收的收入政策发挥作用的机制是这样的。任何时候，若一家公司允许支付的工资增长超过了预先确立的标准，比如6%，那么该公司就会因为超额支付而交纳一定比例的税收。如果一家公司把每个工人平均支付的工资提高10%而不是6%的话，那么它也许需要对其利润交纳10%以上的税收。工资薪酬标准是公司工资和薪金的平均增长率。因此，超过平均水平的工资可以奖励给优秀的员工。其目标是限制平均货币工资的增长，以达到经济中平均劳动生产率水平所对应的工资。

以税收为基础的收入政策实施的前提条件是什么呢？只有当它们能确信其他公司和其他行业会采取限制措施时，单个企业才会积极限制无理的工资要求。以税收为基础的收入政策使得单个企业倾向于仅仅采取不会引起通货膨胀的平均工资增长。而劳动者在没有通胀的条件下会从**实际**工资中得到好处。

以税收为基础的收入政策是一种弹性很大的政策：它提供了对超过标准工资增长的惩罚措施，或对没有超标的工资增长提供奖励，或者二者都有。曾经作为
261 约翰逊总统的经济顾问后来又成为布鲁金斯学会一员的已故新凯恩斯主义者阿瑟·奥肯，就认为鼓励要比强制好。如果一个公司坚持将其工资年平均增长率保持在6%以下，而价格的平均增长率又低于4%，那么奥肯的设计将使公司雇员获得一个税收折扣（胡萝卜Ⅰ），而公司也会获得一个公司收入所得税折扣（胡萝卜Ⅱ）。

这种胡萝卜诱导政策是1978年由吉米·卡特总统所提议的。然而，这种政策是一种间接激励，是一种切碎的胡萝卜。依此提案，如果年通胀率高于7%，那么，那些低于工资上涨标准的工人将免于赋税。最终，议会否决了这项提案。

自从最初以税收为基础的收入政策提出以来，情况就发生了改变。其中一个变化是，作为以税收为基础的收入政策基础的公司所得税平均有效税率，已经逐渐趋于0。另一个变化是，从二战结束至1990年间，在国民收入中净利息收入增加了14倍。因此，看来有必要获得一个新的联邦收入来源，以增加利率下降的压力，同时需要一个将货币利息作为生产成本上升的新的、越来越成为重要来源的基于税收的收入政策。①

① 为了应付这些问题，1983年我提出如下观点：(1) 将公平的增值税（VAT）作为一项新的税收收入来源，并将其作为即刻执行的以税收为基础的收入政策中理想的课税基础；(2) 提供一个简化的个人收入所得税项目，以平息那些认为增值税不公平的批评意见。这个简化的个人收入所得税项目的一些特征得到了议会的贯彻执行，但增值税仍然悬而未决。参见E·雷·坎特伯里：《税收改革和收入政策：一个以增值税为基础的收入政策提案》，载《后凯恩斯主义经济学杂志》，第5卷，430～439页，1983。随后对这一提案更详细的阐述可参见E·雷·坎特伯里，埃里克·W·库克（Eric W. Cook），伯纳德·A·施密特（Bernard A. Schmitt）：《单一税制、负税和增值税：获取累进性和税收》，载《加图学刊》，521～536页，1985。

11.9 货币和投资融资

企业利润和投资资金之间通过金融紧密联系在一起。价格加成与投资计划之间相互作用——在一个方向上或另一个方向上，或者两个方向都有。由于存在一定程度的垄断，价格并不能反映需求的现状；它们反而更能说明未来预期的需求。在一段时间内，生产能力将会超过现在的需求，但这种情况对供不应求的市场情况来说并不构成问题。

卡莱斯基尤其看到了寡头企业可以通过定价权来确保它对投资资金的需要。价格敏感度或者说工人对必需品的需求价格弹性为0。所以，生产者能够在不受
262 任何损失的情况下提高价格，他们能通过在消费者的必需品上索要超过生产成本的价格获得收入，并用做购买投资品的资金来源。

机器设备和劳动结合在一起才能生产出更多的机器。因此，必需品行业中的投资或者资本品行业的销售收入可以补偿投资品行业的劳动成本和资本品本身的成本，后者就是资本商品行业自己的机器。这些所需要的投资支出等于投资品行业的利润。

两个行业的利润总和必须等于所生产的资本品的价值，这就像实际工资（根据必需品价格调整之后的货币工资）必须等于所生产的必需品的数量一样。同样的，两个行业的利润加总起来去购买投资品行业的产出，甚至有可能会为资本家创造出更多的利润。

这种程式化的卡莱斯基主义再一次得到的结论是，储蓄＝利润＝投资。随着时间的推移，这一结论越来越具有指导意义，甚至变得极为准确。20世纪80年代以前，美国大部分的资本投资都来自于净利润。大企业有能力去选择在生产成本（大部分是工资）之上的价格加成因子所占的百分比，以便节省去银行或资本市场筹集资金的时间，从而更有效地完成其投资计划。然而，随着更多国家的市场对美国商品和服务开放，这种权力或多或少地被削弱了。于是，美国企业不得不转向证券市场筹集资金。

□“内生货币”

卡莱斯基以及其他一些学者，使用了较为复杂的理论来解释用于投资的资金来源。在他们的理论中，未分配利润或预期利润可以被用于银行贷款或发行公司债券。这部分表现为银行信贷的债务构成了后凯恩斯主义的“内生货币”。不仅如此，依据对债务与股票融资的相对偏好，公司可以在股票市场上发行新的股票来筹措投资所需要的资金。出乎意料的是，在20世纪80年代和90年代的大牛
263 市期间，美国公司推出的股份要比它们发行的还要多，这就意味着公司在股票市场上“筹措了”负数量的资金。

像之前的凯恩斯、琼·罗宾逊和卡莱斯基一样，后凯恩斯主义者保罗·戴维森（Paul Davidson）和巴兹尔·穆尔（Basil Moore）也认为，如同凯恩斯和卡莱斯基所描述的一样，货币供给以私人债务的形式存在（“内生的”货币）。因此，货币供给与购买产品或生产商品的合同所形成的债务有关。因为生产需要时间，所以商品购销协议或合同是以交货时的货币单位计价的。然而，生产成本必须在生产期间就予以支付，于是，在尚没有任何收入进账时生产者就已经负债了。这一过程使得生产者需在不确定性条件下合理有效地运营企业。

反过来，向银行借款和发行新的公司债券都会增加货币供给，除非借贷增加被美联储这样的货币当局的行动所抵消。正如第10章所描述的那样，在采用部分准备金的银行体系中，新的贷款可以创造出新的现金存款。以此方式，一国货币供给的变动主要是由经营活动本身所决定的。这就是说，与货币主义相反，我们得出这样的结论：M↔GNP。①

最大和最重要的储蓄为公司所有，是公司以股票和其他有价证券形式所持有的金融资产。预期的改变会使得这些金融资产的持有量发生改变，也会使经济低迷状况更加恶化。这是因为在经济衰落（利率很高）之前，公司特有的有价证券价格很快就会变得很低。高利率也会带来股票市场的低迷，因而，尽管价格加成因子可以保持不变甚至增加，但消费者需求锐减会减少利润并使得公司未分配利润（储蓄）也因此减少。这样，即使是大型公司也不愿冒资金流失的危险去兑现它的有价证券或者在利率高点的时候贷款来增加或更换设备。这种流动性迟缓就是投资不稳定的货币来源。

264

□货币供应和货币政策

公司及贷款给公司所带来的活期存款是货币供应之旅的开始。由央行主导的货币供应紧缩对那些在实际经济推动下的大公司的自有资源基本上没有直接的作用。在公司不愿意清算它们所持有的正处于价格下跌阶段的债券时，货币紧缩会产生间接的效应。不管怎样，一旦销售收入增加，大公司就愿意发行更多的股票或向大银行申请贷款。

对竞争性企业而言，例如小企业或成长行业的企业，却完全是另外一回事。即使拥有万事达支付卡，小企业也不能像大公司一样拥有价格加成因子。在货币紧缩期间，小企业（被认为是高风险企业，并以高成本借贷）首先面临获取贷款方面的困难。此外，正如每一个买房的人都知道的，高利率对住房和建筑企业具有同样的效果。支付利息的价值一般来说比抵押品自身的面值还要高。利率不是

---

① 这是凯恩斯对货币与国民收入相互作用的最初观点。对凯恩斯这种解释的运用可参见西德尼·温特劳布：《资本主义的通货膨胀和失业危机》，66～67页，马萨诸塞州雷丁，麦迪逊-瓦西里出版公司（Reading Massachusetts，Addison-Wesley），1978；保罗·戴维森：《为什么货币重要：从半个世纪的货币理论中得出的经验教训》，载《后凯恩斯主义经济学杂志》，57～65页，1978以及《货币和真实世界》，纽约，威利及霍尔斯特德图书出版社（New York，Wiley & Halstead Press Book），1972。

反映资本的生产率，而是购买一种产品的最主要的成本。一项紧缩货币的政策只会使滞胀恶化，因为它减少了生产，同时提高了价格！[1]

后凯恩斯主义者降低对这项不正当的货币政策依赖的努力，使得他们寻求采用前述的第三种方式，即收入政策。

□明斯基和金融脆弱性

海曼·明斯基（1919—1997）是一个表达简洁、坚持美国后凯恩斯主义并与意大利人具有联系的学者。他将卡莱斯基的加成因子、未分配利润和内生货币与金融波动性联系在一起。明斯基强调了来自于债务引起的加成因子的未分配利润是如何为增加资本资产而筹集资金的。非金融企业获得的资本资产，也许不是购
265 买现有企业的厂房和设备（公司接管等），而是新生产的投资品。只有在后一种情形中，新的增量和行业生产能力才能增加整个经济的潜在生产能力。

明斯基的投资理论主要集中于凯恩斯主义的不确定性、投机买卖和越来越复杂的金融体系如何导致经济周期问题。任何持续的“好时光”都会演变成一个投机性通货膨胀闹剧，使得金融体系变得脆弱。明斯基的思想不再孤立无援；许多事件为他的解释提供了佐证。

因为企业债务必须要偿还（按照规定的时间还本付息），所以明斯基认为，这样的现金流（和还本付息义务）决定了投资进程，从而也决定了产出和就业进程。依照这种方式，明斯基扩展了后凯恩斯主义的货币理论，使之不仅包含了信用，也包含了资本主义制度中与金融投机相关的特殊问题。

消费者对价格上涨的抵制，会导致经济繁荣终结。毕竟，消费者对产品需求的价格弹性不是0，因而价格加成因子的大小是要受到限制的。经济繁荣也会因为中央银行缩短信用而终结。最终的希望是，工资、成本和通胀的增速会减慢下来。

然而，工资率的任何减速都不会改变契约所规定的债务，在制止通胀或者通货紧缩阶段，债务负担就会增加。通过负债筹集资金形成的投资就会减少，由货币供给增加而筹资形成的对投资品的购买也会减少。经营性公司就将偿还债务，而不会购买新的厂房和设备。正如凯恩斯分析的那样，随着对现有资本存量使用率的降低，就业也会减少。这再一次说明，经营条件受不确定性和金融市场行为的支配。

价格水平的下降会为一些经济参与者和某些行业带来金融危机。企业包括农场，寄希望于一个对其产品的特定的通货膨胀率，以便能偿还它们堆积如山的债务（对中产阶级的房主而言也同样如此，他们自二战以来就寄希望于房屋升值，
266 以作为净资产的一项来源）。然而，金融市场上那些最熟悉内情的局内人，却带

[1] 对那些希望制造货币和利率神话的人而言，最好是去读一读乔治·P·布洛克威（George P. Brockway）的《经济人的终结》（修订版），纽约和伦敦，诺顿出版公司（New York and London，W. W Norton and Company），1993，尤其是第3、第8、第12和第13章。

着利润跑了。伴随着金融资产兑现，一场保持流动性的竞赛也就开始了。

正如凯恩斯所认为的那样，持有货币“减缓了人们的焦虑”。如果满足下面的条件，这种彻头彻尾的金融疾病就可能避免：(1) 价格下降到足以使人们重新持有实物资产；(2) 政府对价格下降实行管制（例如，农业支持价格），关闭银行（例如，1933 年的“银行假日”）或者停止交换；(3) 在最后的拯救阶段充当贷款人，比如宾夕法尼亚州中央铁路公司（Penn-Central）破产（1969—1970）、富兰克林国家银行（Franklin National Bank）破产（1974—1975）、亨特-贝奇（Hunt-Bache）白银投机（1980）和 1987 年股市大冲击等事件带来金融动荡后，美联储采取的行动，再比如联邦存款保险公司（FDIC）对国立伊利诺伊大陆银行（Illinois Continental Bank，1984）和其他银行采取的救助行动。这类干预措施有效防止了资产价值的全面崩塌。

繁荣时期诸如价格低但风险大的垃圾债券和其他金融创新工具的负债，在中央银行为金融机构再次筹集资金时变得有效。这种支撑资本主义制度的力量，为经济复苏期间信用的进一步扩张提供了基础，这一过程为 1969 年到 1970 年、1974 年到 1975 年和 1980 年的金融危机之后出现的通货膨胀提供了解释。商品通货膨胀而不是金融投机，被 1981 年到 1982 年间近乎萧条的形势所驯服。

□国际视野

查尔斯·P·金德尔伯格（Charles P. Kindleberger），这位麻省理工学院已故经济学教授，将明斯基的理论扩展至全球经济。金德尔伯格看到了超出国界的纯粹的投机行为。出口、进口和外国有价证券之间建立了国际联系。的确，20 世纪 80 年代和 90 年代，如果没有外国大量购买美国国债，美国的利率应该还会高。

然而与此同时，这些来自国外的购买加高了信用金字塔，如果这类投机商失去了信心，信用积累就会再次崩塌。金德尔伯格指出，发展中国家的庞大外债，
267 因为石油价格的上升（我们必须指出，这一直持续到至少 1979 年），规模在加速增长，“富有的跨国银行彼此倾轧以招揽新的外国贷款人，并对欠发达国家强加贷款”①。然而，国际上并不存在最终贷款的救助者。尽管国际货币基金组织在最近的一段时间内试图成为这个最终担保人，但结果却很复杂。

11.10 经济增长的目的何在？

经济增长是指实际国内生产总值（GDP）的长期增长率。经济周期通过在

① 查尔斯·P·金德尔伯格：《焦虑、恐慌和崩溃：金融危机的历史》，23～24 页，纽约，基本图书出版公司（New York，Basic Books），1978。

GDP高于历史趋势（通货膨胀）或低于历史趋势（经济衰退）的波动之中反映出来。

在凯恩斯的大部分理论中，经济被看做是一连串的快照，而不是一个连续不断的运动中的图片，因此它更适用于研究经济周期，而不是很适用于考察经济增长问题。卡莱斯基主义的理论也存在类似的问题，不过程度略小而已。一张显示我们现在是什么样子的快照，根本不能说明我们的经济条件过几年会是什么样子。

由罗伊·哈罗德爵士（Sir Roy Harrod）开始的凯恩斯理论的动态表述，建立了凯恩斯理论与一段时期经济变化之间的桥梁。在经过了劳德·尼古拉斯·卡尔多（Lord Nicholas Kaldor）的扩展之后，这一理论得以建立在马尔萨斯、李嘉图和马克思理论的广泛基础之上。哈罗德与麻省理工学院的埃弗塞·多马（Evsey Domar）共同主导了这场革命。罗伯特·索洛形成了一个流行的新古典增长理论。鉴于我们希望完成凯恩斯主义与货币主义关于经济周期的争论，因而我们将与长期有关的经济思想的阐述推后到第13章。

11.11 结论

如果凯恩斯今天依然健在，那么他也许不会是一个凯恩斯主义者，反而更可能是一个后凯恩斯主义者。他在20世纪20年代初步形成并在大萧条期间基本成
268 型（在他脑海里）的大部分社会观点，在新古典凯恩斯主义理论中消失了。尽管凯恩斯的早期拥护者很好地运用了他的反萧条政策，但关于凯恩斯的真正含义是什么，凯恩斯主义者们却没有一致的观点。当通货膨胀发生时，凯恩斯理论收效并不大。况且产品市场上的完全竞争假设前提以及将一般均衡看成在确定性条件下一样确定，是这一理论的致命弱点。

伟大的新古典综合对经济学家来说就是一首乐曲。所有的安排都规定好了，仅仅需要一个状况良好的经济，然后有人出面填词抒情就可以了。20世纪60年代美国提供了一份歌词，年轻而不稳重的约翰·希克斯提供了另外一份。尽管其结果为新古典主义带来了一些测评，但也造就了现代货币主义的一项成就，使之成为经济舞台上的一个重要角色。

以货币主义为幌子获得再生的新古典主义者并没有与凯恩斯绝缘。经济学家除非要冒失去职位的危险，才会质疑一般均衡。当通货膨胀严重到理性的经济人无法解释时，超理性经济人就出现了。由于在一般均衡中连过去、现在或是将来都无法辨别，所以凯恩斯理论就退出了历史舞台。但在新古典主义需要的地方，凯恩斯就会站在那里！

尽管许多新凯恩斯主义者认为没有任何必要去了解而且也确实从来都不能理解后凯恩斯主义，但这两个流派之间的差异却并不大。正如我指出的那样，一些新凯恩斯主义者，包括1981年诺贝尔奖获得者詹姆斯·托宾，都认可收入政策。而且，诺贝尔奖获得者罗伯特·索洛也说："由于后凯恩斯主义者认为完全竞争

是一个很糟糕的假设前提，所以他们提出了自己的价格理论。我花了一辈子的时间才弄明白其中的道理。”但是他还说：“我认为这是一种不值得去实施的行为，所以并没有特别注意它。”[①] 保罗·戴维森认为，在索洛变得宽厚之后，他接受了后凯恩斯主义的大部分理论。我们在第 13 章将会看到，尽管如此，这两个流派在增长理论上仍然存在基本对立的观点。

269 虽然如此，保罗·萨缪尔森仍然站出来发表了下面一番令人警醒的评论：

> 一个哈姆雷特式的在折中的后凯恩斯主义、货币主义和理性预期学派关于中性均衡的思想之间保持平衡的学生，将会被 20 世纪 80 年代美国残酷的实际经验推到后凯恩斯主义的方向上去。[②]

随后，我们将会看到“20 世纪 80 年代美国残酷的实际经验”。

① 阿加·克莱默：《与经济学家的对话》，137～138 页，新泽西州托托华，罗曼和阿兰赫尔德出版公司（Totowa，New Jersey，Rowman & Allanheld），1984。

② 保罗·萨缪尔森：《对凯恩斯主义的屈从》，载《挑战》，7 页，1984（11）～（12）。

第 12 章

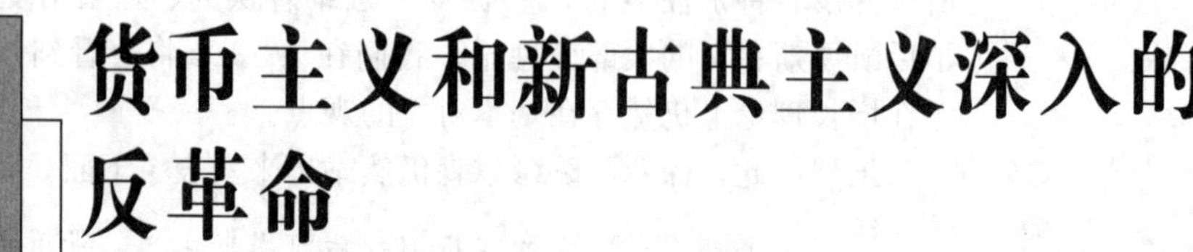

货币主义和新古典主义深入的反革命

273 货币主义是起源于美国 20 世纪 50 年代末期的一个流派，新古典主义者的反革命奠定了货币主义未来的优势地位。他们的主要思想来自于古典经济学家的货币理论，认为市场体系具有自我调节的功能。一旦货币供给以“正确的速度”增长，货币主义就运用马歇尔（Marshall）或瓦尔拉斯（Walras）的价格结果来解释经济中的薄弱环节。

然而，我们已经注意到，不论经济理论是否过时，历史上的社会问题始终都会与经济理论缠绕在一起。新货币主义反革命的胜利可以归功于通货膨胀和失业并存现象。在 20 世纪 50 年代和 60 年代平静的日子里，凯恩斯主义者把货币主义者视为怪人。而在动荡的 20 世纪 70 年代，古怪则被用在了“老式的”凯恩斯主义者们身上。

12.1 20 世纪 70 年代的通货膨胀—失业危机

危机的一个戏剧性征兆发生在 1971 年 8 月 15 日。这一天，秉承自由放任市场资本主义制度信念并压制“赤色分子”的理查德·M·尼克松（Richard M.
274 Nixon）总统采取了大范围的工资和价格管制措施，这一举措震惊了这个国家。尼克松的政策转型等于承认了试图不引发严重经济衰退又减缓通货膨胀的所有新凯恩斯主义政策的失败。经济学出现了巨大危机：它不能解释为什么价格稳定的同时会出现居高不下的失业率。在 1973 年和 1979 年末又发生了两次危机，相应的，两届新政府在努力减缓通货膨胀的同时又经历了经济衰退。

把社会危机与经济学的态度相提并论有着合理的解释。任何事情都不能算是社会危机，除非社会认为是。在狄更斯（Dickens）时代之前，除了几个“怪异的”知识分子以外，贫困和种族歧视并不被看做是社会问题。生态学在 20 世纪 50 年代并未受到人们的普遍关注。对物质利益的过分强调从未受到过责难，除非人们在“无意义”的工作和炫耀性消费中得不到任何满足。说了这么多，我将集中陈述反革命的理由，而放弃讨论通货膨胀和失业并存的危机。

我们假设，20 世纪 70 年代末期有一位典型的经济学家，他从事实际经济研究，正处于工作年限范围内，而且是家庭的男主人。当他面对失业的可怕前景，并且碰巧当前收入为 0，但生活必需品的价格越来越高，那么他的政策建议和对未来的展望会有什么不同吗？

这个经济学家会说，为了解决通货膨胀问题，我们可能不得不承受 8%的失业率。但我们假定他的雇主告诉他，他愿意在公司里待多久就能待多久。那么，这位经济学家也许会考虑改变他的预期，并试图保住他的工作。

这样的两难处境使一个人——既是一名雇员又是一位经济学家——在通货膨胀和失业之间徘徊不定。无疑，对很多新凯恩斯主义者来说，最大的困扰在于 20 世纪 70 年代出现的两位数的通货膨胀率和居高不下的失业率，而这种现象又是他们曾经认为不会发生的巧合。然而，尤其是 1965 年越南战争逐渐升级［以及约翰逊（Johnson）总统采纳了经济顾问提出的增加税收的提议而导致失败］
275 之后，通货膨胀势头难以通过制造社会所能接受的失业水平而得到控制。

12.2 通货膨胀带来的问题

在考虑失业与通货膨胀使我们的政策陷于两难境地之前，让我们先考虑一些由通货膨胀所带来的问题，尤其是通货膨胀严重时。W.C. 菲尔兹（W.C. Fields，1880—1946），早年的一位好莱坞演员，以超出当今经济学家幽默程度的方式度量了通货膨胀。大约在 1924 年，菲尔兹就说：“通货膨胀在一美元的基础上上升了一夸脱。”20 世纪 20 年代处于喧嚣之中。经济学家顽固地将通货膨胀定义为价格水平持续不断地上升，并且用一个价格水平变动的百分比来测量（用价格指数来衡量）。在 20 世纪 20 年代和 70 年代，通货膨胀为什么会成为一个问题呢？

通货膨胀是对收入进行再分配的一种看不见的税。上升的价格使实际购买力发生了再分配，使得货币工资增加比他们支付价格上升要慢的那些人的购买力转移到了那些货币增加比支付价格上升要快的那些人身上。于是，我们大致可以判断，那些收入固定的人，例如依靠养老金生活的老年人或大学教授，就因为通货膨胀而被重重地征税了。在这段时期，那些行业组织的工会工人并没有感受到通货膨胀带来的刺激。例如，1967 年到 1978 年间，钢铁工人的平均收入（税后并且剔除了通货膨胀的影响）增加了 32%，与此同时，大学教授的平均收入下降了 17.5%。

当债务以固定的美元计算时，未预料到的通货膨胀也是财富从债权人（那些贷款人）转向债务人（借款人）的过程。如果你是债权人而不是债务人，你会为这种再分配而恸哭失声。一些人会说，债权人比债务人富有得多，他们不会因为九牛一毛的损失而无谓地忧伤。相对低收入的债务人，也能以低价值的货币偿还他们的借款。如果你会因为债权人财富的相对减少而“为阿根廷哭泣”，那么随
276 着通货膨胀的持续，向穷人和中产阶级家庭贷款索要的货币利息高涨也会牵动你的爱心。

未预料到的通货膨胀也使得财富从那些拥有固定资产但资产价值上升不大的人流向了那些资产价值上升很快的人手中。要完全理解这种现象，需要知道到底是哪种价格在上升。例如，在 20 世纪 70 年代的通货膨胀中，房地产价格上升如此之快，以至于房主们也许经历了相对财富的急剧膨胀，与此同时，那些拥有证券的人则看着自己资产的价值流失而无能为力（这种两面性是由证券价格与其利率之间存在反向关系造成的）。在任何情况下，高收入家庭都拥有财政上的弹性，他们可以依据自己的预期将他们的资源从一种资产形式转为另一种预期价格会上升更快的资产形式。

通货膨胀对各种收入人群的不同影响是很难准确评价的。当然，严重的通货膨胀会带来必需品价格的大幅度上升，相应的会造成最大的社会问题，因为大部分人群的购买力都减少了。20 世纪 70 年代通货膨胀大部分都有这种令人不快的后果。

12.3 通货膨胀的成因

根据成因，我们可以把通货膨胀分为至少四种类型：需求拉动型通货膨胀、成本推动型通货膨胀、结构性通货膨胀以及预期的通货膨胀（尽管很有用，但在实际中这种划分很难被分清楚）。纯粹的需求拉动型通货膨胀是指总需求超过了潜在产出而引发的通货膨胀。这类通货膨胀是从凯恩斯主义的十字交叉模型中得出来的。成本推动型通货膨胀可能是更高的工资（管理部门默许的）或原材料和其他用于生产商品的各种投入的价格更高等综合压力而造成的结果。这种“卖者型通货膨胀”起源于集中度高的行业，例如航空业和计算机操作系统，由于缺少替代品，它们的产品和服务面临很少的竞争。一个行业的价格上涨成为下一个行业成本上升的原因。由市场竞争力决定的卖者型通货膨胀会传播，例如，从塑料的价格传导至汽车的价格。

277 结构性通货膨胀是需求拉动性通货膨胀和成本推动型通货膨胀二者综合的结果。尽管总需求比潜在产出要少，但当需求类型发生改变时，通货膨胀仍有可能发生。由于美国的价格和工资在下降方向上具有刚性，所以经济中某些部门工资和价格上涨并不会被其他部门同等程度的下降所抵消。因此，随着工资的上涨，

所有的平均工资水平都会持续上升。

预期的通货膨胀起源于个人或组织对估计到的通货膨胀所做出的反应。在新凯恩斯主义时期，发生了预期的通货膨胀，因为我们预期会有通货膨胀，而我们预期通货膨胀的发生是因为我们正在经历通货膨胀。预期的通货膨胀存在很多变形，但它们全部基于同样的劳动力市场的解释。由于工人预期（不管正确与否）他们购买的产品和服务的价格会更高，因此，就会要求更高的工资增长率。

预期的通货膨胀能够用向上移动的菲利普斯曲线解释短期内交替关系的失效。在任何一个失业率水平上，预期发生通货膨胀的可能性越高，真正发生通货膨胀的可能性就越高。如果工人预期发生一个急剧的通货膨胀，他们会要求更慷慨的工资合同，企业也会因为工人预期更高的价格而批准发放更高的工资（同样的，如果人们预期通货膨胀很低或预期根本就没有通货膨胀发生，那么工资增长就会适度，企业也会限制成本—价格型通货膨胀，这是 20 世纪 90 年代而不是 70 年代的写照）。从这个角度来说，长期的菲利普斯曲线会比短期菲利普斯曲线陡峭得多，因为它描述出了所有实际通货膨胀率和预期通货膨胀率相等的点。

12.4 现代货币数量论

□米尔顿·弗里德曼：新自由主义的瑰宝

货币主义的故事开始于交换方程，这是一个比经典影片《洛奇》有更多种结
278 局的思想。毫不令人感到惊讶的是，当价格稳定时，交换方程永远只会是竞争的失败者，而当通货膨胀发生时，它就会崭露头角。当米尔顿·弗里德曼（Milton Friedman）的《货币数量学说论文集》在 1956 年出版后，经济学家对货币数量的最新兴趣随之被激发出来。弗里德曼在 20 世纪 50 年代末成为芝加哥经济学院的领头人。弗里德曼这位倡导自由放任自由主义当今的代表人物，也是现代货币主义的领袖。

弗里德曼的名声如此之大，以至于在两位仰慕经济学家的作家所著的小说《边际谋杀》中，他成为了一位英雄的原型。[①] 这本小说讲述了一位身材矮小、秃顶，但发音清晰、充满智慧的经济学教授（这是对弗里德曼恰当的描述）运用芝加哥式的经济学侦破了一场谋杀的故事。如同小说中虚构的斯皮尔曼（Spearman）教授所说："我只对经济学法则、那种不会被打破的法则感兴趣。"尽管谋杀破坏了人为的法则，但谋杀者最终还是失误了，因为经济学法则是完整无缺的。

---

① 马歇尔·杰文斯：《边际谋杀》，新泽西州格伦山，托马斯·H·霍顿和多特斯出版公司（Glen Ridge，New Jersey，Thomas H. Horton & Daughters），1977。马歇尔·杰文斯是威廉·布雷特（William Breit）和肯尼思·G·埃尔金加（Kenneth G. Elzinga）借用经济学家名字而合用的笔名。

像弗里德曼一样，斯皮尔曼教授也是一个无组织的理性人和自由主义者。这位优秀的教授在处理任何事情时就如同面对一杯茶那样悠闲。

> “我想来一杯”，斯皮尔曼说。皮奇（Pidge）也要了一杯。
>
> 斯皮尔曼做出购买一杯茶这样一个看似简单的决定，从中得出的推论却包含了以下令人振奋的结果：一杯冰茶可以提供的满足程度超过了这个价位所能买到的其他任何商品所带来的快乐。
>
> 直到斯皮尔曼注意到茶水中的酸橙，他就来到了边际之上……①

艾·兰德（Ayn Rand，1905—1982）的唯物论与弗里德曼的货币主义哲学之间不仅仅存在着边际联系。唯物论捍卫了经济人自私自利的天性，例如斯皮尔曼教授这样的人，或者像艾·兰德写的那样：“资本主义和利他主义是不相容的；
279 它们在哲学上是对立的；它们不能共存于一个人身上或一个社会之中。”② 兰德的小说《地球的震栗》为工业主义者即物质产品创造者的出现进行了辩护。小说中，汉克·里尔登（Hank Rearden）因为非法贩卖他创造的但受政府管制的金属合金而被送上法庭，但他以雄辩口才陈述了自由主义经济学的信条：

> 我很富有，但我为我所拥有的每一分钱而骄傲。我靠自己的努力和自由交换挣了钱，每一个与我交换的人都是自愿的……那些现在为我工作的人也都出于自愿，那些购买我产品的人也是自愿的……我愿意给我的雇员支付超过他们提供的服务所应得到的工资吗？我不愿意。我愿意亏本卖出我的产品或扔掉它们吗？我不愿意。如果这是一种犯罪，那么就请按照您所持有的任何标准，来对我所做的任何事情给予你乐意的惩罚吧。③

尽管将弗里德曼的新泽西背景与他的“每个人都被纯粹的自我利益动机所驱使”的前提假设联系起来是一个玩笑，但利己主义美德与利他主义罪恶之间的强烈客观对比则不仅仅是鸡尾酒会上的陈词滥调。在《地球的震栗》中，兰德制造出反利他主义的事件，因为就像她通过汉克·里尔登的眼睛看到的那样，利他主义需要牺牲。兰德攻击了两种观点：精神的神秘家和身体的神秘家。里尔登说：

> 自私自利——双方都说——是人的罪恶。人的美德——双方都说——是放弃自己的个人需求，是拒绝自己，否认自己和投降；人的美德是否定他自己的生活。牺牲——双方都说——是道德的本质，是一个人所能实现的最高的美德。④

尽管弗里德曼对晚期新自由主义哲学家和小说家的评价很高，但他也发现，兰德的一些弟子所秉承的空论家的信仰让人无法忍受。[一度是货币主义者的艾伦·格林斯潘（Alan Greenspan），这位福特（Ford）总统当政时的经济顾问委员会主席，后来是里根（Reagan）、乔治·沃克·布什（George Walker Bush）、克

---

① 马歇尔·杰文斯：《边际谋杀》，11 页，新泽西州格伦山，托马斯·H·霍顿和多特斯出版公司，1977。

② 艾·兰德：《给新知识分子的艾·兰德哲学》，62～63 页，纽约，兰登书屋（New York，Random House），1961。

③ 艾·兰德：《地球的震栗》，480 页，纽约，兰登书屋（New York，Random House），1957。

④ 同上，1027 页。

林顿（Clinton）和乔治·W·布什（George W. Bush）执政时的美联储主席，就是兰德的一个“忠实”信徒。]

280 就像本来应该的那样，弗里德曼可不是一个简单而又不知廉耻的自由市场的支持者。约翰·肯尼思·加尔布雷斯（John Kenneth Galbraith）称弗里德曼是“20世纪最具影响力的经济学家”。像加尔布雷斯一样，弗里德曼也是一位政治参与者。像保罗·萨缪尔森（Paul Samuelson）一样，他也为《新闻周刊》撰写专栏。1964年，作为参议员贝利·戈德华特（Barry Goldwater）的主要经济顾问，弗里德曼在一些至关重要的议案，如志愿兵、法律和秩序、限制政府支出、资本主义和个人主义的无限美化以及反对用小车接送跨区儿童等议案上支持了总统的意愿。弗里德曼在1968年尼克松当政期间重返政坛；此后，他成为罗纳德·里根的顾问，并经常被认为是一位保守主义者。

米尔顿·弗里德曼1912年出生在布鲁克林（Brooklyn）一个贫困的犹太移民家庭中。他的父亲经营纺织品批发生意，他的母亲在纽约一个压榨劳动力的工厂中做女裁缝，她的工作条件就像恩格斯（Engels）所描述的英国的工作环境一样艰苦。在他们全家渡过赫德森（Hudson）河搬到新泽西的雷韦（Rayway）之后，他的母亲经营了一家小的零售纺织品商店，同时他的父亲往返于纽约与雷韦之间继续着批发纺织品生意。在弗里德曼15岁时，他的父亲去世，只留下了很少一点财产供儿子读书。尽管在一个宗教环境中长大，但这个男孩到13岁时就已经对那些宗教事务完全失去了兴趣。[①]

弗里德曼最大的才能表现在数学和统计学上。1932年，弗里德曼从罗格斯（Rutgers）大学数学系和经济学系毕业，同时收到了布朗（Brown）大学（数学系）和芝加哥（Chicago）大学（经济学系）研究生入学通知。他来到了芝加哥，但由于缺乏资金，他在最初的学术生涯阶段就辍学了。当服务生所获得的低廉的收入，不足以支付他的学费开支。

弗里德曼转学去了哥伦比亚（Columbia）大学，这所大学给他提供了更高的研究基金。1941年他完成了博士学位所需要的工作，但他的博士论文一直耽搁到1946年才获准通过，因为他对医药行业出现的严格进入限制干扰了供求规律
281 的现象进行了批判，论文评阅者并不喜欢。这是弗里德曼个人碰到的最令人困扰的反对自由市场体系的敌人。

□货币与国民总产出之间的联系

弗里德曼作为经济学家的声望源于他对现代货币主义的发展。货币主义的教条包括：（1）由中央银行和政府主导的货币供给的变动是影响经济中支出总水平和经济活动的唯一可预测的因素；（2）任意形式的政府干预——对经济活动的管制、税收、支出和补贴——都会干扰基础结构，即自由市场的正常运行；（3）基

① 这几段有关弗里德曼的传记事迹，许多都来自于伦纳德·西尔克（Leonard Silk）的趣味小册子《经济学家们》，43～85页，纽约，基本图书出版公司（New York，Basic Books），1976。

于前述两点，用于保证长期充分就业和价格稳定唯一需要采取的政策，是监督中央银行每年保持货币供给增加 4 到 5 个百分点，一个大约等于经济在无通货膨胀条件下潜在产出的增长率。除了一些数学和统计上的细微差别，这听起来在所有的方面都类似于古典的货币理论。

弗里德曼关于货币主义的信条根源在于，他确信，凯恩斯主义经济学提供的是一种壮大政府、破坏私人企业资本主义的方式。但货币主义者主要针对财政凯恩斯主义和新古典凯恩斯主义采取行动，它们为那些害怕通货膨胀的人打开了攻击之门。接下来的一段时期，货币主义者的信念被一系列的经验所证实，因为人们发现货币供给与国内总产出的货币价值同向一前一后地运动。

从如下的关系中可以得出一种单向的因果关系：货币主义者看到，货币供应（M）使 GDP 的货币价值发生变动，然而凯恩斯的《就业、利息和货币通论》描绘出了这两个总量之间的相互关系。如果用箭头来显示因果关系的方向，那么，对货币主义者来说，M→GDP；而对凯恩斯来说，M⇆GDP。在 20 世纪 50 年代末期，货币主义成为反对凯恩斯革命（“反革命”）的一部分，因为弗里德曼对旧货币数量论用近乎诡辩的方式使其得到了广泛（或许是零售）的接受。

282 弗里德曼对交换方程的理解类似于阿尔弗雷德·马歇尔，或剑桥现金余额学说。在马歇尔看来，货币是填补在购买与销售时间之间的一种购买力，尽管是暂时的。弗里德曼的观点类似于马歇尔，也是基于对货币的交易需求：随着收入的增加，人们倾向于持有成比例的更多货币用于购买更大价值的商品和服务。依照这种观点，货币处于休息而不是运动状态。人们持有的货币数量取决于制度安排使人们更容易还是更困难地获取他们在银行的存款。

正如我们已经知道的那样，货币的周转率（V）取决于货币需求的稳定性。但影响资产流动的制度改变或是金融工具的创新，都可能改变这种稳定性，甚至能改变货币概念本身。一旦持有货币的需求相对稳定，那么就只有货币供给的改变才能引起价格的改变了。我们必须尽快指出，只有在货币供给对实际国民收入没有影响的条件下，以上结论才能成立。在弗里德曼的说明中，对货币的需求包括 V，都能发生改变。这种改变是必然的（另一种货币需求“稳定性”的定义），于是，价格改变仍然能从货币供给运动中预测出来。①

通过这一理论可以得出一个对通货膨胀简单而“具有预测性”的等式。用价格变动的百分比表示通货膨胀，则：

$$\frac{\text{通货}}{\text{膨胀}}=\frac{\text{货币流通速度}}{\text{变动的百分比}}+\frac{\text{货币供给量}}{\text{变动的百分比}}-\frac{\text{实际国民收入}}{\text{变动的百分比}}$$

假定实际产出和国民收入以生产能力完全利用条件下的速度增长，并且流通速度如气垫船般平稳，那么以价格百分比表示的通货膨胀就只与货币供给增长率是否超过生产能力充分使用状态下实际产出增长率有直接关系。

凯恩斯把货币对私人经济中实际收入的影响看做是间接的，这种影响是通过

① 相关的细节和相关阐述，请参见米尔顿·弗里德曼：《货币分析的理论框架》，载《政治经济学杂志》，第 78 卷，193～238 页，1970；以及《弗里德曼理论框架研讨会》，载《政治经济学杂志》，第 80 卷，837～950 页，1972。

利率变动和投资来实现的。而货币主义者则将任何一种对产出的影响看做是直接
283 而短暂的。这些短暂的产出干扰来自于家庭对所有资产构成，包括工资和服务所进行的调整。因此，这个诡辩的理论要集中说明资产负债表或“投资做组合”框架中的货币需求。这种简洁明了的陈述是一种凯恩斯式的（但不是凯恩斯主义的），它把货币看做是一种财富，也即一种资产。

货币主义者用相当僵硬的手指指向了一条单行线：从货币供给到 GDP。货币供给的这类变动必须来自于经济体系“外部”。如果仅仅是商业信贷和私人银行体系就会增加货币供给，那么生产者的活动就会改变货币供给而无需绕道行动，“内生的”货币供给增量加大了生产者的销售收入。相反，对“外生”货币供给的增加，弗里德曼设想成类似有一架直升机正在空中向高举双手的市民们撒钱。这对应着政府印制和输送钞票的系统。经济学家称它为外生的货币供给改变；而评论家则叫它“直升机撒钱”。

在货币从天而降之后，货币供给水平比公众所需要的现金余额要高。因此，公众必须重新安排他们的资产组合以便使收益最大化；这些“不想要的货币”会被用于换取更多的商品、更多的股票、更多的证券和更多的存款。如果对商品和服务的需求增长的话，价格也会随之增加。如果人们预期价格会持续上涨（无疑是因为公众相信货币数量理论而增强了的预期），那么对商品和服务的需求也会增长得更快。因此，你已经看到，满天撒钱是如何引起 GDP 的货币价值随之飙升的。

对实际产出需求的膨胀是暂时的，因为无所不能的个人将消费计划建立在他们的“永久性收入”之上，即他们预期在其有生之年所能获得的收入。按实际量计算，长期内的情况在很大程度上已经确定下来。但对价格水平而言，那就是另外一回事了。

理解货币主义这种极端的叙述相当容易，但对作为媒介的交付系统却未必能
284 够做到。当货币仅仅依靠生产者和私人银行的相互影响创造出来时，这个描述就失去了吸引力。后面的故事必须按如下方式大致发展下去。当私人货币被用于私人目的时，通常是用“最恰当的”数量去做“合法的事情”。因此，私人创造的货币供给就恰好足以满足生产需要，而且在货币主义看来，工会和企业在通货膨胀中也毫无过失可言。

同年（1970 年），弗里德曼给出了有关货币主义教条的重要总结；他发现，政府支出可以说明 GNP 的 32%，而在 1960 年，仅能说明其中的 27%。6 月 17 日，弗里德曼的密友，当政的尼克松总统发表电视讲话，要求工商业和劳动者自愿削减工资和利润所得，以便结束通货膨胀。总统承诺不实施直接的工资和价格管制，但他下令成立一个新的委员会，希望寻求提高劳动生产率的办法。总统并没有提到货币供给。这段时间内的情况似乎与弗里德曼的计划要求的条件相去甚远，而且总统的政策也不全是来自弗里德曼主义。

12.5 弗里德曼的菲利普斯曲线

我们可能会问，关于通货膨胀与失业之间的关系，弗里德曼的看法是什么？弗里德曼轻描淡写地解决了通货膨胀与失业之间的两难政策选择问题，即抛弃菲利普斯曲线。

回顾一下经济当事人的无所不能。由于对通货膨胀具有完全预期，货币主义者认为，在长期内根本就不存在失业与通货膨胀之间的交替关系。他们的结论来自于自然失业率——一个基于古典主义/新古典主义有关劳动力市场（按实际量）完全调整的思想。自然失业率是指完全竞争的劳动力市场中所出现的失业率。任何自然失业率水平之下的失业率都会导致通货膨胀，至少据说是这样。

如果警惕的工人预期会有一个剧烈的通货膨胀，那么他们就会要求更多的工资。因此，任意预期到的通货膨胀增长都会伴随着工资相应地增长相同的百分
285 比，从而使最终实际工资率保持不变。当实际工资率不发生变动时，就业率进而失业率仍然保持在自然失业率水平上。只有未预料到的通货膨胀才会导致失业率暂时降低到自然失业率水平之下。在长期，通货膨胀被充分预期到，因此，在通货膨胀与失业之间没有交替关系。

对通货膨胀的预期无疑是一个可能通过自身实现的预言，因为消费者和零售商都会囤积商品来应对未来的价格上涨。然而，稍微考虑一下你会知道，这并没有告诉我们通货膨胀在最初阶段是如何开始的。

12.6 弗里德曼对通货膨胀的预测

根据弗里德曼的理论，政策建议取决于预期。例如，在牛顿学说中，正常的人根据接近程度来判断因果关系。在一个大雨滂沱的雨天你去打高尔夫球；你的搭档在第二次击球时就把球打到了离 4 杆洞只有几英寸的范围内。由于兴奋，她在空中挥舞着手中的一号球杆，这时一道闪电划过俱乐部上空，她摔到了。作为一个颇有心得的牛顿学说爱好者，你假设是突然的闪电导致同伴摔倒在地。她也许是失足，也许是患有严重的心脏病，但不管真实情况如何，你都不会假设她导致了闪电的发生。因果之间不会混淆，但在特定场合可能会出错。用弗里德曼的话来说就是：

> 经济学中也许没有任何一种经验关系能像货币存量和价格的实质性变动之间的关系一样，能在如此广泛而多样化的环境中被一致性地重复观察到；其中一个变量与另外一个变量不变地联系在一起且保持相同的方向；我怀

疑，这种一致性与构成物理科学基础的那许许多多的一致性具有相同的秩序。①

286 没有人能再给坚固的科学带来如此强烈的冲击了：弗里德曼的言辞是“晴空”中的一道霹雳。然而，货币供给与GDP之间并不像闪电与高尔夫球手之间的关系那样简单。GDP与货币供给一起运动，所以没人能确定到底是货币供给促使GDP发生变化，还是GDP促使货币供给发生变化。就预测而言，弗里德曼认为，我们没有必要弄清楚哪是因哪是果。无知有时是一种福气，即使是在高尔夫训练中！

高尔夫球手“导致”闪电发生，这绝没有可能。假如打高尔夫的人将一号铁杆高高地举向天空，弗里德曼的结论可能会得到资深高尔夫教练李·特里维诺（Lee Trevino）的支持，他声称：“即使是上帝也无法击中一号铁杆”。货币供给→GDP的预测得出了一个令人震惊的政策结论：应该有一个立法规则来指导货币供给的年增长率，以便将其从中央银行不确定且不娴熟的人为操控中解脱出来。当然，这个政策建议的前提假设是一条单行的因果定律，那就是货币供给→GDP。弗里德曼对货币当局的智力测验就是他们会接受他的思想。

12.7 货币主义和大萧条

对货币主义预测能力是否可信的另外一个测试是它对大萧条的解释能力。欧文·费雪（Irving Fisher），弗里德曼货币主义交换方程的先驱，不仅不能预测大萧条，也不能预测1929年的大崩溃。甚至在1929年的大崩溃之后一直到1930年5月，他的乐观主义仍不受任何影响，“现今相对温和的周期性衰退与1920年到1921年的严重萧条比起来就像雷雨和台风之间的差别一样。”② 他并没有提及打高尔夫的人与闪电之间的因果关系。后来，完全是放马后炮，现代货币主义者把货币供给的崩塌看做是大萧条的诱因。

287 根据弗里德曼和安娜·施瓦茨（Anna Schwartz）共同完成的一项不朽的研究显示，银行破产导致了大萧条。③ 然而，因果关系的链条还要更长。农产品价格下降和农场破产导致了密苏里州、印第安纳州、艾奥瓦州、阿肯色州和北卡罗

① 米尔顿·弗里德曼：《最优的货币数量》，67页，芝加哥，阿尔丁出版公司（Chicago，Aldine Publishing Co.），1969。

② 卡瑟林·M·多明格兹（Kathryn M. Dominguez）、雷·C·费尔（Ray C. Fair）、马修·D·夏皮罗（Matthew D. Shapiro）：《对大萧条的预测：哈佛与耶鲁》，载《美国经济回顾》，第78卷，607页，1988。为了对费希尔公平一些，我必须申明，多明格兹、费尔和夏皮罗也不能使用哈佛和耶鲁大学经济学家那时能用的数据或者在20世纪80年代能用的数据来预测大萧条。在这些预测的尝试中，货币供给的行为都是没有用的。然而，这些经济学家并没有使用能体现经济结构的模型。

③ 米尔顿·弗里德曼和安娜·J·施瓦茨：《美国货币史：1867—1960》，新泽西州普林斯顿，普林斯顿大学出版社（Princeton，New Jersey，Princeton University Press），1976。

来纳州的银行破产。[①] 如果这些破产还不足以导致恶果发生，那么之前提到的纽约的美国银行破产则使得人们在惊吓之余，将存款兑换为现金。接着其他的银行也开始经历存款被挤兑的痛苦。

这些企业的破产导致货币供给从 1929 年到 1933 年减少了 1/3。由于估计到了存款抽逃所产生的恐慌，银行会减少贷款，从而进一步减少了货币供给。可以利用的消费信贷和投资信贷消失了，就像展现在借款人眼前的海市蜃楼一样。当然，经济陷落让借款看起来就像骆驼出现在竞技表演中那样引人注目。形势只会每况愈下。货币供给的自主减少造成萧条，而萧条也让货币供给更少。

除此之外，如果我们寻求争论中理论上的完美，那么应该说，大部分货币紧缩都是“内生性的”，并不是货币主义者所依赖的“直升机货币”或者“外生货币”。尽管如此，货币主义者对美国联邦储蓄银行在大萧条期间的行为提出的批判是目标明确的；无论什么时候美联储要在做最好的事情和做最坏的事情之间进行选择，它总会做错选择。

12.8 新古典主义

正如我们所知道的那样，米尔顿·弗里德曼并不是货币主义的终结者。20 世纪 60 年代末和 70 年代初，正当新凯恩斯主义者与滞胀进行艰苦卓绝的斗争之时，少数经济学家正在忙于基于潜在地毁坏凯恩斯主义思想的现代货币主义来构建一种理论。一种被称为“理性预期”的东西，开始在很大程度上改变着经济学家思考宏观经济学的方式。首先，让我们来看看这个新游戏的参与者。

288 ### □竞赛的参与者

一旦新古典学派开始行动，理性预期就变得流行起来了。约翰·穆思（John Muth），卡内基-梅隆大学商学院的一位谦逊、长相平凡的教授，1961 年将理性预期引入到了“农场俱乐部”或商品市场，但被忽略了长达 10 年之久。[②] 然后，罗伯特·卢卡斯（Robert Lucas），曾经是穆思在卡内基-梅隆的同事，将理性预期从农产品市场带到了宏观经济学中。对宏观经济学来说，这开创了一个全新的局面。

卢卡斯 1964 年从芝加哥大学毕业，1995 年获得诺贝尔经济学奖。卢卡斯深受米尔顿·弗里德曼和现代货币主义者的影响。事实上，喜欢交际且严于律己、

① 这一观点在彼得·特明（PeterTemin）的经典著作中被发展出来。参见彼得·特明：《货币力量导致了大萧条吗?》，纽约，诺顿出版公司（New York，Norton），1976。

② 这场运动最先开始于约翰·F·穆思：《理性预期和价格变动理论》，载《计量经济学》，第 29 卷，315～335 页，1961（7）。

英俊潇洒的卢卡斯1975年回到了芝加哥大学任教，现在在哈佛大学任职。尽管1969年他与后来成为左翼激进主义者的已故经济学家伦纳德·拉平（Leonard Rapping）一起介绍了新古典的劳动力市场，但在3年后，卢卡斯描绘出了理性预期对宏观经济学的深刻含义。①

在一系列的文章中，卢卡斯宣称，凯恩斯主义宏观经济学中有无法掩饰的瑕疵。这些批判吸引了一批年轻的数理经济学家。托马斯·萨金特（Thomas Sargent，哈佛大学，1968），一个同卢卡斯一样谦和安静的经济学家，与尼尔·华莱士（Neil Wallace）一起直率而又清晰地指出了凯恩斯主义财政政策和货币政策有效性的“神话”如何被理性预期的重磅炸弹所炸翻。②

在一次专题研讨会上，卢卡斯讲述了下面有关萨金特的故事：“汤姆表明了一些看法，但演讲者好像并没有理解。汤姆……在研讨会的余下时间里什么都没有说。研讨会结束时，他向演讲者递了一张小纸条，上面有一连串的等式。他说：‘这就是我试图要说明的。’……演讲者说：‘这是萨金特谈话的思想’并笑了出来。”③

其他一些对他们的理论看似毫无破绽的逻辑做出贡献的新古典经济学家包括贝尼特·麦卡勒姆（Bennett McCallum）和罗伯特·巴罗（Robert Barro，哈佛
289 大学，1969），其中巴罗放弃了非均衡模型，转而接受新古典的均衡模型；还有罗伯特·汤森（Robert Townsend）、萨金特和华莱士在明尼苏达大学的学生，他们带来了救生艇式的创新。

尽管这些经济学家带来了一些无谓纷争，但大部分新古典的提议都与古典经济学一样古老（因此而得名），也与现代货币主义一样新奇（因此而引人入胜）。新古典主义者也是自由放任型的经济学家，他们假定经济中的相关模型来自货币主义。然而，新古典主义者们比货币主义者更极端，反对政府政策也更坚决，几乎令人不敢相信。

20世纪70年代的滞胀，使新凯恩斯主义者脱离主流的同时使得货币主义者重返正常的轨道，也为理性预期和新古典主义提供了强大的动力。不出所料，新凯恩斯主义者用经济周期和失业来反对新古典主义的均衡，提出了非均衡理论。特别是，新凯恩斯主义者看着新古典主义者自身也出现脱轨，因为他们对1981年到1982年出现的高失业和20世纪30年代的大萧条没有任何解释。

这些人都是竞赛的参与者；现在，比赛正式开始。

① 参见罗伯特·E·卢卡斯、伦纳德·A·拉平：《实际工资、就业和通货膨胀》，载《政治经济学杂志》，第77卷，721～754页，1969（9）。

② 例如，参见托马斯·J·萨金特、尼尔·华莱士：《理性预期和经济政策理论》，载《货币经济学杂志》，第2卷，169～184页，1976（8）。

③ 直接引自阿加·克莱默（Arjo Klamer）：《与经济学家的对话》，34页，新泽西州托托华，罗曼和阿兰赫尔德出版公司（Totowa，New Jersey，Rowman & Allanheld），1984。

12.9 理性预期竞赛

预期，尤其是对未来通货膨胀率的预期，对新古典学派来说至关重要。凯恩斯主义者甚至是新凯恩斯主义者都是通过回顾过去的价格变化来获取预测未来通货膨胀的线索。新古典主义者则认为这种观点不仅落后，而且天真和不完善。一个司机如果只从后视镜观察形势，那么他就会在一条壕沟里翻车。

新古典主义阵营包括那些极其睿智的经济学家，他们在每一个有必要的地方，向后、向前、向下、向上，在每块石头上、每根树枝下，在每一个可能的地方寻求未来。这些异常机敏的人懂得并且恰当理解了他们所看到的任何东西。

290 当这样的人犯了错误的时候，他们会思考这些错误，如果有必要，他们会纠正自己的行为以便消除错误中的规律性。理智的司机不仅会聚精会神地注视前方，而且一旦出现了拐弯错误之后，他们的纠错能力会使这种错误或打错方向盘这类事情基本上不会成为未来决策（例如继续在路上行驶）的重要相关变量。人类的陀螺仪在具有随机特征的错误边界范围内是自我修正的。

当然，所有的一切都从穆思的观点开始。穆思指出了人们应该怎样基于所有可利用的相关信息形成他们的预期，而不是仅仅依靠过去的价格形式来推断未来。人们可以明智地以很小的成本来利用这些信息。另外，如此形成的预期与那些从相关经济理论中获得的预期本质上是一样的。例如，工人会利用任何他们所拥有的关于所有替代品的当前价格信息来确定价格水平。于是，理性预期假设就成立了。

这里有一个具有讽刺意味的故事。当卢卡斯努力回顾他的前辈凯恩斯主义形成预期的方式，以便找到更有远见的预期基础时，他发现了穆思的假定。如果经济学家像卢卡斯假定的那些工人一样有远见的话，那么他们应该会在未来发现理性预期！后来，穆思宣称，他的理性预期只适用于微观经济学现象，但却被新古典主义者错误地应用于宏观领域①（新古典主义者拒绝相信穆思在虚度青春）。

12.10 自然失业率和自然产出率

新古典主义假定，所有的人都会出于自身的利己动机实现最优化，并且市场总是出清的。这个理论的构成要件也是很清楚的。新古典主义拿来了亚当·斯密（Adam Smith）古老的市场机制，加入了少量从保罗·萨缪尔森《经济分析基
291 础》那里得来的最大化原则作为食材，搅入了现代货币主义的政策变量，并将理

① 参见约翰·穆思：《变量模型中的一个错误》，载《东方经济杂志》，第11卷，261～279页，1985（7）～（9）。

性预期作为调味酱拌入而成。[①]

由于新古典主义始于弗里德曼的自然失业率思想，所以关键要出清的市场是劳动力市场。**自然失业率**是指当劳动需求量与供给量在均衡实际工资水平（名义工资剔除价格水平的影响）上相等时普遍存在的失业率。工人必须在考虑到价格水平的基础上有一个正确的预期，这样，他们的实际工资率才是他们所期待的水平。

由于自然产出率和自然就业率依赖于生产要素的供给和技术——所有供给方面的因素——它们与总需求水平无关。名义变量可以以台风般的速度在实际变量的核心周围旋转，但无损于实际变量的基础。从这一点上看，这里的劳动力市场非常类似于古典学派的劳动力市场。

□预料到的通货膨胀

理性预期是如何改变古典学派劳动力市场观点的呢？蓝领工人将对通货膨胀的预期建立在货币主义的模型之上。假定美联储董事会最近几周正受到高失业率的困扰。美联储主席，无疑是一个新凯恩斯主义者，认为增加货币供给会导致更大的产量和更低的失业率，同时基本上不会引起通货膨胀。

如果边际的一个蓝领工人（在周一去上班的火车上）得知了美联储主席即将在公开市场委员会周二的例会上宣布，货币供给将会增加，那么这名理性的工人就会预期价格水平上升。更多的货币供给推动经济中的总需求，而总需求——在特定总供给的情况下——又会导致价格水平急剧上升。这就是说，工人处理他们有关货币供给信息的方向与货币主义者是一样的。

292 火车到站时，边际工人已经做出了一个关于未来实际工资率的正确估计。当然，新的预期实际工资将会更低，因为价格水平会更高。由于预期可支配工资更低，所以工人会在工厂门口向后转，然后返回到火车站，重新坐车回家。由于预期实际工资率会急剧下降，所以边际工人也相应地减少了劳动服务的付出。

如果足够多的劳动者处在做出决定的边缘，那么雇主将不得不提高工资或者面对一个萎缩的生产量。因此，雇主会选择提升工资以保持产量，因为在价格水平上涨之前，维持产量不变是实现利润最大化的最佳选择。由于边际工人存在于各行各业，因此，一般工资水平会上涨，工人的实际工资会保持不变。由于美联储的扩张性货币政策很有效，所有的边际工人会做出同样理智的选择，最终导致整体性的后果。

结局主要取决于通货膨胀是否能被预期到（如上所述）。当通货膨胀被完全预期到时，对有效信息最理想的使用，导致基本上不会出错。由于劳动供给变少，商品的总供给降低。但仍然给价格水平增加了更多的向上压力，而劳动需求

① 在赞扬萨缪尔森《经济分析基础》时，卢卡斯说："……我喜欢萨缪尔森的著作。他将那些似乎永无尽头的无法理解的言语表达以这种方式结束：将问题可以解答的方式即把这些问题用公式加以表示，然后去寻求答案。"（克莱默：《与经济学家的对话》，49页，新泽西州托托华，罗曼和阿兰赫尔德出版公司，1984。）

也会不断增长。面对着由于价格上升（由货币供给增加引起）导致的实际工资更低的可能性，那些边际工人将会要求名义或者说货币工资上升相应的比例。尽管所有的劳动供给和劳动需求曲线都在向前或向后不断运动，但当职业介绍所中进行的讨价还价尘埃落定时，被雇用的工人数量将会恰好停留在它最开始的位置上。当货币工资与更高的商品价格按比例上升时，劳动力市场将会在与原来相同的均衡实际工资和均衡就业水平上再次出清。

如果就业水平保持不变，那么产出水平也就不变。因此，最初令人振奋的商品总需求的增加最终完全被总供给等量下降所抵消。这是厂商对高货币工资带来
293 高生产成本的一种正常反应。所有这一切都迅速发生。

尽管不多，但拍卖市场仍然存在。约翰·斯坦贝克（John Steinbeck）在《愤怒的葡萄》一书中描绘了 20 世纪 30 年代具有拍卖特征的移民劳动力市场。100 个工人来到一家农场，但这家农场只能提供 10 份工作。于是，农场主会让工资一再下降直到恰好有 10 个人愿意在该工资水平上工作，而其他的人愤怒地说着“简直欺人太甚”，然后继续着他们寻找工作的历程。

理性预期以及拍卖式的劳动力市场总是出清，对宏观经济政策有着强烈而又清晰的暗示。预料到的总需求政策行为对实际产出和就业没有任何影响，哪怕是在短期。实际变量，例如产量、就业量和技术，对需求管理政策的系统性变动毫无反应。我们提及系统性变动，是因为一些高度不稳定的经济政策会愚弄所有的劳动者——至少在一段时间内，使他们未能保留自己的劳动或不能要求雇主支付更高的货币工资，直到他们有足够的时间去认清这个新的政策阴谋。

货币供给的增加或许能够被预知，因为这些内容经常被一些大嘴巴的官员提前告知或被“高水平但不知名的消息来源”所泄露。或者因为货币供给遵循系统规则，人们很容易就能预知到。

表示通货膨胀与失业率之间存在交替关系的菲利普斯曲线在形状上看起来与现代货币主义的毫无差别。这里，你会再次发现，最终（弗里德曼所说的长期，可以是任何时间）工人的名义工资增长会正好抵消通货膨胀中的增长。失业率就会自然回落到它的自然水平。

新古典主义的菲利普斯曲线只是在一点上与弗里德曼有所区别。在预计到通货膨胀的情况下，工人的行为和价格及工资的变化全部立即发生。所以，对新古典主义的菲利普斯曲线来说，短期和长期并没有什么区别。返回自然失业率水平的变动非常之快，因此它在短期和长期都一样。马拉松赛和百米冲刺综合在了一起！

294

□未预料到的通货膨胀

未预料到的货币供给增加（一个货币冲击）或其他原因导致的未预料到的总需求增加，其最初的效应是不同的。想象一下以下事件的结果。一连几周，联邦政府的“内部人员”告诉《华尔街日报》的记者，通货膨胀期间美联储主席非常担心通货膨胀（事实上主席的确经常这样）。政策改变的前一天早上，美联储主

席甚至还视察了通用汽车公司的工厂，并且全程录像。随着摄像机的转动，美联储主席宣布："联邦公开市场委员会今天建议纽约联邦储备银行出售更多的国库券，目的是通过银行体系紧缩货币供给。我们必须阻止这次通货膨胀，否则，它就会毁掉我们的社会。"

与此同时，在一个偏远地区的工厂里，通用汽车的管理者正盯着电视机，观看美国有线电视新闻网上威洛·拜伊（Willow Bay）主持的金融在线。她宣布了金融市场上的这次狂飙行动，报道了纽约联邦储备银行大批量疯狂购买国库券的行为，提示出了美联储增加货币供给的信号。经常留意重要消息的劳动管理部门，也在喇叭上公布："联邦储备银行正在增加货币供给！"

真是一个意外！工人无疑会相信他们上当了。但美联储得到了想要的。美联储的董事们懂得抓住工人们心态失衡的重要性。如果政策改变被预料到，边际工人将会很快发现他们实际工资的锐减，然后他们就会抓起午餐盒，迅速离开工作岗位。于是，通用汽车的产量将会随着就业水平下降而减少。基于美联储信息的有效性，或者更确切地说，基于美联储的误导，工人不会估计到货币供给的增加。

于是，经济影响再一次在整个经济中传播。像以前一样，货币供给的增加会抬高总需求。随着价格水平持续上涨，对劳动的需求也会增长。在短期内，产量
295 和就业量迅速攀升。然而，与完全预料到的情况相关的一些其他改变并没有发生。劳动供给并没有减少，产品的总供给也没有萎缩。这些结果造成了凯恩斯主义和短期货币主义预期的情况出现。这是说，在短期内，货币供给的增加能达预期的效果：更多的工人走进工厂大门，同时更多的产品被生产出来。

然而，根据新古典主义林肯式的修辞手法，尽管你能在短时间（短期）内愚弄所有的工人，但你却不能一直（长期）愚弄所有的工人。当工人开始信任威洛·拜伊而不是联邦政府时，他们就会得到正确的信息。然后，工人就会按新古典主义所预料那样采取行动。于是，扩张性的货币政策就不会使经济中的实际变量发生改变了。

12.11 新古典主义的经济政策

从上文的叙述中，不细心的读者会认为新古典者主义者会故意选择错误的财政政策或货币政策。不是这样的；新古典主义者主张政策无效论。他们认为，系统的、可预测的总需求政策改变并不能影响实际产出和就业量。新古典主义认为，未估计到的总需求改变会在短期内影响产出和就业，但这种政策对宏观经济稳定起不到有意义的作用。为什么会这样呢？

让我们考虑一个让凯恩斯失去镇定的情况。自 1946 年以来，由于消费者信心不足，私人投资锐减。投资的下降又减少了总需求。产量会下降，价格水平也会回落。然后，对劳动需求就会减少到不能再少。

如果工人从威洛·拜伊的报告中听到了消费者信心低落的消息，他们就能完

全预计到，随着价格水平下降，他们的实际工资会上升。他们的劳动供给会增
296 加，导致货币工资更低。最后，货币工资和价格水平会下降至足以使就业水平和产量重返往日的水平。当需求冲击被预料到的时候，经济会自我修复。因此，没有任何必要去实施扩张性的货币政策或财政政策。

假定投资的锐减并没有被预料到。在工人没有做出任何反应的条件下，投资需求的下降会使得产出和就业下降。这时为什么不用扩张性的货币政策和财政政策来弥补投资支出的不足呢?

如果蓝领工人没有估计到投资不足，那么，联邦储备银行和白宫的经济学家同样也不会预测到，尽管他们的衣领颜色有所不同。政策制定者没有能力预先观测到投资不足，因此他们也就不能阻止这种不希望出现的事情发生。一旦企业减少投资，如果政策制定者预测到投资减少会继续下去，他们就可以拉动需求。但如果投资会继续减少，就没有必要实施扩张性政策，因为工人和厂商也都持有相同的预期。左右为难!

尽管新古典主义者走了另一条路，但却殊途同归，他们与弗里德曼到达了同一个终点。他们寄希望于一个货币增长比率来应对未预料到的货币供给的变动。那些意料之外的改变没有任何稳定经济的价值，而且还可能会使得经济偏离自然产出率和自然就业率的正常水平。与此同时，保持货币供给增长率不变会使通货膨胀率稳定下来。

对于财政政策，新古典主义者反对过量或飘忽不定的政府赤字支出。例如，托马斯·萨金特和尼尔·华莱士就尖锐地批判过里根政府庞大的预算赤字。不稳定的财政政策会导致不确定性，让理性的工人和厂商很难预测到经济的发展方向。萨金特和其他经济学家也认为，对于一个可靠（可预测）的无通货膨胀的货币政策来说，管制政府预算支出是很有必要的。

12.12 理性预期和真实世界

297 最终通向新古典主义宏观经济学的理性预期并被没有受到批判（包括穆思自己）。凯恩斯主义者和新凯恩斯主义者经常说：（1）人或公司像假定条件中那样明智地处理信息是不现实的；（2）假定人们用所有相关变量的信息来形成预期同样也是不现实的，因为信息收集很困难而且成本高昂（不像过去的经验那样廉价）；（3）每个人都拥有同样的信息会导致投机泡沫，而且这一泡沫紧接着就会破灭，这不是一个理性的结果。在基于20世纪80年代真实情况写成的小说《终身教授》中，约翰·肯尼思·加尔布雷斯揭示了当时的投机活动，并以嘲讽的口吻阐述了对理性预期的批判。

在这本小说里，年轻的哈佛大学经济学教授蒙哥马利·马文（Montgomery Marvin）创造了一种衡量股票市场上"过度"乐观和"过度"悲观的方法，构造出一个异常精确的非理性预期指数（IRAT）。他在股市中运用非理性预期指数而致富。"过度"是与理性预期相背离的，理性预期中所有的市场参与者都拥有相

同的信息，并同等有效地运用它。市场最终是有效的，因为所有的利润都会被发掘出来；没有人能够创造额外收入，因为它们早已经被创造了。换句话说，马文不应该有能力得到那些额外利润。

南海泡沫是20世纪20年代末的一场投机恐慌，那些兴高采烈的金融天才们交换着错误信息；从这一群体的错觉中，马文发明了非理性预期指数。他了解那些在20世纪20年代末帮助制造股市繁荣的人物炙手可热的名声。例如，“理查德·惠特尼（Richard Whitney），天才的哈佛俱乐部会员，坚信自己的经济敏感性，新证券交易所标榜的金融道德最高标准的象征，他悄无声息地进了纽约州新新监狱。”[1] 这段历史中显露出一项金融原则：“找出谁是这个光辉时代最伟大的
298 英雄，谁最著名，并投资于他最终垮台的结果。”[2]

当还在加州大学伯克利（Berkeley）分校读本科的时候，马文就认识到他需要一种能衡量在一家公司或者股票里获得快感的标准。马文首先估计了美国银行，这个银行业的神话。如果真实值是100，马文将他在银行里获得的快感的标准定为这个数据的两倍。远处旧金山金光闪烁、照耀着伯克利，马文和他的妻子玛洁（Marjie）发明了非理性预期指数。加尔布雷斯，这位在一篇文章中预测到1987年股票市场大崩溃的学者，正在嘲弄这些理性预期学者们。

马文在美国银行股票交易所谋得一个暂时职位。玛洁懂得：借入股票，以现价卖出，当股票价格下降时，将其回购，以赚取利差。这些利润出现得正是时候，这段时期里根政府正在对高收入采取减税政策，这使得马文得到了比其他任何时候都要多的大量现金。

到20世纪80年代中期，“欣愉症正在逐渐成为一种地方病，并普遍传播。”[3] 马文夫妇发现了指数交易，并开始使用在此之前想都想不到的杠杆。一段时间内，当伊凡·波埃斯基（Ivan Boesky）因使用内部信息而走下坡路时，马文夫妇尽量避免了任何不恰当的事情出现；他们是诚实的投资者。马文夫妇像往常一样慢跑，但在1987年11月19日股票市场大崩溃中他们已经变得非常富有了。

证券交易委员会（SEC）使事情产生了转折。它认定，推出非理性预期指数是市场违规行为。对于胜负已定的游戏而言，竞争是不公平的。非理性预期指数不仅赋予马文不公平的优势，而且那些跟随他的人也会获得他买卖的内部信息。因此，基于马文夫妇交易所产生的内部信息而进行的内部人交易清晰地显现出来——基于非内部人交易的内部人交易！市场失灵是人们理性地运用非理性的一个结果。

加尔布雷斯继续着对理性预期的讽刺。当证券交易委员会拒绝马文使用非理
299 性预期指数后，马文开始以随机游走的方式购买股票，通知证券交易委员会，并将自己的全部交易信息提供给报纸。马文那未曾减弱的名气足够吸引他人跟风。完全信息导致了单向投机，从而保住了马文的利润。即使对完全信息有效的运用

① 约翰·肯尼思·加尔布雷斯：《终身教授》，57页，波士顿，霍顿·米夫林公司（Boston，Houghton Mifflin），1990。

② 同上。

③ 同上书，83页。

也会点燃市场的激情！

理性预期主义者基于下面的理由对批判者其中包括加尔布雷斯给予了回应：(1) 由于模型中现实是以极其简化的方式被描绘出来的，因而，所有的理论和模型都是“不现实的”。根据理性预期主义者的观点，重要的问题是，哪种形成预期的方式是货币政策和财政政策的最好向导；(2) 人们以最优的方式形成预期，以使边际成本等于边际收益，这其中也包括了信息的成本。

尽管受到抨击，理性预期主义者将股票市场作为完全市场来测试他们的理论，因为没有人会有“内部”信息。那么，理性预期主义者又是如何对股票市场崩溃做出解释的呢？市场崩溃是一个“货币冲击”，而货币冲击又是“短暂的”。

就现实而言，新古典主义者从未做过错误预期或者经济中的其他冲击必然会很微小，因此在现实中，股票价格或者失业的波动可以很大。在处理如此巨量的错误和冲击时，货币和财政政策很可能无法起到积极的作用。

12.13 新古典主义与萧条

但是，有关真实世界的其他方面如何呢？对新古典主义而言，大萧条是其窘境的根源吗？罗伯特·卢卡斯指出，人们在 1929 年到 1933 年之间犯了很严重的错误。他说：

> 事后，有许多人希望不采取的决策已经付诸实施了。有很多人希望不应放弃的工作已经被放弃；有许多工作岗位人们并没有选择，因为他们认为工资太低。然而三个月后他们希望自己能获得那个曾经放弃的职位。那些失去工作的
> 300 会计师拒绝充当出租车司机的角色，但现在他们正坐在大街上看着自己的伙伴开着出租车。他们多希望自己当时接受这份工作邀请。人们一直在犯着这种类型的错误……我并不认为在经济周期中人们犯错是很困难的事情。[1]

因此，对卢卡斯来说，在 20 世纪 30 年代人们没有拥有很好的信息。然而，卢卡斯并不拒绝错误，只是强调人们不应该犯系统性错误。提及 1929 年到 1933 年，卢卡斯总结道：“如果追求个人利益且充满智慧的经济当事人确实一而再、再而三地犯着同样一个错误，那么我们就会想到这是因为获取信息出现了困难。”[2] 虽然如此，当理论是以每个人都具备理性而且拥有专业经济学家的信息作为基础，但却以信息失灵来解释大萧条结束时，我们确实会很容易感到迷惑。这一切会再次发生吗？

至于会计师犯下不接受出租车司机职位的错误，或者（推广一下）失业的出租车司机拒绝去卖五分钱一个的苹果，1933 年适合的职位选择与 1928 年当然是不一样的。不仅如此，工人显然会更加喜欢生活在一个做决定的环境更乐观向上

① 克莱默：《与经济学家的对话》，41 页。

② 同上书，40 页。

的社会中。更为重要的是，当失业大量存在时，并不是每一个人都能成为出租车司机——这些人可能是脑外科医生或大学教授——因为司机会比出租车更多，尤其是当没有多少人能付得起出租车费时。20 世纪 30 年代，理性的人都知道这些事实，但这些知识并没有多大用处。

罗伯特·巴罗为大萧条给出了一个货币主义解释。作为始作俑者的美联储在 1929 年到 1933 年间错误地采取了紧缩货币供给政策。巴罗也指出：“与新政相关的政府干预，包括大量的公共支出和直接的价格管制，阻碍了经济的复苏，不过 1933 年之后经济复苏还是很迅速。”[①]

301 虽然如此，新古典主义者似乎集体都对 20 世纪 20 年代和 80 年代早期的高失业率感到困惑。他们也许会赞同萨金特的说法：“我没法用一个理论来解释它，我也不知道其他能够完美解释大萧条的理论。这是一个非常重要但无法解释的事件和过程，我对此很感兴趣，也很希望能看到对它的解释。”[②]

如果理性预期主义者不能解释过去，毕竟事实的确如此，那么我们还能相信，在更加复杂的现代经济中边际蓝领工人还会以这样的方式以保证充分就业吗？那些被通用汽车公司和 IBM 解雇的工人会足够明智到去开出租车或者卖苹果，以此保住经济学家的工作并让他们继续对充分就业的奇迹侃侃而谈吗？

托马斯·萨金特确实对 1981 年到 1982 年的严重衰退给出过解释。他坚持认为，里根经济学制止通货膨胀的政策对公众来说不可靠。这就是说，公众预期货币紧缩会发生逆转，因为政府要为巨额预算赤字筹措资金。由于人们预测货币当局会转向，所以通货膨胀预期才不会为阻止庞大的失业而出现迅速的逆转。[③] 工人阶级为了自己的利益太精于算计了。

新凯恩斯主义者罗伯特·戈登（Robert Gordon）却没有这么乐观，他断言：“最终将会证明，1981 年到 1982 年间的衰退对卢卡斯-萨金特-华莱士命题来说就像大萧条对凯恩斯主义之前的古典宏观经济学一样致命。”[④]

12.14 实际经济周期理论

宏观经济学中一直困扰着罗伯特·巴罗的问题是：在微观经济学中，“经济当事人”总能最优化。由于个人能轻松并基本上无成本地了解到一切有关价格和货币的信息，所以，即使宏观经济中突然出现改变，他们也会实现最优化。巴罗
302 很难相信，国民收入的波动是个人对政策改变的错误反应所造成的后果。如果是

① 克莱默：《与经济学家的对话》，57 页。

② 同上书，69 页。

③ 托马斯·J·萨金特：《理性预期和通货膨胀》，34～37 页，纽约，哈珀和罗出版公司（New York，Harper & Row），1986。

④ 罗伯特·J·戈登：“运用货币管制来减弱经济周期：一套新的首要原则”，美国国家经济研究局工作论文，第 1210 号，25 页，1983（10）。

这样，那些反对政府制定稳定政策的经济学家就必须形成一个既有经济当事人最优化又能解释经济周期的新理论。实际经济周期理论看来实现了既定目标。[①]

在这些模型中，社会中充满了相似的人，因此其群体行为可以由一个代表性经济当事人加以解释。为了使经济当事人人格化，我们称他为鲁滨孙·克鲁索(Robinson Crusoe)。不同于小说中虚构的原型，这里克鲁索甚至没有同伴星期五(Friday)。克鲁索以最优的方式将他的时间配置于工作和闲暇，同时以最优的方式将其收入在未来消费和当前消费之间进行配置（很明显，他没有预期到能很快获救）。

一个冲击改变了克鲁索用来生产产品的技术。如果冲击是积极的，他的生产力会提高；与以前相比，他制作晚餐的速度提高了。如果冲击是消极的，克鲁索要做出与以前相同的晚餐，就必须更辛苦地工作。不管是哪种改变，克鲁索通过调整他的工作与闲暇以及未来消费与当前消费的配置来适应新的变化。因此，不管冲击是何种方式，他都能很快地恢复到最优状态。

实际经济周期理论真正让人震惊的是它得到的政策结论。国民收入和就业水平的波动来自于鲁滨孙·克鲁索对其经济环境改变所做出的反应。由于他的反应是最优的，哪怕政策制定者实际上能够做到，他们消除经济周期的任何变动对于克鲁索来说都是次优的。

如果政府通过增加税收来减缓过热的孤岛经济，那么克鲁索就会选择“更多的”闲暇——也许是每年划船去某个地方过几个星期。任何税收改变都会扭曲克鲁索其他方面的最优化行为。由于只有实际变量或者供给方面的变量会被考虑在内，所以货币供给的减少或减缓能被用于逆转通货膨胀，但对克鲁索的生产和就业不会产生任何影响。

简短地说，对货币主义和新古典主义而言，政策建议是一样的。通常，实际经济周期模型被看成是新古典主义模型的一个孪生兄弟。

303 对此的批判不能识别出任何一个经济范围内会导致衰退的“冲击”。任何一个行业的消极的技术改变（降低生产率）也许会被另外一个行业的积极的技术改变（通过使用电脑来提高生产率）所抵消。[②]对经济周期的这些解释看起来并没有多少道理，并且很多经济学家都认为鲁滨孙·克鲁索（和星期五）的故事原型更为真实：尽管船只失事令人震惊，但这并不是泰坦尼克号事件。

12.15 结论

凯恩斯主义的信息非常明确：凯恩斯主义经济政策对需求的抑制导致了短期

① 参见罗伯特·J·巴罗：《现代经济周期理论》，2页，马萨诸塞州剑桥，哈佛大学出版社（Cambridge，Massachusetts，Harvard University Press），1989。

② 对新的经济周期文献的一个批判性回顾，请参见N·格雷戈里·曼昆（N. Gregory Mankiw）：《实际经济周期：一个凯恩斯主义的视角》，载《经济学展望杂志》，第3卷，79页，1989。

失业，而对通货膨胀的持续并未有任何改善作用。即使是短期内有意制造的失业也会带来城市骚动、选举者报复、社会困难和人民不满。除非所实施的政策能改变经济结构，能像新古典主义理论中叙述的那样，否则就需要发明一个更精致的解决方案。

对货币主义者来说，没有任何问题存在。劳动力市场已经是完全竞争的了。如果白宫和议会不干涉私人经济，并且联邦储备银行遵循货币政策规则，那么自然失业率（不管它会是多少）就会出现，并且它也应该出现。

与货币主义者和凯恩斯主义者相反，新古典主义者从未对真实世界表现出强烈的兴趣。正如卢卡斯所言：“我们正在设计模仿人类的机器人，并且你能从中改掉的东西非常有限。”[①] 理性预期所要求的高水平的数学和统计学看起来对卢卡斯和萨金特很重要，用后者的话来说就是：“我欣赏各种各样文字带来的绚丽……我最近试图写作一些有关经济史方面不带任何方程的文章。这太难了。”[②]

他们说，对他们来说，建模仅仅是一个游戏而已，就像篮球赛。如果其他经
304 济学家，或者还有政策制定者，过于严肃地看待这个游戏，那是他们的问题。但是，如果别人将真实世界与游戏相混淆，结果就会导致经济困难，那么，受害者当然就不会喜欢他们手中的牌。

毋庸置疑，新古典主义完全相信，在没有货币政策和财政政策干预的情况下，自由市场能很快纠正所有的错误。如果是这样的话，当美国资本主义制度不能正常运行时，他们必定会觉得很沮丧。我能想象，一个新古典主义经济学家会做出与英国前首相安东尼·伊登（Anthony Eden）的父亲，威廉·伊登爵士（Sir William Eden）相同的举动。天气看起来会转好时突然下起了雨，此时，威廉爵士站在窗户前向乌云挥舞着拳头，并大声喊道：“就像您一样，我的上帝！”然后他转向上面仍显示“（天气）晴朗”的气温表，把它从墙上扯了下来，扔出窗外，并叫嚷着：“滚吧，你这个该死的笨蛋，自己看看！”[③]

① 克莱默：《与经济学家的对话》，49 页。

② 同上书，76～77 页。

③ 这个故事来自于克利夫顿·费迪曼（Clifton Fadiman）：《玩转数字》，克利夫兰，世界出版公司（Cleveland，World Publishing），1957。

第 13 章

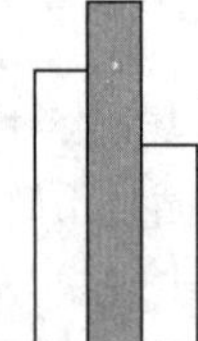

经济增长和技术：熊彼特与资本主义的运动

307 工业革命或工业进步的环境，是唯一能使资本主义存活下来的环境。

——约瑟夫·A·熊彼特(Joseph A. Schumpeter)，《经济周期》，第 2 卷，1961

尽管繁荣与萧条的交替已经成为资本主义的特征，但是其发展轨迹一般来说是向上的。对于实际产出历史路径的考察涉及对经济增长的研究，即实际产出随着时间推移而增长的速率。

我们从那些将凯恩斯《就业、利息和货币通论》扩展到经济增长的人开始，对经济增长进行简要讨论。较早起步的这些凯恩斯的追随者们不久就被新古典增长理论迎头赶上。对理论的偏好看来取决于长时期内观察到的经济的稳定性。在某些方面具有过人之处的就是约瑟夫·熊彼特的资本主义运动理论。作为与约翰·梅纳德·凯恩斯（John Maynard Keynes）生活在同一时代的人，熊彼特把自己看做是与凯恩斯相当的竞争对手。正如我们将要看到的那样，在许多方面，这并非自吹自擂。

13.1 后凯恩斯主义经济增长理论

308 罗伊·哈罗德（Roy Harrod），凯恩斯的朋友，从凯恩斯的经济周期理论引申出了一种经济增长理论。经过劳德·尼古拉斯·卡尔多（Lord Nicholas Kal-

dor）的扩展，这种较长期的动态观点已经与马尔萨斯（Malthus）、李嘉图（Ricardo）以及马克思（Marx）的观点达到了同等重要的程度。与卡莱斯基（Kalecki）和斯拉法（Sraffa）的构造相一致，在模型中任一特定行业中每台机器所需要的工人人数保持不变。工人与机器的这种组合方式是重要的："旧式"的资本对劳动的新古典替代重蹈了原模型的覆辙，但是正如它显示的那样，这并不长久。

哈罗德和麻省理工学院（MIT）的埃塞弗·多马（Esvey Domar）分享着表演舞台，他们戏剧性地表现着凯恩斯没有充分展现出来的东西。对于投资乘数，凯恩斯忽视了持续投资增大了工厂生产产品的能力，因为投资增加了机器和厂房的数量。因此，为了保证这种额外的生产能力，投资仅仅按固定数量增加一次是不够的。

在哈罗德-多马的观点中，投资更像是对"供给"的储备，就像在凯恩斯的观点中将投资作为需求的来源类似。这里，投资必须以一个足够的速度增长以产生足够的（倍增的）收入来购买（给定消费倾向）足够的商品，以保证有可供使用的设备和厂房。否则，厂房和设备不能被充分利用。IBM不仅需要建设和装备一个新厂房，它（或者是其他行业的另外一个厂商）还必须建设第二个厂房，以免只有一家厂房时对办公设备的需求不足。

哈罗德-多马思想的主论调听起来可能没有什么恶意，但是它却提出了有关资本主义未来的一个令人困惑的问题。投资，敲打着需求与生产能力之间决斗的五弦琴，一遍又一遍地演奏着资本主义内在不稳定的不和谐音符。一种变动但却稳定的经济依赖于一种不可能的切分音——需求与工业生产能力按同一速度扩张。于是，伴随着大萧条的挽歌，哈罗德-多马模型不情愿地继续演绎着资本主义阴暗的一面，朝着繁荣和萧条的周期性波动方向发展。

309 在卡尔多的后凯恩斯主义增长模型的观点中，资本主义的稳定性依赖于充分就业和有伸缩性的边际利润率。否则，经济将与哈罗德-多马模型指出的一样，会处于悬崖的边缘。投资增长进而总需求增长，将会提高利润率（和价格），从而减少消费；反之，投资下降进而总需求下降，降低了相对于工资的价格，并且因此带来了实际消费的增长。资本主义在充分就业时是稳定的。但是，如果将失业不时发作看做是资本主义主旋律的特征，那么任何理论（包括假定了劳动市场完全出清这种和谐的充分就业状况的新古典经济学）的作用都会非常有限。

13.2 新古典增长理论

一支美国经济学家的"小乐队"在20世纪50年代中期谱写了一曲新古典经济学的新乐章，其主旋律带有反对哈罗德、多马和卡尔多观点的倾向。其中的著名演奏家是罗伯特·索洛（Robert Solow）。[①] 站在前排的索洛和第二排的保罗·

① 罗伯特·M·索洛重要文章包括：《对经济增长理论的一个贡献》，载《经济学季刊》，第70卷，65～94页，1956；《技术变动与总量生产函数》，载《经济学和统计学评论》，1957（8）。

萨缪尔森放弃了资本与劳动以固定比率进行生产的论调，在重新演奏新古典经济学的增长乐章时，将利率和工资率都看成具有弹性，并且资本和劳动之间很容易相互替代。其中，资本与劳动之间的替代，取决于一个低利率是否有利于资本投资，或者一个低工资率是否有利于劳动者脱离站在后排的命运。这些替代足以证明，经济从来不会真正偏离它固有的路径。因此，资本主义稳定性面临的迫在眉睫的威胁被一种新的安排所化解。

新古典增长理论揭示了劳动工资与资本价格的变化如何促使资本主义经济保持在一个稳定的增长路径上，并以此来抚慰哈罗德-多马-卡尔多模型的跟随者们那紧张的神经。经济可以被比喻为一个进行长距离的慢跑者，他从来不会改变步伐，然而却永远可以跑下去。直到 20 世纪 70 年代后期，新古典增长理论都一直统治着动态宏观经济学：这一理论与经济一样，具有与长距离慢跑者一样的持久力。

310 由于对经济增长理论做出的贡献而获得了诺贝尔经济学奖的索洛，最早也附和着哈罗德和多马留下的音调。他的不安来自于他们对储蓄率、劳动增长率以及所使用的资本与产出之间的比率由自然决定的这种运用方式。由于经济会出现一个不稳定的增长路径，所以资本主义的历史将是一段长时期失业恶化以及长时期劳动力短缺恶化交织的历史。更为糟糕的是，对于稳定增长，一个微小偏离就会被企业家行为无限放大。

索洛对于增长理论的主要贡献在于他引进了技术弹性的思想。对于预先要达到的总产出，工厂和设备可以存在着多种多样的组合。只是在选择之后，这种生产技术才变成固定的，就像事实上表现出来的那样。在生产中发挥作用的资本密集度会随着时间而发生变化，并且它是资本主义（或社会主义）经济高度灵活的根源。它表明，劳动投入的人均产出（劳动生产率）与储蓄率和投资率无关。更确切地说，它的增长在很大程度上只依赖于技术进步。

根据财政凯恩斯主义的说法，新古典增长模型具有实际意义。它提供了一个框架，在这一框架中宏观经济政策能够被用来维持充分就业。索洛的思想被写进了 1962 年的总统（肯尼迪）经济报告中。然而，不可否认的是，稳定增长依靠稳定的条件，这些条件在 20 世纪 50 年代后期和 60 年代早期很盛行。正如索洛所写的那样："不均衡增长的困难在于，在动荡的条件下我们没有，而且也不可能有一种真正实用的资产价格评估理论。"① 他是在 1987 年底的时候发表这些评论的，那正是 10 月股市大崩溃之后不久。

"增长核算"这种非常实际的思想源于索洛的经济增长过程的理论。经济学
311 家爱德华·丹尼森（Edward Denison）使用这一方法研究了美国的经济增长。②
1929 年到 1982 年间，美国的实际产出以年均 2.9%的速度增长。丹尼森的估计

---

① 罗伯特·M·索洛：《增长理论及之后》，1987 年 12 月 8 日诺贝尔演讲，载卡尔-格兰·麦勒（Karl-Göran Möler）编：《诺贝尔经济学奖获得者演讲集：1981—1990》，30 页，新加坡/新泽西/伦敦/香港，世界科学出版公司（Singapore/New Jersey/London/Hong Kong，World Scientific），1992。

② 参见爱德华·F·丹尼森：《美国经济增长的趋势：1929—1982》，30 页，华盛顿特区，布鲁金斯学会（Washington，D.C.，The Brookings Institution），1985。

说明，这些增长中的32%或者大约三分之一归功于劳动投入数量的增加。

增长的其他源泉就是那些能够提高劳动生产率的东西。丹尼森估计，增长中的14%可以归功于劳动力受教育程度的增加。接下来，资本形成对美国增长的贡献占不到五分之一。技术进步（索洛关注的焦点）对增长的贡献占28%。丹尼森把新的技术知识（例如，生产过程中使用机器人）以及新的商业组织方式（管理策略）都看做是技术进步。由于在一个给定的技术水平上，更多数量的投入似乎可以导致产出以更大的比例增加，丹尼森估计美国经济增长的9%来自于规模经济。最后，其他如气候对农业产出的影响以及工作中断等因素带来的净的负效应相当于经济增长的2%。尽管与索洛相比，丹尼森的增长源泉要稍微多一些，但是他的结论与索洛最初的估计并不矛盾。与中途上车的人力资本投资一起，技术仍然是资本主义增长的引擎。索洛总结道："虽然认识不算充分，但是我们已经了解到了一国经济是怎样增长的。"①

13.3 经济增长的历史问题

后凯恩斯主义和新古典增长理论为资本主义经济的历史剧提供了一曲不完整的乐章。产出组合以及生产它们的要素组合（技术）的确发生了改变。② 尽管在一个行业处于停滞期间，生产技术以及与机器使用相联系的劳动数量可能保持几年甚至十几年不变，但是其他行业可能正在进行要素组合的转变。钢铁业采用氧气转化过程的进度是缓慢的，但是电影制片厂采用动画过程却很迅速。很可能出现的情况是，任何新技术都会展示出不同的投入组合。例如，钢铁业的技术转变降低了钢铁生产中所需要的劳动投入量；但是电影动画技术却需要更多的劳动投入。

312 索洛当即意识到，技术是"具体化"在新的工厂、设备和工具之中的。然而，丹尼森并没有发现有关这种效应的任何证据。③ 在很长时期的增长数据中，投资支出的增长率越快，确实看起来会导致更快的技术进步。常识就能揭示这一点，因为实验室技术除非能在工厂生产过程中得到具体化，否则它什么也生产不出来。

事实上，从1850年到2000年，美国经济并没有按照一个稳定的步伐增长。其间，存在着衰退、货币恐慌、大萧条、20世纪70年代的大停滞以及20世纪80年代和90年代期间证券的过度投机。然而，在20世纪五六十年代的增长步伐还是相当稳定的。解释不同的时代可能需要不同的模型。进一步说，不仅索洛，

① 对索洛的一个采访，参见《挑战：经济事务杂志》，13页，2000（1）～（2）。

② 例如参见琼·罗宾逊（Joan Robinson）：《凯恩斯与李嘉图》，载《后凯恩斯主义经济学杂志》，第1卷，16～18页，1978。

③ 索洛不久就采用一个资本具有不同"年龄的"模型，用于说明技术的具体化过程。参见罗伯特·M·索洛：《投资和技术进步》，载K. 阿罗（K. Arrow）、S. 卡林（S. Karlin）、P. 萨佩斯（P. Suppes）主编：《社会科学中的数学方法》，加利福尼亚州斯坦福，斯坦福大学出版社（Stanford，CA，Stanford University Press），1992。

就连哈罗德-多马都不能声称自己为资本主义的动态学提供了一个完整的解释。

正如我们通过经济前景展望看到的那样，一些行业整体都在衰落，而另外一些则在快速发展，也有一些仅仅是在维持运转。新产品带来了新的工厂甚至是新的行业。个人电脑的广泛运用在15年前是不可想象的；不过，个人电脑业现在已是一个步入现代成熟期的增长行业了。在美国，纺织业正在衰落，而休闲业却在发展；哪怕衣服越来越少，人们也更愿意享受好生活。所有这一切都是为了说明，技术的种类就像我们在不同行业中看到的那样处于急剧变化之中。进一步说，高科技企业和那些利润更低从而工资更低的衰落、无效率的企业共存是一件不容易的事。那些采用落后技术的企业通过在新兴国家使用相同的技术、支付更低的当地工资并以较高的价格和利润进口商品，来避免利润下滑。这在全球经济中依然是人们的惯用手段。

那么，技术进步又是如何与国民收入增长相联系的呢？新技术保持着抽象状态——索洛纠正了这一点——除非它们以某种方式体现在新设备和生产过程之中。技术通过投资转移到工厂生产过程中。在这种方式中，国民收入用于真实资
313 本形成（投资）的份额越大，对技术变革的吸收就更为迅速。如果有关这种关系的证据很少，那很可能是因为经济学家是在没有路灯的路上观察所致。

当转而研究长期的时候，我们就会看到资本主义在历史发展的舞台上是如何剧烈地改变着经济周期的振幅的。为了获取进入这一舞台的入场证，我们转向一位几乎被完全忽视的伟大经济学家。

13.4 约瑟夫·A·熊彼特

约瑟夫·阿洛伊斯·熊彼特（1883—1950）与约翰·梅纳德·凯恩斯生于同一年，那一年卡尔·马克思恰好去世。直到今天我们才注意到他，因为只是在最近一段时间他的思想才赢得了一些新的正确而中肯的评价。这位与艾·兰德（Ayn Rand）同样自负、自认为胜过约翰·梅纳德·凯恩斯的奥地利学派第二代经济学家，他的思想将为始于一个凯恩斯主义的故事提供一个令人惊讶的结尾。

在较早时期，其他奥地利学派的学者详细阐述了用以巩固资本理论和企业家制度理论的心理学，他们更相信企业家在精力和智力方面要胜过大多数人。一般来说，以新奥地利学派对企业家制度的洞察，他们不仅把这些企业家看做精明的经济当事人，而且认为他们能够敏锐地察觉到“隐藏在角落里”的机会。尽管如此，这些人看上去狡猾多于创新，机会主义多于建设性。

熊彼特描述的企业家具有更多的实质含义。熊彼特把资本主义企业家的角色提升到了最高层次——资本主义发展的核心推动力。尽管如此，他仍然和马克思一样得出了令人沮丧的结论，那也就是，资本主义必然灭亡。但与马克思不同的是，熊彼特描述了资本主义内在自我毁灭的趋势，并从中预见到资本主义终将会被一个可操作的社会主义所替代。

314 无疑，熊彼特的悲伤更多的是建立在企业家的安乐死而不是资本主义本身之

上，即使能够获得重生也无法治愈的资本主义并没有在哪里出错。各种各样的研究成果不断从熊彼特的资本主义理论中产生出来，但是继承了奥地利学派衣钵的新奥地利学派始终与熊彼特保持着礼貌的距离，也许是由于他对马克思的崇敬与对资本主义未来的悲观看法交织在一起的思想。

熊彼特出生于摩拉维亚（Moravia，今斯洛伐克境内）特利希镇（Triesch）一个没有特别名望的中产阶级家庭，他是家中唯一的孩子，父亲是一个织布厂主，母亲则是一位内科医生的女儿。作为生活在奥匈帝国的具有许多民族典型特征的奥地利混合体，熊彼特在战前的维也纳贵族阶层的社会大环境中成长起来。

在他只有 4 岁的时候，熊彼特的父亲就去世了。从那以后，他令人敬重的母亲就独立抚养了他，她对自己和熊彼特都寄予了很大的希望。6 年以后，她嫁给了比她大近 30 岁的陆军上将马歇尔·西格蒙德·冯·科勒（Marshall Sigmund von Keler）。借助于他的“名望”，熊彼特获准进入了泰雷西亚姆（Theresianum），一所专门为贵族子弟设立的学校，从 1893 年到 1901 年在那里学习。泰雷西亚姆对熊彼特来说就像亨利·希金斯（Henry Higgins）教授对于伊莉莎·杜利特尔（Eliza Doolittle），除了熊彼特有着像希金斯一样的自负和坏脾气。

从 1901 年到 1906 年，熊彼特就读于维也纳大学，学习法律和经济学。在此期间，他在弗雷德里希·冯·维塞尔（Friedrich von Wieser，1851—1926）和厄冈·冯·庞-巴维克（Eugen von Böhm-Bawerk，他开创了“奥地利传统”）门下学习，同时也求教于当时最有才气的年轻的马克思主义者。路德维格·冯·米塞斯（Ludwig von Mises，1881—1973），维塞尔和庞-巴维克另外一位勤奋的学生，找到了通向英国进而是美国的道路。艾·兰德关注到了米塞斯的才华，并向她的哲学崇拜者们大力举荐。兰德的努力提供了冯·米塞斯与他潜在的听众接触的机会。

在奥匈帝国哈布斯堡（Hapsburg）王朝终结之后，维也纳被描述成地球上最惬意的城市，至少对那些如像熊彼特一样拥有天赋并受过教育的人来说是如
315 此。一直到最后，熊彼特表面上仍然是一位老学派中有教养、专制、以自我为中心的奥地利绅士，而这个老学派发现自 1914 年开始文明就没有多少进步迹象。

在欧洲大陆担任几个职位之后，1932 年，熊彼特到哈佛大学任职，并定居美国。尽管他也享有国际声誉，但与凯恩斯相比要相形见绌得多，因为凯恩斯的思想在大萧条期间占据了哈佛的统治地位。可以理解，所有对他与凯恩斯之间进行的令人反感的比较，都会让熊彼特过分敏感。

熊彼特外表上的快乐掩盖了他内心的沮丧。在维也纳，他曾经在西格蒙德·弗洛伊德（Sigmund Freud，1856—1939）的睡椅上度过一段时光，这也许对他们两人都有很大的好处。从外表上看，熊彼特是和蔼可亲而又骄傲自大的。他穿着骑士盛装，带着马鞭走上哈佛的讲台。在演讲开始时，他就会像一位奇特的脱衣舞女郎一样，一次一个手指，慢慢地摘掉他手上的马术手套，并把它横放在短马鞭上。尽管被赋予了权威发布的名号，但他的讲座仍然受到人们的普遍欢迎。

熊彼特又矮又黑，外表令人印象深刻，他经常说自己最大的志向是成为奥地利最伟大的经济学家、最好的情人和最杰出的骑士。而且，他说他已经实现了三分之二。因为很明显，熊彼特不是一位杰出的骑士，但他是一个对私通有着罕见

热情的浪子，并且他也已经宣称自己而不是凯恩斯是世界上最伟大的经济学家。他对床上和床下谄媚赞赏的追求明显是一种对自卑情结的示威或反抗。熊彼特患有慢性忧郁症、臆想症，还有一定程度的机能不全。很显然，他在试图隐藏他很少关心自己而同时又表现出很少关心别人。

在不同的时候，熊彼特分别扮演过杰出人物、种族主义者、反犹太分子、优生论者以及法西斯主义者，尽管从来都不彻底。他对普通哈佛大学学生也像他对最具天赋的学生那样尽心尽力。当哈佛大学因保罗·萨缪尔森是一个犹太人而拒绝为他提供职位时，熊彼特表现得十分愤慨。此外，虽然从未与他的第一任妻子
316 离婚，但这个具有贵族伪装的人还是与安妮·雷辛格（Annie Reisinger），一个只有他一半年龄的工人阶级女性相恋并于1925年11月结婚。悲惨的是，10个月后安妮在分娩过程中去世，而熊彼特的母亲在此之前的6月也去世了。他既是一个科学家又是一个浪漫主义者（尽管不像在维也纳时那般与众不同），并且从那以后，他实践着基于他逝去的第二任妻子和母亲而形成的个人宗教信仰。[①]

1948年，在心情最为阴暗、状态最为糟糕的时期，熊彼特当选了美国经济学会的会长；这似乎来得太迟了，两年后他就去世了。如果他能友好地将凯恩斯的思想应用于他的经济周期理论，那么他在当时经济学界的地位将会提高。然而，认定自己是一位伟大的经济学家，他顽固地拒绝接受这些思想。

熊彼特是一位不幸而又困惑的人，就像许多建立在自己情感痛苦之上但又取得非凡成就的历史人物一样。罗伯特·海尔布伦纳（Robert Heilbroner）认为，熊彼特的个人生活是与另外一种令人困惑的社会观联系在一起的。鼓吹精英统治的社会观使熊彼特这位幻想家，成为了他自己幻想的一部分。“这是他的自我证明。”[②] 现在我们就转而讨论他那无与伦比的天赋。

13.5 熊彼特的资本主义运动理论

在熊彼特的资本主义理论中，企业家是经济变革的推动者——一个比奥地利学派描绘的企业家个人更加引人注目的伟大角色。作为一个创新者，企业家不仅在利用价格运动；他们更创造了整个产业。这一英雄角色看上去更像富有骑士精神的骑士。这样一个浪漫角色更接近于一个行为残酷、作威作福的人——艾·兰德塑造并由加里·库珀（Gary Cooper）扮演的罗克（Roark）、里尔登（Rearden）以及高尔特（Galt）等人。

在《地球的震栗》中，艾·兰德描述了里尔登合金这种比钢更坚韧的新合金

① 对熊彼特充满痛苦和矛盾生活的深入考察，可参见罗伯特·劳伦·艾伦（Robert Loring Allen）：《敞开的大门：约瑟夫·熊彼特的生活与工作》，新布伦瑞克和伦敦，交易事务出版公司（New Brunswick and London，Transaction Publishers），1992；理查德·斯韦德伯格（Richard Swedberg）：《熊彼特传》，普林斯顿，普林斯顿大学出版社（Princeton，Princeton University Press）。

② 罗伯特·海尔布伦纳：《他的私人生活》，载《纽约书评》，31页，1992（5）。

的第一次浇铸过程：

317 他斜靠在立柱旁，注视着。一道（红色的）耀眼光芒，闪过他那充满色彩的、透着灰白冰冷的蓝眼睛，划向金属立柱的黑色网格和他那金灰色的头发，然后照到他风衣的带子和插着手的口袋。他的身材高大而又单薄；与周围的人比起来，他总是那么高大……这就是汉克·里尔登。①

里尔登是个企业家，文学著作中一位钢铁铸就的人，也就是熊彼特所说的超人。不过，熊彼特会把他的英雄描绘得很矮小。

熊彼特的超级英雄们的英勇责任是开辟新的行业，从而使资本主义在半个世纪里保持在趋势向上的发展路径上。熊彼特并不否认其他周期；存在着一个短暂的存货周期，需要 7 到 11 年的一个投资周期，也存在着一个由诸如蒸汽船、机车头或者汽车一类的突破性发明推动的长波周期。对熊彼特来说，资本主义经济中的各种周期，在 1929 年到 1933 年间很不幸地同时处于各自的谷底，这就导致了大萧条。②这三个周期到达它们各自最低点可以解释 20 世纪 30 年代的大崩溃。从 1929 年 8 月开始的衰退看上去是存货无法售出的结果；正如凯恩斯发现的那样，20 世纪 30 年代企业投资崩溃了；且曾经引领创新的汽车工业成为一个成熟产业，就此结束了一个长波周期。

在熊彼特的分析中，长波大致要持续半个世纪。熊彼特将开始于 18 世纪 80 年代、结束于 19 世纪 40 年代的第一个长波周期，与蒸汽动力和纺织制造业在英国的发展联系在一起。这一时期包括了工业革命（见第 3 章）。熊彼特将持续到 19 世纪末的第二个长波周期，与铁路和钢铁联系起来。它包括了强盗男爵时代。第三个长波周期，也许在 20 世纪 30 年代结束，是以电力和汽车的过度使用为特征的。③

318 然而，罗伯特·海尔布伦纳，熊彼特在哈佛大学的一位学生，认为熊彼特有关大萧条的看法是矛盾和含糊不清的。“在脱去了他那带有花边的长外套之后，（熊彼特）用他那带有浓重口音的英语告诉我们：‘先生们，对于资本主义来说，经济萧条是一种很好的冷水浴疗法’——这句话令人震惊的程度不仅在于人们难以想象萧条还有用处，而且事实上我们中几乎没有人知道欧洲人用这个单词（douche）来表示淋浴。”④对熊彼特来说，在萧条期间工业部门发生了“创造性破坏。”

在熊彼特所说的周期开始阶段，尽管有停滞，但是不存在萧条。在这种“瓦尔拉斯均衡”的稳定状态中，没有任何获得额外利润的机会；经济活动处于循环流动之中，并且系统可以自我再生。企业家，作为一个非凡的人，大胆地打破了这个循环流，将劳动和土地转向投资。由于储蓄对这些冒险家来说并不足够，所

① 艾·兰德：《地球的震栗》，28 页，纽约，兰登书屋（New York，Random House），1957。

② 参见约瑟夫·A·熊彼特：《经济周期》，纽约，麦格劳-希尔出版公司（New York，McGraw-Hill），1939。

③ 哈佛大学的西蒙·库兹涅茨（Simon Kuznets）获得诺贝尔经济学奖的部分原因可归于他与熊彼特合作证明了三个长波周期的历史细节。参见西蒙·库兹涅茨：《经济变动》，纽约，诺顿出版公司（New York，W. W. Norton & Co.），1953。

④ 罗伯特·海尔布伦纳：《他的私人生活》，载《纽约书评》，27 页，1992（5）。

以企业家必须获得作为资本家的那些银行家所提供的贷款。

由于有魄力和冒险的个人行为越来越多，创新就会蜂拥而至。这些创新包括建立新的生产过程、技术、组织形式以及产品等。即使遭遇到不情愿的人们，英雄的企业家也可以为其他不那么喜欢冒险的生意人的跟进创造有利的条件。这些活动带来了循环流量的增长，也为暂时成为垄断者的企业家精英带来了经济效益(超额利润)。这种生机勃勃的经济繁荣又被新收入的创造和消费所加强。

然而，这种繁荣会反过来限制创新本身。正如上升的价格会阻碍投资一样，新旧产品的竞争会导致商业损失。企业家用出售他们新产品的收入偿还债务，这样，就带来了通货紧缩。萧条主要来自于适应创新的缓慢过程，其次就是通货紧缩。当人们适应了创新，通货紧缩结束，瓦尔拉斯均衡就被重新建立起来。

319 在均衡状态下，所有重要的信号都是稳定的，几乎没有什么原因可以导致资本主义的心脏停止跳动。留给资本主义的甚至是“滴漏效应”——在哈佛，熊彼特告诉他的学生“资本主义具有代表性的成就并不仅仅在于为王后们提供了更多的丝袜，而在于它能让工厂的女孩们用递减的付出就可以获得它。”创新的存在能够帮助解释，为什么给大多数人带来新产品的新产业会出现，而带有很大阻力、顽固抵抗的老产业会消亡。

正是工业的集中——大而顽固的官僚主义企业——削弱了资本主义。由个别勇于冒险的企业家制造突破并且垄断市场一角的做法总是被社会所接受。然而，一个形成巨大垄断的行业走向成熟，会带来最终摧毁它自身的政治和经济看法。安德鲁·卡内基（就如同《地球的震栗》中的里尔登）就是一个伟大的人物，但是美国钢铁公司却给资本主义投下了能预见到死亡的阴影。巨型企业的成长使资本主义失去了那些独立作战且具备惊人天赋的企业家，也使得自身更容易受到政治经济攻击的伤害。资产阶级最终会使用曾经用于反抗教皇和国王的力量来攻击私有产权。

与此相反，对于其他新奥地利学派的学者来说，认可私有产权是普遍的，对于艾·兰德来说也是如此。在《地球的震栗》中，约翰·高尔特甚至在庆祝私有产权战胜集体主义的胜利庆典时做了最长的演说（60 页）。

但是在熊彼特眼里，尽管新政的秘方能够通过人工手段——曾经用来保护过去荣誉的功能依然瘫痪——维持着“氧气面具下的资本主义”，但不可避免的是，资本主义致命疾病的受益人将是社会主义。社会主义制度将会运转起来，因为它将由那些管理资本主义的精英进行管理。尽管绝大多数新奥地利主义者都戴着有色眼镜来看待巨型企业，但是熊彼特对资本主义所运用的独特描述正是马克思式的结局；就像圣经中拯救约纳（Johah）的鲸鱼一样，资本主义也必将被拯救它的政府所吞没。

13.6 产品周期：熊彼特的拓展

320 尽管熊彼特以近乎敌对的方式忽视需求，但是他仍然看到了在其他行业举步维艰之时另一些行业欣欣向荣的景象。熊彼特的“创造性破坏过程”是革命性的，伴随着公司和行业的出现、成长、衰落，直至消亡。这一过程以结构性变化为特征，不仅体现在产出构成，也贯穿于整个经济生活。这是一个长期过程，是一次工业进化，甚至是一次工业革命。

熊彼特的“创造性破坏过程”可以通过引进产品周期的思想来加以扩展。① 产品有一个销售生命周期，产品市场饱和（与新古典主义相反）现象也会出现。最初，来自于熊彼特创新企业家的新产品会出售给少数时髦的消费者，经常是那些最富有的家庭。由于一种产品的开发通常非常昂贵，因此它最初引入时的价格也会很高。然而，如果存在一个中等收入阶层，这些产品（就像苹果电脑）会逐渐在越来越多的家庭中扩散。

当产品走上正轨，销售量就会按指数增长；产品实现“起飞”。任何市场只会受到人口数量和收入分配的限制。正如简·巴雷特（Jan Barrett）所言：“维耐、维尼、维萨（我们来，我们看，我们去购买）。”当社会上几乎所有的家庭都至少拥有一件“新产品”时，市场就趋于饱和了。这种产品周期看上去像平放的字母S，更确切地说，经常被称为产品的S曲线。“S”可能也代表着熊彼特吧。

大量的生产最终把竞争者的黄金变成了愚人的金币。当产品足以扩散到整个社会时，它们就可以在巨型企业中被标准化（就像在钢铁、汽车和啤酒等行业中的情况一样），并且可以以低成本、低价格的生产技术大规模进行生产。不仅每个人都至少拥有一件曾经珍贵的产品，而且所有这些产品看上去都非常相似。的确，聪明的厂家和广告代理商会推迟大量一致性产品的出现，尽管这最终还是会
321 出现，特别是在所有与想象中的产品“改进”相对立的现实机会都已经被利用时更是如此。

第一台电视机是一台黑白电视机，它所接收到的图像粗糙无比，就好像是滚筒洗衣机窗口中的图像。后来，图像的质量得到了改进，屏幕尺寸也增大了。正当电视机成为一种制作工艺精细、外形雅致的家用设备时，颜色也被加了进来。最后，图像质量和尺寸进一步的改进只能通过清晰度的降低来实现了。电视机看起来都很相似。更为重要的是，拥有电视机数量少于三台的美国家庭被认为是穷困家庭（尽管在经济上这也许更明智）。市场充分饱和了，需求价格弹性很低，并且电视机产品曲线的顶点也已经能够看到。中产阶级等着高保真电视机，这或许是最后的创新。

经济发展带来了标准化的技术，正如它增加了整个生产系统的复杂性一样。在农业社会，在土地上生产的产品，包括在家里捣碎或切片以制造食品的马铃薯，就是消费所需要的唯一商品。价值增值或销售价值与生产成本之间的差额（从而构成经济剩余）是不存在的，因为商品没有在市场上进行交易。相反，正

① 接下来有关扩展内容的讨论最先出现在E·雷·坎特伯里的《经济学形成》（第3版）中，贝尔蒙特，沃兹沃斯出版公司（Belmont，Wadsworth），1987［很快就会有第4版，新泽西河沿/伦敦/新加坡，世界科学出版公司（River View，New Jersey/London/Singapore，World Scientific），2001］，对这些思想的进一步修正参见坎特伯里：《过剩资本主义理论》，名人演讲，载《东部经济杂志》，315～332页，第13卷，1988（12）。

如我阐述的那样①，过剩社会依存于一个高度相互依赖的生产体系，在这个体系中，供给链条越来越长，价值增值层层叠加，一直到最终产品出现。

在熊彼特眼里，迷失方向的中产阶级对于提供足够的产品市场规模以保证大规模标准化生产来说是必不可少的。因此，收入水平以及相应收入的家庭数量与制造商品和服务的企业和行业规模之间密切相关。家庭预算决定了一种商品的市场总规模，因此技术并非完全独立于由收入水平和人口数量所支撑的市场。

例如，在首次商业引入（伴随着初始技术）时，家用个人电脑仅仅出现在非
322 常富有的那些家庭的预算中。假定个人电脑最初引入时的平均生产成本是10 000美元，并且有 1 000 个家庭在年度预算中列支了电脑。若在生产成本上加价10%，可以预期，一个垄断性电脑生产企业可以获得 1 100 万美元的销售收入。除了生产成本之外，还留给厂家 100 万美元的利润（更确切地说是准租金），这可以用来进行进一步的投资。在第一年生产并销售 1 000 台家用电脑之后，厂家使用一部分收入对扩展市场的潜力进行市场调查。生产者发现，如果电脑价格能够下降 50%，那么处于较低收入阶层的 4 000 个家庭就会被吸引到市场之中。如果生产者能够设计一种方法使生产成本降低一半，那么现在就可以以每台 5 000 美元的价格售出 5 000 台电脑（4 000+1 000），获得 2 750 万美元的总收入（增加了 250 万美元）。

通过基础研究，公司的工程师们获得了一项改进存储芯片的专利，这种专利可以使生产电脑耗费更少的劳动和昂贵的零部件。于是，公司增发股票，发行更多的债券或者从银行借款，以装备用于生产Ⅱ型家用电脑的车间。伴随着Ⅱ型电脑的成功销售，公司现在可以依靠它的利润流来进行更多的新投资。

这个例子说明了一般情况而不是特殊情况。生产规模通常是由最低成本生产技术所决定的。在给定技术的条件下，对于市场来说，即使最小的工厂也可能太大了。如果是这样，工厂只有在收入、预算和人口都能得到保证的时候才会建立起来。在一些情况下，最小规模的企业也是巨型公司，并且它的生产水平会吸纳特定产品可获得的全部收益。电话公司值得注意，它是地区性的垄断者。而美国的电影业仅由 4 到 6 家大型摄影厂所控制也不是偶然的。约翰·肯尼思·加尔布雷斯认为，伴随着巨型企业和集体计划的出现，“令人满足的生产规模就不再具有清晰的上限。”②

13.7 创新和产品周期

323 与美国凯恩斯主义的完全形态相比，在长达半个世纪的周期或者说是熊彼特长波之上的小周期的想法可以说是既悲观又乐观。随着时间的推移，长波的表现

① 坎特伯里：《过剩资本主义理论》，载《东部经济杂志》，第 13 卷，1988（12）。

② 约翰·肯尼思·加尔布雷斯：《新工业化国家》，76 页，波士顿，霍顿·米夫林出版公司（Boston，Houghton Mifflin），1967。

看上去更平缓。这是一种错觉，因为，如果我们在一个足够长的历史时期内观察这些数据点，那么它们就会被“延伸”很多，以至于使得它们表现为一种连续性。历史事实却是非常不同的：1825 年、1873 年以及 1929 年的世界经济危机更像是从悬崖上掉下来而不是沿着平缓山坡滑下来。进一步说，20 世纪 70 年代、80 年代和 90 年代的经济上升和下降就足以给连续性一个坏名声。

卡尔·马克思将资本主义危机描述成大变动。最近，另外一位德国经济学家，格哈德·门斯奇（Gerhard Mensch）同意熊彼特的引领，但赞成非连续的资本主义发展路径模式。① 被称为蜕变模型的门斯奇模型，就是基于产品生命周期或者产品 S 曲线建立的。

在蜕变模型中，长期增长被相对短期的动荡所打断。随着时间的推移，尽管存在着中断和剧变，也存在变革节奏上的变化，但仍然能发现与那些引发特定扩张的行业联合体变化的 S 曲线相一致的规律。经过适当的修正，门斯奇的观点可以用来说明一般经济进步在几个世纪扩展而不会突然中断的现象。

创新既可以是产品品种，例如激光唱片，也可以是生产过程的种类，例如汽车和飞机生产过程中的计算机辅助设计（CAD）。随后，门斯奇对创新的不同种类做出了有用的区分。②

电的产生（1800 年）、焦炭高炉的第一次使用（1796 年）、摄影的第一次商业使用（1838 年）、喷气发动机的产生（1928 年）以及尼龙的产生（1927 年）都是基础技术方面的创新。当然，这些基础技术创新不可能来自于恶劣的环境。科学发现和发明存在于任何时候；这些发明的目录清单记录着一种思想发展的智
324 力传统、新科学理论的结构以及知识转化的产出。科学发明及其商业应用之间的时滞通常会很长，但是却是可变的。

氯丁二烯这种合成橡胶的发展为门斯奇提供了一个六步创新过程的有趣例子。这一创新过程开始于一种新理论（概念）的发展。③ 1906 年，朱丽叶斯·A·纽兰（Julius A. Nieuwland）观察到了碱性介质中的乙炔反应，并且研究了十多年，得到了一种产量更高的反应过程（发明）。1921 年，纽兰证明，这种聚合物可以通过一种剧烈的化学反应（可行性）获得。1925 年，杜邦公司的 E. A. 博尔顿（Bolton）博士出席了纽兰在美国化学学会的一次演讲；之后，杜邦公司接管了这种“橡胶”物质未来的商业发展（发展）。最后，在这项发明出现了大约四分之一个世纪之后，合成橡胶作为一种新产品由杜邦公司投入市场（基础创新）。现在，在发达工业化经济中，合成橡胶正处于或者已经越过了其产品 S 曲线的顶点；产品和产业现在都已经成熟。

门斯奇卓越的贡献在于他运用数据证明了，基础创新正如熊彼特所断言的那样会蜂拥而至；并且对当代过剩资本主义来说，重要的是基础创新最近蜂拥出现的趋势在 1935 年达到顶峰（大萧条中期）。如果平均产品生命周期——从基础创

① 格哈德·O·门斯奇：《技术上的僵局》，马萨诸塞州剑桥，巴林杰出版公司（Cambridge，Massachusetts，Ballinger），1979。

② 同上书，47～50 页。

③ 格哈德·O·门斯奇：《技术上的僵局》，192 页，马萨诸塞州剑桥，巴林杰出版公司，1979。

新到成熟——是半个世纪的话，那么到1985年，以1935年为中心的创新浪潮大部分将达到成熟阶段，或者说达到它们S曲线的顶点。如果是这样的话，全部的实际国内生产总值将呈现一种S曲线的形状，这一形状直到1985年都是平缓的。在汽车、飞机、家用电器甚至是住宅市场观察到的饱和状态，支持了下面的观点：到1985年，停滞很好地描述了发达工业化经济——英国、西欧、北欧、美国和日本——的情况。

1825年、1886年和1935年创新浪潮中涌现出来的创新包括了大部分今天美国人认为是现代化的东西。在1825年，我们发明了火车头、波特兰水泥、绝缘
325 电路以及搅炼炉。在1886年，创新包括汽轮机、变压器、电阻焊接、汽油发动机、碱性转炉钢、铝、化肥、电解、雷达、合成清洁剂、钛以及使得变革更加快速地让人接受的收音机和可卡因；最后，在1935年出现了尼龙、聚酰胺纤维、聚乙烯、静电复印术、连续铸钢以及使不景气更能让人忍受的宽屏幕立体电影。

这些创新的效应并不总是可以预测的。电脑导致互联网的出现。互联网又将一些产品带向电子商务时代。万维网已经把全球金融市场联结在一起。新的信息，不管是好还是坏，都可以马上传给这颗行星上的每一个人。这可能是一个新长波的开始，但是它的实现可能会被延迟，就像20世纪20年代的创新形成市场被延迟一样。

13.8 停滞和滞胀：长期观点

因市场饱和而造成的停滞和通货膨胀可能是同一个硬币的两面；至少这是门斯奇的判断。停滞无疑描绘了自20世纪60年代晚期以来发达工业化国家主要工业部门的状况。在汽车领域，二战后美国领先的产业，已经使用奥托循环发动机长达一个世纪。与这种发动机相关的最新创新——自动传动——十年前才广为传播。在二战后的大部分时间里，汽车行业中更多的是外观代替功能。

尽管炼钢厂的规模得到了迅速的扩大，而且也有汉克·里尔登这位虚构人物的努力，但基本的炼钢技术从19世纪就没有发生太大改变。在基础化学工业，尽管工厂的规模大幅扩张，但生产硝酸、硫酸、氨水、氮肥以及其他工业化学制品的技术在第一次世界大战之前就已经被广泛使用了。

滞胀中的“通货膨胀”部分来自于持续的价格激增。这种激增在过去的700
326 年中已经发生了3次：第一次在16世纪，第二次在19世纪，第三次开始于1890年左右。最后的一次价格激增也是到目前为止最具有戏剧性的。最近的通货膨胀的波动幅度可能来源于诸如巨型公司、工会、现代营销手段以及灵活的金融制度等方面的社会创新，还可能是因为大萧条以来政府对于收入和价格所采取的各种各样的最低限制。这次通货膨胀波动似乎将会伴随着跨国公司在低工资的发展中国家扩大生产而宣告结束。通货紧缩成了20世纪90年代早期大部分时间内全球经济的特征。

要概括这些导致长波通货膨胀突然逆转为通货紧缩的起因，一种方式是将其

归因于过剩经济日益增长的复杂性。也就是说，附加的每一个层次都增加了它自己的优势和其他层次的成本。正如戴维·沃尔什（David Warsh）曾经描述的那样，现代营销（当然在16世纪和18世纪并不存在）已经有了很多种手段来处理由于日益增长的复杂性所导致的成本上涨（价格）。[①] 全球化成为过剩经济从正在上升的生产成本中逃脱出来的途径。

如果过剩经济没有遭受到这么多产品周期或多或少地同时达到顶峰所带来的痛苦，那么也许私人和公共信用的扩张就会导致实际产出保持一定速度的扩张。随着扩张停止（停滞），工业集中、复杂性、技术停滞、通货膨胀、不景气以及通货紧缩等，各种各样的现象集合在一起，描绘出了20世纪60年代后期到20世纪90年代早期之间过剩工业社会的情形。门斯奇描述了由于市场饱和以及上一轮创新浪潮的逐渐退去而在联邦德国造成的技术僵局。在20世纪80年代，日本和美国一起出现了一种高投机的“泡沫经济”。在泡沫破灭之后，日本曾经经历了一个长时期的消沉，这种消沉开始于证券和实际资产价格的紧缩。

在已经处于长期扩张尾声的经济中，我们可以看到，处于顶峰的工业部门的数量超过从基础创新开始的那些部门的数量。夕阳工业与朝阳工业相对比率的上升，意味着资产的破产和清算；那些收入和财富受到威胁的群体将会在夕阳产业
327 中形成各种组织。生产者联盟要求更多的补贴和政府保护，以抵御外国进口品的竞争，而劳动组织在要求工作保障方面也变得更加坚决。

曼科·奥尔森（Mancur Olson）所描述的“寻租”联盟可以被看做是为了避免停滞或竞争（产品或劳动市场的竞争）而导致收入下降所做出的有组织的努力。[②] 当技术足以导致过剩状态并且投入不足时，即便是一个自由市场，要将“边际产品”分配给恰当的人也是很困难的，甚至是不可能的，因为劳动和资本品是同等重要的。[③] 可是，剩余必须按一些规则进行划分。

如果联盟作为“寻租者”来制定规则，那么收入分配就由它们各自的力量所决定。如果工资和劳动人口的增长率没有超过“生产率”的增长率，那么寻租者划分剩余就不会带来更大的通货膨胀。这可以描述长波扩张的前半部分。只有当创新浪潮已经广泛扩散之后，寻租者才会诱发滞胀出现。

那些准备另外解释增长的人需要解释现代美国的两大增长产业——影印业和电脑业的综合发展。施乐公司统治着以前的行业，它令人难以置信的增长应该归功于最初对914型复印机的改进。施乐的产品从笨重、昂贵的型号转变成既能够满足个人办公室又能满足大公司需要的型号。

施乐公司的兄弟IBM公司，已经通过电脑的使用彻底改造了商业和政府机构。在20世纪最后30年中，IBM的技术经历了4代；每个相继出现的技术都提高了信息处理的容量、可靠性和速度。结果，计算成本得以降低，计算机市场扩展到了小型企业和家庭。

① 戴维·沃尔什：《经济复杂性的思想》，63～65页，纽约，瓦伊金出版社（New York，Viking Press），1984。

② 参见曼科·奥尔森：《国家的崛起和衰落》，纽黑文，耶鲁大学出版社（New Haven，Yale University Press），1982，特别是第77～98页。

③ 参见坎特伯里：《过剩资本主义理论》，载《东部经济杂志》，第13卷，1988（12）。

这两个行业不再单独依靠影印和电脑来获取它们的销售增长。新的增长潜力只有在新的技术前沿才能找到。

328 如果约瑟夫·熊彼特得知在最近的经济文献中这些相关发现以及他思想的重要性，无疑将会十分高兴。至少他表面上是快乐的，即便在他采用各种姿态来掩盖他那不平静的内心世界时，我们仍然会这样想。

第 14 章 资本主义的多重面孔：加尔布雷斯、海尔布伦纳与制度经济学

331 沿着艾萨克·牛顿的路线，把经济思想降格为能够使得边沁主义效用最大化的机器，这已成为当代经济学家的命运。微积分看起来很漂亮，统计学也非常优雅，但应用却极其有限。在牛顿世界中，亚当·斯密、托马斯·马尔萨斯、卡尔·马克思、约翰·斯图亚特·穆勒、托尔斯坦·凡勃仑、约翰·梅纳德·凯恩斯、约瑟夫·熊彼特，甚至是阿尔弗雷德·马歇尔对社会的广泛关注已然被像粒子一样运行的经济元素所取代。到底是执于一端还是博采众长，值得我们认真思考。粒子不仅没有思想，也没有组织起来的意愿。即使它们已经被组织起来，那也是自然法则而不是自由意愿的结果。

我们不能忽略不同的意见。那些持异议者，例如斯密、马尔萨斯、马克思、穆勒、马歇尔和凯恩斯，都曾经在不同时期成为主流。凡勃仑和制度主义者也只差那么一点点而错失了成为主流的机会。在上述这些人中，只有马歇尔与其所处的维多利亚时代在步调上完全一致。我们现在来看看那些对当代主流经济学持否定态度的人。尽管打破的旧习不同，但他们都具有如下两个特点：充满激情，以宽广的社会视野来解释整个经济；同时，以辛辣的笔锋、优美的语言阐述着自己
332 的思想。一方面，他们无一例外地批判正统，不是因为正统不够精确或优雅，而是因为其失真而欠妥当。另一方面，他们如凡勃仑，通过精彩的独创性著作，将艺术与科学融为一体。当代反主流者与过去的主要联系是通过马克思和凡勃仑体现出来的。

14.1 制度主义回顾

正如希金斯（Higgins）教授所说，暴雨之下，哪能无伞。对反对崇拜偶像的人来说，保护伞必定非常之大，因为他们的批评是全方位的。自从凡勃仑创立了独一无二的美国制度学派、加尔布雷斯（1976）和海尔布伦纳（1994）获得著名的凡勃仑-康芒斯奖之后，制度主义者的保护伞无疑已经足够大了。加尔布雷斯不仅被认为是一个后凯恩斯主义者，而且也被看成是一个制度主义者。卡尔·马克思不是没有影响的，但制度主义者一般赞成在一个不断变化的资本主义制度范围内推进改革运动，而马克思却认为资本主义只是一种暂时性制度。

制度主义者将社会与经济看做是一种完整的、有组织的社会行为模式并加以研究。他们关注文化习俗、社会习惯、思维模式和生活方式。这些思想和行为模式都被看成是广义的制度；它们无须纳入某种特定结构的复合体中，但却包含着共同的信念或映象，比如骑士制度、霍雷肖·阿尔杰（Horatio Alger）般的神话、清教伦理、禁欲主义、自由放任思想以及有关贸易联盟主义、社会主义或福利国家的基本观点。

凡勃仑颠倒的进化思想在经济学范畴内给出了一种社会变迁理论。以此宽广的视野，制度主义者可以探求个人态度变化的政策含义。他们拒绝实证经济学家（比如弗里德曼）考察“是什么”的观点，而是赞成“经济应如何回到它本身并将我们引向何处”这样的提法。他们对正统思想的背离在很大程度上根源于他们
333 更强调变化，把变化而不是牛顿均衡看做是经济生活中更为基本的特征。

经济学家们有时把凡勃仑、加尔布雷斯和海尔布伦纳描述成微不足道而又孤独的先知。这种描述不得要领。因为他们是独特的美国社会批评主义传统的一个重要部分，这种传统试图保护被压迫者，但又受到特权阶层的限制。制度主义者继承了人民党的传统，赞成旨在建立更平等的财富和收入分配的自由民主改革。平民主义造成了反映价值体系冲突的矛盾，比如希望提高利率的银行家与偏爱低利率的普通购房者之间产生的矛盾。

制度主义者并不是特别离经叛道，因为他们毕竟是由正统博士学位认证制度的大学培养出来的学生。制度主义者显然已经厌倦了新古典经济学的冷酷，而认为经济政策是在一个社会、政治、法律、历史及经济视野的框架内逐步演变的。具有讽刺意味的是，他们的意图是要与新古典主义理论联系在一起，但结果却使人们足以批评他们与新古典主义毫不相干。实际上，那些取得成就的一批最好的经济学家们经常会因为对制度主义的疑惑而受到启发。每一个优秀的经济学家都有一点点制度主义的味道。

下面5位历史上的杰出人物主导了制度主义的走向：凡勃仑给出了灵感和基本的框架；韦斯利·米切尔（Wesley Mitchell）进行了商业循环的统计研究，创立了极受尊重的国家经济研究局（NBER），并在美国开经验研究之先河；约翰·康芒斯呼吁政府促进经济改革法制化，并极大地影响了威斯康星大学经济系

以改革为取向的研究；克拉伦斯·艾雷斯（Clarence Ayres）论述了技术变迁对经济及其制度的影响；还有，就是加尔布雷斯。

今天，制度主义者把自己的组织称为演进经济学协会。该学会在1967年出版了自己的刊物《经济问题杂志》，在经济学领域拥有许多追随者，刊物上的文
334 章和作者在所有经济学学术杂志中引用率最高。

由于罗伯特·海尔布伦纳强调不仅要注意资本主义定义的重要性，而且还要理解它的转型，因此，我们将通过他来找到一条回归制度主义基本原理的路径。其后，我们接着讨论约翰·肯尼思·加尔布雷斯。

14.2 海尔布伦纳与世界主义哲学

罗伯特·海尔布伦纳出生于纽约市一个富有的德裔犹太人家庭。他的父亲刘易斯·海尔布伦纳是两次世界大战期间的一位著名男装零售商，并创立了韦伯和海尔布伦纳（Weber and Heilbroner）品牌。作为特权阶层的儿子，罗伯特进入了霍瑞斯曼（Horace Mann）学校，该校附属于哥伦比亚大学教师学院，是升入常青藤联盟的一条通道。一个富人家的孩子何以对社会正义产生了极大关注，并因好几本经典著作而成为美国最杰出的左翼人物之一，这一过程是一个很有趣的故事。

在罗伯特只有5岁时，他的父亲就去世了。他家的司机，威利·格肯（Willy Gerkin）成了他的代理父亲。当海尔布伦纳意识到他母亲之所以能对她的司机发号施令仅仅是因为他所爱着的威利需要钱而她母亲却恰好拥有这一点时，他感到愤慨，而且他把他的社会良知也归因于此。威利是一个亲密朋友，但威廉却是一个仆人，二者的区别只表现在他身上是否穿上了司机的制服。

在充满吉兆的1936年，罗伯特在常青藤联盟中选择了哈佛大学。那时，哈佛大学经济系正在讨论凯恩斯《就业、利息和货币通论》的含义，而这个时候其成员恰巧把凯恩斯主义引入了华盛顿特区。大学二年级时，罗伯特的导师是保罗·M·斯威齐（Paul M. Sweezy）。斯威齐是每月评论社的创始人，美国“老牌的”马克思主义经济学家中最杰出的代表，这些经济学家的主要贡献是修正了马克思和列宁关于垄断资本主义的思想。以海尔布伦纳为例，他的阶级将利率视为维多利亚时代对节约的回报。斯威齐把凡勃仑的《有闲阶级论》指定为补充材
335 料，并问海尔布伦纳：“你认为凡勃仑会怎么看待节约呢？”

尽管海尔布伦纳成长为经济学家的过程因为在二战中服役（像美国凯恩斯主义一样）、经营业务紧缩和自由记者撰稿而中断，但他说：“我仍然记得有些许连续”。凡勃仑对于经济学社会维度的热心参与为海尔布伦纳强烈的社会责任构建了基础。1946年，当罗伯特走进在新社会研究学院开设的阿道夫·劳伊（Adolph Lowe）经济思想史课堂时，他为这位教授所倾倒。劳伊的课程成为海尔布伦纳创作第一部著作《尘世哲学家》的原动力。这是一本吸引着若干大学生如飞蛾扑火一般投入经济学领域的著作，它已售出了100多万册。

实际上，海尔布伦纳具有强制性的写作习惯，但同时他也是一位卓有成效的演说家，他那善意的游说，无疑改变了很多人的想法。他的音容显示出他真诚的本性，他顽童似的微笑展现了他活跃的智慧。

如他在《尘世哲学家》一书中描写的古典主义者一样，海尔布伦纳为他的著作赋予了宽广的视野。他著作的书名就足够说明问题：《资本主义的本质与逻辑》、《探询人类前途》、《资本主义和社会主义之间》、《21 世纪的资本主义》、《历史的未来》和《现代经济思想中的想象力危机》，其中最后一本是与威廉·米尔伯格合作完成的。

14.3 资本主义：海尔布伦纳的视角

在《资本主义的本质与逻辑》一书中，海尔布伦纳指出，资本主义不仅仅是一种经济制度，而且是一个政体，由此他推演出资本主义的政治和心理含义。海尔布伦纳把资本主义看成是一种社会关系的观点，其精神实质与马克思相同。定义这种社会关系的两个基本特征是：(1) 财富被占有的形式；(2) 财富被使用的方式。

在封建制度中，生产剩余转化为那些可以给其消费者带来社会地位和声望的
336 奢侈品。统治阶级是那些拥有奢侈品最大份额并控制社会剩余的人。正如凡勃仑所指出的那样，那些从资本主义中聚集大量剩余的人享受奢侈品并大肆挥霍。然而不同于封建主义制度，在资本主义制度下，财富通常成为了生产手段。资本家统治阶级通过占有能生产出社会物质产品的生产手段所有权而获得社会地位。这种所有权之所以有如此权力，是因为“生产手段所有权的拥有者按照他们的意愿在社会使用的资本中抽取财产”。①

抽取资本的能力使得资本家相对于工人而言拥有一种决定性的谈判优势，使得资本家有能力为自己获取社会剩余中的大部分。这种谈判力量的不平等正是利润的来源。海尔布伦纳没有忘记亚当·斯密关于资本相对于劳动强势的告诫，也支持卡尔·马克思对资本剥削劳动的提法。正如海尔布伦纳所言，马克思把商品看做“资本主义社会历史的载体和包装，因为它本身包含了被掩盖了的阶级斗争元素。”②

尽管如此，海尔布伦纳对资本主义的逻辑在很多重要方面背离了马克思主义。在马克思眼里，国家是中产阶级的执行委员会。而海尔布伦纳却认为，资本家作为社会权力的掌控者是从封建主义制度中发展出来的，他们独立于国家通过暴力手段而获取控制力（不像封建主义国家的政治和经济权力合二为一）。一旦资本家拥有了私人财产权，他们就能控制生产手段，而国家仍然控制着暴力手段。

① 罗伯特·海尔布伦纳：《揭开经济学的面纱》，38 页，纽约，诺顿出版公司（New York，W. W. Norton），1988。

② 罗伯特·海尔布伦纳：《马克思主义：赞成还是反对》，103 页，纽约，诺顿出版公司（New York，W. W. Norton），1980。

与马克思一样，海尔布伦纳也看到了资本主义这两种形态的权力之间明显趋同的特征。例如，从历史上来看，国家权力总是用来对付工人、保护资本家的财产权。不同于马克思的是，海尔布伦纳不认为经济和政治的相分离是一种幻想。确切地说，生产手段拥有者的权力已经对国家的权力形成限制。对国家权力的这
337 种限制使得持不同政见者可以批评政府却仍能谋生而不受国家的干涉［阿巴·勒纳（Abba Lerner）也持类似观点，认为私人财产权具有政治优势］。

是什么动机激励着那些想积累资本的人呢？在寻找这一问题的答案时，海尔布伦纳超越了马克思，转而接受西格蒙德·弗洛伊德的思想。弗洛伊德声称，人的天性中存在着一种普遍追求权力和统治的动力，这种动力源于普遍经历的被延长的幼儿依赖性。因此，对权力和声望的渴望在所有社会安排之下都会产生。由于这种普遍存在的动力在等级制度中已经得到证明，所以不仅在资本主义社会而且在社会主义社会它也是平等的障碍。而且，在社会主义社会，这种动力可能会呈现出比资本主义社会更为病态的独裁之类的形式。斯大林主义就是例子，尽管资本主义并没能阻止希特勒在德国兴起。

前面的叙述也许可以表明，就如同约翰·斯图亚特·穆勒那样，海尔布伦纳的立场介于资本主义和社会主义之间。对海尔布伦纳而言，人们的渴望能在一个“温柔想象中的瑞典”得到最好的体现。现实的瑞典象征着一种自由民主的资本主义形式。一个“温柔想象中的瑞典”这种合作经济的构想，将把自由资本主义推向极致，同时也把民主政治和平等主义目标带入可以实现的门槛。在这个意义上，海尔布伦纳分析中的悲观主义被其道德上的乐观主义所平衡。他早期对他母亲的财富成为支配威利·格肯（他的代理父亲）这位穷司机的根源这一现象的关注，与他的这一构想是一脉相承的。

14.4 约翰·肯尼思·加尔布雷斯简介

与凡勃仑和海尔布伦纳一样，加尔布雷斯在广大读者中也很有人缘，好像没有多少经济学家能做到这一点，他的著作有《丰裕社会》（1958，1959）、《新工业国》（1967）和《经济学和公共目标》（1973）等。加尔布雷斯（1908— ），这位当代最著名的制度主义和后凯恩斯主义者，一直支持凡勃仑对新古典经济学的批判。在新古典主义看来无能为力的地方，像海尔布伦纳一样，加尔布雷斯也
338 能感受到力量。而在新古典主义建议用自然的市场力量对抗侵扰的地方，加尔布雷斯却认为经济力量本身要借助于强大的外力才能发挥作用。

与凡勃仑一样，加尔布雷斯在美国文学界的声望也是毋庸置疑的，不仅因为他经济学方面的书大多畅销，而且他创作的3部小说也广受好评，其他文学方面的尝试也引人注目。加尔布雷斯，这位20多部著作的作者，作为当代拥有最广泛阅读群的经济学家，完全可以与海尔布伦纳相媲美。他还曾经担任美国艺术与文学学术研究会主席。

尽管他和凡勃仑都出生于农民家庭，但他们均擅长讽刺，并且具备文学天

赋。但与凡勃仑相比，加尔布雷斯的人格更加健全、平和，拥有极为成功的人生，更不用说曾经进入民主党政治高层。

1970 年，加尔布雷斯被提名美国经济协会会长一职，但米尔顿·弗里德曼（Milton Friedman）以凡勃仑从未担任过会长为依据予以反对。加尔布雷斯写道："在选举之后我才知道，就这样把我排除在外了。"① 后来，他为新版的《有闲阶级论》撰写了一个序言，并发起了旨在使凡勃仑在明尼苏达的家园免遭时间侵蚀的一项活动。

除了上面提到的经济学方面的主要著作之外，加尔布雷斯还撰写了历史著作《大崩溃 1929》和《经济观察》，政治著作《自由时光》和《如何走出越南》，论文集《苏格兰人》、《大使日记》和《生活在当代》，对政治和政策的讽刺性著作《麦克兰德雷斯度量》，讽刺美国政府部门的小说《胜利》，以及前面提到过的有关 20 世纪 80 年代公司袭击者和经济政策的幽默小说《终身教授》。他还与人合作撰写了一本有关印度画方面的书，还主持过电视栏目"不确定的时代"。

加尔布雷斯曾经是总统们的知己，为阿德莱·史蒂文森（Adlai Stevenson）、林顿·约翰逊（Lyndon Johnson）、乔治·麦高文（George McGovern）和肯尼迪起草过演讲词，曾担任驻印度大使，还是第一夫人们的守卫者。1968 年，加尔布雷斯接受《花花公子》杂志采访，这可以算做衡量他声誉的一个指标，因为那
339 是一本为拥有大量金钱和凡勃仑式的闲暇以及有限预期的人创造丰富乐趣的杂志（顺便提一句，米尔顿·弗里德曼后来也接受过该杂志的专访）。

相对于后来作为社会批评家的职业生涯而言，加尔布雷斯的早期生活就像一个预言。他于 1908 年出生于加拿大安大略省临近爱奥纳（Iona）车站的一个苏格兰农民社区。他的父亲最初教书，后转而务农，是这个相当孤立的社区中一位杰出的政治自由党人。在大约 6 岁的时候，加尔布雷斯开始跟随父亲参加政治会议，也许正是从这时起，他渐渐形成了那种具有讽刺色彩的幽默。在《苏格兰人》一书中，加尔布雷斯回忆到，他父亲站在一个巨大的肥料堆上演讲，批评他的保守党对手，并为不得不站在保守党的舞台上演讲而道歉。

加尔布雷斯在达顿（Dutton）中学上的高中，那是一个因乡村苏格兰人与城镇英格兰人之间的纷争而分离出来的小村庄。绝大多数保守党人是英格兰商人，而自由党人则主要是苏格兰人。他们的经济争端根深蒂固。在第一次世界大战之后的岁月里，村子里的商人兴盛，而农民却饱受煎熬（就像美国一样）。苏格兰人认为他们在各个方面都比英格兰人优越（加尔布雷斯也同意），坚信商人之所以好起来是因为他们贱买贵卖。商人的这种优越的议价条件显然在这个年轻人身上产生了持久的影响力。

加尔布雷斯后来进入安大略农学院，并于 1936 年在加州大学伯克利分校获得农业经济学博士学位。正是在伯克利，他第一次阅读了凡勃仑和马克思的著作。他随后的学术生涯主要是以经济学教授的身份在哈佛大学度过的，现在则是该校的退休名誉教授。

① 约翰·肯尼思·加尔布雷斯：《生活在当代》，31 页，波士顿，霍顿·米夫林公司（Boston，Houghton Mifflin），1981。

14.5 加尔布雷斯高级发展的一般理论

加尔布雷斯从事经济学创作的主要目标就是要取代新古典主义。他承认，在
340 市场体系中，新古典主义是有效的。但是，他认为，现代美国资本主义已经逐渐产生了另外一套体系，它与传统的市场体系并存，尽管在财富规模和力量上还没有超过它。

□计划体系

加尔布雷斯所说的另外一套体系是指计划体系，在这里，他特指大约 1 000 家最大的工业企业。在美国，这 1 000 家工业巨头对国民生产总值的贡献份额比剩下的 1 200 万家企业加起来还要大。4 家最大的美国公司的销售额超过了 300 万农民的销售总额；农民生产和供给食物，但加尔布雷斯认为他们在市场体系中的地位逐渐下降。加尔布雷斯写道："在提供服务时，通用汽车公司规模的大小不是由垄断或规模经济决定的，而是计划。"① 他认为，新古典主义无法解释这种巨型公司的经济现实。

加尔布雷斯把他的经济理论称为高级发展一般理论。它在两个重要方面有别于新古典主义理论。首先，在计划体系中，价格理论并不特别重要。其次，新古典主义的和谐之所以能维持，是因为经济中没有单个因素有足够的力量来控制价格。但是巨型公司却有把自己的意图强加于人的能力。公司力量没有完全消失的唯一原因就在于这种力量还不足够强大。尽管公司没有控制政治力量的所有源头，但计划体系的力量仍足以将一种非理性的生活方式施加到个人身上。

按照加尔布雷斯的说法，这些巨型公司之所以能成长起来，是因为技术变得非常复杂，要求有新的组织实体与之相适应。"并且，还因为这种计划——供给控制、需求控制、资本的供给、风险最小化——并不要求意愿的规模有明显的上限。"②

341 加尔布雷斯写道：第一辆 T 型汽车是短时间内在一个小工厂里生产出来的。但是，福特汽车公司 20 世纪 60 年代中期生产的野马牌轿车就要求有专门的知识、专业化劳动、庞大的资本支出、生产的精确计划以及精细的组织。从制图板到开上公路，这款车需要好几年的计划。这是企业层次的计划，然而，这种企业计划经常代表着整个行业的利益。

在新古典主义教科书式的世界中，消费者是国王和王后。他们可以任意选择他们喜欢的衬衫、裙子、肥皂、浴油、啤酒和开胃饮料，以使自己的福利最大

① 约翰·肯尼思·加尔布雷斯：《新工业国》，76 页，波士顿，霍顿·米夫林公司（Boston，Houghton Mifflin），1967。
② 同上。

化。相反，加尔布雷斯的计划体系则觉察到了这种自由选择所存在的严重劣势。为把野马这款车输送到经销商的车库中，公司花费了大量的时间和资本，它会全力以赴以确保消费者来购买野马牌轿车而不是选择一款别的什么车型或者去选一匹马。

因此，一部分公司的计划演变成对于消费者需求的管理。通过广告、促销和推销方式，生产者创造了许多顾客想要的能为他们带来满足的东西。这种经济现象被加尔布雷斯称为**依存效应**。他抛弃了新古典主义的边际效用递减概念，甚至比凡勃仑更进一步，构想出了在美国经济中更像是生产者主权这样一个概念。

例如，在有关汽车的讨论中，加尔布雷斯评论道："由于通用汽车在汽车市场上占据了半壁江山，所以它的设计即使不代表流行款式，也成为实际的流行款式。对大多数人来说，一辆汽车的适当款式是由汽车专业人士所决定的流行款式。"①

一旦需要得到满足，一个有关可能需求的新的完整图画，通过印着身系皮带的年轻女郎图案的广告板、绿色巨人的电视商业广告片和天鹅绒盒子内的酒类广告杂志，被一一创造出来。加尔布雷斯写道："如果大众只是为了解决物质需要，大规模的通信是不必要的，此时大众不会受到广告怂恿而把他们花在基本食物和住所上的支出投向别处。"②

342 在随后出版的《经济学和公共目标》一书中，加尔布雷斯进一步完善了他的需求创造观点。他承认，尽管可能没有人真正需要一个粉红色的全自动洗碗机，但是在一个大家庭中，像洗碗这种又累又烦的工作，哪怕有些许减轻，都会催生一种需求。许多巨型公司把它们的一部分资金投在研发上，以发现这些甚至还处于潜意识的需求。

因此，"兜售新奇"可以促进单个企业的销售和成长，但同时也会惠及整个行业。这是现有对手之间的一种安全的竞争形式，而且会使得新的竞争者很难进入该领域或者举步维艰。三家最大的汽车制造商总的市场研究—广告—促销费用支出增加了消费者在汽车购买方面的预算配置，并促进了整个行业的增长。尽管加尔布雷斯没有把他的分析扩展到国际经济，但日本后来确实从美国将汽车销往世界各地的事实中受益匪浅。

□技术结构阶层及其目标

在巨型公司的计划体系中，是集团而非个人制定决策。所有参与集团决策制定的官员都是**技术结构阶层**中的成员。技术结构阶层是一个集体名称，不仅包括公司最高级别的官员，还有相当一批白领和蓝领工人。这一阶层仅接受那些能为集团决策贡献专业知识、才能和经验的人。在一个规模巨大的公司里，这一阶层

① 约翰·肯尼思·加尔布雷斯：《新工业国》，30页。

② 同上书，207页。这个观点可以用表7—1给出的门格尔需求等级结构加以说明。加尔布雷斯指出，无论何时一旦第Ⅰ、Ⅱ和Ⅲ级需要得到满足，媒体的诱导就会对第Ⅳ级需求（交通运输）和第Ⅴ级需求（享受奢侈品）产生有效影响。

可能包括董事会主席、总裁、负重要职责的副总裁，以及其他专业人员，比如部门或分支机构的主管。加尔布雷斯说，技术结构阶层没有特别的定义，但它实际掌管着公司，在某种意义上这种观点支持了凡勃仑认为的所有公司将理所当然地由技术阶层而不是风险承担者来运作的设想。

343 技术结构阶层取代了旧的企业家和行业领导。它更像一个庞大的委员会，相对于掌握着公司航向的那只稳定的（或不稳定的）手而言，委员会有多重目标。新古典经济学中的个人资本家追求利润最大化，但加尔布雷斯的技术结构阶层有两个主要的目标而不是一个。

首先是保护性目标，技术结构阶层集体做出决定以确保一个基本而又连续的收益水平，使得股东心情愉快，银行家慷慨提供储蓄和资本。在这方面，巨型公司就像是一个巨大的官僚机构。其次是进取性目标，这关乎公司的成长。成长是整个计划体系中的一个重要目标，并因此成为由巨型公司统治的社会的一个重要目标。

保证公司成长的途径之一是并购。加尔布雷斯写道：在 1948 年至 1965 年间，200 家最大的美国制造公司并购了 2 692 家其他企业，而且这些并购占当期这些公司资产增长的大约七分之一。在接下来的 10 年里，200 家最大的公司并购了大约 1 200 多家企业。

与马克思和凡勃仑认为工业集中由利润动机所驱使不同，加尔布雷斯把技术结构阶层的动机看做官僚主义的优势之一，这种动机也可被称作权力。

技术结构阶层的每一个成员都明白增长的逻辑。企业的每一个单位，比如一个部门，都在扩大其销售额。随着收益增加，该部门可以增加雇用人数，从而对晋升、工资和奖金提出新的要求。这种回报随着规模的扩大而水涨船高，而非增长型公司的成员却不能提出同样的要求。规模大又会催生更大的规模，因为收益的增长给企业带来更大的成长空间。当一个企业大到其产量足以导致价格的变动时，该企业就可以与其他少数类似的企业先行制定价格然后调整产量，从而以预先决定的价格销售其产品，这对企业来说要安全得多。①

344 计划体系和技术结构阶层与国家紧密相连，因为政府支出占到公司收益的一个很大份额。还有其他一些原因造成了政府机构与公司之间亲密的官僚主义共生关系。像联邦贸易委员会之类的公共管理机构，正倾向于成为它们试图管理的那些公司的俘虏。政府经常为技术的发展提供资金，比如核动力、计算机、现代空中运输和卫星通信设备等。政府有时表现得就像一个向最后求助者提供借贷的机构，例如历史上对洛克希德（Lockheed）公司、克莱斯勒（Chrysler）公司和长期资本管理公司采取的救援案例。

因此，公司的增长目标与国家的经济增长目标变得密不可分。有利于政府的事情也必然有利于通用汽车公司。国家的经济增长也是有组织劳工的一个重要目标，而且这种目标恰恰契合了技术结构阶层的野心：由于巨型公司制定价格，所

① 那些渴望从加尔布雷斯的公司理论中得到更多详尽细节的读者可以阅读他小儿子给出的评论。参见詹姆斯·K·加尔布雷斯：《加尔布雷斯及其公司理论》，载《后凯恩斯经济学杂志》，第 6 卷，43～60 页，1984。詹姆斯认为他父亲对经济理论的最重要贡献就是他的公司理论。

以它们通常把工资增加以更高的价格转嫁给消费者。每个人都是赢家，只不过消费者除外。

□加尔布雷斯的不平衡发展原则

加尔布雷斯所描述的是，计划体系与市场体系之间的不平衡发展导致一种不平衡的权利分配。计划体系要求高度熟练的工人，并且能为之提供优厚的待遇，这种待遇常常超过他们在市场体系中产生相同收益所需能力的价值。市场体系因而在熟练员工的竞争中处于不利地位。而且，有影响的计划体系能得到国家的帮助，这在市场体系中一般不具备。

从不平衡发展中受益的计划体系影响到许多社会态度。例如，消费者青睐私
345 人交通工具，部分原因就是计划体系使他们相信汽车对他们来说必不可少。公共
交通微不足道，即使它最终可能对社会更有益。

加尔布雷斯关注社会不平衡。私人部门酒足饭饱，而非军事的公共部门却忍饥挨饿，这种饥饿扩展到了教育、艺术和各种公共服务领域。一般的财政和货币政策服务于技术结构阶层自身制定的经济稳定增长政策，以使单个消费者能够购买巨型公司的产品。通货膨胀可能是二者结合的后果，但大型公司基本不受紧缩性货币政策的影响，因为这些巨头们拥有它们自己的巨大金融来源。只要经济中的需求保持旺盛，公众就没有理由有效地反对技术结构阶层，一个上升的工资—价格螺旋在所难免。

□加尔布雷斯的世界

显然，加尔布雷斯也背离了新古典主义。他的关注点集中于计划而不是市场，他考察大企业而不是小企业，他认为价格和产出是由技术结构阶层而不是由市场机制所决定，他更相信是生产者而不是消费者占统治地位，企业的目标是增长而不是利润率最大化。

国家与公司之间是合作关系。加尔布雷斯认为，生活质量是与产出的构成而不是大小密切相关的。由于他超越了一般经济学家，拥有最广大的读者，也因为他如凡勃仑和海尔布伦纳一样，视古典经济学为一种理想而不是现实，加尔布雷斯并没有获得其他专业经济学家的广泛褒奖。

14.6 结论

同约翰·斯图亚特·穆勒一样，加尔布雷斯、海尔布伦纳与其他制度主义者
346 发掘出了经济学中的广泛人文内涵。他们令人信服地再一次质疑了纯粹经济选择

优先于保持生活中各个重要方面平衡的观点。特别是，与新古典主义所描述的假想中的平滑相对应，他们引导性地揭示出美国经济发展中不平衡的暗流。

在某种意义上，加尔布雷斯和亚当·斯密一样，也是激励我们朝着更加完善的社会前进的苏格兰式道德家。正如海尔布伦纳在其第一部著作中所指出的那样，历史上最重要的经济学家都试图打破占统治地位的正统学说。那正是加尔布雷斯和海尔布伦纳要完成的，而且他们所占据的领地是历史悠久的政治经济学王国的一个部分。

马歇尔或瓦尔拉斯模型仍像一个内部坚实又毫无缺陷的机器，获得了绝大多数经济学家的认同。实际上，经济学家已经说明，在社会主义条件下新古典主义的定价和资源配置机制是可以运用的，而且也证明在新古典主义理论中私有产权并非理论所必需的。这意味着，作为一种工具，这种理论本身是必要的，这与资本主义无关。海尔布伦纳抱怨道："哈佛经济学家格雷戈里·曼昆（Gregory Mankiw）是一个非常聪明的家伙，他写了一本很好的畅销教科书。他谈到了使用科学语言的重要性，但却从没用过资本主义这一术语。"①

也许这就是为什么加尔布雷斯把新古典主义经济学称作一种"理想体系"的原因。它表达了（或者至少是似乎表达了）许多重要的西方价值观，比如自由和个人进取。另一方面，马克思主义在某些方面则与西方道德观念不太相容，并在大英博物馆的排位中处于更为不利的地位，排在英格兰剑桥大门的外面。这种低微的出身使它未能得到在学术王国中进行适当讲授的机会。制度主义者中，凡勃仑从未在美国重要大学中找到一个稳定的教职，而加尔布雷斯则是作为一个凯恩斯主义者获得了哈佛的终身教授职位。

新古典主义已经躲过了漫画资本主义的灭顶之灾，因为经济学家无法提出一个更好的机制。新古典主义也摆脱了马克思主义的猛烈批判。但加尔布雷斯和海
347 尔布伦纳仍然不能被否定：他们的批评和挑战惠及了广大的公共读者群，因为经济和社会条件使他们关联在一起。正统的批评家则没有很好地说明这种相关性。

① 《世俗哲学的终结：与罗伯特·海尔布伦纳的对话》，载《挑战：经济事务杂志》，56页，第42卷，1999（5）～1999（6）。

第 15 章 赌场经济的兴起

349 如前所述，资本主义在形式上是浮士德式的：它具有多重面孔。美国资本主义另外一个巨大转型始于里根政府，而英国在撒切尔夫人执政期间引入了一些相同的力量。这都肇端于里根经济学，它是三种强大力量趋同的产物。一是货币主义；正如米尔顿·弗里德曼（Milton Friedman）对罗纳德·里根（Ronald Reagan）所说，货币主义可以通过生产和就业的暂时性减弱来降低通货膨胀。第二种力量来自于新奥地利学派经济学家不断扩大的影响以及他们把企业家从国家控制中解脱出来的企图。第三种力量则是供给学派力图使富人免于“过多”税负的梦想。以维也纳的奥地利学派经济学家路德维格·冯·米塞斯（Ludwig von Mises）来到白宫为起点，在 20 世纪 70 年代末到 80 年代初加强了美国新右派的势力。

就货币主义而言，新右派的兴起是对 20 世纪 70 年代滞胀危机的一种反应。凯恩斯主义的学者们在期望政府在经济中发挥某种作用方面取得一致，而新右派
350 学者则信仰自由市场的资本主义。新右派学者认为市场是解决所有经济问题的手段，而且是唯一的手段。

新奥地利学派与政治力量联系在一起开始于 1974 年查尔斯·科克（Charles Koch）基金会的设立，后来该基金会演变成为加图（Cato）研究所，设在华盛顿特区的一个公共政策研究所。科克，这位科克工业公司的领袖，设立基金会以传播主张自由放任经济学家的观点，如艾·兰德所欣赏的经济学家路德维格·冯·米塞斯。新古典学派与加图研究所的共同目标是尽可能地减少政府的作用。尽管他们更喜欢艾·兰德而不是作为总统的罗纳德·里根，但里根把持着城镇中唯一

的游戏。部分原因是精心策划，但更多的是错误和意外，货币主义与里根经济学建立起了一座通往赌场经济的桥梁。

15.1 美联储对弗里德曼货币主义的实验（1979—1982）

尽管如此，货币主义出现在里根执政之前。20 世纪 60 年代后期开始的通货膨胀［20 世纪 70 年代因石油输出国家组织（OPEC）卡特尔组织而恶化］以及米尔顿·弗里德曼地位的上升，导致了一场货币主义实验，这在吉米·卡特（Jimmy Carter）总统任期的最后几个月就开始了。当时的美联储主席保罗·沃尔克（Paul Volcker）确信在实验的头几个月中货币供给的增长率迅速下降了大约一半。联邦资金利率在 1979 年夏季中期接近 10%，到 1980 年初已翻了近一倍，飙升至 18%。甚至评级最高的公司也开始支付 14%的贷款利率。

面临严峻的金融形势，卡特政府向美联储施压，要求非常不情愿的沃尔克采用一项很少使用的手段，即用《1969 年信用控制法案》对金融体系内的信贷予以规制。借贷规模迅速减少对经济同样迅速产生了令人不快的影响。1980 年第二季度，实际国民生产总值按年率计算暴跌了大约 10%。沃尔克的货币主义和
351 卡特政府的管理失误引发了 1973 年到 1975 年间长期而又痛苦的剧烈的经济衰退。即使这样，这次深刻而短暂的衰退还是在货币主义实验之前就结束了。沃尔克开始取消他实施了仅仅两个月的管制，美联储开始向经济中注入资金，暂时性地推翻了实验进程。

卡特在 1980 年总统竞选中被击败，很大程度上是因为货币主义的所作所为以及政府对来自白宫顾问对联邦储备政策后果的警告置若罔闻。只有依靠里根那富有感染力的乐观主义和供给学派经济学这种快乐经济学，才能使经济趋向好转，最起码人们是这样认为的。

里根上台执政之初，经济还未从卡特政府 1980 年的衰退中完全恢复：失业率仍徘徊在 8%左右。现在站在里根一边的沃尔克面临着滞胀病痛的持续折磨，这种通货膨胀和失业并存的状况同样困扰着英国和西欧一些国家。对于这两个孪生的讨厌鬼，深受科学的货币主义影响的沃尔克和里根认为通货膨胀危害更大。

里根深信弗里德曼告知他的信念：货币主义能够在不引起明显生产下降或失业增加的条件下使通货膨胀得到治理。里根认为沃尔克之所以失败，是因为在对付通货膨胀时没有坚持他的第一套方案。在与沃尔克一次颇具影响的会面中，里根要求他不仅要恢复紧缩的货币政策，而且要实行更加紧缩的货币政策。正如一位传记作者所说："里根……相信某种东西就如孩童般热烈而又绝对。他相信里根经济学；因此，里根经济学必须实施。"①

沃尔克又一次推行了货币主义政策，在 1980 年中期之后放慢了货币增长速

① 埃德蒙德·莫里斯（Edmund Morris）：《荷兰人：对罗纳德·里根的记述》，447 页，纽约，兰登书屋（New York, Random House），1999。

度，并在 1981 年继续这一举措。自称“独立于政治”的货币当局与里根政府之间的密切合作是鼓舞人心的，白宫与美联储达成了非同寻常的协议：货币供给每
352 年增长不超过 2.5%。来自美联储的障碍不存在了，白宫的职员们唱着赞美诗，企盼着名义 GNP 在 1980 年至 1984 年间可能会以每年 12%的速度增长。任何不相信货币供给迷信的经济学家都被《华尔街日报》扔进了盐堆。

15.2 供给学派经济学

像重商主义的那些小册子作者一样，供给学派依赖的不是数字和事实，而是生动有力的争论。供给学派是由《华尔街日报》记者祖德·万尼斯基（Jude Wanniski）、作家布鲁斯·巴特里特（Bruce Bartlett）和大众社会学家乔治·吉尔德（George Gilder）所导演的一起传媒事发起的。三位作者都精心研究了新奥地利学派，然而正如货币主义是对凯恩斯主义无法结束滞胀这种现象的反应一样，与里根经济政策等同的供给学派经济学被认为是因求解滞胀出路而得以确立的。

作为里根经济学的序幕，货币主义与供给学派的目的在于重建古典主义的理想社会。超紧缩的货币供给可抑制通货膨胀，而供给学派的减税则同时扩大就业和生产。工人个人所得税的适度减少会促使他们更加努力地工作，从而提高生产率。对富人大幅减税，特别是在资本收益方面，将吸引他们进行更多的储蓄，储蓄的增加又会带来更高水平的企业投资。

粗略地说，隐藏在供给学派思想主张背后的含义，正是古典主义的老朋友萨伊定律；“供给可以自行创造自己的需求”是第一幕的旁白。正如巴特里特正确表述的那样：“在许多方面，供给学派经济学仅仅是萨伊定律的市场再发现。”[①] 萨伊定律把里根经济学与经济增长联系在一起。由于储蓄到投资的转化得以保证，储蓄可发动增长引擎。既然储蓄中的每个美元都不会离开跑道，那么，不管投资气候多么恶劣，这一引擎总能正常运行。

353 这样，富人就会将更高目标设定为储蓄。里根经济学定位于吸引高收入阶层（按 1980 年美元价格计算，年收入超过 5 000 美元）的个人储蓄，因为那才是资金之所在。这一动机为降低生活富裕者的边际税率提供了道德基础。作为一项防范措施，对公司的特别税收优惠，比如较高的税收信用额度、更低的税率和更快的折旧等，也为投资增加提供了更多的激励。

吉尔德进一步推动了供给学派经济学，甚至在他的《财富与贫穷》一书中融入了新奥地利学派的企业家精神，后来这本书成为 1981 年里根入主白宫后职员们的必读书目。储蓄与投资的联系向吉尔德，这位在里根的演讲中引用率最多的作者显示了一个真理：“要帮助穷人和中产阶级就必须降低富人的税率。”[②] 吉尔德进一步猜测，福利国家促使穷人选择闲暇而不工作，这是一种很大的激励抑制。而

① 巴特里特。同前引，第 1 页。（原书注释如此，经核，并无前引。——译者注）
② 吉尔德：《财富与贫穷》，188 页，基本图书出版社（New York，Basic Book），1981。

且，一旦企业家从税赋枷锁中被解放出来，他们就能发挥在历史上的英雄作用。

作为供给学派经济学的主要成果，《1981 年经济复兴法案》规定降低个人所得税税率。里根经济学强调那些可能影响劳动供给和生产能力的税赋激励，而使整个经济复兴计划走得更远。在 20 世纪 30 年代的新政和第二次世界大战中发挥较大作用的联邦政府，除了需要加强的国防和刑事系统之外，其作用被减弱。最后，里根在 1984 年得到了平衡的联邦预算，这是乔治·奥维尔（George Orwell）笔下“钟敲十三下”的年份。

从减税效果来看，最富有的美国人最需要激励。考虑一下有效所得税税率的降低，即降低实际支付的税率而不只是国内税务局报表上的税率。1%最富有阶层的有效所得税税率到 1984 年减少了 7.8 个百分点，5%最富有阶层的有效所得税税率降低了 4.2 个百分点，10%的普通富有阶层降低了 3.1 个百分点。此外，来自利息收益的非劳动所得的最高税率从 1980 年的 70%逐步下降，到 1982 年为
354 50%，1987 年为 38.5%，1988 年则为 28%。

不仅富人可以享受到更高的来自于工资、股票期权、利息和资本所得等方面的收入，而且每一个家庭也能从各种所得中获取更高的份额。到 1989 年，1%的最富有者的平均税收减免是 52 621 美元。1982 年至 1990 年间这些税收减免总额大约为 2 万亿美元（按 1985 年美元价格计算），这大致相当于 1960 年国内生产总值（GDP）。到 1992 年，在布什总统任期内，最富有阶层在平均收入 676 000 美元基础上的平均税收减免已达约 78 090 美元。

现在我们把注意力转向里根经济学剧本的第二幕。

□拉弗曲线和平衡财政预算的颂歌

有一个关系被忽略了：在大规模减税之后，联邦预算如何平衡？在“平衡预算”进一步助长媒体的怒火之时，这种联系由南加利福尼亚大学前商业院教授阿瑟·拉弗（Arthur Laffer）建立起来。拉弗曲线——里根经济学的罗塞塔纪念碑——是阿瑟·拉弗在华盛顿特区“内部人”旅馆吧中在餐巾纸上为万尼斯基画出来的，并由万尼斯基在《世界运转方式》一书中赋予了显赫地位。

拉弗曲线描述了税率与政府税收收入之间的关系。当税率处于两个极端水平（0 和 100%）时，政府不能获得税收收入。当税率上升到 0 以上时，市场运行所必需的公共产品（司法、国防、法律和秩序以及基础教育）的供给会提高生产率、产出进而增加税收收入。然而，若税率进一步提高，相对价格的变化将导致储蓄、投资和纳税收入的税后收益下降，人们会由参加生产活动转向闲暇、消费和税收规避。在此税率上的国民产出和收入就会受到损害，更高的税率反而使得
355 税收收入减少。不过，大多数经济学家认为税率尚远远低于这种荒谬的范围。

□内部人戴维·斯托克曼的忧虑

总统的首任预算办公室主任（1981 年至 1985 年中期）戴维·斯托克曼

(David Stockman）曾经是一位勇敢的供给学派战士，他很快看到了这项计划的缺陷。在 1981 年圣诞节期间的反思中，他说："肯普-罗思（Kemp-Roth，供给学派税收法案最初的名称）一直是降低高税率的特洛伊木马。"①

特洛伊木马？供给学派经济学带着众多的企业家冲向了与劳动力敌对的阵营。与工人卡尔文式的反应不同，所有总统的人或清教徒式的投资者或异常警觉的企业家，都希望通过对萨伊定律的字面解释和别具一格的新奥地利学派的企业家精神来刺激产出。在斯托克曼看来，供给学派的理论实际上就是赤裸裸的旧"滴漏理论"② 上的一件新衣服而已，该理论信奉富人的利益能"滴漏"到工人头上。不过，削减穷人的福利而增加富人的税收，这种需要就意味着穷人的钱太多而富人钱太少了。

因此，即使通过各种税收减免能增加可支配收入，他们预计的效应也不会来自于对凯恩斯总需求的影响，该影响被假定为零。而按照古典主义的思路，减税的效果来源于相对价格的变化，并诱使决策者以生产性活动（投资、工作和交换）替代闲暇和懒惰，从而导致产出提高。霍华德·罗克（Howard Roark）的世界——并非由万能的上帝创造——最终将在自由市场的资本主义经济中自由发挥作用（里根好像从来没有彻底了解过艾·兰德的无神论）。从闲暇和消费向生产性活动的转移将促进经济增长。

15.3 续集

□ 1981—1982 年的大衰退

356 与原有的剧情相比较，续集常常是失望大于期望。在这一方面，供给学派宣扬的结果并不是唯一的。

即使是罗纳德·里根的乐观主义也无法阻止这场灾难。伴随着财政预算赤字升高，美联储所采取的紧缩性货币政策迅速抬高了利率，压倒了旨在鼓励资本形成的减税。③ 早先，在 1979 年和 1980 年，自愿失业的工人队伍快速壮大，但显然还没有快到足以使通货膨胀得到控制的程度。然而，遵从货币主义者对小数点的描述，保罗·沃尔克将失业率推得更高。在里根第一个任期内，名义 GNP 年增长率当然没有达到所描述的那种简直不可能达到的 12%。在 1981 年夏季中期，

① 由威廉·格雷德（William Greider）引用：《戴维·斯托克曼的教育》，载《大西洋月刊》，46 页，1981（12）。斯托克曼将其重新认识全部讲给了他的记者朋友格雷德。

② 同上书，47 页。

③ 为了抵消大量税收损失的影响，在 1982 年，国会废除了进一步加速折旧补贴计划，并取消了有避税功能的租赁，即 1981 年规定的允许无利可图的公司向盈利公司出售产品其税款以抵减额和折旧减免。1982 年的这些税收变动使得厂房及设备投资的预期回报率高于里根执政前大约 17 个（而不是 28 个）百分点。然而在严重的经济不景气背景下，销售已经不能足以保证对新产能的投资，而且减税也不再能够提供有效的刺激。

失业率却正逼近12%这一大萧条以来的最高水平。

当我们最需要那些英雄企业家的时候，他们在哪里呢？

□国债大爆炸（1980—1992）

尽管因为得到慷慨资助建造的五角大楼无疑使得国防部的办公条件得到改善，但是若政府把税收收入目的定位于军事，那么供给学派还是会差不多失去整个新大陆。预算赤字开始打破历史纪录。国民收入的锐减意味着税收收入的不景气，特别是在较低的税率水平上。里根的减税伴随着军费开支极度扩张和经济大衰退，结果必将是国债从9 080亿美元增加到3.2万亿美元，超过了自乔治·华盛顿（George Washington）以来他的所有39位前任总统任职期国债总和的三倍。

357 飙升的联邦预算赤字和债务积累并没有在里根的第二任期内结束。当联邦财政赤字继续上升，到1992财年已经达到将近4 000亿美元时，乔治·布什（George Bush）总统可以安慰那些已习惯于此的人。1992年总的国债水平大约在4万亿美元。由于不能或不愿减少赤字，布什把这项任务留给了新民主党人比尔·克林顿（Bill Clinton）。后者在其第一个任期内把赤字减少了60%，在1998年的某个时刻实现了预算平衡，并构建了他著名的通向21世纪预算盈余的桥梁。

是什么地方出现了如此糟糕的错误？

□现代货币主义算术的应用

即使我们接受货币主义的算术，沃尔克的货币政策也难以获得加分。我们只需看看货币主义的经典等式：MV＝PT。在弗里德曼创建的现代货币主义方程中，实际产出或实际GNP代替了其中的T。如果我们把等式中的所有变量都看做百分比的变化或增长率，那么，货币供给的增长率加上货币流通速度的增长率，就等于通货膨胀率加上实际GNP的增长率，也就是说，现代货币主义的方程可以表示为：

$$\frac{\text{M 变化的}}{\text{百分比}}+\frac{\text{V 变化的}}{\text{百分比}}=\frac{\text{P 变化的}}{\text{百分比}}+\frac{\text{实际 GNP 变化的}}{\text{百分比}}$$

等式右边的和是名义GNP的增长率。

这样，货币主义者的伟大诺言令人难堪地仅剩下了简单的算术。里根-沃尔克对货币供给的计划是从1980年到1984年增长不超过2.5个百分点。[①] 假设里

① 作为货币供给的一个可供选择的指标，M2在这个时期相对稳定。然而，美国联邦储备委员会却只用M1作为指导。到后来美联储或许该看一看货币供给的各种指标。M2不仅包括货币、支票账户和旅行支票（M1），而且还包括小额定期存款、储蓄存款和货币市场存款账户、货币市场共同基金份额（非机构）、隔夜和定期回购协议、隔夜欧洲美元以及联合调整。显然，由于华尔街发明了许多可以持有流动资产的工具，所以货币供应量所包含的成分发生了变化。其他一些衡量指标，例如M3和L，包括了大额存款加上长期限的金融工具。对什么是“正确的”货币供给衡量指标的探索仍在继续。

根总统的顾问提出这样一个明显的问题："收入的流通速度或货币周转率变化的百分比要有多大，才能保证达到货币 GNP 增长率（方程式的右边）12%的目标呢?"答案当然是 12%减去 2.5%，即 9.5%。弗里德曼没有向里根提到过的一个
358 变量——货币流通速度的增长率，会是令人震惊的 9.5%！然而，在整个战后的 1946—1980 年，货币流通速度的平均增长率仅为 3%。更重要的是，历史上 3%的流通速度增长率加上 2.5%的货币增长率（再说一遍，是求两个比率的和）将是名义 GNP 每年仅增长 5.5%而不是 12%。考虑到白宫 6%的预期通货膨胀率，则实际 GNP 的增长将为每年－0.5%（5.5－6.0），实际 GNP 下降了！而实际上这正是所发生的事情。

在 1981—1982 年，工作前景令人担忧，投资的预期回报变得让人沮丧、不安并越来越不确定，似乎正是所谓的凯恩斯情形。然而，家庭和公司不仅持有现金，而且将之投资于高流动性的金融资产而不是商业投资，从而降低了货币的流通速度。既与亚当·斯密（Adam Smith）也与凯恩斯（Keynes）的思想相违背，个人和企业的储蓄涌入金融资产而不是进行实际经济投资。由于没有消费和企业支出的增加，产出也随之下降。因此，正如以前所有过的情况一样，沃尔克的紧缩性货币政策只能以大衰退为巨大代价来降低通货膨胀。

库尔特·冯内古特（Kurt Vonnegut）在《蓝胡子：拉博·卡拉贝坎（1916—1988）的自传》（1987）中虚构的艺术收藏家拉博·卡拉贝坎（Rabo Karabekian），很好地描述了这一后果。时间回到 1933 年，拉博正在纽约市的中央车站聆听其导师的演讲。拉博在想："大萧条还在持续，所以车站和街道上塞满了无家可归的人，就像今天这种景象一样。报纸上充斥着工人失业、农场提前关门和银行破产等各类故事，就像以前出现的情况一样。"① 这很像我们在 1981 年到 1982 年经历的一样。

所有的事情都考虑到了，财政革命更是令人眩晕，但总统仍然没有得到他想要的所有东西。② 尽管"平均每个家庭"的联邦收入所得税增加了 1%，但许多重要公司，例如美国家居公司、陶氏化学工业公司、通用电气公司、通用动力公司和波音公司等，在 1981 年到 1983 年的所得税为负数值（退税或其他税收优惠），同时赚取了大量利润。里根总统对此还不满意，他在第二任期内，推出了更为友善的减税计划。

---

① 库尔特·冯内古特：《蓝胡子：拉博·卡拉贝坎（1916—1988）的自传》，85 页，纽约，德拉科特出版社（New York，Delacorte Press），1987。

② 美国国会拒绝了里根的提案：极大地降低提前退休工人的社会保障福利、退伍军人的伤残救济金、用于低收入家庭取暖费用和食品券项目支出的联邦援助；取消对中等和高收入家庭儿童的学校午餐计划；增加那些长时间住院的病人的支付；极大地削减中小学教育计项目中对弱势群体和残疾人的开支；极大地降低学生贷款项目支出；削减在公路和桥梁建设上的支出；上调农业灾害和小企业管理贷款的利率；大幅减少一般性福利金；取消法律服务公司和少年司法方案；大幅削减孕产妇和儿童保健预算，包括针对低收入怀孕妇女的计划；还有许多削减幅度甚至超过国会允许范围的其他项目，其中包括能源存储、环境保护组织、联邦抵押贷款保险承诺、经济发展赠款、美洲印第安人援助、职业培训、医疗补助和社区服务拨款等。

359 □凯恩斯回归：里根的合成凯恩斯主义

正如F·斯科特·菲茨杰拉德小说中所述，历史充满着讽刺。到1980年，美国经济学家中凯恩斯主义经济学地位处于最低点；里根经济学的接近破产极大地改变了这种状况。原因之一在于，失业救济金及其他新政项目在个人可支配收入下设置了一道门槛，从而导致消费者支出减少。就像罗纳德·里根及其家人在20世纪30年代从富兰克林·罗斯福（Franklin Roosevelt）总统的新政中获得帮助一样，穷人和失业者也一直享受同样的救助政策。里根政府期望通过消费者的可支配收入来刺激凯恩斯有效需求。

财政凯恩斯主义为这种病症提供了解决方案。就好像是20世纪30年的恐慌再次闪现在眼前一样，美联储的官员们在1982年夏季开始推行一项令人难以置信的扩张性货币政策，货币主义实验被放弃了。联邦军费开支的巨额增加（实际水平大约为每年7%）虽然是里根最初计划的一部分，但为萧条中的经济提供了急需的凯恩斯总需求拉动。里根总统和供给学派开始满怀激情地为许多连现代凯恩斯主义者都不能接受的预算赤字进行辩护。

15.4 赌场资本主义

里根经济学的贡献之一就是大大加强了华尔街在美国社会中的重要地位。罗纳德·里根传递的中心意思是，不仅美国的公司而且任何拥有财富的人都可以自由地做他们想做的事情。这些政策的永久化是由克林顿政府完成的；这些政策常常以牺牲社会底层人的利益为代价，因而使得旧民主党人感到震惊和愤怒。

财富与华尔街之间几乎没有距离。因此，在随后不久出现的一场重现美国经济金融脆弱性的金融风暴中，华尔街处于了漩涡的中心。在1983—1989年间，美国拉斯维加斯附近经济火爆，“赌场经济”的名称也就应运而生。[①] 一种类似
360 的投机泡沫也在东京形成。

大约在20世纪80年代中期的某个时候，这种令人不安的转换达到了金融投机的顶峰，并在20世纪90年代早些时候形成了大停滞，随后在90年代后期又重新点燃了投机狂潮。在靠钱生钱或金融资产投机而不是靠商品生产来获利的情况下，很多人好像又重新发现了凡勃仑式的愉悦。另外一些人则出于贪婪又重新发现了超过适当边界的盖茨比（Gatsby）天性。社会就像一个巨大的货币市场基金，家庭和企业在其中的主要作用就是投机。

---

① 我在《经济学形成》[第3版，342～343页，贝尔蒙特，沃兹沃斯出版公司（Belmont，Wadsworth），1987] 中，首次引入了“赌场经济”这一术语。

□私人部门的债务大爆炸

债务流行病很快传播到了私人部门。企业资产平衡表从股权融资（发行新的公司股票）转向债务融资（发行公司债券）。1983年，股票和债券发行额分别为48亿和40亿美元，这是一个保守的经理人的梦想。在其后的20世纪80年代的每一年中，净股票发行额为负数值，而公司净债券发行额却在飞涨（1989年达到300亿美元）。

尽管20世纪80年代衰退后的时期仿照《圣经》而被称为“七个好年头”，但仔细观察后我们会发现，这好像仅仅是1981年到1982年大衰退后的反弹。到1984年中期，美国经济仅恢复到里根以前的水平，类似于1936年到1937年复苏时达到大萧条前的GNP水平。可以对20世纪60年代和80年代这两个因减税而应受到重视的时期进行比较。在20世纪60年代，实际GNP增长总共为46%，大大高于80年代的28%。20世纪60年代的工业生产扩大了67%，但80年代仅为29%。20世纪60年代失业率从未超过6.7%（1961年），而1980年到1986年
361 则从未下降到7%以下，1982年到1983年达到了9.6%到10.7%的顶峰。此外，金融违规操作和投机行为也日益泛滥。

由于付利债务的所有权高度集中，因而利率上升就会将收入和财富分配导向更大的不平等。[1] 如果大量“金条”都落到少数人手中，那么当他们不得不考虑将它们置于何处时，需要具有想象力。好像有如神助，管制越来越松的金融制度在创造新型金融工具（存单、大额存单、垃圾债券、期权等等）方面极富创新力。借助于此，财富得以暂时保存以待迅速升值。换句话说，如果富人准备投资，则他们必须有充足的筹码。起初，这些筹码通过发行新的国库券来筹集；后来，额外的筹码则通过公司收购、杠杆债务等新形式来筹集。

□迈克尔·米尔肯创造垃圾债券市场

随着通向自由市场之路被米尔顿·弗里德曼铺平，使得货币创造市场自由化对里根来说就成了一项道德义务。弗里德曼写道，企业的唯一责任是增加利润，这种信仰在里根的演讲中也得到了回应。有关“市场魔力”的字句迅速从里根的白宫传向边远乡镇。对于华尔街的关键描述是：(1) 里根政府反对所有影响任何市场包括债务市场的政府管制；(2) 如果能使货币发挥某些（任何）作用，那么对“尽管去做”（在此向耐克公司表示歉意）的禁止性行为就是不道德的。迈克尔·米尔肯（Michael Milken）是这场自由市场复活运动自然产生的副产品。

米尔肯是20世纪60年代加州大学伯克利分校一位拥有浓烈商业意识的学

① 1995年，10%的家庭拥有89.8%的债券、88.4%的企业股票和共同基金，其中收入最高的1%的家庭拥有一半的股票和共同基金。最终，最富有的10%的家庭掌握着71.6%的家庭资产净值（资产价值减去负债）。

生。当其他学生还沉浸在大麻之中时，他已在阅读有关次级债和未被评级的公司债券方面的研究资料。后来，作为德崇（Drexel）的证券推销员，米尔肯开始宣讲一种新的理念。对米尔肯来说，次级债的高收益仅仅反映了在如此高的预期回
362 报之上值得承受的风险。他确信，次级债唯一存在的问题是缺乏流动性或迅速转换为货币的能力。

最终，米尔肯消除了客户对高风险债券的厌恶。米尔肯的推销能力解决了“流动性不足”的问题；他吸引了那些对次级债固有缺陷视而不见的金融家。当次级债的回报达到或超过预期值时，早先的买主成了米尔肯热情的回头客。

到 1977 年早期，米尔肯已经控制了全美高收益证券市场的四分之一。他成为了一个市场创造者。米尔肯可以向债券的持有者保证，他们购买的债券可以在任意想要的时候变现或兑换流动性。反过来，米尔肯则可以再卖出这些债券，以保证在手中积累的大量债券未公开的“买价”与“卖价”之间的差额。只有米尔肯和少数几个同事才知道这种买价与卖价之间的差距在不断加大，而这正是米尔肯财富增加的源泉。

证券交易委员会，证券市场上主要的监管机构，并没有登记这种服务，而且，米尔肯的市场正如弗里德曼、里根和供给学派构想的那样变得越来越紊乱。在操作过程中，米尔肯总是比任何其他买者或卖者具备更多的知识，因为他本身就是次级债市场。[①] 在市场另外一端的那些买者和卖者们本来也该闻出点什么了，但他们没有可与米尔肯匹敌的秘密信息。这样，这种市场的大部分“魔力”也就来自于米尔肯对关键信息的隐藏。

半个世纪偏爱风险厌恶和过度举债的潮流在 20 世纪 80 年代宣告结束。

□垃圾证券导致杠杆收购狂躁症

兼并潮在美国拥有很长一段时期的光辉历史，可以从某种意义上追溯到强盗男爵时代。兼并集中就像母爱、苹果派和约翰·D·洛克菲勒（John D. Rockefeller）一样具有美国特征。唯一变化的是聚合行业的名称和收购的方法。一种被称为杠杆收购（或 LBOs）的新方法成为了 20 世纪 80 年代的一个创新。

363 美国最大的制造业公司，以总资产规模为标准，从 1947 年到 1983 年依次是石油、汽车、计算机、钢铁、通信和化工。这些是正处在或者刚刚越过产品周期顶峰的行业（如第 13 章中所定义）。埃克森［Exxon，前身是新泽西标准石油公司（Standard Oil）］在 1983 年仍排在最前面，紧随其后的是通用汽车（GM）、美孚石油公司（Mobil Oil）、德士古（Texaco）、标准石油公司（印第安纳）、杜邦公司（E. I. dupont）、标准石油公司（加利福尼亚）、福特（Ford）和通用电气（GE）。

少数几家大公司已经被反托拉斯当局所肢解，主要是那些最初在 19 世纪强

---

① 有关迈克尔·米尔肯和许多其他华尔街人物更多更详尽的细节，可以参阅普利策奖获奖记者詹姆斯·B·斯图尔特（James B. Stewart）：《贼巢》，纽约，西蒙与舒斯特尔公司（New York，Simon & Schuster），1991。

盗男爵式的大托拉斯公司，还有少数合并案例被阻止。例如，标准石油公司遭到了“肢解”；现在排名前 10 家大公司中有 3 家标准石油而不是仅仅 1 家。① 甚至在 1983 年最大的 500 家工业公司中（制造业和采矿业），最大的 25 家公司集中了其中总销售额的 41%，而最大的 50 家则超过了一半。在金融行业也流行同样的趋势。

尽管垃圾债券建立的基础并不牢靠，但在 20 世纪 80 年代和 90 年代，它带来了一个全新的杠杆收购时代，并最终使工人阶级的规模减小。虽然形成垃圾债券市场非常有诱惑力，但迈克尔·米尔肯在兼并和收购过程中看到了更大的赚钱机会。一家公司或一家上市公司，可以被一群金融家所买断，而后者的钱却来自于向保险公司、银行、经纪人和储贷协会出售垃圾债券。在这种美妙的安排之下，投资者无须使用任何自己的钱。而且，所有进行交易的人，包括出售自己公司的 CEO 们和米尔肯，赚了数以千万计的美元。

当米尔肯的业务本该下滑的时候，一些新生力量又进一步维持了此类经营。在里根当政期间，对不相关企业进行兼并重组的冲动，得到了税收政策以及反托拉斯政策明显大幅松动迹象的鼓舞。到 1983 年，兼并重组已然成为一个由斯利姆·皮肯斯（Slim Pickens）用词不当而得名的富有传奇色彩的得克萨斯企业大亨所引领的增长行业。意外的是，1985 年迈克尔·米尔肯和他的德崇证券的同
364 事们拥有了超过他们处置能力的客户资金。为了增加垃圾债券的供给，他们开始向皮肯斯、卡尔·爱康（Carl Icahn）、罗纳德·佩雷尔曼（Ronald Perelman）以及著名的科克罗公司（KKR）这样的公司猎手提供资金。

科克罗公司的主管从 1984 年到 1989 年通过德崇证券所借的钱，超过了垃圾债券公司的任何其他客户：科克罗公司成了重要的收购专家。② 保险公司、银行和储贷协会实际上停止了向购买资本品、开采石油和兴建房产的投资，代之以为了向科克罗公司提供借款而以数十亿的数量来购买米尔肯的垃圾债券。20 世纪 80 年代，科克罗公司大约借贷 600 亿美元用于收购，以 1988 年后期为收购 RJR.纳贝斯克（RJR Nabisco）借入 264 亿美元达到顶峰——这场历史上最大的收购案达到了臭名昭著的地步，不仅被写成一本书，而且还被拍成了电视剧。这些大公司的收购产生了价值数十亿美元的垃圾债券，因为杠杆的使用甚至使得以前的蓝筹公司发行的优质债券的价值减小到跟垃圾债券一样。米尔肯的工资和奖金继续攀升——仅 1986 年就超过了 4 400 万美元。

聚集及其后果在收购马拉松石油公司（Marathon Oil Company）的竞标战中得到了充分体现。早已收购了蒙哥马利·沃德百货公司连锁店（Montgomery Ward，很显然，其之所以被广泛投机，是因为希望在蒙哥马利·沃德的走廊上挖出石油）的美孚石油公司试图购买马拉松石油公司。与供给学派税收激励计划

① 洛克菲勒标准石油托拉斯在 1911 年被美国最高法院判令强制“解散”。“原有的”标准石油公司被分拆成几个在美国不同地区独立经营的公司。一般来说，这些相同名称的标准石油公司仍然保留着在原来市场营销区域内的主导地位。各公司的主要股东依旧是洛克菲勒家族、洛克菲勒“股份”和洛克菲勒基金会。

② 关于科克罗公司的完整故事可以参阅乔治·安德斯（George Anders）：《债务商：科克罗公司和美国企业中的抵押贷款》，纽约，基本图书出版公司（New York，Basic Books），1992。

的效果诉求相反，美孚石油公司对现有石油储备表现出浓厚的购买兴趣，而不是花全部时间和精力去寻找新的储备。自从1901年安德鲁·卡内基与J. P. 摩根合并组成美国钢铁公司以来，它最大胆的赌博就是与美孚石油公司竞标马拉松石油公司。作为这一成功收购的结果，美国钢铁（现在的USX公司）成为全美国第12大工业企业。

到1990年春，RJR. 纳贝斯克公司由于维持其垃圾债券债务花费高额成本，而几近破产。科克罗公司也快倒闭了。那些储蓄，包括来自高级社会保障账户上的存款，不是被用于新的软件开发和创建工厂，而是投资于那些在债务大潮中价值受到严重侵蚀的垃圾债券。然而，不同于许多年长的居民和储贷协会，科克罗
365 公司不仅在这场风暴中幸存了下来，而且到20世纪90年代中期，它又公布了它在纽约证券交易所持有公司股票的名录，并扩大其业务。

如果说20世纪80年代新的净工业生产能力来自于这些收购，那么它却并没有在数据上显示出来。净固定资本投资作为国民产出的一部分，从1970年到1979年的6.7%下降到了1980年至1988年的4.8%。更重要的是，私人企业资本服务的增长率从1960年到1969年的4.2%下降到了1970年到1979年的4.0%，1980年到1988年是3.2%，1985年到1988年更是只有1.3%。生产率也放慢了增速。

这种大规模的合并重组是由一批新型金融家推动的。汤姆·沃尔夫（Tom Wolfe）在其1987年11月出版的《虚荣的篝火》一书中，恰到好处地将这种新类型表述为即将破灭的泡沫。华尔街的顶级债券推销员和"宇宙主宰"的舍曼·麦科伊（Sherman McCoy），住在一个奢侈的带有14个房间的双层公寓里。

> 公寓位于花园大街，这条梦幻般的大街上！他在华尔街工作，受雇于传奇般的皮尔斯（Pierce）公司，在50层之上，可以俯视整个世界！他驾着价值48 000美元的敞篷汽车，身边坐着纽约最漂亮的女人，她或许没有比较文学的奖学金，但一定才华横溢。一只欢快的小动物！他就是这样一个人，他命中注定能拥有他想得到的任何东西。①

这位虚构的麦科伊从事每年赚上百万美元的经纪行当。作为一位"代表着华尔街最严肃的债券交易员"，这位"宇宙的主宰"：

> 穿一套蓝灰色毛料西装，单排两粒扣，普通V字形翻领，这是花费1 800美元在英国定做的。在华尔街，双排扣的西装和尖形翻领被认为有点锋芒毕露且有些不合时宜。他浓密的棕色头发径直向后梳着。他把肩膀装饰成直角，挺着长长的鼻子，显露出一副士气高昂的样子。②

在20世纪80年代前半段，商业银行和储贷协会的大量权利转移到了华尔街
366 的套利高手诸如那些宇宙主宰伊凡·波埃斯基（Ivan Boesky）和罗伯特·鲁宾（Robert Rubin）、德崇证券的米尔肯之类的投资银行家以及老牌的可信赖的摩根

---

① 汤姆·沃尔夫：《虚荣的篝火》，80页，纽约，法勒、斯特劳斯和吉鲁出版公司（New York, Farrar, Straus & Giroux），1987。

② 同上书，50页。

公司和股票经纪人手中。在这剧变的10年里，到1985年华尔街仍然丑闻不断，1987年几近它在三一教堂的墓地。华尔街经历着类似于那些宇宙主宰的命运；生活再一次模仿着艺术作品的构想。然而，1987年的股市大崩溃和两年后的“小震荡”既没有结束投机热，也没有撼动华尔街在经济中的重要地位。它仅仅是为那些已经通过税收削减、利息和资本收益变得富有的人提供了一个购买机会。

□泡沫的破灭

始于20世纪50年代中期，在将近40余年的时间内，新的贷款以越来越快的速度加入到债务金字塔之中。新贷款的加速增长又催生了20世纪80年代房地产和金融市场的投机泡沫。但到里根时代结束时，这一增长步伐大大放缓了，因为美联储主席格林斯潘（Alan Greenspan）转而追求零通胀的目标。40年来的趋势发生逆转意味着房地产价值的降低以及金融和非金融企业收益增长速度的放慢。

到20世纪80年代中期，房地产的缺陷已暴露无遗。不过，1987年的股市大崩溃才是第一阶段投机即将结束最明显的征兆。这个时候，储贷协会实际上已经倒闭。到1990年中期，美国财政部预计将有1 000多家储贷协会机构——超过所有储蓄机构的40%——由政府接管，小道消息则认为这一数字接近2 000家，实际上是整个行业！纳税人的最终成本超过1万亿美元，或者说人均4 000美元。将被联邦管理部门出售的财产总数最终有可能达到100万（这一数字不包括被商业银行收回的数千万个家庭）。

367 垃圾债券交易员和储贷协会这两堆篝火之间存在着密切的联系，比如在迈克尔·米尔肯与哥伦比亚储贷协会的汤姆·施皮格尔（Tom Spiegel）以及林肯的查尔斯·基廷（Charles Keating）之间就有密切往来。① 到20世纪70年代末，储贷协会为了吸引存款而支付12%～13%的利率，并从居民的抵押贷款中收取少许费用。1982年它们基本上就已经垮台了。为了“拯救”它们，白宫和国会允许储贷机构以任何理由放款。而且，现在任何人都能开储贷协会，流氓和刚犯罪的罪犯也有这种可能。当威利·萨顿（Willie Sutton）被问及为什么要抢银行时，他的回答是“因为钱在那里”。这也是查尔斯·基廷之所以要组建臭名昭著的林肯储贷协会的原因。哥伦比亚、林肯、弗农（Vernon）以及其他许多人都通过垃圾债券使其资产得以膨胀。

1989年，当诸如集成（Integrated）和康皮尤（Compeau）之类的杠杆公司开始衰落时，垃圾债券市场也开始了纪念碑似的崩溃。以收购的股票暴跌为先

① 迈克尔·刘易斯（Michael Lewis）用一种奇妙有趣的娱乐方式描绘了这种联系。参见刘易斯：《说谎者的扑克牌》，206～228页，纽约，W. W. 诺顿出版公司（New York，W. W. Norton），1989。刘易斯现在是一位记者，在20世纪80年代的大多数时间里，他是所罗门兄弟公司的债券推销员。对迈克尔·米尔肯在德崇证券公司（Drexel Burnham LambertInc.）通过犯罪获取丰厚利润而过上奢侈生活的生动而又详尽的描述，是由前文所提到的詹姆斯·B·斯图尔特（James B. Stewart）的作品所提供的。

导，10 月 3 日股市经历了一场“小震荡”。违约成了这一天的基本规则。储贷协会的垃圾债券变得一文不值。作为米尔肯垃圾债券主要买主的储贷协会被宣布资不抵债并由政府接管。

同时，商业银行也陷入了这场挤压之中。全国性的商业和居民财产的供过于求导致了租金下滑，并使银行资产价值受损。1991 年银行丧失了价值 260 亿美元商业财产抵押品的赎回权，比 1990 年多出 32%。尽管从 1943 年到 1981 年间美国每年银行倒闭不超过 10 家，但这种趋势又开始出现。

经受丧失赎回权之痛的主要开发商所发生的故事在汤姆·沃尔夫《完美的人》中的主人公查尔斯·克罗克（Charles Croker）身上得到了体现。故事发生在上一世纪末新鲜财富暴涨的佐治亚州亚特兰大。曾经的大学足球明星查尔斯·克罗克，现在是已步入中老年的亚特兰大集团之王，他极端自负，但最终还是要
368 接受银行贷款过期的事实。查尔斯拥有一个令人惊羡的 29 000 英亩的大农场，第二任妻子年轻而又苛刻，但是他还是拥有了一座由巨额未付债务支撑起来的巨大但却有一半空置的办公室大楼。①

由于银行把钱贷给像查尔斯·克罗克这样的开发商，自 1933 年以来一直为银行存款提供担保的联邦存款保险公司在 1991 年首次出现资金耗竭。在 1987 年到 1991 年间，有 882 家银行破产，总资产达 1 510 亿美元，这些破产抽干了资金。与大萧条期间大量小银行破产不同，这次跌倒的都是一些巨头。实际上，1991 年仅有 11%的商业银行遭遇亏损，但这些银行持有超过整个银行体系总资产 34 亿美元的五分之一。美联储曾经认为银行“巨大而不会倒闭”，现在情况则可能变成为太大而无法挽救。

当非金融机构不再能够偿还其飙升的债务时，它们也倒闭了。1987 年，非金融机构的倒闭数量上升到大约每周 1 400 家，到 1989 年下降到每周约 900 家的水平，1991 年则再次狂升到超过 1 700 家，到 1992 年早期仍高于 1 800 家。个人企业的破产状况也同样如此。个人企业破产在 20 世纪 80 年代飞升到 150%以上，1990 年达到 720 000 家。

对产业部门和金融制度的进一步安抚转向了联邦政府和联邦储备体系，其中包括对储贷协会、商业银行和大型保险公司的税收减免。到 1990 年 11 月 21 日，迈克尔·米尔肯被判处 10 年监禁时（不过，1993 年因大幅减刑而被释放），大部分金融企业正受到清算。1996 年，迈克尔和他的兄弟仍然位居福布斯排行榜最富有的 400 位美国人之列，他们投资 2 500 万美元创建了一家教育服务公司——知识宇宙公司（KU）。两年之内，知识宇宙公司就收购了 30 家公司，而且还有很多交易悬而未决。有些事情好像从未发生改变。人们不禁要问：谁来救援那些典型的工薪劳动者呢？

里根经济学是金融财富持有者进行收购的动力，其最终结果还有待于观察。我们很难知道，那些联邦资金和税收减免都到哪里去了。从某种意义上说，基金
369 莫名其妙地消失了。这让我们想起了前面提到的库尔特·冯内古特在《蓝胡子：

① “完整的”故事，请参阅汤姆·沃尔夫：《完美的人》，纽约，法勒、斯特劳斯和吉鲁出版公司（New York，Farrar，Straus & Giroux），1998。

拉博·卡拉贝坎（1916—1988）的自传》中虚构的艺术收藏家拉博·卡拉贝坎的经历。由于他所使用的帆布上的胶料与含有丙烯酸的壁画及色带之间发生了看不见的化学反应，拉博所有的作品都自我毁灭了。然而，人们却为了这些作品而向他支付很多钱。

正如拉博所回忆的那样："……那些为了得到一幅画而向我支付了 1 500 或 2 000 甚至 3 000 美元的人，都为能看到这些画做好了准备，结果却发现他们看见的是一张空白的画布、地板上散落的各种颜色的扁条以及看起来更像发了霉的米花糖之类的东西。"但是，广告却为拉博保证，那些锦缎杜拉绘画作品会比"……蒙娜丽莎的微笑更有生命力。"[①] 人们已为拉博的作品慷慨支付了费用，现在这些画却莫名其妙地消失了，他们支付的钱也同样如此。然而，拉博继续从他的收藏和转卖中聚敛财富。拉博就像是一个垃圾债券交易员，而其作品的持有者则像是储贷协会的存款人。

15.5 20 世纪 80 年代的不平等与日俱增

里根的特洛伊木马策略与公元前 1200 年希腊人在特洛伊战役中的策略一样成功。富有的美国人获得了丰厚的实际收入，而实际上贫穷的美国人在 1980 年到 1984 年间遭受了收入损失。由于在里根的第一个任期内有一半的美国家庭遭受实际收入损失，所以一些自由民主党人讥讽里根经济学是一股"激起所有轻舟"的浪潮。由于 20 世纪 80 年代家庭收入增长缓于 70 年代或二战到 1973 年之间，所以在整个里根时代，富人变得更加富有，而穷人变得更加贫穷。这一朝着更加不平等的突然转变，使得 1988 年最富有的 5%的家庭平均获得了比 1979 年多 11 317 美元的收入，而在底层的五分之三家庭则平均损失了 1 200 美元。最富有的 1%的人所占的收入份额很快就会超过 40%的低收入人群！

370 任何"滴漏"利益都是一种幻想。1979 年美国官方统计的贫困率已下降到 11.7%，贫困人数为 2 610 万，但 1988 年这两个指标分别反弹到 13.1%和3 190 万人。同一年，每 5 个孩子中就有一个生活在贫困之中。由于实际收入和贫困线之间的差距从 1973 年到 1979 年的 8.9%上升到 1979 年到 1988 年的 15.5%，穷人变得更加贫穷了。[②]

财富的不平等甚至更加严重。当我们看看那些竭尽全力、奔波在 20 世纪 80 年代的人，他们中的一些人已经接近终点了。在起跑线上，联邦储备委员会对消费者财务状况的调查表明，最富有（几乎或实际上是超级富有）的 2%的家庭，

① 库尔特·冯内古特：《蓝胡子：拉博·卡拉贝坎（1916—1988）的自传》，19～20 页，纽约，德拉科特出版社，1987。

② 参见劳伦斯·米歇尔（Lawrence Mishel），戴维·M·弗兰克尔（David M. Frankel）：《运转之中的美国状况：1990—1991》，168 页，阿曼克，M. E. 夏普出版公司（Armonk，M. E. Sharpe），1991。此外，相关的历史数据在这本重要的著作及后续版本中都有所发展和体现。

拥有大约39%的公司和政府债券与71%的免税市政公债；最富（仅仅是富有）的10%家庭，拥有70%的债券和86%的免税市政公债。[1] 绝大多数公司股票和其他金融资产的持有价值也掌握在少数人手中。

难以置信的是，由于里根两个任期内的国债或财政债券的价值飞涨到惊人的3.2万亿美元，所以他的税收减免政策给了那些大量购买国债的富有美国人2万亿美元的意外财富。对于非常富有者的税收减免，使得他们能够购买像价值7 000亿美元的里根新债券之类的东西。甚至连这些债券的持有份额也向最富有的1%或超级富有者倾斜，说得更甚一点，是向最富有的0.5%或超级富有者倾斜。这些额外的收入，如果不是全部也是大部分，又都流向了证券组合。在里根时代，不仅债券以大规模的数量被创造出来，而且还包括购买这些债券的方式。税收减免一直持续到20世纪末。[2]

美国国债所支付的大量利息保护了家庭中的少数国债持有者，但却增加了联邦支出。家庭部门中只有3%的人直接持有债券（公共的或公司的），1%拥有最多财富的人即超级富有者获得了流向家庭部门的利息中的一半，而最富有的5%则分享了剩下部分中的五分之一。仅复合利息一项就造就了一批新的百万富翁和
371 亿万富翁。到20世纪90年代末，所有家庭中仍只有4%的家庭直接持有债券。20世纪80年代的10年中，可支配收入的增长可以在很大程度上由利息收入份额的增加而得到说明。

与此同时，企业家在国民收入中获得的份额急速下降，这对企业家阶层而言绝对算不上是一个黄金时代。生产性资本主义建造工厂，而赌场经济重新进行分配，并使得收入和金融财富集中化。

这种利息收入趋势在里根-布什时代之后仍然在延续。美国人交纳的税收中以利息形式支付给债券持有者的数量，相当于他们为维持海军、空军、陆军、海军陆战队、情报机构的运转以及国防管理者和职员的薪酬所负担的数额。也就是说，联邦政府所花费的每一美元中大约14美分用于支付利息。很大程度上这是因为债券市场的增长，到1996年，每一美元的个人可支配收入（在纳税和扣除社会保障后的个人收入）中有13美分来自于利息支付。形成鲜明对照的是，每一美元收入中仅有4美分来自于股票红利。

15.6 净价值的视角：钱去了哪里

经济学家通常不喜欢关注价值净值或财富。然而，如果想要理解美国转向赌

① 对富裕程度的分类，请参阅E·雷·坎特伯里：《华尔街资本主义：债券持有阶层理论》，新加坡/新泽西/伦敦/香港，世界科学出版社（Singapore/New Jersey/London/Hong Kong，World Scientific），2000。

② 针对富人的大规模减税与新的国债洪流汇集在一起，成为被我在《华尔街资本主义：债券持有阶层理论》（出处同前述）中所称的持有阶层崛起的推动力。随后的大部分内容，都是对这本书中发展出来的事实和思路的总结；若想要了解更多的细节和其他想法，请参照原书。

场经济的后果，那么我们就必须在资产负债表中寻求答案。

在 20 世纪 80 年代和 90 年代，普通商品和服务的价格总水平下降了，但金融资产的价格却大幅上涨。而且，即使在债务负担飞涨的同时，有形资产的价值也在下降或停滞不前。当我们按金融的或有形的资产类型来考察分配状况时，我们就能进一步理解为什么财富的不平等会如此迅速地扩大了。

1983 年，超级富有人群（前 0.5%的家庭）持有 46.5%的公司股票和 43.6%的未付债券，而后 90%的美国家庭分别仅持有 10.7%和 9.7%。对房地产这类典型家庭净值来源而言，其份额几乎没有什么变化，后 90%的家庭拥有所有房地产的大约一半。

372 在 20 世纪 80 年代期间，金融资产通胀与有形资产贬值或停滞之间的巨大不均衡给后 90%的家庭带来了非常不利的影响。前 1%的超级富翁平均每个家庭的财富从 710 万升至 900 万美元。与此同时，底层的五分之一中每个家庭的财富从 −3 200 下降到 −18 100 美元，倒数第二层的五分之一从 12 300 下降到10 100 美元。[①] 在 20 世纪 80 年代的几年之内，迈克尔·米尔肯用他的垃圾债券就赚取了 30 亿美元，一举跨入美国十大富人之列。我们很容易得出这样的结论：既然富人变得更加富有，商业企业也必定如此。这很简单，但就像很多简单的事情可能的结果一样，这也可能是错误的。德崇证券，这家米尔肯自己的公司，在 1990 年 2 月 13 日申请破产保护。

至于其他公司，如果企业净价值的变化与家庭的净价值相互关联，那么，20 世纪 80 年代每一个成人拥有净财富价值的年增长是一条扁平的曲线。而且，从 1982 年到 1992 年，非金融企业部门的净价值每年以 0.62%的缓慢步伐增长。经济中净价值的增长明显从公司企业转到了部分家庭，美国正在变穷，而其精英则变得更加富有。

到 1992 年总统选举期间，整个美国好像陷入了黑暗的泥潭，充斥着莫名的不安。即使在美国最伟大的股票牛市开始时，始于 1990 年 7 月而官方认为结束于 1991 年的一次棘手的经济萧条以及紧随其后的几近蜗牛爬行式的增长还是赋予这次大停滞非常鲜明的特色。

15.7 克林顿经济学：与美联储保持一致

历史上，经常流传着来自纽约和华盛顿的抱怨："那些环行路内的政客们不懂得华尔街的需要。"与如此多的争议不同，华尔街与华盛顿之间的争吵已经结
373 束。美联储的首脑、两位连任的财政部秘书以及债券持有阶层（本身就是华盛顿和纽约的联合产物），已经把华尔街的办事处搬进了白宫。在总统选举期间，比尔·克林顿实际上把白宫的经济政策交给了艾伦·格林斯潘和财政部首脑。到

① 参见劳伦斯·米歇尔、杰拉德·伯恩斯坦（Jared Bernstein）、约翰·施密特（John Schmitt）：《运转之中的美国状况：1998—1999》，258～275 页，伊萨卡和伦敦，康奈尔大学出版社（Ithaca and London，Cornell University Press），1999。

1993年4月中期，管理层已经确定了金融市场参与者相对于减少预算赤字和自由贸易的优先权，而后者是艾森豪威尔共和党一个梦想的计划。

□格林斯潘和克林顿：并非圣洁的同盟

就像金星和火星会走到一起那样，克林顿和格林斯潘起初好像根本不可能结盟。在20世纪50年代，艾伦·格林斯潘赞同艾森豪威尔共和党的政治主张，并加入到了艾·兰德领导下的紧密小纽约集团。格林斯潘成为纳撒尼尔·布兰德研究所这一为促进艾·兰德的思想而创立的“思想库”中最早的学生之一。兰德的其他追随者都称格林斯潘为“送葬人”，因为他总是穿着一套黑色西服，很像是他在兰德葬礼上所穿的那套。格林斯潘后来只穿蓝色，也许这样他会更像是一名蓝领工人而不是一个恶棍。[①]

格林斯潘是一个激进右翼组织的成员，他们自己把该组织称为“神秘社团”，而艾·兰德则用她小说《根源》的创作年份称之为43阶级。神秘社团把格林斯潘转变成为一名自由市场的偏爱者，他不仅怀疑做好事的人，而且对政府有一种天然的厌恶。格林斯潘1974年告诉《纽约时报》：“通过长时间讨论和多次迟至深夜的辩论，她（艾·兰德）所做的一切就是让我思考，为什么资本主义不仅有效率和可行，而且也是有道德的。”[②] 无论格林斯潘为自己从自由市场主义者转变为世界上最有权力的官僚开脱是多么具有讽刺意味，但这位中央银行的霍华
374 德·罗克（Roark）已经成为将华尔街从政府的铁链下解救出来的孤胆英雄。格林斯潘从未在他激进的理想主义中感到彷徨，尽管作为美联储主席他在解释这一问题时显得毫无逻辑。

与格林斯潘的经历形成鲜明对照的是，克林顿是管辖着贫穷落后的阿肯色州的一位南方平民主义者。他是一位新民主党人；新民主党人比旧民主党人更加温和，但仍然希望保留富兰克林·罗斯福新政之后的社会计划。他们相信，这是联邦政府为穷人增加机会的责任之所在，因为富人有能力照顾好自己。而且，克林顿是基于对基础设施如公路、机场、桥梁和学校的公共投资这个平台而成功竞选总统的。然而到他竞选连任时，这些项目已被长时间搁置，“建造通向21世纪的桥梁”成了新的基础设施。

□格林斯潘的金融市场战略

一种新的哲学出现了：缓慢的经济增长是好的，因为它导致较高债券价格并

---

① 一个有关克林顿-格林斯潘岁月更详细的叙述出现在坎特伯里的著作中，出处同前所述。

② 转引自史蒂文·K·贝克纳（Steven K. Beckner）：《起死回生：格林斯潘岁月》，12页，纽约，约翰·威利父子出版公司（New York，John Wiley and Sons），1996。贝克纳最初是通过他关于自由放任经济优点的著作以及艾·兰德日记中金本位的分析而了解格林斯潘的。后来，在华盛顿贝克纳以金融记者的身份对格林斯潘进行了采访报道。贝克纳书中的绝大部分内容值得赞赏，尽管贝克纳对格林斯潘的赞扬也正是别人谴责他的地方。

带来股票牛市。利率走低不是因为宽松的货币政策，而是管理经济以保持其疲软的结果。甚至于加快经济增长的一个暗示，都会使华尔街感到颤抖。如果必要，美联储会提高短期利率以便使长期利率或债券利率下降。

格林斯潘把债券持有者和交易者描述为“极为老道的高手”，认为他们会预期到联邦预算赤字将会继续“膨胀”。[①] 伴随如此大规模的联邦开支，通货膨胀率不可避免地会上涨。在格林斯潘看来，政府支出导致财政预算赤字，即使石油价格不涨，也会引起 20 世纪 70 年代末的两位数的通货膨胀率。投资于长期美国国债的那些谨慎的投资者基于财政赤字预期而要求更高的回报。基于联邦财政赤字的这种不利的攀升是后里根政策策略的新转折。

375 格林斯潘说，随着赤字得到控制，市场预期就会改变，长期利率将会下降。由于家庭越来越多地使用再融资作为消费信贷的来源，所以他们将会购买更多的汽车、家电、家庭装修和其他消费品。这种购买和消费将极大地扩张经济。而且，当债券持有者在债券上获得的收益更低时，他们就会把钱转移到股票市场上，而股价也将会像一群鹅那样起飞。最后，在这种适宜的环境中，通过减少赤字获得的经济增长将增加就业。在获得总统选举之后，克林顿就采用了格林斯潘的后里根政策战略。

□为降低联邦预算赤字而牺牲公共基础设施

克林顿的经济顾问团队得出结论：没有格林斯潘，他们注定要失败。注意到股票市场崩溃、萧条以及脑海中不断闪现的濒临倒闭的银行，克林顿向每个人保证，一个主要是减少赤字的计划已经列入工作日程。克林顿，这位集真正的民主党人、平民主义者、南部代言人、人民之子和聪明的政策领悟者于一身的非凡人物站了出来：华盛顿—华尔街的当权派突然降临，并偷去了克林顿的经济政策。

30 年期债券的利率确实逐步下降了，债券持有者的资本收益上升。紧跟其后的是 GDP 幅度不大但却稳定的上升。在经济中对利率敏感的部门中，实际 GDP 上升了 11%，而对利率不敏感的部门实际上没有增长。格林斯潘和财政部秘书劳埃德·本特森（Lloyd Bentsen）确信，增长源于“金融市场战略”。

然而，格林斯潘-克林顿联盟像蝴蝶的生命那样短暂。1994 年 1 月，格林斯潘告诉克林顿及其经济顾问，通货膨胀预期正在上升。两个星期后美联储提高了短期利率，1994 年 4 月 18 日，美联储第三次提高利率。长期基准利率上升的高
376 度超过了克林顿第一个任期内的水平。如果说克林顿缩小了赤字，那么格林斯潘就违反了他对总统做出的降低利率的承诺。在这一过程的最后，格林斯潘已 7 次提高了联邦基金利率。

经济中对利率降低敏感的部门同样也对利率上升敏感。到 1995 年早期，经济出现了下滑迹象。而且，采用里根修辞方式来说，共和党人主导的国会正在不

① 鲍伯·伍德沃德（Bob Woodward）：《议程：克林顿白宫内幕》，69 页，纽约，西蒙和舒斯特出版公司（New York，Simon & Schuster），1994。

顾一切地削减开支和对富人大幅降低税率而促使赤字减少。同时，克林顿总统在民意测验中正经受考验，尽管这是自尼克松政府以来唯一一次显著的赤字减少。

在这10年的多数时间里，格林斯潘依靠的是实际失业率与自然失业率（非加速通货膨胀失业率或NAIRU）之间的关系。一般来说，格林斯潘采用先发制人的手段，在自然失业率点燃加速信号之前提高利率。尽管美联储已经预计1994年到2000年的自然失业率为6.3%，但1998年5月实际失业率4.3%，仍达到28年来的最低，而通货膨胀几乎为零。尽管通货紧缩已成事实，美联储在1996年到2000年间继续为迫近的通货膨胀而担忧。当然，这种对通货膨胀和充分就业的自然偏见让财富持有者们感到高兴。

尽管金融市场战略已处于混乱之中，但选举期间对工作的改善、克林顿对共和党议题的选用以及鲍勃·多尔（Bob Dole）毫无活力的竞选，都足以使克林顿在1996年重新当选。与此同时，格林斯潘的战略已经创造了美国历史上最伟大的牛市。虽然这是他创造的成就，但格林斯潘也开始担心可能产生的泡沫，他在1996年12月份有关市场可能经历“非理性繁荣”的演讲中表现出了这种担忧。在那之后，由于不能谈论股市的下降，所以美联储一般以最不可能使美国历史上最伟大的股市出现崩溃的方式来行事。

1998年9月初，当格林斯潘仅仅暗示他有可能像升息一样降低利率时，道
377 琼斯指数就上升了有史以来的最大点数，一天之内上升380点。[1] 道琼斯指数大幅振动，在几周之内，有时几天甚至一天之内波动就达数百点。在20世纪最后几年的金融市场上观察到的这种极端波动性是史无前例的。作为限制金融市场过度波动的一个显而易见的努力，克林顿总统在格林斯潘作为美联储主席第三个任期结束前半年，就再次任命格林斯潘的第四个任期。

与以前一样，随着金融市场的兴盛，净价值或财富得到最大改善的是富人。这些举措所带来的最大增值（在百分比意义下）流向了最富有的1%的人群。超级富有者的财富在1989年到1997年间增加大约11.3%（平均收益达100万美元）。同时，处于底层的五分之一的人更接近于破产，他们的净财富收益是−18 100美元到−5 900美元，而在他们之上的五分之一的人至少能看到平均家庭财富增加（从10 100美元到12 300美元）。然而，尽管人们在牛市中获益，但在财富分配中居中的五分之一家庭，1997年的财富水平还低于1989年![2]

15.8 克林顿的遗产：终止改革进程

在克林顿总统的第二个任期内，他放弃了对国内经济政策的关注，开始寻求外交政策上的成功，以此方式来提升他在美国历任总统中的历史地位。他与格林

① 那一天是1998年9月8日，星期二。不过，按百分比衡量，那天4.98%的涨幅仅仅在历史上排名第58位。

② 参见伦斯·米歇尔、杰拉德·伯恩斯坦、约翰·施密特：《运转之中的美国状况：1998—1999》，伊萨卡和伦敦，康奈尔大学出版社，1999。

斯潘和华尔街开战，但遭到了失败：改革派对他向华尔街投降深感失望。

克林顿政府主导了排除财政政策而倚重货币政策的历史性转变过程中的最后一个步骤。里根革命创造了如此巨大的联邦财政赤字（有意或无意的），以至于没有留下任何采用赤字来刺激或减缓经济增长的空间。除此之外，政治说词也已
378 从提倡使用联邦预算作为稳定经济的力量，转向颂扬保持联邦预算平衡。这样，预算盈余受到青睐，最后是国债的消除。既然美联储在执行货币政策时买卖政府证券，那么零国债状况将使得货币政策执行实际上不可能。如果货币政策也像财政政策一样被谴责为垃圾，那么，宏观经济学就不再被人们所需要了。

这些力量造就并维持了一个远超乎普通人想象的富裕阶层。不久，伴随着价格波动而产生的极度兴奋的情绪将吞噬为日常交易者们提供新的利润机会的公私债券销售。在巨大的资本收益来源于债券市场这一现象饱受诟病以后，任何加入到炒作债券市场的人都需要有壁球冠军的轻盈手法。正如我所预料的那样，债券持有阶层于飞涨的不平等中开拓事业，现在又在一个新的放松管制的金融环境中从事操作，这不仅会使得身后的95%的家庭钱财倒流，而且也必将对金融赌场的创立做出贡献。

“里根革命”的圆满完成，继续受到大佬党（GOP，共和党的昵称）多数和《华尔街日报》编辑版面的推崇。1997年，克林顿签署了一份对资本收益和遗产税减免的“滴漏”方案。最富有的1%的家庭再次获得了最大利益，平均每个家庭少支付16 000美元的税收。而处于底层的20%的美国家庭平均每年税赋增加40美元。处于底层之上的20%的家庭没有发生变化，中间的20%的家庭每年仅获得150美元。据说，新民主党人是向大佬党妥协的实用主义者。以此为标准，如果没有其他标准的话，比尔·克林顿是历史上最容易妥协的民主党总统。1998年冬天，当格林斯潘的话仍然影响着金融市场时，总统受到了他所模仿的大佬党人的弹劾。这就是我们这个世界真正的运转方式。

15.9 结论

就像“锦缎杜拉绘画作品”广告一样，里根经济学没有产生它所承诺的好
379 处，而克林顿经济学保持了里根财政革命的活力。只有“蒙娜丽莎的微笑”好像才是可靠的。

里根经济学的失败激活了凯恩斯主义的经济学——最初由凯恩斯设计，以拯救资本主义的经济学——这发生在新凯恩斯主义昏昏欲睡的时候。然而，在21世纪的起点上，赌场资本主义好像还没有止步。20世纪八九十年代期间放松金融管制，打开了至今尚未预知的滥用之门。最初由信贷供给者之间激烈竞争所产生的愉悦症已经挣扎到了大量破产、吞并和更大规模的金融集中的浅滩之上。

第 16 章 全球经济

383 在向着更加自由的贸易体系转移和减少国际金融市场管制的过程中，克林顿政府积极推进了美国与世界经济的一体化。与当代权威人士所说的相反，"全球经济"并无新意。罗马帝国实际上就是全球化的，而且国际贸易也随着十字军东征经历过一次复苏。其中的新意在于，世界上是谁在进行贸易以及交易何种商品、金融资本和信息的运动规模及速度的增加。

运输和通讯费用的大幅降低为这些运动提供了便利条件。20 世纪 20 年代到 30 年代，海上和空中运输成本分别下降了大约五分之一。在 1930 年，从纽约到伦敦三分钟的电话要花费 250 美元（以 1990 年价格衡量），1950 年降至 50 美元，1990 年仅为 3.32 美元。同时，一项指令的信息处理成本从 1974 年每秒 1 美元下降到 1994 年的 1 美分。使用卫星的成本也迅速下降。成本的急剧下降源于技术上的革命性变化以及我们扩展它的能力。①

16.1 全球化和跨国公司的增长

384 全球化对不同的经济学家有着不同的含义。彼得·格雷（Peter Gray）喜欢

① 这些数据来自世界银行：《世界发展报告》，51 页，1995。

称之为“国际经济参与”（IEI），它本身涉及在关税和贸易总协定（GATT）、现为世界贸易组织（WTO）框架下进行的多边贸易谈判，并为新的自由贸易区（欧盟）、跨国公司增长（MNCs）以及全球金融市场一体化所支撑。国际经济参与的后果，是几乎所有的国家都更加深入地融入全球经济之中，国内市场更容易从国外得到供应，更多的国内产品被暴露在外国竞争者面前（尤其是在美国）。

不仅贸易受到波及：生产要素如劳动、资本、技术、金融和热钱相互流动，在外国的直接投资也更为机动。其中大部分的流动，比如管理者从一个国家到另一个国家的流动以及在其他国家建造工厂（外国直接投资），都是通过跨国公司进行的。[①] 20 世纪 80 年代以来，外国直接投资——尽管有所变化——每年按 13%的速度增长，而世界贸易每年仅扩大 6%，世界工业生产每年则只增长 2%。

经济学家霍斯特·希尔伯特（Horst Siebert）把全球化定义为市场分割数量减少和各国市场间相互依赖性增加。他对全球化的原因和结果的解释类似于格雷。在原因上，他增加了冷战结束后政治冲突的减少和南非的种族和解等项因素。他也引用了苏联和东欧的剧烈变化，以及中国的开放和印度走向增长的一些内容。[②]

根据格雷的分析，跨国公司拥有所有权的知识或“创造的资产”是一项重要甚至关键的生产要素。这些公司常常生产具有技术依赖的商品或者格雷所说的
385 S商品（S是熊彼特名字中的第一个字母）。具体来说，主要有两类S商品：(1) 那些需要行业或企业专有投入（所有权知识、先进技术）的产品；(2) 那些能通过式样、广告、推销和促销等方式差异化的产品。高科技的S商品包括航天飞机、高速火车、微型芯片、生物基因和超音速飞船等。可差异化的S商品包括汽车、动画和时装之类的产品。随着S商品变得越来越重要，跨国公司和不完全竞争也就会更为重要。

像香蕉之类的自然资源产品和像布料之类的普通人造产品的贸易，在大卫·李嘉图更为朴素的世界中占据优势。他的比较优势思想并不要求使用创造的资产，也不包含广告预算。贸易项目一目了然。假设没有像制造厂之类的生产要素发生变动，那么，生产要素的变动就不会使得最终商品和服务发生变动，或许他是这样认为的。形成鲜明对照的是，S商品是美国这样的过剩经济中出现的各式各样的副产品。它们不仅需要技术变革，而且还需要精明的推销术。

跨国公司和S商品在过剩经济国家中占据优势，但在发展中国家却非常少见。结果，当今全球制造业都集中在发达国家。然而，1960 年占发达市场经济[经济合作与发展组织（经合组织）成员] 国内生产总值（GDP）30.4%的制造业，到 1987 年仅占 23.1%。在发展中国家，作为世界贸易一部分的制造商从 1965 年仅为全世界的 24%增加到 1986 年的 45%。这其中大部分出口扩张来自于东南亚新兴工业化经济，并且涉及可能应该被称为竞争优势而不是比较优势的因

① 参见 H·彼得·格雷：《全球经济参与：现代国际经济学的一个综合》，哥本哈根，哥本哈根商学院出版社（Copenhagen，Copenhagen Business School Press），1999。

② 参见霍斯特·希尔伯特：《世界经济》，伦敦和纽约，劳特利奇出版公司（London and New York，Routledge），1999。

素。如何解释这其中的缘由，我们可能需要回到长期经济增长思想中寻找答案。

16.2 国际产品的S曲线

既然熊彼特的S商品已然存在，那么在熊彼特思想与全球经济之间具有相关
386 性就不足为奇了。我们已经进入的这个时代不仅在经济上相互依赖，而且是一个世界产品、跨国公司、国际劳工标准和全球生态关注的时代。

一种有用的方式是把经合组织国家和东欧主要市场经济看做“北方”而把发展中国家看做“南方”。以农业和其他原料出口占主导的低收入国家的梦想，是扩大其制造部门的规模，也即工业化。具有讽刺意味的是，北方的消费者几乎已经对制造品感到厌倦了，而且因为劳动成本高，北方每单位生产成本大大高于新兴工业化国家，比如墨西哥、韩国、土耳其和委内瑞拉。例如，1992年达里奥·桑切斯·德尔加多（Dario Sanchez Delgado）在墨西哥汽车工厂的工资是每小时1.75美元；迈克尔·舒尔茨（Michael Schultz），克莱斯勒汽车公司的一名焊接工，他在密歇根斯特林高地的工厂每小时可以得到16美元。即使这样，在过剩经济中，还是存在着销售超级过剩品的需要。

在发展中国家的销售总能不折不扣，并且使得S曲线的形状发生折转。经济学家雷蒙德·弗农（Raymond Vernon）完整地描绘出来了全球性S曲线的形状。动态的产品周期被划分为三个发展阶段：新产品、成熟（成长）产品和标准化产品。这些模式显示在图16—1中。

在早期阶段，一个近似垄断的经营确保了只有少数企业和较高的价格。当生产工厂变得足够大、产品价格足够低，以至于产品在过剩经济的国内市场上达到饱和状态时，生产水平就会下降。然而，早在这种情况发生以前，该产品的市场销售人员就会开始寻找在国外销售的可能性（亚当·斯密“剩余的出路”）。在这一方面，美国公司在外国国土上建立了跨国公司；联邦德国和日本企业起初多在国外建立配送部门，而把生产留在本土。近来，日本和统一后的德国已经开始在美国和其他国家建造工厂。

388 在成熟（标准化）阶段，伴随着垄断地位受到侵蚀，过剩经济遭遇了来自其他富足经济的竞争，这时发展中国家的市场成为销售剩余的出路（这种情况的出现伴随着经合组织国家在战后恢复中变得更为相似以及相继达到饱和状态）。新兴工业化国家和地区（NICs）成为有力的竞争者，因为它们把先进的标准化技术与便宜的劳动力结合在一起。工艺艺术王国的钢铁工厂可以在巴西、墨西哥、中国台湾和韩国找到。新兴工业化国家和地区已经完成了它们的“工业革命”，目前正投入大量资金用于电子研究和开发，而这通常是分配给过剩经济的活动。

387 在20世纪70年代、80年代和90年代早期处于停滞状态的发达经济中，即图16—1中的第一张图显示的，其产品周期的扁平部分呈现在美国公司会议室的墙壁上。这些工业巨头们先是采取集团化战略，以通用汽车涉足计算机、机器人以及工业机器视觉分支为典型代表。正如我们已经指出的那样，20世纪80年代

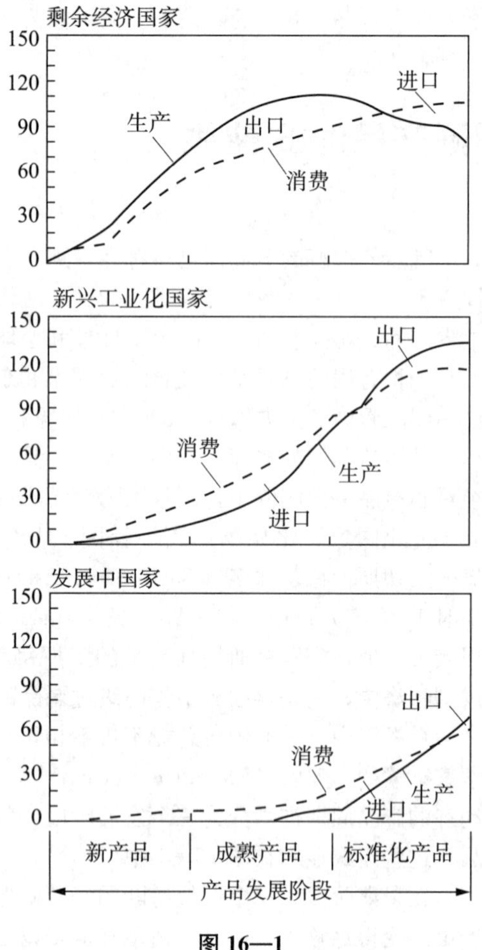

图 16—1

和 90 年代在垃圾债券的刺激下，重组兼并活动频繁发生，早先是以 RJR. 纳贝斯克影视公司，后来是以迈克尔·米尔肯和科克罗公司的活动为代表。

此外，20 世纪 50 年代以来经合组织成员国的经济周期的紧密相关性反映了经历着类似市场饱和的这些国家在产品周期上相互重叠。结果，新兴工业化国家通过标准化技术生产出的产品数量增加，但又受到最终产品差异化的限制，从而导致贸易保护主义的声音越来越大，并在 20 世纪 80 年代和 90 年代早期因为向北方国家一些行业集中销售的“剩余出路”的加剧而使得这种声潮更加猛烈和有效。

许多富足国家继续着以汽车、家庭耐用品和钢铁为主导的经济，这更多是因为社会和政治力量而不是与日俱增的国内消费者的需要：创新幻觉已经掩盖了停滞的现实。对于市场供给的垄断者而言，通过创造一种产品或过程改善幻觉，要比从一个新概念中创造出一种真正改良过的新产品更为迅速和容易（新儒家文化
389 没有这种缺陷，它有一个很长的时间纬度）。尽管如此，微软这一大西洋林荫大道上的最新的垄断者，已经很好地进入到了幻觉状态。

一种特定产品或一系列产品的市场趋于饱和，仍然只有那些当地的人才关

注。例如，在全球范围内，汽车市场并没有饱和。正被北美自由贸易协定(NAFTA)所打开的墨西哥汽车市场，就是一个新鲜的市场。墨西哥和其他发展中国家构成了过剩国家通常的产品边界。1978 年，全世界市场上仅有 3 亿的汽车供大约 42.5 亿人所使用。我们可以合理地预计，新千年伊始大约有 10 亿辆的全球汽车市场，而且同样可以预计，至少有三倍于此（或许更多）的其他耐用消费品市场。

从全球经济发展的角度来看，新产品创新未触及的市场实际上也存在于过剩经济国家之中。过剩经济在那些已经创造出来的资产方面拥有优势，例如研究密集型的高科技产品。微型芯片、生化产品、基因研究、机器人以及太空开发有可能生产出未曾预想过的产品。在 21 世纪初，非技能工人将被机器人所取代，而在过剩经济国家，半技能的校准员（书籍保管员、打字员和仓库职员等）已经被计算机所取代。制造业生产率正朝着令人难以想象的高度发展，全职的人力就业可能会处于深深的低谷。

虽然如此，竞争性国际优势的核心是依靠新技术的（尽管不必是持续的）产生和基础创新的扩散。众所周知的标准化技术至少在理论上很容易从一个国家转移到另外一个国家。机车是在 1769 年发明的，1824 年投入生产；摄影技术在 1727 年发明，1838 年用于商业；内燃汽车在 1860 年发明，1886 年投入批量生产。如果发明和创新发生在战略上重要的行业并具有足够的扩散性，那么，这种领先的行业就会带动经济发展。

390 在发明、实际应用和取得成果之间的领先时间可能正变得越来越短［门斯奇(Mensch)对此持有异议］。过剩国家中成长最快的行业是信息产业以及与其相关的光学电缆、微型芯片、人造卫星和激光放射等。中国人了解过剩国家技术唯一可能的障碍是缺乏儒家的集中。即使发明和创新之间的时滞不缩短，知识和发明之间的时滞必定也会缩短。总之，新兴工业化国家的经验告诉我们，现有技术的传播比过去要快得多，这主要是因为信息成本已然快速下降了。

事实上，通盘考虑的话，新儒家文化在经济上的定位好像比西方文化更为成功。中国台湾的“新日本”，韩国和印度尼西亚已经创造出了自身的奇迹。美国企业家开始时规模很小并富于创新，通常总想“全盘售出”，结果是每个成功的创新最终都难逃被巨头集团实际垄断的厄运。这种过程可能会阻碍美国把全球经济从被金融脆弱性所包围的停滞中解脱出来。

16.3 美国的贸易赤字和全职工作

也许全球经济中最重要的变化在于金融资本的自由流动。热钱流动和货币价格（汇率）的巨幅波动把许多国家拴到了同一命运上。由于世界范围内的金融工具增加以及资本转移不受限制，所以资本流动变得更加便利。克林顿-格林斯潘期间对国内外金融管制的放松推动了这些发展。随后，国家命运之所以能够被迅速决定，可以由白宫从 20 世纪 90 年代中期开始对国际问题的关注加以说明。

391 长期以来，美国一直存在与它最重要的贸易伙伴日本之间的贸易赤字。最具显著特征的是，当进行S商品的贸易时，贸易发生在具有相近人均收入和相似偏好的国家之间。在1996年的某个时候，白宫由关注于与日本长期的贸易赤字开始转向它的经济困境。在20世纪80年代股票和房地产市场投机泡沫破裂之后，日本经济进入一个威胁到其银行体系的萧条阶段。在1996年底和1997年初，白宫和财政部关于“平衡联邦预算”的主要公告目的在于加强美元，以进一步扩大日本与美国的贸易盈余，从而支持日本经济。那时，日本濒临倒闭的银行体系正威胁整个世界金融市场。而且，在美国人都认为股票价格很好地反映了健康经济的时候，这种威胁有可能导致股市崩溃。

强美元意味着弱日元，这使日本的S商品，比如SONY产品，对于美国人来说更加便宜。美国对日本的商品进口多出口少，对日本经济将会是一个刺激。其次，随着证券的大牛市对美国人而言越来越重要，一种新的担忧也就产生了。既然走低的美元降低了外国人持有美国证券的价值，那么外国购买者可能会从美国证券市场上撤走投资，导致美国股市崩溃。在1997年至2000年期间，许多亚洲经济体和俄罗斯甚至拉丁美洲的崩溃，也使得美国成为富人和外国债券持有者的避风港。

美国与日本的贸易差额构成了美国贸易赤字总额的近三分之一，并且在1998年增加了15%。贸易赤字，曾经是消费者和企业之间的私人事务，现在则成为为了拯救我们自己而采取的维持其他金融体系稳定的手段。

经济中的贸易赤字在1983年是可接受的200亿美元，到1987年创下1 534亿美元的纪录。尽管10年后贸易赤字下降到1 100亿美元，但1998年又创出新的纪录，达1 680亿美元。最近贸易平衡状况的恶化大部分源于亚洲的困境，巴
392 西货币危机也在对贸易赤字构成进一步威胁。外国货币贬值使进口品更为便宜，导致钢铁、汽车和其他外国产品像洪水一样涌进美国。美国成为濒临倒闭的全球经济中最后一个可以依靠的买主。

当美国人在国外比外国人在美国消费得多时，国际贸易对美国GDP增长的净贡献就是负的。当美国通过出口赚取国民收入并创造就业时，美国的进口为其他国家产生了更多收入和更多就业。美国1 680亿美元的贸易赤字意味着GDP的大量减少。简言之，美国向后来与亚洲和拉丁美洲危机相关联的外国出售证券，对美国经济增长速度放慢负有责任。

从1983年微弱的复苏开始，贸易赤字并未被购买外国机器工具和资本品的美国生产者减少多少，因为他们大多数很胆小，而极为奢侈富有的美国消费者则贡献颇多。豪华汽车，例如雷克萨斯（Lexus）、英菲尼迪Q45（Infiniti Q45）、宝马（BMW）和奔驰（Mercedes-Benz）这样的名牌，在富有的家庭中大受欢迎。20世纪90年代美国人对外国奢侈品而不是资本商品的偏爱仍在继续：甚至连唐纳德·特卢普（Donald Trump）都在购买雷诺尔（Renoir）的绘画作品。

美国工人有足够的理由为贸易趋势感到担忧。例如，考虑出现在制造业商品贸易上的1 680亿美元的贸易赤字。由于大约每54 000美元的制造业产出需要雇用一个工人，所以1 680亿美元流往国外就缩小了美国的劳动力需要，减少310万个工人。随着新的债券持有者有闲阶级的增加以及伴随着工资下降压力导致的

制造业中工作机会减少，从1979年到1982年双低萧条中复苏以及从1990年到1991年萧条复苏，就如同波士顿砖面大街那样坑洼不平也就不足为奇了。实际上，在20世纪最后四分之一时期里，经济利益仅为最富有的五分之一的人特别是超富有的家庭所享有。

并不是所有的经济学家都同意这种对工人阶级收入停滞原因的解释。其他一些因素无疑也是造成美国贸易赤字的原因。然而，不论外在赤字的其他原因如
393 何，证券持有扩展到贸易同盟国具有相同的效应，即放慢了GDP的增长。而且，贸易赤字的增加对已经游离在工会保护之外的工人阶级进一步施加了向下的压力。金融财富持有者尽管不是病态贸易扭曲所产生的与日俱增的工作不安定的唯一成因，但仍然加剧了这种病症。此外，工资下降的压力通常使得收入和财富分配中最富有的5%受益——以此类推。接下来我们考虑对美国全职工作和工资形成向下压力的其他原因。

16.4 逐渐减小的美国劳动规模

□从垃圾债券债务中的恢复之路

正如前面指出的那样，没有什么经济问题能像未就业的储备大军收缩那样令艾伦·格林斯潘（Alan Greenspan）感到如此不安。推行国家政策以保持庞大的未就业的剩余工人规模，当然是降低实际工资的有效途径。然而，这种就业政策战略的不利影响大大超过了那些延缓增长政策。尽管如此，其他方面的因素还有助于解释，为什么迫使工资和商品价格下降的政策几乎没有带来什么压力，但是美国表面上失业率还是下降了。同时这些因素也可帮助我们解释为什么富有的人变得更加富有。

除了美联储缓慢增长政策之外，工人失业还直接以另外一种方式与金融市场战略密切相关。通过垃圾债券杠杆实现兼并的时代，出现在债务服务高成本阶段。如前所述，美国钢铁公司（现在的USX公司）一夜之间成为全国第12大工业企业。“高回报”债券日益攀升的服务成本所要求的成本降低，是通过解雇工人包括中层管理者实现的。起初，减少工人至少增加了利润，抬高了股价。金融
394 市场战略成功实施以及它对兼并重组和解雇工人方面所起到的积极作用，使得国内外债券持有者在债券上没有获利时能在股票上获取资本收益。

第一波裁员以RJR.纳贝斯克公司为代表。仅仅依靠出售部分经营业务和解雇员工，它就能避免因垃圾债券融资而导致的破产。在那些被解雇的工人当中，72%的人最终又找到工作，但工资仅相当于他们以前的一半。随后两波裁员使大约250万份“好工作”消失。

毫不奇怪的是，第二波裁员出现在1990年到1991年的萧条期间。尽管在萧条时期总会发生工人被解雇现象，但这次却有所不同，因为解雇是永久性的。而

且，尽管在 1980 年到 1981 年接近萧条的那段时期，每 3 个蓝领工人被解雇同时就有 1 个白领工人被解雇，而在 1990 年到 1991 年的萧条期间，这一比率下降到 2 比 1。

第三波裁员开始于 1990 年到 1991 年萧条之后的扩张过程中，虽然这次具有缓慢而又不确定的特征。发生的裁员规模在接下来的 3 年中（1993、1994 和 1995 年），每年都超过 500 000 名工人。到现在为止，公司正创造着 25 年甚至更长时期以来所达到的最高利润，推动了债券和股票的牛市。[①] 这一波裁员以美国电报电话公司（AT&T）解除 40 000 名工人的雇佣关系为代表，其中大部分是相对高回报的白领职位，以此我们迎来了 1996 年新年。

其后，第四波裁员始于 1997 年。债券和股票持有者们现在已沉溺于令人震惊的资本收益之中，但他们仍要求有更高的利润回报。1997 年 7 月，伍尔沃思（Woolworth）公司和国际纸业公司（International Paper）分别委婉地“摆脱掉”了至少 9 000 名工人，史丹利公司（Stanley Works）和鲜果布衣（Fruit of the Loom）紧随其后，也脱掉一些赘物——不是内衣，而是每家将近 5 000 名工人。股票持有者不再允许公司有大量的时间采取行动。当惠尔普（Whirlpool）公司和雄狮食品（Food Lion）公司也宣布裁员时，惠尔普的股票立刻向上攀升了 14 个百分点，雄狮食品的股票也涨了 4 个百分点。

1998 年公司发动了第五波裁员。一月份，失业率尽管上升到 4.7%，但仍然属于低位。失业率的上升与大量裁员有关。这次的罪魁祸首是全球经济；它已经变得杂乱无章。美元的国际价值在无情地上升，外国竞争者采取节省成本的重构，这都迫使美国公司再次削减它们的工资账单。大约五分之一的美国工人被抛
395 向这场全球性的暴风雨之中。在 1997 年的最后一个季度削减了 142 000 个工作岗位之后，主要的美国公司宣布了 20 世纪 90 年代早期萧条以来最大的裁员计划，到 1998 年底裁掉接近纪录的 574 629 人，这是 1993 年以来的最大数量。波音公司（Boeing Co.）这家航空巨头，是亚洲货币贬值在美国的主要损失方之一；它到 2000 年减少了 48 000 个工作岗位。

公司裁员的一个重要副产品是出现了许多临时工人和偶然劳动者或者可以称之为“沃尔玛（Wal-Mart）劳动力”。这些工人，通常被剥夺了“永久性”工作，在工资、福利和假期方面没得到什么补偿，并面临着更大的不安定。男性临时工大约能赚到他们全职工作时的一半，而他们当中的大多数在做全职工作时并不贫穷，而是处于中产阶级阶层。此外，临时工很少能得到福利，更没有多大可能获得更好的工作机会。20 世纪最后四分之一时间中就业的人，由于雇主提供的医疗保险和养老金保障（这可能包括金融资产）减少，他们的家庭也面临更大的压力。

尽管克林顿政府起初强调教育和工作培训以使美国工人在全球市场上具有竞争力是正确的，但格林斯潘的金融市场战略实际上撕毁了所有的承诺。在 21 世纪初，对就业的担忧情绪四处弥漫，人们不仅担心临时性解雇，而且更担心解雇

① 参见莱斯特·C·瑟罗（Lester C. Thurow）：《资本主义的未来》，纽约，莫罗出版公司（New York，Morrow），1995。书中 26～29 页有对这些经验的延伸讨论，数据来源见 334～335 页。

是永久性的或者“永久性”工作变成临时性工作。当然，金融产品的持有者对这些病症具有免疫能力。而且，在中央银行的理论中，工人有不安定感对经济是有益的，因为它防止了工资上升和通货膨胀。格林斯潘在新千年五次提高联邦基金利率，但都在 2000 年 4 月愚人节之前。

16.5 债务全球化和金融脆弱性

396 长期的美国贸易赤字还带来了其他后果。自从美国开始应对长期的贸易赤字以来，它就不得不从国外借款以弥补激增的贸易赤字。大量引进的新商品使货币像潮水一样流了出去。全球经济的金融方面已经触及了美国银行。在从 1870 年开始的一个世纪里，美国保持着持续的贸易盈余（和正的外国投资），只是到 20 世纪 70 年代的石油危机才略微发生了改变。然而，里根经济政策才实施 40 个月，美国的外国投资就变得松散。在又一个 24 个月内，美国成为了世界上最大的债务国。

随着美国外债在 2000 年逼近其 GDP 的五分之一，美国开始变得更像一个拉丁美洲国家。由于外债不是欠自己的而是欠别人的，所以国家最终必须通过大规模的生产率提高或生活水平下降来偿还。美国成为全球债务问题和其他潜在问题的一部分。美国迅速扭转其债务的任何企图，都会导致全球经济萧条和通货紧缩。然而，与此同时，由于大部分债务是短期的，所以外国人从美国债券和股票市场突然撤资都会加速美国股市的崩溃。

把美国的状况和可能产生的全球性余波与拉丁美洲国家相比较并不显得夸张。由于墨西哥短期外债数额巨大，全球货币疾病给墨西哥经济造成了极大危害。到 1994 年，大约 40%的墨西哥国库券和大约 30%的墨西哥股票掌握在外国人手中。在 1989 年到 1993 年期间，墨西哥股市以美元计算上升了 436 个百分点。当其他国家涌向北部边界，试图取回它们赚取的巨额利润时，墨西哥被迫将比索贬值。到 1995 年早期，墨西哥货币贬值导致利率大幅上升，上升高达 80 个
397 百分点。以此利率，墨西哥的借贷者无法偿还其债务，墨西哥的银行也面临破产。结果，墨西哥政府不仅执行了一个 650 亿美元的银行保释计划，而且开始允许外国拥有墨西哥银行的所有权。①

比索崩溃和墨西哥经济紧缩扩散到了其他新兴市场经济体的货币之中。早在 1995 年中期，这种“龙舌兰效应”就蔓延到了整个拉丁美洲和东亚。尽管“龙舌兰效应”并没有对每个国家都产生相同的效应，但这种情形下的效应导致了“亚洲流感”，东亚发展中国家爆发突然而严重的崩溃，泰国首当其冲。这种感染扩散到了中国香港、印度尼西亚、马来西亚、菲律宾和韩国。这些国家和地区的货币崩溃威胁到了日元和人民币。更糟糕的是，随着这股流感向西方扩散，俄罗

① 这里以及下一段的大部分讨论和数据都基于蒂莫西·A·卡诺瓦（Timothy A. Canova）：《新自由主义弥漫在交叉路口上的银行和金融改革》，载《美国大学国际法评论》，第 14 卷，1 571～1 645 页，1999。

斯卢布也崩溃了，甚至威胁到美国的牛市。全球传播中的货币危机又击中了墨西哥（流感开始的地方）、巴西和阿根廷。经济史上从没有出现过如此迅速和范围如此之大的世界性衰退。

为避免自身银行系统和全球流动性的崩溃，美国已经变得依赖于拉丁美洲和亚洲的经济增长。危机变得具有全球化特征，这是因为发展中国家在剩余经济体（特别是美国）如此少的几家私人银行中欠下巨额的债务。这些银行一直以来逐步以“坏账”形式“注销”大部分债务，并且它的资产价值现在仅仅是其原始美元价值的很小一部分。但这些行为，与其他银行问题一起，把许多银行——特别是纽约的大银行比如大通曼哈顿（Chase Manhattan）银行——推到了破产的边缘。假如恐慌和货币感染是从强大的美国开始，那么我们只能想象“马爹利干红效应”会传播得多么快和多么具有破坏性了。[①]

16.6 新千年中产阶级规模在下降

增长缓慢、工作岗位减少和工资下降的压力是美国贸易赤字上升最显而易见
398 的不利影响。工人阶级的枯萎病在一次经济扩张（尽管是一次缓慢的扩张）过程中仍然在继续，而且因亚洲和拉丁美洲危机而恶化。当缓慢的经济增长促使工资收益缓慢增长时，全职就业规模缓慢增加没有使得大多数家庭受益。那些保持全职的人在工作，但没有做得更好。此外，全球危机带来的贸易平衡状况进一步恶化使增长放慢，并使得失业率高于本该有的水平。1998 年的第二季度，实际 GDP 的增长率下降到仅有 1.4%，大大低于格林斯潘所设定的速度限制。只有家庭负债消费所创造的负的个人储蓄率才能加速美国经济的发展，因此，经济扩张日益受到了 2000 年间紧缩货币政策的威胁。

这样，正如美国人口普查局资料所反映的那样，在 20 世纪 90 年代的大部分时间中，典型工人的财务状况继续长期恶化：这一过程始于 70 年代晚期，在 80 年代和 90 年代的大部分时间加速。在那段时期，底层 60%的大部分工人每小时工资不是停滞不前就是有所下降。虽然如此，即使是 1997 年到 2000 年期间经济大幅增长的一段短暂时期，也能证明，经济增长能为愿意长时间工作的美国人带来好处。到 1997 年底，中等家庭的收入上升到 37 005 美元，这一数字恰好低于 1989 年的中间值，尽管典型家庭获得这样的收入要比这十年开始时所需要工作的时间长了 4%。也就是说，通过在扩张期间工作更长时间，典型家庭差不多回到了十年前的水平。[②]

① 如果需要了解监管模式方面的建议，包括对外汇投机的税收管制，可参阅卡诺瓦：《新自由主义弥漫在交叉路口上的银行和金融改革》，载《美国大学国际法评论》，第 14 卷，1 571～1 645 页，1999 和 E·雷·坎特伯里（E. Ray Canterbery）：《华尔街资本主义：债券持有阶层理论》，新加坡/新泽西/伦敦/香港，世界科学出版社，2000。

② 如果需要了解工资和福利行为的众多细节，请参见伦斯·米歇尔（Lawrence Mishel）、杰拉德·伯恩斯坦（Jared Bernstein）、约翰·施密特（John Schmitt）：《运转之中的美国状况：1998—1999》，伊萨卡和伦敦，康奈尔大学出版社（Ithacaand London，Cornell University Press），1999，一本经济政策研究所的著作。

美国人把美国之梦定义为获得中产阶级地位：至少成为一个正在缩小的美国中产阶级中的一员。中产阶级规模缩小在包括工资和非工资收入的不同资料来源中都得到了显示。1993 年，收入在 20 000 和 75 000 美元之间的人交纳了4 600 万美元的税收，这一收入范围通常被用来定义美国的中产阶级；在那一年，“中产阶级”只代表交纳所得税的工薪劳动者的 47%。更糟糕的是，大约4 400 万人——仅比整个“中产阶级”或所有纳税人的 45%少 200 万人——报告的收入低
399 于 20 000 美元；他们是工作着的穷人，一个正在扩大的底部阶层，正迅速逼近美国纳税人的一半。中间五分之一美国家庭的收入份额从 1979 年的 17.5%下降到了 1997 年的 15.7%。

从 1992 年到 1998 年，尽管统计的失业率下降了超过三分之一，但美国工人实际每小时的报酬实际上并无多大变化。1974 年以来，与工人劳动生产率相匹配，美国全职工人平均应该每年获得 6 000 美元。在这种条件下，为什么还有人预期工资上涨构成引发通货膨胀的威胁呢？事实上，度量失业率时只要工人有任何形式的工作都被计入就业——不论 1 周内是工作 10 个小时还是 40 个小时；临时的、季节性的或永久的；每小时支付 7 美元或 70 美元；或者没有工作，劳动者毫无希望地垂头丧气。因此不能正常谋生和获得自给能力的失业率应该是官方失业率的大约三倍。

16.7 结论

不管对财富逆转的其他作用如何，有些事情仍然清晰可见。由于里根时期工会势力被削弱、受到自大萧条以来最严重衰退的影响、被贸易赤字增加所强化以及不断裁员（开始于垃圾债券统治时期，并在格林斯潘操控的缓慢增长期内继续），普通蓝领工人和白领工人工资的谈判能力大大降低，开始生活在担忧之中。唯一维持的实际收入增长来源于非劳动所得——大部分来自于债券利息和证券的资本收益。由于大部分美国人在金融工具上只投下了很少的赌注，所以他们中的大多数都依靠工作获得收入。在工资停滞时期，非劳动所得历史性地快速增长揭示了中产阶级规模减少的原因。20 世纪最后四分之一的历史，不仅为 20 世纪
400 30 年代以后收入更为平等的趋势逆转，而且也为朝着不可饶恕的财富不平等方向转移，提供了一个解读。

过去的四分之一世纪尽管对有钱人来说无比美好，但对大多数人来说它的影响是有害的。由于从金融市场上获得的财富不是直接来自于实际经济活动，所以基于自身行为所得到的加尔文主义道德规范必将是傲慢无礼的。尽管如此，如果富人的收益不给其他人带来损失，那他们仍将是善良的。然而，对金融财富持有者而言，金融成功并不依赖于实际生产过程中所发生的那些好事情。那些为生活而工作的人们应该考虑的，不是分享利润和黄金飘落的前景，而是所制造产品的命运，特别是那些在浪漫化的全球经济中为出口而制作的产品。

第 17 章 攀登经济学理论的高峰

17.1 经济学的演进

401 我们已经发现，经济好像总是处于一种向其他状态转变的过程之中。因此，我们可能以怀疑的态度认为，经济科学是随着资本主义一起演化的。我们已经从封建主义和重商主义的失败中追寻到了市场经济缓慢演化的进程。由于劳动分工和专业化而出现的物质剩余，使得商品的国际交换成为可能。亚当·斯密试图解释事物真正价值的价值理论，源于对剩余或净增加量提供“定价”的需要。

工业革命带来了技术上如此巨大的变化，以至于我们曾经难以想象的附加价值被生产出来。19 世纪中期出现的创新和技术传入美国，成就了**镀金时代**。新兴特权阶层的收入是剩余生产的对应物，这一点众人皆知；剩余生产造就了一个中产阶级，从而把经济选择扩展到了富人的门阶之外。

新古典经济学瞄准英国上层中产阶级的行为。虽然如此，阿尔弗雷德·马歇
402 尔的巧妙构思与牛顿力学是相互一致的。由数学方程的流畅所承担的市场和谐，是使得经济学成为牛顿自然科学隐喻的最主要一步。应用牛顿微积分使得这一隐喻经得起考验，则是在二战之后完成的。

经济学斗转星移的重要进展来自于马歇尔的局部均衡方法向萨缪尔森**一般均衡**方法的转变。尽管萨缪尔森的工作包含了美国高级理论最初的大部分内容，但一般均衡理论把理论水准提高到了抽象的高度，相比之下，甚至连萨缪尔森的叙述都显得具体化了。由于这种努力已统治了“高等学习”过程，所以我们不能在

还没有对它进行进一步描述之前就结束课程。接下来，我们将会了解到，攀登经济学理论的高峰完全不同于在现实世界中登山。

17.2 高级理论及其一般均衡描述

理论抽象的潮流在瓦尔拉斯一般均衡理论中获得原动力，在新古典的凯恩斯模型中得到继续发展，而在阿罗-德布鲁的一般均衡扩展中得到加强，最后在理性预期和新古典经济学中达到高潮。在连接微观和宏观经济学这一意义上，这种理论是“一般理论”。在均衡价格上所有的市场都能出清，所有的需求、产出和收入的价值都能分别加总到总需求、总供给和总收入之中。按照习惯的说法，瓦尔拉斯一般均衡理论只适用于完全竞争的市场和自由的选择。

相对于瓦尔拉斯和当代经济学方法，亚当·斯密、大卫·李嘉图、约翰·斯图亚特·穆勒和卡尔·马克思都是在最终被称为完全竞争的条件下基于生产成本和零利润率建立的价值理论。然而，一般来说需求只影响数量而不影响价格。价
403 格基本上是由生产成本所决定的。与此不同，新古典的价值理论在决定均衡价格时把需求和供给放在更为平等的地位上。古典学者认识到了市场的相关性，但忽视了需求对价值的影响。如前所述，马歇尔理解了一般均衡的思想，却认为瓦尔拉斯的数学方法无法胜任这项任务。在这一点上，他是正确的。①

源于瓦尔拉斯的传统，现代理论家面临四个主要议题。(1) 一个瓦尔拉斯模型是否存在唯一的均衡？如果不是，完整的价值理论存在于相互依赖的市场。(2) 如果均衡存在，它是稳定的吗？如果不是，多重均衡是可能的。(3) 瓦尔拉斯均衡能满足现代福利经济学的标准吗？如果不能，怎么能判断均衡“好与坏”。(4) 瓦尔拉斯均衡在不确定性条件下存在吗？如果不存在，而且存在着不确定性，那么均衡就毫无意义。

很显然，既然牛顿意义上的均衡处于争论之中，那么问题和答案就纯粹是数学意义上的。然而，代数和牛顿力学在这个问题上无用武之地。肯尼思·阿罗（Kenneth Arrow）、杰拉德·德布鲁（Gerard Debreu）及其追随者使用了集合论，将各种经济变量的价值“映射”进了抽象空间。

1954 年，阿罗和德布鲁发表了他们对“竞争性经济”中均衡存在性的证明。他们从一个私人所有权的经济开始，其中，口味（偏好）、技术、初始收入和财富分配以及厂商的私人所有权是“给定的”。消费者和厂商是价格接受者；也就是说，单个消费者和厂商的收入和产品份额非常小，以至于没有人能影响价格。换句话说，像斯密所讲的那样，只有市场而不是任何单个人或企业设定价格。一旦加总到一起，总需求就与总供给相等，它们的差额为零。在所有的市场上，这

① 有关数学家和数理经济学家如何达到现代一般均衡理论顶峰的有趣而又完整的历史叙述，可参阅 E·罗伊·温特劳布（E. Roy Weintraub）：《论竞争性均衡的存在性：1930—1954》，载《经济学文献杂志》，第 21 期，第 1 卷，1～39 页，1983 (3)。

构成了瓦尔拉斯定律；超额需求的价值为零。①

尽管这一理论相当抽象，但若抛开这一成就的纯粹技术上的性质，它很容易理解。尽管如此，如果没有约翰·F·纳什（John F. Nash，1950）更早时候发
404 表的文章，这一定理的证明可能就不会完成，因为纳什采用了不动点理论证明了非合作博弈中均衡点的存在性。② 这一条件很快成为著名的“纳什均衡”。博弈论，正如它的名字一样，开始发挥作用，因为每一个消费者和每一个厂商的行动都要受到其他所有消费者和厂商所做出选择的制约，以至于没有人有动机去选择其他行动。换句话说，如果你不用必须考虑你朋友所做出的选择，那么你可以有不同的选择。③

对约翰·纳什生活和职业生涯的简要描述，有助于我们了解他是如何创立理性行为理论的。④ 纳什出生于西弗吉尼亚蓝田市，长大后成为一个高大、英俊、傲慢且极端反常的人。在普林斯顿，这位天才身边有 20 世纪科学领域的几位教父级的人物——阿尔伯特·爱因斯坦（Albert Einstein）、约翰·冯·诺依曼（John von Neumann）和诺伯特·维纳（Norbert Wiener），然而他在心中却有自己的一条主旋律，并指引他不断攀升。纳什并没有在现有科学高峰上沿着某条小路攀登顶峰，而完全是在攀登另外一座高峰。

他有连贯性；他是“强迫性理性”的人，这里的形容词和名词相矛盾。他将生活中的决策——是否说“你好”、到哪里取钱、接受何种工作、跟谁结婚——都纳入到了远离情感、习俗和传统的数学规则之中。但他在数学上所取得的成就仍然令人惊奇。当冯·诺依曼首先用零和博弈分析社会行为时，纳什已经集中研究个人行为，从而使博弈论与每个人都是赢家的斯密经济学联系在一起。每个亚当·斯密世界中的屠夫和面包师都能根据其他决策者的最优策略独立地选择自己的最优对策。尽管这位年轻人好像不懂得其他人包括他自己的感情，但他能想象到一个人会选择纯粹逻辑上必要的策略，以使他的优势最大而劣势最小。阿罗和

---

① 存在着包含 l 个价格变量的 l 个方程构成的超额需求系统：

(1) $z_i(p_1, \cdots, p_l)=0, \ i=1, 2, \cdots, l$

在一个特定经济的那些因素（偏好、技术以及收入和财富）“给定”的条件下，供给和需求力量将在 p^* 处达到均衡，当且仅当，p^* 是（1）式的解，并且它构成一系列均衡价格的集合时。在瓦尔拉斯的理论中，价值是由（1）式的解所决定的。价值理论要求能够有一个存在性定理，以保证对于所有具有宽泛性质的经济体，（1）式都有至少一个正的价格解，以总量形式写成为：

(2) $\sum_i p_i z_i(p_1, \cdots, p_l)=0$

有关阿罗对于一般均衡理论所做出贡献的完整但具有批评性的综述，请参见达雷尔·达菲（Darrell Duffie）和雨果·桑南夏恩（Hugo Sonnenschein）：《阿罗和一般均衡论》，载《经济文献杂志》，第 27 期，第 2 卷，565～598 页，1989（6）。

② 对大多数人来说，没有特别的理由要了解不动点定理的含义。但是出于满足好奇，它指的是，如果 $x \to \varphi(x)$ 是 r 维封闭单形 S 到 $A(S)$（S 的闭凸子集构成的集合）上的一个上半连续的点到集合的映射，则存在一个 $x_0 \in S$，使得 $\varphi(x_0) \in A(S)$。一个推论是，S 可以是欧氏空间上的任意紧致凸子集。简单地说，“凸性”意味着，在一个产品的生产过程中，随着一种生产要素对另外一种要素的替代，比如资本对劳动的替代，增加要素的边际产量逐渐降低。

③ 一个 n 重选择的纳什均衡具有如下特征：给定其他人的选择不变，每一个人的收益都是最大化的。例如，其他人选择的影响价格和数量的决策决定了一个人可以支付的价格。德布鲁发展出了一个更为广泛的 n 人博弈模型，其中每个人都有一个取决于他人选择的可行的选择集。因而，可行的选择取决于其他人的选择。

④ 关于约翰·纳什光辉灿烂而又屡获殊荣的一生，参见西尔维亚·纳萨尔（Sylvia Nasar）：《美丽心灵》，纽约，西蒙和舒斯特出版公司（New York，Simon & Schuster），1998。下文中一些传记数据也可以在纳萨尔的书中找到。

德布鲁正是用这一思路，为证明亚当·斯密看不见的手的隐喻提供了一个数学解决方案。归根结底，那是一个纳什均衡。[1]

到30岁时，纳什被认为是他那一时代最伟大的数学天才之一。那一年，纳
405 什经受了他妄想式精神分裂症的第一次发作。他有严重的妄想、幻觉，思想与情感错乱长达30余年。纳什相信他自己是一个“伟大而又神秘的救世主式的人物”，他放弃了数学转向数字命理学和宗教预言。像塞尔达·菲茨杰拉德一样，他吃各种药物，进行各种各样的休克治疗，也有过短暂好转，但希望的信号往往仅能持续几个月。最后，他成了经常在普林斯顿大学教室逗留、在黑板上乱写乱画的一位令人感到无比遗憾的幽灵。同时，他的名字出现在各种地方——数学杂志、政治科学书籍、有关生物进化的文章以及经济学教科书和文章中。

塞尔达·菲茨杰拉德在《拯救我的华尔兹》中记述了自身情感的参照：“在地球上存在的所有东西中，她从未像希望拥有自己那样想要得到其他东西，对她而言，这样她就能获得一种完美的控制。”[2] 她强劲而又难以抗拒的兴趣通过芭蕾舞体现在她身形的完美之中。纳什难以抗拒的兴趣在于要使他的思想趋于完美。精神分裂症病人的生活在显示与隐藏自身欲望这两者之间呈现分裂状态。由于敏感而容易受到伤害，他变得善于自我掩饰。

最终，纳什故事的结局并不像塞尔达（她从未恢复）那样悲惨。纳什在精神分裂症中罕见地自发恢复了。到20世纪90年代早期，他又开始从事数学研究了。1994年，约翰·纳什与约翰·C·海萨尼（John C. Harsanyi）和莱因哈德·泽尔腾（Reinhard Selten）一起因为“在非合作博弈的均衡分析理论方面做出了开创性贡献”而获得了诺贝尔经济学奖。诺贝尔奖幕后的故事绝不像一位数学家获奖这样稀松平常，特别是对一位被认为即将逝去的人来说更是如此。[3] 尽管纳什并没有受邀发表例行的获奖演说，但在诺贝尔奖颁奖典礼上他并没有引发难堪，仅仅是像他年轻时候那样行为有点古怪而已。

纳什均衡带着我们兜了一大圈又回到了阿罗-德布鲁故事中的主题。尽管一些均衡集的存在性已经得到证明，但阿罗-德布鲁还是不能证明它的唯一性。均衡集中的任一数量可能都满足一个特定的技术和初始收入—财富分配。要真正理解在众多的瓦尔拉斯均衡中经济是如何选择的，还需要比瓦尔拉斯最初的理论和
406 纳什均衡更大更重要的突破。时至今日，这种新的价值理论还未曾出现。

一个相关的问题是，“现代”福利经济学是否被阿罗-德布鲁理论所取代。换句话说，瓦尔拉斯均衡与“现代”福利经济学中的最优条件是否相同？直到今天，福利经济学仍建立在帕累托最优基础之上。当经济中没有进一步的变化（比如价格提高或降低）能改善某个人的边沁效用而又不减少其他人的效用时，就达到了**帕累托最优状态**。简单地说，帕累托最优要求**边际学派**的所有边际条件都得到满足。特别是，所有消费者的边际效用都相等。理想中的一般均衡把这些边际

① 西尔维亚·纳萨尔：《美丽心灵》，16页，纽约，西蒙和舒斯特出版公司，1998。

② 转引自南希·米尔福德（Nancy Milford）：《塞尔达传记》，242页，纽约、埃文斯顿、伦敦，哈珀与罗出版公司（New York，Evanston，and London，Harper & Row），1970。

③ 要想了解完整的故事，请参阅纳萨尔的作品第48章，出处同上。

最优条件扩展到了所有的个人和厂商。然而，这些福利标准仅关注生产效率，并不考察人们在不同的收入或财富等级上如何真正看待其自身状况。

莫里斯·阿莱（Maurice Allais）1988 年由于“对市场和资源有效利用理论方面的开创性贡献”而获得诺贝尔经济学奖；他证明（1943—1947），在没有其他人变坏就不可能有人变好的意义上，每个市场均衡都是社会最优的。而且，这样的结果甚至出现在初始财富的重新分配已经发生之后。再总结一次，许多不同的均衡价格和数量集合都有可能达到最优。[①] 也就是说，如果竞争条件得到满足，而技术和收入—财富分配状况给定，那么众多可能的均衡中每一个都是帕累托最优的。但是，我们最早知道这一点却是从保罗·萨缪尔森的《经济分析基础》一书中。

1952 年，阿莱和阿罗各自独立地把不确定性引入到了一般均衡理论之中。与应用于瓦尔拉斯均衡的分析一样，他们采用类似的证明，得到相同的定理。在阿罗那里，不确定性通过在模型中引入证券和证券交易而得到分析。通过引入证券市场，阿罗使用了有关均衡价格预期的“完美预见”。每个消费者和厂商都有一个完整的目录，目录给出了经济中未来价格和数量所有可能的集合（正式称谓
407 是“状态”）。人们把它看做希尔斯（Sears）目录；每个人和厂商都拥有同样的希尔斯目录。

困难在于如何知道每个人根据同样的目录最终做何选择，特别是因为，与希尔斯那里不同，这里的价格和数量每分每秒都在发生变化。通常，这被称为“协调问题”。这的确是个问题！协调不仅仅需要有一个瓦尔拉斯拍卖人，他还要必须是一个知道偏好、技术和收入—财富分配而且精于计算并向所有参与者宣布每个数量集上的所有未来即期价格的超级瓦尔拉斯拍卖人。

完美预见的引入将我们带回到了**理性预期**。新古典主义（参见第 12 章）也形成了一种一般均衡理论，因为这一理论也是以个人行为最优化为基础的。新古典主义对阿罗-德布鲁-阿莱版本一般均衡的背离主要表现在，他们把重点放在了经济政策无效性上面。所有“预期到的”政策变化都会使得经济变得更糟，破坏帕累托最优状态。因此，只要不是出于自由市场内部的变化就都是坏的，因而新古典主义的思想也遵从了与高级理论相同的逻辑。

但是，除了瓦尔拉斯一般均衡论之外，如果不考虑同样意识到经济中相互依赖关系的其他理论，那我们就显得太漫不经心了。而且，这些理论对于正在流行的高级理论是否会主导未来经济学的方向提供了更为重要的评价。我们要看看，在山顶上到底是视野更加开阔，还是被迷雾遮盖从而能见度更低。

① 按照惯例，在诺贝尔奖颁奖典礼上阿莱提交了一份简短的传记以及他的主要贡献。参见卡尔-格兰·麦勒（Karl-Göran Mäler）编：《诺贝尔经济学奖获得者演讲集：1981—1990》，215～252 页，新加坡/新泽西/伦敦/香港，世界科学出版公司（Singapore/New Jersey/London/Hong Kong，World Scientific），1992。

17.3 投入—产出与价格加成：对行业相互依赖的另外一种解释

投入—产出理论是说明经济中相互依赖的另外一种方法。瓦西里·里昂惕夫(Wasily Leontief，1905—1999)，这位出生于俄国、以研究列宁格勒和柏林见长
408 的美国经济学家，创立了投入产出分析。里昂惕夫是一位矮小、谦虚而又和善的人；在哈佛的时候他经常为左派的激进分子们辩护。当哈佛大学经济系开除几位优秀的年轻激进教师时，他和阿罗都属于为表示抗议而愤然离开哈佛大学的那批人。

与一般均衡方法不同，投入—产出是由技术决定的。[①] 生产方法决定特定单位产出所需投入的类型及数量。这种技术上的要求扩展到劳动和资本投入数量上。例如，投入和产出之间的关系（技术系数）告诉我们，1978 年生产一吨美国碳钢需要 0.95 吨碳、8.14 个小时的人工、1.65 吨铁矿、0.10 吨废钢和 11 个单位的能量。这种思想不只是理论上的，这些系数是里昂惕夫通过估计得到的。投入—产出是经验分析，并且可以在真实世界中找到依据。

在技术水平状况一定的条件下，对某一时期各种产出水平而言，技术系数都是固定的，从而成本就是不变的，这很像古典经济理论的论述。假如对这些假定暂时予以放松，那么行业的总支出（等于总产出的价值）与原材料耗费之间的差额，就等于行业的新增价值或经济中产生的收入。这样，新增价值实际上是经济中工资、奖金、利息、租金和利润的总和。依照这种方法，国民产出的价值将等于国民收入的价值。事实上，国民投入—产出表常被用于对单独估算的国民收入账户资产负债状况进行定期检验。

从经济的总体回到特定行业的细节也是有可能的。继续我们前面分析的例子，生产 1 吨钢需要的 8.14 人时，乘以钢铁工人的工资率（每小时 11.66 美元），再乘以全部碳钢生产量，就为我们提供了行业总的工资额。用工资额除以
409 生产出的全部钢材（以吨为单位）就得到每吨钢材的工资额。从碳钢价格中扣除每吨的原料成本和每吨的工资额，我们就得到当年每吨 22.92 美元的剩余收入或单位“利润”。

当然，整个系统比这里所能表述的大致轮廓要复杂得多。例如，可以计算出直接和间接投入的原材料和劳动。继续我们的例子，钢材生产过程中间接需要的投入包括为直接生产这吨钢而生产的 1.65 吨铁所需要的碳、为生产这吨钢而生产的 0.95 吨碳所需要的能量，以及为生产这吨钢而把 0.10 吨铁矿运到钢厂的运

① 对投入产出理论非技术性但却完整的解释，请参见 E·雷·坎特伯里（E. Ray Canterbery）：《投入产出分析》，载菲利普·阿里斯蒂斯（Philip Arestis）、马尔科姆·索耶（Malcolm Sawyer）编：《激进政治经济学的埃尔加变体》，212～216 页，英格兰翰斯/佛蒙特州布鲁克菲尔德，爱德华·埃尔加出版公司（Hants，England/Brookfield，Vermont，Edward Elgar），1994。

输费用，等等。

在确定最终价格时计算直接和间接需要的投入量是重要的。每单位产品的收入支付，不仅包括提供直接投入的那些行业的新增价值，还包括提供间接投入的那些行业的新增价值。因此，如果每个行业要覆盖其生产成本，那么在长期内执行的价格就必须建立在直接和间接引起的生产成本和收入支付基础之上。[①] 正如我已经说过的那样，整个系统极其复杂。

那些认真读过第 11 章有关皮耶罗·斯拉法和后凯恩斯主义经济学的读者会发现，在斯拉法的价值理论中投入—产出关系已被视为技术状况。在里昂惕夫和斯拉法眼里，工资率并不用于衡量劳动的边际产品，而利润率也不衡量资本的边际效率。在斯拉法眼里，钢铁行业的新增价值将随工资率变动而变动，从而整个行业的工资额会与利润率相关联。这样，既然钢材价格依赖新增价值，那么钢材的相对价格（比如说与汽车）也会发生变动。技术改进也会改变价格。在一般均衡理论中神圣的东西遭到破坏，在收入分配改变价格的时候，价格的变化也改变着收入分配。

换句话说，一般均衡价格按“有效方式”配置资源；斯拉法价格则不是这样，它是当工资率随着利润率变动时，工人和资本家之间重新分配收入的媒介。
410 由于效率仅仅依赖于技术，而不是相关价格，所以收入因为制度习惯、相关谈判力量以及其他制度性因素而自由分配。同时，总的国民产出却没有受到损害。

虽然如此，仍存在一个技术性问题。所有行业提供的中间产出能简单地归于一类基本投入吗？正如我们所看到的那样，从一开始价值理论的中心问题就成为经济学家的分水岭。卡尔·马克思认为劳动是价值的唯一源泉。新古典学派更接近其对立面：他们把利润率视为资本的边际产出予以关注。新古典理论更接近于一种资本价值理论。

要扭转这种对立局面并不容易；我将行使作者的特权简要给出我的答案。[②] 每一个行业在其工资额、直接和间接的原材料投入以及其他所有行业的直接和间接利润的基础上设定一个百分比加成额，以确定行业的产品价格。这样，就无须对价格加成与边际利润做出区分，即使是对增长中的经济而言也是如此。价格加成的百分比（和利润率）越大，产品的消费者（家庭或其他生产者）对价格变动越不敏感，从而需求的收入效应就越强。

前面说过的有关过剩资本主义中销售非基本品的广告和推销效应，在这里都

---

① 这些价格，或者里昂惕夫生产模型的“双重价格解”，包括由里昂惕夫逆矩阵相乘之后的增值向量。里昂惕夫逆矩阵不仅给出每一行业的直接投入，也包含间接投入。

② 参见 E·雷·坎特伯里：《价格加成、增长和通货膨胀》，载《东部经济学会会议论文》，1979 (3)；E·雷·坎特伯里：《国际贸易和国内就业调整的一般理论》，载《国际贸易：地区和全球管理问题》，第 16 章，迈克尔·兰德克（Michael Landeck）编，伦敦，麦克米兰出版公司（London，Macmillan），1994。埃克纳很久以前就采用一个先进的理论来解释价格加成，并促使里昂惕夫、伦基·帕西内蒂（Luigi Pasinetti）、斯拉法和坎特伯里等人为这一流派构建出了一个动态或经济增长理论。促使经济增长的因素在于，在经济中引入超过简单再生产所需要的投资（资本品），并包含作为行业利润一部分的商业储蓄。参见阿尔弗雷德·S·埃克纳（Alfred S. Eichner）：《发达市场经济的宏观动态学》，纽约阿蒙克，M. E. 夏普出版公司（Armonk，New York，M. E. Sharpe），1987 和伦基·帕西内蒂：《结构变动与经济增长》，伦敦，剑桥大学出版社（London，Cambridge University Press），1981。坎特伯里（1979，1994）和帕西内蒂的模型是独立发展出来的，但它们具有一些共同特征。

可以应用。毕竟，当你冒着风险购买一辆新的奥兹莫比尔（Oldsmobile）牌汽车时，厂方已经在单位产品成本（直接或间接的劳动、原料及资本投入的成本）基础上给了销售人员一个价格加成因子。生产成本（出厂价格）和最终销售价格（目录或“标签”价格）之间差额的变化取决于有多少人像你这样被说服：就汽车动力、操作性能、舒适度、油耗、款式和金属油漆等综合考虑，奥兹莫比尔是你现有收入水平上能“负担得起”的一款理想车型。当然，出厂价格包含了厂家价格加成以及工厂生产所需要的所有直接和间接成本。

17.4 在均衡道路间选择：关键途径

411 一般均衡和附有价格加成的投入—产出这两种方法，提供了明确的选择。然而如前所述，20 世纪 90 年代一般均衡统治了学术研究领域。有很多理由可以解释这种现象。(1) 起初，发展中国家，包括苏联，把投入—产出作为一种计划手段。它一开始并不是作为自由市场经济的工具而被使用的。(2) 20 世纪 90 年代苏联经济（及政治体制）崩溃被看做是自由市场资本主义的胜利和任何基于“计划”的体制（哪怕是模糊的体制）的破产，并因此而受到欢呼。(3) 不依赖于已付工资、边际产品价值和作为资本回报的利润的任何理论都违反了新古典经济学的价值理论和一般均衡论。(4) 集合论是比投入—产出模型中应用到的矩阵代数更为简洁的数学形式。但集合论仍然依靠未被现实世界证明的抽象理论。

我们仅能猜测，这些原因中是哪一个使得后凯恩斯主义经济学处于优势。西方经济学家希望植入自由企业资本主义制度以取代旧的苏联制度的企图已经失败。许多经济学家声称资本主义的理想社会——一种植根于一般均衡理论的幻想——将很快在苏联的废墟上兴起。现实中，许多俄罗斯人在尝试了“资本主义”之后又开始认同社会主义。俄罗斯的经验证明了在成功的市场体系创造和演变中制度是多么的重要。俄罗斯缺乏已在欧洲和美国发展几个世纪的资本家制度。

新右派在美国和撒切尔主义在英国的兴起，为那些抱有自由市场幻想的经济学家提供了更强有力的意识形态和金融上的支持。这种意识形态的推进很容易就忽略了货币主义和供给学派经济学的失败。然而，即使在不考虑意识形态时，许多经济学家仍坚持边际主义，因为在理论中产生的价格是不受社会或政治判断侵
412 扰的任意价值理论中唯一的“价值”。然而，这仍然只是理论上才有的情形。特别是，资本主义的道德观要求资本只能按它的价值付费，即它的边际产品价值。

最后，我们不能忽视经济学家的自身利益。在美国进行顶级博士计划培训的年轻学子们都被告知，他们需要了解一般均衡的数学方法，以便将来能在学院中获得一个好位置并最终取得终身教授头衔。数学不够好的研究生在该领域获得博士学位可以成为经济学的明星。在对美国顶尖大学从事研究生经济学培养计划培训的 200 名学生所做的调查中，只有 3%的人认为完整的经济学知识是“非常重要的”；而“善于解决问题”和“数学非常优秀”被认为更重要。聪明是一棵大

树的主干，经济学知识只是枝叶。[①] 毫无疑问，美国的经济顾问要告诉俄罗斯的是，在资本家的理想社会中只有个人的自我利益，没有新的制度。

到现在为止，一般均衡在经验层面已经失败。原因在联系博弈论的创造和不动点定理的故事中就很容易看出。与这一学派密切相关而又重要的一位学生写道："有关'均衡'的故事就是一项实证研究，无论是事实或是伪造的思想都根本不起任何作用。"[②] 我们可以加一句，除了不存在之外，历史也不起作用。然而，从这个故事中，我们仍可以对经济学的未来得到一些启迪。

从一开始，在一般均衡理论中被"给定"的技术的变化，就已经推动着现实世界中的经济增长。而且，在历史上出现的三个时代——**镀金时代**、**爵士乐时代**和**赌场经济**时代中，收入和财富分配都变得极其不平等，金融投机也变得比生产更重要（许多人喜欢将最近的这个时代称为"信息时代"；然而，信息不应与知识混淆在一起）。在一般均衡理论中，最初的收入和财富分配被简单地"给定"。
413 在大规模市场之前出现的新技术，似乎造成了金融脆弱性。一种可行的经济学将不得不悄然代替过去的一般均衡理论；新的视角需要把资本主义范围内的技术变化、收入和财富分配以及金融不稳定性看做变动的对象加以理解。

这些思想与我们关于经济学未来的结论紧密结合在一起。

① 阿加·克莱默（Arjo Klamer）和戴维·柯兰德（David Colander）：《经济学家的造就》，18页，博尔德/旧金山/伦敦，西景出版社（Boulder/San Francisco/London，Westview Press），1990。本书对经济学家如何接受培训以及学生态度进行了带有娱乐性但却深入的研究，揭示了远比这本小册子中包括的要多得多的问题。

② 温特劳布：《论竞争性均衡的存在性：1930—1954》，载《经济学文献杂志》，第21期，第1卷，37页，1983（3）。

第 18 章 2008 年的住房和信贷危机

18.1 回顾

417 如前文所述，在 2001 至 2003 年期间，美国联邦储备委员会主席艾伦·格林斯潘（Alan Greenspan）将房地产作为促进经济增长的新动力。这是因为进入新千年后，美国经济萎靡不振，格林斯潘认为需要对经济进行刺激。当 2003 年年中他将联邦基金利率下调至 1%时，他在房地产业看到了希望。抵押贷款利率和信用卡利率与优质贷款利率紧密相关，而优质贷款利率是跟联邦基金利率绑定在一起的。较低的利率促成了金融创新工具的产生，如促进房地产市场繁荣发展的可调利率抵押贷款等。在格林斯潘之前，美国经济将近 50 年没有出现过泡沫。

与此同时，自 2000 年 3 月到达其顶点以来，股市遭遇了前所未有的巨大压力。2002 年，纳斯达克指数又下降了 32%，而标准普尔 500 指数下滑 24%。与 2000 年的最高值相比，纳斯达克指数大幅下跌了 74%，标准普尔 500 指数则跌落了 43%。在整个股市一路飙升时期，格林斯潘否认股市存在泡沫，与此同时
418 声称如果泡沫确实存在，那么中央银行和其他相关机构也只有在泡沫破灭以后才能得知。既然不存在泡沫，他就能够轻易地忽略股市已进入熊市的声音。

由于股市不再能引领经济的发展（同时也不再为华尔街带来相关利润），房地产似乎成为唯一可用的引擎。新金融产品，如衍生品、资产抵押证券（asset-backed securities，ABS）、贷款担保凭证（collateralized loan obligations）和抵押担保证券（collateralized mortgage obligations）让企业和个人不再依赖某些特定

机构来获取资金。所有这些在让金融体系变得更加灵活和高效的同时，也最终让其更加脆弱。这些“创新”导致了2007年末的金融市场大震荡，许多大型金融机构在这次震荡中破产。它们是新奥地利式的而非更具实质内容的熊彼特式创新。

极富吸引力的按揭利率极大促进了现有房屋的销售，并使得利用住房权益贷款（home equity loan）成为可能。低按揭利率激励房主在对他们的房产进行再融资时选择更多的贷款。这为房主提供了更高的贷款额度。这在那时看起来是一件万无一失的事情，因为在20世纪90年代的绝大多数时间里，住房市场从来都不是投机目标。但未偿还抵押贷款的增长率在攀升，到1998年时它已增长到9.5%。华尔街已做好证券化这一不断攀升的抵押贷款债务的准备。受政府支持的企业房利美（Fannie Mae）和房地美（Freddie Mac）也迅速地扩张它们的相关业务。大幅下调的利率更是推波助澜。

格林斯潘认为，通常用于股市和房地产市场之间的类比不够完美。和股市不同，房地产市场上的销售会招致巨大的交易成本，当大多数房屋被售卖掉时，卖房者必须搬出原有住房。股市的个股周转率每年高达100%，而房屋周转率每年
419 不超过10%。对房屋的需求具有地域性：缅因州波特兰的房子不能成为俄勒冈州波特兰房子的一个好的替代品；国家住房市场是各地分散市场的一个集合。然而，这些观点都未能阻止房市泡沫在2007年开始破灭。

2002年10月，当股票价格连续下滑近三年创熊市新低时，房地产市场正在收获集聚多年的收益。在1997年秋季至2002年秋季期间，美国的房屋价格平均上涨了42%，有些城市的价格上涨的幅度更大——波士顿75%、旧金山88%、纽约67%。人们都纷纷逃离股市涌向房地产市场。很多家庭让自己成为了准ATM机。随着利率的持续下降，房屋所有者通过“房屋净值”向金融机构申请抵押贷款，以此融通资金。1997年，房屋所有者的平均房屋净值占房屋市场价值的70%，而到2003年时，这一比例下降到55%。

这一新生的住房泡沫巩固了对新住房的需求；抵押贷款市场在经济增长放缓的头几年确实是一股强大的稳定力量。换言之，住房ATM机运行良好。不仅如此，它对消费者支出产生了重大的影响。所有这些发生在其他资产价值遭到侵蚀的一个时期。房地产成为了救命稻草。

2003年6月25日，美联储主席第13次下调利率。这让联邦基金利率下降到1%，而且这一利率水平还保持了将近一年的时间。到2003年7月时，房屋价格上涨20%，与这一时期的股票熊市形成鲜明对比。许多分析人士开始担心房屋价格一旦开始下降会有多严重的后果。在日本，房市泡沫破灭后的房屋价格还不到破灭之前的一半。

18.2 布莱克-斯科尔斯模型与衍生品的起源

420 布莱克-斯科尔斯金融模型与下文所述内容有着密切的关系。

加利福尼亚大学伯克利分校的两位金融学教授费希尔·布莱克（Fischer Black）和迈伦·斯科尔斯（Myron Scholes）共同创立了以布莱克-斯科尔斯著称的期权定价模型。迈伦·斯科尔斯与罗伯特·默顿（Robert C. Merton）因研究出“决定衍生品价值的新方法”而共享 1997 年的诺贝尔经济学奖。模型建立在如下基本思想之上：交易者可以规避所有市场风险，方法是在市场上做空头交易，并且随着市场的下跌增加这种交易的数量。下跌的幅度被认为是无关紧要的。

绝大多数员工持股计划将布莱克-斯科尔斯模型作为行动指南。例如，不用从华尔街经纪人手中买进一份标准普尔 500 指数看跌期权（以确定价格卖出的期权，为的是限定损失），投资组合经理就能够看空标准普尔 500 指数，而且根据布莱克-斯科尔斯模型，这样做避免了所有的市场风险。这看来似乎是如此完美的一个理论，因此每个人都买进它；布莱克-斯科尔斯模型最终成为唯一不被卖空的东西。布莱克-斯科尔斯不仅仅是一个模型，而且还成为金融风险规避的范式。

仔细观察我们就会发现，布莱克-斯科尔斯模型在 1987 年股灾发生期间没能通过自身的检验。在那个黑色星期一，市场上实际上只有股票卖家，没有买家。在市场的另一边，华尔街经纪自营商不得不打市场下降将很快结束这样的赌；否则他们就无利可赚。股市的狂跌最终让经纪商、自营商清醒，他们决定放弃之前的赌注，从而使卖方无法卖出他们的股票。如果市场继续下行，卖空卖方将不得不以持续下跌的价格贷款回购他们自己的股票。当诸如美林这样的大经纪商为求自保开始抛售股票时，问题变严重了。没有经纪商来支撑市场，市场就垮台了。
421 这样的垮台导致了华尔街和全世界金融市场的大规模重建。

应该发明向保险人提供保险的金融工具。如果银行向会破产的经纪商提供贷款，那么贷款就不会被追回，银行会因此倒闭。在 1987 年的股灾余波中，人们意识到向保险人提供保险的必要性。幸运的是，美国各银行持有大量的长期债券。由此它们可以通过以较低的长期利率借入和以较高的短期利率贷出来赚钱。它们的贷款对象是那些买房和买车的消费者。买房人以他们所拥有的房屋权益为抵押进行贷款。这类的信用额度就属于衍生品——得自于房屋作为一项资产所拥有的市场价值的贷款。额外的消费者信用来自于无担保的信用卡债务。

债券能够被卖出，对象通常是亚洲的商业银行和投资银行，它们需要筹集资金以发行低利率的抵押贷款及相应的信用额度。为了让这个游戏继续下去，商业银行必须创造它们自己的衍生品。也就是说，银行资产负债表上的一项抵押贷款并不能直接转换成一位信用卡消费者。抵押贷款被捆绑为“证券”，接下来“证券”被卖掉换成现金。一个由购买这些新衍生品（即所谓的对冲基金）的消费者所组成的市场得以形成。

对商业银行来说，整个计划是如此完美，所以它们决定不把衍生品的买进和卖出记录在资产负债表上，而是记录在表外账户上。富人对对冲基金表现出极大兴趣，只是不断增长的对冲基金完全没有受到监管。似乎没有人知道这些基金在做什么，因为它们的资产负债表不需要对外公开。它们也没有通常基金所必需的资本要求。由于私人商业银行并不将衍生品记录在它们的资产负债表上，所以它们的资本储备发出虚假的安全信号。布莱克-斯科尔斯公式让市场参与者相信，证券价格制定合理，没有必要进行进一步的监管。

18.3 比尔·克林顿总统和艾伦·格林斯潘结盟的遗产

422 如前文所述，在 20 世纪 90 年代期间，比尔·克林顿（Bill Clinton）总统和美联储主席艾伦·格林斯潘（Alan Greenspan）就私下达成如下协议：克林顿先生同意放弃实施国内经济刺激计划，前提是格林斯潘许诺将长期利率保持在较低水平。[①] 当世界范围内的房地产市场蓬勃发展的时候，这种安排确实能够起作用。美国的低利率水平带来美元国家价值的下降，从而增加了美国的出口。日本和其他亚洲国家则通过不断扩张的消费者信用来获取购买这些美国商品的资金。但当日本的房地产泡沫破灭，好几个亚洲国家开始在 1996—1997 年间（此时诺奖委员会正在开会讨论决定将经济学奖颁给提出衍生品定价公式的迈伦·斯科尔斯）遭遇信用危机时，这种安排就遇到了严重的问题。

正是在那个时候，衍生品的品种越来越多，覆盖面也越来越广。2008 年3 月 17 日，美联储决定出手相救。它这样做付出了一定的代价，与此同时也增加了引发下一轮金融危机的风险。美联储决定支持贝尔斯登的抵押贷款投资组合，并鼓励摩根大通以低廉的价格收购贝尔斯登。美联储此举架空了贝尔斯登的管理层及其股东；这是对他们肆无忌惮地投机于住房市场的惩罚。然而，美林、雷曼兄弟和其他一些华尔街经纪公司就没有那么幸运，它们没有得到政府的干预；恐慌性的售卖让它们轰然倒闭。

在贱卖贝尔斯登的这一天，美联储直接向 20 家华尔街投资银行提供紧急资金援助，同意这些公司利用多种投资级别债券（包括那些没人想买的抵押贷款债券）作为抵押。尽管 1914 年的立法将美联储确立为商业银行的最后贷款人，但是没有立法表明它有权向经纪人和投资银行提供贷款。美联储现在似乎成为了华
423 尔街及其相关机构的第一贷款人。乔治·布什政府的财政部长亨利·保尔森（Henry Paulson）迅速提议出台新的法规，从而让美联储的非正式行为名正言顺。

历史站在了采取这些激进举动的美联储一边。在 1929—1932 年间，美联储未能成功救助商业银行导致了旷日持久的大萧条。事实上，赫伯特·胡佛（Herbert Hoover）运用政府执行机构的权力建立了重建金融公司（Reconstruction Finance Corporation），该公司向银行、铁路以及其他运到困难的企业提供贷款，但不包括受最后贷款人保护的银行。到 1933 年富兰克林·德拉诺·罗斯福（Franklin Delano Roosevelt）进入白宫时，成千上万的银行已破产，还有很多银行的支票和储蓄账户遇到潜在的运行风险。罗斯福宣布全国银行放假；当银行再

① 有关克林顿和格林斯潘结盟的完整故事以及有关格林斯潘任职美联储的岁月可参见 E. Ray Canterbery，Alan Greenspan：The Oracle Behind the Curtain（Singapore/New Jersey/London：World Scientific，2006）。

度开门营业时，他赋予联储更大的权力来救助那些依然在垂死挣扎的银行。不久之后，《格拉斯-斯蒂格尔法案》(Glass-Steagall Act) 创建了联邦存款保险，从而消除了存款人所面临的风险。银行体系得以稳定下来，但美联储依然放任自流，不断犯错误，比如1936—1937年间出于对“通货膨胀”的担心提高利率。

在这个拯救资本主义于自有创伤的过程中，国会和富兰克林·罗斯福总统朝着更加严格的管制迈进。首先，《格拉斯-斯蒂格尔法案》将投资银行和商业银行区分开来。商业银行不允许承销多种有风险的证券。对于商业银行来说，向消费者和房地产开发商提供贷款有了更严格的限制和资本要求。新成立的证券交易委员会旨在对华尔街进行监管，以防止爵士时代那种典型的不正当交易发生。

18.4 2008年春季的经济和金融危机

美联储的本·伯南克并没有很快认识到危机的严重性。2008年2月14日，伯南克告诉参议院银行委员会 (the Senate Banking Committee)，住房价格下跌
424 很严重，此外，由于不断攀升的拖欠次级抵押贷款案件的发生引发的信用危机已严重影响到美国经济。

“近几个月来经济前景不断恶化，经济增长下行的风险不但增加，”伯南克告诉委员会说。“到目前为止，金融危机看来对房地产市场造成了最大的经济影响，而正如你们所了解到的那样，房地产市场的状况在过去两年左右的时间里已严重恶化。”他依然没能预测到一场全面的衰退，而只是增长的放缓。他严重低估了即将到来的灾难的程度。第二天，道琼斯工业指数下跌175点。

贝尔斯登 (Bear Stearns) ——一家在业界享有崇高地位的投资银行——这一天在股市上的表现最为抢眼：在几分钟的时间内它损失掉了几乎一半的市场价值。鉴于它的垮台会动摇美国金融体系的根基，美联储以及它的一个竞争对手对它出手相救。这个对手便是摩根大通 (JPMorgan Chase & Co.)。在贝尔斯登遭遇倒闭威胁之后，美联储和摩根大通都立刻向华尔街企业注入资金。摩根大通和央行同意向那时美国第五大的投资银行、也是受次贷危机影响最大的银行之一的贝尔斯登提供28天的贷款。

贝尔斯登管理的两家对冲基金于上一年倒闭，从而引发了席卷全球银行和经纪业的信用危机。现在贝尔斯登自身难保。为支持摩根大通，联储重新动用只在大萧条时期运用过的条款来提供贷款。伯南克也声称他已做好准备，去与人们对国家最大金融机构信心的下降做斗争。

摩根大通以总价2.362亿美元，即每股2美元的超低价格收购（贝尔斯登股票的峰值为每股159.36美元）贝尔斯登，以免后者破产。美联储同意为贝尔斯登的不易流动性资产提供高达300亿美元的融资。与次级抵押贷款绑在一起的高风险债券以及向有不良信用记录的消费者提供的贷款日益蚕食贝尔斯登，并导致
425 其最终的倒台。摩根大通收购贝尔斯登的价格仅相当于这家投资银行16天前市场价值的1%。

美联储出其不意地在一个周日晚上（3 月 16 日）采取大胆的行动，向资金紧张的华尔街投资银行提供现金。不仅如此，中央银行决定将贴现率由 3.5%下调至 3.25%，即刻生效；并且开创了另一项确保大投资银行得到短期贷款的贷款服务，于圣帕特里克节（3 月 17 日）开始生效。需要帮助的投资银行包括高盛、雷曼兄弟和摩根士丹利。

2008 年春季的状况预示着美国和全球经济的黯淡前景。3 月份，美国忐忑不安的雇主削减了 8 万份工作，这足以清空一个小城市。工作岗位总数创五年来新低，因此国家失业率攀升至 5.1%也就不足为奇了。2008 年前 3 个月的工作岗位损失掉了 25 万个。这已是美国就业量连续第三个月出现萎缩，就业岗位的持续减少表明经济正在遭受巨大的收缩压力。甚至连联储主席伯南克也用“衰退”这个词来承认这种可能性。

更为糟糕的是，伯南克知道联储已经黔驴技穷了。美联储 3 月 18 日将联邦基金利率大幅下调 0.75%，为 25 年来采取最为激进行动的两个月中降幅之最。2008 年联储已两次将联储基金利率下调 0.75%，第一次是在 1 月 22 日的一次紧急会议上，之后又在 1 月 30 日的一次常规会议上下调利率 0.5%。这些间隔短、幅度大的利率下调构成了自 1982 年年中以来最为激进的信用放松举措，那时保罗·沃尔克（Paul Volcker）正试图带领国家走出自大萧条以来的最为深重的衰退。现今的联邦基金利率只有 2.25%，从而实际利率（经过 CPI 通货膨胀调整）为负并朝着更低水平发展。不久之后的 3 月 30 日，联储在一次常规会议上将联邦基金利率下调到 2%。

426 就国家政治状况而言，金融危机和经济衰退来临的时机差到不能再差。乔治·布什不仅是一位没有发展前途的政客，而且他的民众支持率为历史最低。但布什总统依然提出了一个雄心勃勃的计划，让联储扮演维护金融市场稳定的超级警察。其他监管机构看到的是这一超级警察影响力的日益消失。这一状况在贝拉克·奥巴马总统上任后才有转变。奥巴马有不同的计划，他打算建立一个有着广泛职权的消费者保护机构。

2007 年只上升 2.8%的消费者物价指数现在朝着年均 4%的速度发展。实际联邦基金利率为−1.75%。实际利率是非常重要的，因为银行希望它们的贷款以不贬值的美元进行偿还。更为糟糕的是经济中出现了通货膨胀的苗头。2007 年食品价格上涨了 4%，而之前的 15 年的年均增长率为 2.5%。一桶石油的价格为 120 美元，汽油的价格为每加仑 4 美元。随着美国美元国际价值的不断下降，美国的出口不断飙升，从而增加了基本品价格上涨的压力。

食品和石油市场是全球性的，其关联产品市场也是如此。全世界的粮食生产商都在用诸如“配给”和“短缺”这类的字眼。解释面包价格上涨的因素包括如下几个方面：争相购买牛奶原材料的大型食品联合企业推高了奶制品价格；新兴工业化国家不断增长的需求；以及美元的疲软。食品和燃料成本的上涨让赚取工资的人期望得到更高的名义工资。不断上涨的燃料价格让本已压力巨大、集中度高的航空业又新增几家破产的航空公司。两家美国最大的航空公司——达美和西北航空公司的合并便是交通运输业遭遇危机的最好例证。此外，福特汽车公司将捷豹和路虎以极低的价格卖给印度的塔塔汽车公司。与此同时，塔塔汽车公司宣

布其计划打造一款价值 2 500 美元的世界上最便宜的汽车。这些紧张和压力正是
427 构建当时全球经济的主要因素。

美国房地产市场状况不容乐观，而止赎案件的攀升更是进一步削弱了消费者对耐用品的需求。2008 年 3 月，新房销售速度创 16 年来的最低水平。更为糟糕的是，与一年前相比，3 月份的新房中位价下跌的幅度创 38 年之最。商务部的数字显示，新房销售下降 8.5%，按季节调整后一年的销售量大约为 52.6 万套，创 1981 年 10 月以来的最低水平。根据一份房地产公司的报告，美国止赎房屋的数量第一季度同比成倍增长。3 月份房屋中位价与 2007 年 3 月份相比下降了 13.3%，这是自 1970 年 7 月 14.6%之后最大的年度价格跌幅。

2006 年前三个季度的止赎案件数量大致相当于一个小城市的人口数，但随后不断增加。2007 年增长得尤为厉害，2008 年更是快马加鞭。2008 年第 1 季度的止赎案件环比上升了 23%。由此，到 2008 年春时，止赎案件的数量相当于一个中等城市的人口数。根据穆迪经济网（Moody's Economy. com）的估计，2008 年第 1 季度四个有抵押贷款的美国家庭中就有一个没有或者只有负的权益；他们的负债已经超过了他们房屋的当前价值，从而成为“溺水房”（underwater）房主。2008 年一共发生 230 万起止赎案件。穆迪公司预测，到 2009 年年初，1 220 万房主将成为“溺水房”房主。根据美国的统计数据，美国有 7 500 万房主。最新估计表明，到 2012 年底，640 万住房有沦落为止赎房的风险。这个数字是前所未有的。

国会通过的减税法案产生了短暂的利好效果。到 2008 年 5 月底时，500 亿美元的经济刺激支出已分发到位，比 2008 年全年的 1 067 亿美元的一半略少。5 月
428 份的零售额随即增长了 1%。如果没有减税的经济刺激方案，美国年中的经济增长将会相对平缓。总的来说，这些结果是暂时的，人们将目光转向了货币政策，希望它成为持续刺激的源泉。超过 140 美元一桶的油价以及对金融、汽车和高科技行业出现困境的警告让 6 月 26 日的道琼斯指数狂跌 358 点。旷日持久的房价暴跌和持续近一年的信用危机让通用汽车公司深受其害。在分析师将其股票评定为“卖出”级别，并警告投资者在这种动荡经济环境中不要对证券业抱太大的期望之后，花旗银行的股票大幅下跌。

房产牛市持续了五年，但现在处于房价持续下跌的状态。由于止赎案件飙升所释放出的房屋让本已供大于求的房地产市场更加饱和，持续增加的未售出房屋存货进一步打击了房价。与此同时，美国最大的汽车零售商 AutoNation 公司声称，佛罗里达、加利福尼亚和其他一些关键州的汽车销售速度不断下降，这都是房产价格疲软造成的后果。AutoNation 公司认为这种状况要一直持续到年末，2009 年才有可能出现转机。甚至连看似和住房危机不相关的美国第二大汉堡包快餐连锁店 Wendy's 都遇到了麻烦。在 Wendy's 公司的股票价格由 2007 年夏季最高时的每股超过 40 美元下降到每股 26 美元之后，三明治连锁店 Arby's 及其烤牛肉三明治的所有者 Triarc 公司收购了 Wendy's 公司。人们减少外出就餐以省钱。2008 年 4 月 28 日，美国著名糖果生产商玛氏（Mars Inc.）联手巴菲特，斥资 230 亿美元收购箭牌糖类有限公司（Wm. Wrigley Jr. Co.），从而成为世界上最大的糖果生产商。

我们再来看一下那些商业银行，它们持有房主不能支付的住房抵押贷款。不仅如此，它们还持有在银行和对冲基金补充资产负债表附录中才予以披露的表外衍生品。接下来，还有向对冲基金售卖看涨和看跌期权的证券公司。为保全证券公司，商业银行向遇到困难的券商贷款。如此一来就形成了一个循环。它们是利益共同体，一损俱损，一荣俱荣。

429 IndyMac银行是美国最大的储蓄和贷款银行之一，它的快速陨落向我们说明了美国银行体系所出问题的深度和广度。IndyMac开展了许多次优级住房抵押贷款业务。次优级抵押贷款是介于优质抵押贷款和次级抵押贷款之间的一种贷款。联邦政府在2008年7月中旬接管了IndyMac银行。与存款者的离去导致银行快速倒闭的情形相比，被一些银行家描述为慢动作的“银行漫步”更为贴近IndyMac的现实。它极大打击了已饱受信用问题困扰的金融机构。人们排着长队从IndyMac银行取出他们的存款，俨然大萧条时期的情景再现。这家最大的储蓄银行轰然倒闭了。

财政部长亨利·保尔森一方面尽力安抚焦虑的公众，告诉他们银行系统是健康和安全的；另一方面也希望大家做好与更加困难的光景做斗争的准备。7月10日他在美国众议院金融服务委员会（the House Financial Services Committee）前作证词陈述时说道：“我们当前面临三个大问题：第一，导致经济下行的房地产乱象；第二，资本市场危机；第三，将拉长经济低速运行周期的高油价。”“但记住这一点，我们的经济有非常强大的长期基础，有坚固的根基。”后面这句话呼应了赫伯特·胡佛及其财政部长在大萧条时期所做的评论。包括总统候选人贝拉克·奥巴马在内的民主党领导人正在推进第二次规模更小的经济刺激计划。保尔森则表示他不想对此想法的结果做出推测。

18.5 住房业的创新

可怕的事情开始包围抵押贷款经纪商。有一项特别值得引起监管层的注意。那就是有很多问题保险、虚假收入证明以及相当于房主持有住房权益125%的权益信用额度。住房ATM机变得越来越大。而且这些已成为标准的操作程序。

430 借贷业务变成了一个危险的游戏。出借人越来越不情愿持有风险较高的抵押贷款。与此同时，格林斯潘还在对权益融资的优点大加赞美。在一个经典的挂羊头卖狗肉战术下，格林斯潘从2004年初开始提高联邦基金利率。在接下来的两年时间里，格林斯潘17次上调这一基准利率，从而使得利率从1%上升到4.5%，增长了3倍多。这意味着之前格林斯潘所推崇的可调整抵押贷款利率大幅攀升。抵押贷款持有人的贷款利率意外上升，从而他们每月要支付的按揭款也水涨船高。不幸的是，次级贷款占2004—2006年抵押贷款总数的20%甚至更多。这与1997年只有3%形成鲜明对比。

房地产业的创新之一是次优级住房抵押贷款（Alt-A Mortgage）。它们是非优质的住房抵押贷款，申请时不需要诸如收入和信用证明这样的文件，所以它们通常也被叫做"骗子贷款"(liar's loans)。次优级贷款几乎与权益信用额度同步增长。2003 年,次优级抵押贷款债务只占总抵押贷款债务的 3%,而到 2005—2007 年间时,这一比率上升至年均 15%。与此同时,住房权益贷款占总抵押贷款债务的比例从 2001—2003 年间的年均 5%攀升至 2006—2007 年间的年均 15%。房市泡沫在 2005 年达到最高峰,让所有这些次级住房抵押贷款、骗子贷款以及权益信贷额度再无回旋余地。在 2000—2005 年期间,仅仅房地产一个行业就占据了 GDP 增长的一个很大份额。

与股市泡沫不同,2000—2005 年的房地产泡沫是由债务引起的。接下来的 2004—2007 年间,银行和抵押贷款公司向成百上千万的美国人提供数万亿美元的可调整利率抵押贷款,而这些人很少或几乎没有能力能够还清这些贷款。通过依赖房地产价格的不断攀升来掩盖这一问题,这种突发性的借贷让美国住房市场变成了一个后凯恩斯主义者海曼·明斯基所定义的庞氏融资(Ponzi finance)[①]体系。在真相被揭穿之前,不断上涨的房价会是抵押贷款的有力支撑。银行、抵押贷款公司也确实是这样梦想的。

18.6 次级房贷问题

431 2008 年 8 月,随着不计其数的骗子贷款开始拖欠按揭款,已饱受次贷止赎之苦的国家房地产市场正遭受第二轮损失。在加利福尼亚、佛罗里达、内华达以及亚利桑那州,这样的贷款极有可能会将贷款危机持续的时间再延长两年。促成借款人签署骗子贷款的经纪人最多可以从一项 30 万美元的贷款中获取 15 000 美元的佣金;这样的收益是传统固定利率贷款所远远不及的——经纪人一般只能得到 2 000 至 4 000 美元不等的报酬。很多专营这类贷款的借款者已经破产,比如美国家庭抵押投资信贷公司(American Home Mortgage)、贝尔斯登和 IndyMac 银行。还有更多的借款人,尤其是商业银行将遭遇相同的命运。

房利美和房地美是美国最大的两家抵押贷款购买人和支持者,它们在 2008 年 4 月至 6 月合计损失掉了 31 亿美元(房利美和房地美的股价创历史新低)。这其中大约有一半来自骗子贷款。除去次级贷款造成的 4 000 亿美元损失外,骗子贷款造成的总损失大约为 1 000 亿美元。

这种抵押贷款信用扩张的根源就在于对期权和期货市场的运用。期权和期货市场随着金融史上最著名的布莱克-斯科尔斯公式的出现而得以迅速扩张。在诸如无风险利率、期权条款、股票价格和股票价格波动率,以及期权成交价格等变量已知的情况下,布莱克-斯科尔斯公式就能够被用来计算期权的价格。这对于量化导向的投资组合经理来说真可谓是一把用来定价的利器。有了它,一个现金和期权或期货的投资组合就可以有与股票投资组合一样的表现。

---

① 即债务人的现金流既不能覆盖本金,也不能覆盖利息,债务人只能靠出售资产或者再借新钱来履行支付承诺。——译者注。

保护一个股票投资组合免遭市场失败的一种对冲方式就是卖股指期货。期货被打包成像标准普尔 100 那样的指数，并在芝加哥商品交易所（the Chicago Mercantile Exchange）进行交易。当然，如果股票价格上扬，期货就要赔钱；但如果股
432 票价格下跌，那么对冲就起到了应有的作用，从而期货利润抵消了市场风险。

投资组合保险听起来似乎是弥补潜在损失的一种神奇方式。然而，它只在“正常”市场中起作用。当在整个市场中采取这一策略时，它就会带来灾难——1987 年的股灾以及后来对冲基金长期资本管理公司（Long-Term Capital Management，LTCM）的倒闭与此有着密切的关系。长期资本管理公司由所罗门基金（Salomon）的一位著名交易员约翰·梅里维瑟（John Meriwether）创立。1997 年获诺贝尔经济学奖的迈伦·斯科尔斯和罗伯特·默顿，以及前美联储副主席戴维·穆林斯（David Mullins）都是该公司的合伙人。迈伦·斯科尔斯和另一位经济学家共同提出了布莱克-斯科尔斯公式[1]。

长期资本管理公司于 1994 年开张时，就从其首次投资中募集到 12.5 亿资金。然而其业务并不是完全从内部进行融资的。其他公司希望效仿梅里维瑟的策略。在这些公司中，美林和高盛表现得尤为突出。它们以非常慷慨的条件为 LTCM 提供杠杆贷款，要求很少甚至不要求担保并且对有关 LTCM 头寸的相关信息几乎不作要求。与此同时，LTCM 开始涉足它们几乎没有任何经验的业务领域，比如现金交易和股权套利（赌接管，甚至当它们极大增加杠杆作用时也进行此类业务）。

1998 年年中横扫亚洲的货币危机重挫了如日中天的 LTCM。那时，俄罗斯在为其外债融资方面遇到了麻烦。LTCM 在此之前已涉足俄罗斯债券市场。不幸的是，俄罗斯人很快就开始拖欠债款。这就是压倒 LTCM 的最后一根稻草。俄罗斯人甚至不能用卢布进行支付。纽约联邦储备委员会主席威廉·麦克唐纳（William McDonough）（在格林斯潘的授意下）对此进行了干涉。经过一番较量之后，二十家大型商业和投资银行同意出资 36.5 亿美元救助 LTCM。格林斯潘则在一旁通过降低联邦基金利率来帮忙。美联储和这些华尔街企业联手行动，这才阻止了一场全球经济危机的发生。这之后的 2003 年，格林斯潘在一次投资会议上发表如下观点，衍生品市场的参与者清楚地了解与衍生品相关的对应信用风
433 险，也采取各种不同的措施来减轻这些风险。就 LTCM 灾难的例子来说，这显然是与事实不符的。

18.7 衍生品让问题更加复杂化

华尔街将住房抵押贷款投资组合转变为结构化债券的方式被称为抵押担保证

① 布莱克-斯科尔斯公式最初是在 1973 年一篇发表在《政治经济学杂志》上的文章中以作者的名字命名的，这篇文章的作者是斯科尔斯和费希尔·布莱克。但由于布莱克于 1995 年去世，所以他没能成为诺贝尔奖得主。斯科尔斯和布莱克都对默顿所做的有助于公式提出的大量工作表示认可，这也是后来他能斩获诺奖的原因。

券（collateralized mortgage obligations，CMOs）。住房抵押贷款能够支持一系列债券的发行。债券被划分为不同的等级，投资组合现金流佳的等级最高。华尔街对等级划分技术的极致运用引发了1994年的一场严重住房抵押贷款市场危机。随着市场的逐渐恢复，更加保守的住房抵押贷款证券（residential mortgage-backed securities，RMBS）取代了绝大多数大投资者投资组合中的CMOs。

RMBSs之后，商用物业抵押贷款证券（commercial mortgage-backed securities，CMBS）闪亮登场。与住房抵押贷款不同，商用物业抵押贷款自身不能汇集成一个贷款池。为解决这一问题，信用评级公司被用来构建贷款池。银行会收集有关财务、管理、出租情况、维护记录以及抵押贷款细节方面的信息。接下来，信用评级公司运用专有模型来评估违约风险，并敲定贷款池结构。例如，一种CMBS可能包含5到6个等级的抵押贷款，并且涉及140套抵押贷款面值在1 000万美元及以上的房产。这既起到了吸引更多的投资者购买的作用，又紧缩了利差。这之后，又有好几项金融创新工具出现。

信用评级机构在这个过程中起到了很大的推波助澜作用。只要信用评级机构给出信用证书，任何东西都能够被证券化。例如，通用就是一家最早发行资产抵押证券（asset-backed securities，ABS）的公司。不仅如此，投资银行创造出债券担保凭证（collateralized bond obligations，CBOs），商业银行发行贷款担保凭证（collateralized loan obligations，CLOs）。担保债务证券（collateralized debt obligations，CDO）成为包括老式抵押贷款在内的所有这些证券化资产的统称。
434 在大多数情况下，在技术层面上独立于母公司的一家信托机构被创建出来购买资产，资金则来自于销售证券化产品的收入。银行继续在它们的资产负债表外进行这些交易。

更加复杂的金融衍生品还在后面。诸如信用违约掉期（credit default swap）这样的新信用衍生品被创造出来。假设一家美国银行在巴西的信用出了问题，通过购买一些巴西银行分支机构或成为一家当地银行的合伙人，这个问题就可以得到解决。但有了信用违约掉期以后，这种过去常用的办法就显得落伍了。在支付一定的保险费后，美国银行就可以锁定其向巴西银行售出一份贷款资产组合的损失，并且能够享受那些贷款的利息和相关费用。巴西银行将继续发放贷款，所以它的当地消费者感受不到任何变化，但巴西银行将为其风险资产组合购买保险，从而释放出更多的监管资本用于业务扩张。信用违约掉期发展迅猛，其名义价值由2001年的1万亿美元飞速增长至2007年年中的45万亿美元。

与此同时，信用评级机构坐享其成、春风得意。2002至2006年期间，穆迪的收入翻番，股价上涨三倍多。诸如穆迪这样的信用评级机构，它们的主要客户都是大商业银行和投资银行；为取悦客户，它们倾向性地拔高客户的产品级别。尽管债券的信用级别被定得很高，但实际上它们的违约率在不断上升。

杠杆让问题变得更加复杂。甚至还出现了以CDOs为基础的CDOs。不同风险等级的大量CDOs被收集和利用来支持一个新的CDO，这个新CDO也有从高到低的不同风险级别。正是债券的虚高评级造成了这种混乱局面。

2007年秋季的一系列事件导致了一场不断演进的危机。当次级贷款危机爆发时，美国的大银行已经为仍在进行中的私人权益交易融通了3 000亿到4 000亿美元资金；CDO 融资戛然而止，银行顿时陷入困境。CDOs 在维持银行流动性方面起到了至关重要的作用。不仅如此，银行用来短期融资的商业票据的利率突然
435 在 9 月初上涨 20%。诸如花旗和摩根大通这样的业界巨头都陷入了困境。10 月份，大商业银行和投资银行报出了 200 亿美元的损失。其中花旗和美林损失 110 亿美元，这些巨额损失中的绝大多数都与基于次级抵押贷款的 CDOs 相关。一两个星期后，银行将其损失修改为超过 450 亿美元。其中花旗和美林的损失占到了 200 亿美元。

您可能会觉得奇怪，为什么住房抵押贷款会导致银行发生危机呢？投资银行家通过集合成千上万的住房贷款或住房权益信用额度来创造住房抵押贷款债券。您可能会认为，由成千上万个住房贷款构成的抵押贷款债券通过多样化增强了安全性。它们怎么会变成毒害银行并威胁整体经济的毒药呢？

仔细研究一下这些多样化的债券，您就能明白为什么它们会遇到问题。抵押贷款债券是以其他抵押贷款债券的现金净收入为价格支持而发行的证券，而这些其他抵押贷款债券同样是由另外一些风险较高的债券构成的，如此循环往复。在房价不断上涨的时候，这样的风险被认为是可以承受的。而且初次发行时，抵押贷款债券可能被评为最高的 3A 级。但当风向发生扭转的时候，任何按揭款拖欠都会通过这个类似债券的链条让问题变得严重。比如说，绑定在抵押贷款债券中 4.4%的典型贷款发生了违约，那么接近 59%的投资现在都一文不值。抵押贷款债券从而变成了一项有毒的资产。

那银行又是如何介入进来的呢？银行持有数百亿美元的抵押贷款债券；当这些债券价值下降或者完全一文不值的时候，银行得以安身立命的珍贵资本就消失得无影无踪了。财政部长蒂莫西·盖特纳（Timothy Geithner）声称，他希望开启一个公共部门和私人企业合作模式（a public-private partnership）来买下这类有毒资产。盖特纳和其他一些人相信，对持有这些债券的银行进行拯救将能够保全整个商业银行系统。否则，债券必须被定价出售。

436 我们通过一个名为“木星高级五号”（Jupiter High Grade V）的抵押贷款债券来阐释要实现部长的想法会有多困难。Jupiter 拥有 223 支其他的抵押贷款债券。其中的一支 Mantoloking 又拥有 126 支其他债券。Mantoloking 的抵押贷款债券拥有成百上千支其他抵押贷款债券。这些债券由成千上万个实际贷款构成，这些实际贷款有的目前还在履行之中，而有的已过期。

高盛的一份报告估计，绝大多数投资银行认为诸如 Jupiter 这样的债券当前的价值只有买入时价值的 60%，或者说对每一美元的投资回报为 60 美分。但由于 Jupiter 的许多债券“落水”，你可以轻易地想到它现在每一美元的投资回报只有 41 美分。鉴于贷款违约状况的持续攀升，债券最优质的部分可能只值 5 美分。如果一些实体——不管是财政部还是美联储——购买这些资产，它们的资产负债表上将不会新增多少资本。而所有这些都要追溯到止赎危机。

18.8 国家问题向全球蔓延

铸币税指的是政府降低其货币价值的能力（Seigniorage refers to the ability of a government to debase its currency）。自第二次世界大战后布雷顿森林协定确立美元作为世界储备货币的地位以来，国际铸币税指的就是对作为储备货币的美元的持续高估（International seigniorage refers to the persistent overvaluation of the dollar as a reserve currency）。储备货币的地位通常不稳固，因为它要求国家保持适度的贸易赤字。但这些年来，美国早已打破这一限制。

20 世纪 80 和 90 年代，贸易项目持续恶化；到 1999 年时，贸易项目已呈现出自由下降的状态。2006 年的贸易赤字超过了 7 500 亿美元，总的经常项目赤字则高达 8 000 亿美元。更为重要的是，2000 年至 2006 年累计的赤字大约为 4 万亿美元。2006 年底，美国的净投资头寸为 25 亿美元。但最重要且值得关注的数
437 字是那个 4 万亿。所有这些游荡在外的美元导致了作为储备货币的美元的贬值。各国中央银行和财政部对持有这种正在贬值的美元也表现出日益谨慎的态度。

诸如中国、巴基斯坦和印度这样的大发展中国家遵循出口导向型增长计划。这意味着它们在支付中必须接受储备货币，而且一如既往地毫无限制。如果储备货币遭受的压力太大，那么这些国家的中央银行将转向以一篮子货币的方式持有储备。这样做带来的危险是石油生产大国将步其后尘。根据美国财政部的估计，各国政府可以掌控的以所有储备货币所持有的累积盈余已上升至 7.6 万亿美元，这一数字相当于全球 GDP 的 15%，或者全球储蓄的 60%多。仅仅 3 个国家就坐拥石油出口国盈余的 60%。随着石油价格的上涨，这些盈余也会水涨船高。挪威是一个例外，这个石油出口盈余国家不是西方模式的民主社会。

由于盈余不断增加，盈余国家开始设立主权财富基金（sovereign wealth funds）。主权财富基金是设立在官方储备之外的私人投资基金，它不受适用于官方储备的投资限制。最古老的主权财富基金是新加坡的淡马锡控股公司（Temasek Holdings），为对国家的多余储备进行投资，它创立了一个 1 000 亿美元的基金。它声称自 30 年前创立以来，该基金的年收益率达 18%；不仅如此，它的债券达到 3A 顶级信评。至少 25 个盈余国家已创立主权财富基金，2007 年的投资基金总额大约在 3 万亿美元。科威特、迪拜、阿布扎比和卡塔尔的主权财富基金也非常活跃。在美国，主权财富基金有提高长期利率的效果。

由于商业银行或直接或间接地牵涉到这些交易当中，银行开始出问题。尽管 2007 年只有三家银行倒闭，但有更多的银行在 2008 年遇到麻烦。其中规模最大的要数储蓄贷款银行 IndyMac 了。7 月 11 日该银行被监管者查封，其时 IndyMac
438 的资产为 320 亿美元，存款为 190 亿美元。2008 年 8 月 22 日，联邦监管者关闭了位于堪萨斯州首府托皮卡的哥伦比亚银行（Columbian Bank）和信托公司（Trust Company）。联邦存款保险公司（the Federal Deposit Insurance Corporation，FDIC）被任命为哥伦比亚银行的接管者，截至 6 月 30 日，后者拥有 7.52

亿美元资产和6.22亿美元存款。这是2008年倒闭的第9家受FDIC保险的银行。2009年银行业危机将进一步恶化。截至5月22日，已有36家银行被FDIC接管，后者负责安排问题银行与可能稍微“健康”一些的银行进行合并。FDIC对其计息账户提供最高25万美元的存款安全保障。自FDIC在大萧条时期创立以来，还没有存款者遭受资金损失，除非他们的账户超过了保险限额。最近被接管的银行有伊利诺伊州的战略资本银行（Strategic Capital Bank）和国家公民银行（Citizens National Bank）。战略资本银行的倒闭预期要花费FDIC1.73亿美元，而国家公民银行将耗费FDIC1.06亿美元。还有更多的银行正在死亡的边缘垂死挣扎。

这些新近发生的事件与哥伦比亚银行大约4 600万美元超过存款保险限额的存款形成鲜明对比。人们对牵涉到住房危机和信贷市场危机中的一些银行的偿付能力深表担忧。银行——全美国大小银行无一例外——要受制于不断下跌的房价、不断攀升的止赎案件和愈发收紧的信贷状况。美国联邦存款保险公司一直在加派人手处理银行倒闭案件，并计划提高银行所支付的保费以及增加储蓄以弥补向IndyMac作出巨额支付后所造成的储备资金亏空。

7月底，美林公司（Merrill Lynch）计划再度减记价值57亿美元与问题抵押贷款债务绑定的资产。这引发了其他银行和金融企业也会步其后尘的担忧。美林声称，其计划将手中经过重新打包的抵押贷款支持证券以70亿美元的价格清理干净，而仅仅在几个星期之前，这笔资产的账面价值达310亿美元。

作为对此的回应，美联储向华尔街的企业提供有效期到2009年的紧急贷款。随着金融企业在抵押贷款投资上遭受数十亿美元的损失以及信用问题向其他领域的延伸，企业已开始囤积现金、取消放贷。这严重打击了消费者和企业的支出，
439 而支出的减少又会极大拖累国家经济。美联储热切地盼望着能尽早打破这一恶性循环。

还有一个与石油价格相关的大问题。根据高盛（Goldman Sachs）的调查，在纽约商品交易所做石油交易的主体分为三类：投机者占42%；指数投资者占11%；石油生产商和其他企业占剩余的47%。截至2008年夏季，商品指数基金的资产价值大约在2 500亿美元，这与2003年底时只有130亿美元形成鲜明对比。对冲基金和大银行的专属交易柜台以石油为赌注进行过多大量的交易我们不得而知——除了知道这个数字十分庞大以外。在华尔街，商品交易被证明是更大和更被需要的利润来源。

18.9 2008年夏季的经济危机

由于投机者控制了石油市场，所以市场机制失去了作用。虽说长期力量决定石油的“均衡”价格，但没有人知道短期内将发生什么事情。每一天的石油价格会是多少更无人知晓。2008年夏季，石油的价格在每桶150美元到每桶113美元之间剧烈波动，一天之内的价格能上下浮动6美元。每桶100美元以上的石油价

格极大激发了石油企业开发新油田的积极性，而这最终会带来较低的石油价格。但什么时候能实现呢？没有人能够给出答案。

有一件事比较确定。那就是迅速下滑的石油价格将导致中东和拉丁美洲地区主要石油生产国的动荡。如此一来，未来美国试图在稳定这些地区方面所能发挥的作用将受到质疑。

2008年夏季接近尾声之时，石油价格短暂的平稳期被热带风暴的提前到来打破。先是来势凶猛的热带风暴费依（Fay），古斯塔夫（Gustav）飓风紧随其后，再到造成百余人死亡的热带风暴汉娜（Hannah），最后是高达五级的超级飓风艾克（Ike）。8月28日，古斯塔夫飓风横扫墨西哥湾。它扰乱了石油和天然气
440 的生产。艾克给佛罗里达群岛（Florida Keys）带来了更大的威胁。它还对脆弱的墨西哥湾海岸沿线的炼油厂造成严重威胁，并推高了加油站石油的价格。随着飓风开始威胁墨西哥湾，人们纷纷取消了周末的预约。

如果恶劣天气对石油供给的损害非常严重，流向美国和其他国家的石油和炼油产品可能会因此中断。随着热带风暴的着陆，原本已降至120美元以下每桶的石油价格极有可能会反弹。由于运输成本会对产品的价格造成影响，所以它们的价格将再度螺旋上升。而随着必需品成本的提高，消费者势必减少他们在非必需品上的开支。这无疑又会影响私人企业的投资。所有这些恰巧发生在减税经济刺激计划正开始起作用的时候，真是应了那句"屋漏偏逢连夜雨"。美国出口越来越依赖于亚洲和拉丁美洲的需求，但问题是，亚洲和拉丁美洲对美国产品的需求正日益萎缩。英国和世界其他国家的经济状况也是60年来最差的。

8月29日，美国政府宣称7月份的个人收入下降幅度创3年之最，消费者支出大幅下滑。此消息一出，股市应声下跌。道琼斯工业平均指数下跌170多点，与此同时，计算机制造商戴尔公司的一份令人失望的利润报告极大打击了以科技股为主的纳斯达克综合指数。关于消费者的这一悲观消息的公布时间恰好出现在股市刚有几天良好表现之后和劳动节长假期的最后几天。个人收入7月份下降了0.7%，远远超过了市场调查公司Thomson/IFR分析师所预测的0.1%。消费者支出温和上升0.2%，远低于6月份0.6%的上升幅度，而7月份的实际支出下降0.4%。8月份不可预期的下滑紧随其后。

劳动节过后海外市场大幅下滑。来自零售商和政府不断增多的坏消息，以及人们对年底经济复苏希望的破灭导致道琼斯指数9月4号狂泻340多点。很多指
441 数应声下跌。标准普尔500指数下跌到2 236.83，降幅2.99%；纳斯达克综合指数下滑到2 259.04，降幅3.2%（下降74.69点）。在这些指数大幅下滑之前，亚洲和中东地区的股市出现暴跌；紧随这些指数的下滑之后，2008年9月5日亚洲和日本市场出现了程度更深、范围更广的下跌。

此时，抵押贷款市场上的危机源头已从信用不好的次级贷款借贷者向曾经拥有良好信用但背上越来越难以支付的月供的房主转变。抵押贷款银行家协会（the Mortgage Bankers Association）9月5日声称，超过400万申请抵押贷款的美国房主要么不能按时支付按揭款，要么已在6月底被没收房屋。随着美国经济的持续踯躅不前，人们担心第二波冲击市场的抵押贷款违约浪潮会持续到2010年。在同一天，失业率达到6.1%，创5年新高。失业和/或者收入的下降是导致

拖欠按揭款和失去住房的主要原因。与此同时，本年度第 11 家银行倒闭了。

2008 年 9 月 7 日，布什政府接管了陷入困境的两家住房抵押贷款巨头房利美和房地美。此举旨在稳定正在威胁金融市场、美国整体经济甚至全球经济的住房市场骚乱。布什总统表示，政府史无前例地接管美国两大贷款融资机构房利美和房地美，是防止这两家机构倒闭的应急必须之举，两家机构倒闭的风险是正在经历住房和信贷市场危机的美国经济所“不能接受的”。这可能是沿着《经济学的形成》一书第二卷中所倡导的新新政（the New New Deal）的方向迈出的第一步。

为加强对房利美和房地美的监管，由国会创建的一家新机构——联邦住房金融署（the Federal Housing Finance Agency）从 7 日起接管“两房”的日常业务。财政部同意立即从每家公司各收购 10 亿美元的高级优先股，这些优先股的股息率为 10%。除此以外，财政部还准备必要时注资每家公司至多 1 000 亿美元，以
442 确保“两房”资产净值维持正数。政府当前介入住房抵押贷款业务实属迫不得已。

道琼斯工业指数次日飙升 350 点，而其他指标对此消息反应平平。以科技股为主的纳斯达克指数一如平日地反应滞后。

18.10 危机加重

随着信用危机的加重，经济问题开始从住房和银行业部门向产业部门蔓延。美国供应管理协会（the Institute for Supply Management）宣布国家的制造业指数从 7 月份的 50 下降到 8 月份的 49.9。该指数通常以 50 为临界点，低于 50 意味着制造业的萎缩。然而这仅仅只是一个开始。通用第二季度亏损达到 155 亿美元，为通用百年历史上季度亏损第三高。它在上半年用完了超过 70 亿美元现金，其中 4 月至 6 月用了 36 亿美元。汽车产业开始陷入一个漫长的销售低迷期。由于缺少资金，汽车销售在 9 月份继续下降。福特的月度销售量同比下降 34%，克莱斯勒下降 33%，通用下降 16%。通用的汽车销售量由于其“员工折扣价”促销计划而暂时避免了更大程度的回落。2008 年，美国汽车销售量大幅减少 300 万辆。

抵押贷款市场上的危机源头已从信用不好的次级贷款借贷者向曾经拥有良好信用但背上越来越难以支付月供的房主转变。据统计，9 月初 400 万有住房抵押贷款的美国房主（占美国总房主的比例高达 9%）要么不能及时支付按揭款，要么在 6 月底已被没收房屋。随着整体经济的下滑和住房价格的持续下跌，第二波冲击市场的抵押贷款违约浪潮可能会持续到 2010 年。

与此同时，金融部门的危机更为严重。为奋力自救，雷曼兄弟已宣布打算出售其引以为豪的投资管理部门中一套子业务的多数股份，并宣称卖掉整个公司的
443 可能性。为与自大萧条以来国家所遭受的最严重金融危机进行抗争，雷曼还宣称将剥离一个问题深重的地产单元并大幅削减红利。但拯救雷曼兄弟的计划最终还

是失败了。这之后不久，便从华尔街传来了一个更加震惊世界的消息：美国银行收购了美林证券。全球十家商业和投资银行与纽约的政府官员通力合作，宣布将向受困金融企业提供700亿美元的贷款资金。目的在于避免引发对股票和其他金融交易的全球性恐慌。这七家商业银行和三家投资银行分别是美国银行、巴克莱银行、花旗银行、瑞信银行、德意志银行、高盛、摩根大通、美林、摩根士丹利和瑞银集团。它们每一家银行同意提供70亿美元以帮助增强市场流动性以及减轻全球股市和债务市场所遭遇的史无前例的波动和其他挑战。在此番讨价还价之中，美国银行以每股29美元的价格收购了美林。美国银行拥有超过其他任何银行的存款，而美林是世界上最大的证券商。商业银行和证券销售商之间的高墙轰然倒塌。在此之前，美国最大的储蓄机构华盛顿互惠银行（Washington Mutual）被美国联邦存款保险公司接管。而在此之后不久，摩根大通以19亿美元收购华盛顿互惠银行的部分资产，并计划将其贷款组合减记大约310亿美元。这是6个月中摩根大通第二次购买深受次贷危机困扰的一家大型金融机构。

为活跃信贷市场，布什政府提出了一个7 000亿美元购买问题按揭贷款的计划。国会领导人对此表示支持，并声称计划会很快获得通过。如果将政府接管房利美、房地美和美国国际集团的成本全部包括进来的话，“所有紧急财务援助之母”（the mother of all bailouts）（亦即这次救市行动）将耗费10 000亿美元。

9月16日，华尔街股票暴跌。金融产业的重大调整让两层楼高的股票名称
444 列表上再也不会出现雷曼和美林的名字。道琼斯指数狂泻504点。这还只是开始。9月29日，道琼斯工业平均指数狂跌777点。根据道琼斯威尔希尔5000指数（Dow Jones Wilshire 5000 Composite Index）计算，仅此一天美股的市值蒸发掉1万亿美元。在美国国会众议院的首轮投票中，布什政府7 000亿美元的购买问题按揭贷款和支持金融业的计划未获通过（经过修改的新版救市方案之后获得通过）。由于美国遭遇的是自大萧条以来最大的金融危机，本·伯南克反复警告称，如果不实施援助并让信贷危机持续下去的话，则将带来极其严重的经济后果。商业企业和消费者将都不能借到钱。

美联储已经开始多方采取行动了。9月21日，美联储要求国家的最后两家独立大投资银行——高盛和摩根士丹利——将其身份转变为银行控股公司。地位的转变使得它们成为能够吸纳存款的商业银行，从而增加了这两家机构的财力。作为商业银行，高盛和摩根士丹利将享受其他商业银行所享有的特权，即持久地接受来自美联储的紧急贷款。与此同时，中央银行在过渡时期向这两家机构提供了巨大的资金支持。

不久之后人们便意识到，这场金融和经济危机是全球性的。10月8日，美联储和世界上其他国家的中央银行进行了协同降息，目的在于防止全球经济下滑。美联储将其联邦基金利率从2%下调到1.5%。在也遭到金融危机严重打击的欧洲，英格兰银行将基准利率降低50个基点，下调后为4.5%；欧洲中央银行也将其基准利率降低0.5个百分点，下调后为3.75%。中国、加拿大、瑞士和瑞典的中央银行也纷纷调低利率。日本银行表示了它对各国央行此类行动的强烈支持。

危机对信心的侵蚀已经传导到美国消费者中。占GDP 70%的消费者支出

445 9月份下降了0.3%。密歇根大学的一项调查表明，10月份的消费者信心指数下降到57.6，创该项调查历史上单月降幅之最（该调查创立于1978年）。对诸如汽车这样的耐用品消费的支出下降得最多。随着消费者进一步地节衣缩食，国家的个人储蓄率达到历史新高水平。危机对消费者信心的损害将被证明是长久的。失业则加剧了这种状况。失业人口数量的持续增加让领取失业救济的美国人数量在10月末创25年来的新高。国会经济刺激一揽子计划中就专门设立了扩大失业救济的条款。失业救济始建于大萧条时期。

经济衰退和金融危机严重打击了美国汽车制造业。尽管汽车制造商要求国会再提供500亿美元的贷款援助以帮助它们渡过难关并支付退休人员的医疗保健支出，但布什政府拒绝从7 000亿美元的金融援助计划中划拨一部分给除金融机构以外的汽车制造商。之前9月份国会通过的250亿美元贷款旨在帮助汽车制造商开发更加节能的汽车。美国制造业的腹地，以及数以万计的美国工人的饭碗岌岌可危。新当选的总统贝拉克·奥巴马声称他的团队将开发帮助汽车业脱离困境的政策。时事所迫，一向出手阔绰的通用最终决定终止九年来与老虎·伍兹（Tiger Woods）的代言合约，之前他曾吸引很多年轻消费者购买通用的别克汽车。

12月10日，美国众议院投票通过了向陷入困境的三大汽车商提供140亿美元贷款的决议。按照法律规定，众议院的批准使得数日内救援即可到达资金紧缺的通用汽车公司和克莱斯勒汽车公司。福特汽车公司表示它有充足的资金保证公司的顺利运营，但它也有资格获得联邦援助。次年1月2日，美国财政部向克莱斯勒公司提供了保证其正常运作所必需的40亿美元贷款。这是每45天就要向其
446 供应商支付70亿美元的克莱斯勒所获得的首笔贷款。之后，财政部向通用汽车公司划拨了总额94亿美元贷款的第一笔贷款40亿美元。

国家经济研究局（the National Bureau of Economic Research）12月1日正式宣布：美国经济事实上在2007年12月份就已经陷入衰退。华尔街对此消息的反应是，道琼斯工业指数第二天狂跌680点。美国供应管理协会宣称，11月的制造业指数下降到36.2，创26年新低。10月份的失业率飙升至6.5%，创14年新高。日本的情况更为糟糕。其制造业产出11月份下降8.1%，创东京自1953年开始监测此类数据以来的最大跌幅。为应对不断下滑的全球需求，日本的汽车制造商和其他产业不得不削减产出。在日本国内，失业率不断攀升，消费者支出日益萎缩。此外，作为世界重工业领头羊的中国钢铁行业，其11月份的产量大幅收缩，这让中国的产出创历史最低水平。

中等收入家庭2008年的年家庭收入为50 303美元，同比下降3.6%，创40年来的最大同比跌幅。13.2%的贫困率创1997年以来的最高水平。与2007年相比，2008年有超过70万人没有健康保险。随着经济条件的持续恶化，2009年的情况预期会更加糟糕。

收入分配状况几乎没有发生变化。最富有的5%家庭占据着整个国家21.5%的财富，与2007年的21.2%相比有所上升。经济条件最好的20%家庭拥有一半的国家收入。据统计数据显示，家庭收入在贫困率125%以下的大约有540万人，家庭收入在贫困率207%以下的大约有30万人。“极贫人口”（deep poor）——生活水平在官方贫困水平50%以下的人口——的数量由15万上升到17万人。

除 1933 年以外，恐怕美国历史上再也找不出第二个可以与 2008 年恶劣的经济状况相“媲美”的年份。住房和信贷危机已波及产业经济。作为产业经济核心的汽车产业，其销售额的不断下滑正危及整个行业的生死存亡。政策制定者正在
447 考虑一些非常之举。通用和克莱斯勒可能不得不面临破产重组。金融业的业界巨头相继倒下，现今产业经济领域的领军企业正在步其后尘。人们已习惯将今时今日与大萧条进行对比。

基于用钱赚钱而不是用商品赚钱的赌场经济（the Casino economy）业已登峰造极。衍生品的扩散从多种角度将实体经济与金融部门划分开来。传统的凯恩斯货币和财政政策在这种情境下被过多运用。由此，美联储在其政策制定上必须越来越具创新性，创造出新的贷款工具，安排资金援助，鼓励企业合并或其他。但是 2008 年只是噩梦的开始，我们还不知道不久的将来会发生怎样更为可怕的事情。

第 19 章

2007—2010 年的经济大衰退

449 如果说近来的经济政策背后有一定的理论依据，那么它是凯恩斯主义的。更加确切地说，它是后凯恩斯主义的。尽管从表面看来国家政策涉及更多的是财政政策，但实质上是货币政策在起作用——虽然不是常规的货币政策。对美联储以及美国财政部权力的动用旨在活跃信贷市场，并挽救诸如商业银行、投资银行和证券经纪商此类的大金融机构。

19.1 对货币政策的非常规运用

2008 年 12 月 16 日，美联储在该年度最后一次运用其常规货币政策。伴随着基准利率进一步下调至接近零水平，美联储进入了一个新时代。此外，美联储还宣布它将通过一系列不断扩张的新贷款项目向企业和消费者注入大量资金。美国联邦公开市场委员会（the Federal Open Market Committee，FOMC）补充道："委员会预期，在弱势的经济情况下，很可能有必要让异常低的联邦资金利率水
450 准维持一段时间。"私人银行正在继续囤积而不是贷出资金。华尔街和道琼斯工业指数对美联储采取的行动表示认可。

高达 7 000 亿美元的不良资产救助计划（the Troubled Assets Relief Program，TARP）救助资金有三个初衷。第一，金融危机始于不断下跌的房价以及对最终变为现实的猖獗贷款拖欠的担心。这些担心降低了基于抵押贷款的证券价

值，让它们成为“问题债券”。没收房屋又是异常痛苦和成本高昂的事情，它会破坏地产价值并导致对房屋的抛售，而这又会进一步降低房屋的售价。因此，只有大力减少没收房屋状况的发生，走出当前的困境才有希望。国会责成财政部长运用 TARP 资金对抵押贷款进行再融资。但财政部长保尔森（Paulson）并没有这么做。

第二个初衷与抵押贷款相关的证券有关。购买出现问题的抵押贷款支持证券有其合理的依据。首先，恐慌实际上已让交易这些证券的市场关门大吉；而要恢复抵押贷款融资体系，这些市场必须重新启动。其次，恐慌的一个来源是没有人知道这些证券价值几何，布莱克-斯科尔斯公式也无济于事。最后，许多抵押贷款深藏于复杂的证券组合中。购买证券将让政府能够对这些基础的抵押贷款进行再融资。

购买抵押贷款支持证券能帮助政府对抵押贷款进行再融资，这避免了房屋没收的发生，从而提高了这些证券的价值并促进了银行的资金流通。

第三个初衷与对银行的资产重组有关。国会赋予财政部长购买“任何其他金融工具”的全面职权，其目的在于为应对不可预知的状况提供灵活性，比如对汽车行业进行援助。但是 TARP 资金却只被用来救助银行和其他金融机构。财政部购买没有控制权的优先股。而且不考虑对公众的回报，比如最低借款要求。所以银行只是静守资本，或者利用它来进行并购（这不会创造新的资本）。保尔森
451 费尽心机地讨好银行。他认为银行的广泛参与是很重要的，他甚至强迫好几位不想借钱的银行家借款。

这就是第一个 3 500 亿美元的去向。剩下的 3 500 亿美元受奥巴马政府支配。

在本·伯南克（Ben Bernanke）的领导下，纽约联邦储备银行开始做 TARP 未能完成之事。2009 年 1 月 5 日，纽约联邦储备银行开始买进抵押贷款支持证券，其目的在于救助灾难深重的房产市场。这一计划使得联储能够花费 5 000 亿美元来购买由抵押贷款巨头房地美和房利美做担保的抵押支持证券，还能再花 1 000亿美元直接购买房利美、房地美以及联邦住房贷款银行所持有的抵押贷款。

就业形势日益恶化。2008 年，260 万个工作岗位人间蒸发，这样的情形自第二次世界大战以来还是首次；更为糟糕的是，1 100 万人加入了失业和寻找工作的队伍。失业率高达 7.2%，创 16 年之最，并且有继续飙升的趋势。雇主也在压缩工人的工作时间并强迫一部分人由全职变为兼职。世界第二大的飞机制造商波音公司宣布其裁员 4 500 人的计划。道琼斯工业平均指数应声下跌。1 月 14 日，电信装备制造商北电网络公司（Nortel Networks Corp.）申请破产保护，它由此成为这一轮全球经济下行趋势中首家行此下策的大型技术公司。道琼斯指数第二天狂跌 248 点。

19.2 财政刺激

尚未就任的新当选总统贝拉克·奥巴马希望大规模的经济刺激计划将让经济

重返正轨。众议院领导人1月15日公布了一项规模高达8 250亿美元的联邦支出及减税经济刺激计划。这是美国经济遭遇衰退以来政府首次提出的纯粹财政刺激方案。一天之后，布什政府同意从不良资产救助计划（TARP）中再拿出200亿
452 美元给美国银行（Bank of America）。与此同时，布什政府、美联储以及联邦存款保险公司（the Federal Deposit Insurance Corp.）同意为该银行大约1 180亿美元资产提供担保，这些资产主要以各种不同类型的贷款以及由住房抵押贷款和商用地产贷款支持的证券的形式存在。这些资产大多是美国银行一年前并购陷入困境的美林集团时获得的。

国会同意拨付剩余的3 500亿美元救市资金，前提是确保该资金的一个合理部分被用于减少止赎，而不是援助银行。立法者准备耗资1 000亿美元来实施当选总统贝拉克·奥巴马推动的一项全面防止房产没收计划。加利福尼亚、佛罗里达、内华达以及亚利桑那这四个州所发生的房屋没收案几乎占到了全国的一半。但在房产没收灾难解决之前，衰退将会持续并将对没有止赎案件发生的社区产生影响。

1月21日，贝拉克·奥巴马总统宣誓就职，他在演讲中呼吁“选择希望而非恐惧”。美国历史上首位黑人总统的上台预示着一个更加宽容和有着多种可能性的新时代的到来。不过，迎接他的却是一个充满战争、衰退和恐惧的世界。就在他上任的这个星期，美国航空大鳄波音（Boeing）、制药巨头辉瑞（Pfizer）、最大的家装零售商家得宝（Home Depot）以及其他美国大企业宣布了数以万计的裁员。大规模的下岗仍在继续。

衰退正在加速。2009年1月，克莱斯勒在美国的汽车销售额下降了55%，通用下跌了49%，福特减少了40%。随着诸如汽车租赁公司这样的汽车制造商大客户的大规模裁员，2009新年伊始的美国汽车行业难挽销售颓势，何时见底更是无人知晓。外国制造商的业绩也不尽如人意：丰田1月份的销售额狂跌32%，日产下滑30%，本田减少28%。包括福特汽车公司、伊士曼柯达公司（Eastman Kodak Co.）、百得公司（Black & Decker Corp.）、波音公司、辉瑞公司、卡特彼勒有限公司（Caterpillar Inc.）、家得宝公司和塔吉特百货公司（Target Corp.）在内的各大企业相继宣布数以万计的新裁员。每一个人都不得不为今
453 后的生计做打算。

情人节的前一天，民主党人在国会强行通过7 870亿美元的经济刺激法案，希望以此战胜这场自大萧条以来最严重的经济危机。这是贝拉克·奥巴马总统取得的重大胜利。但共和党人几乎一致反对这项7 870亿美元的一揽子计划。根据这项法案，95%的美国人将会享受税收减免，其主要形式是：个人收入低于75 000美元的可获得400美元的抵扣额；夫妻合并收入低于15 000美元者，则可获得800美元抵扣额。这是美国历史上最大的一揽子经济刺激计划之一。之后不久，奥巴马总统又公布了旨在挽救数百万美国人的750亿美元房屋止赎援助计划。不仅如此，政府许诺向抵押贷款巨头房利美和房地美公司提供帮助，并将救助上限提高为4 000亿美元（增加了一倍），希望以此激励它们对那些房屋贷款已超过房屋现值的贷款进行再融资。奥巴马政府放松了对许多借款人的再融资限制，与此同时向贷款人提供激励政策，目的就在于让借贷双方共同努力以修订贷

款。但这建立在自愿基础上，没有人被强制要求加入其中。尽管商业银行和投资公司不断地向美联储的紧急借贷计划借取更多的钱，但华尔街似乎不为所动，道琼斯指数在 2009 年 2 月 19 日创六年新低。随着房贷危机的升级，美国银行业在 2008 年最后一个季度损失了 262 亿美元，这是 18 年以来美国银行业出现的首次季度赤字。

19.3 汽车行业的危机与奥巴马的回应

与此同时，美国汽车行业急需救援。3 月底，奥巴马总统向通用和克莱斯勒下达了最后通牒，让它们在短期内采取彻底举措进行转变，否则将面临破产——这是奥巴马经过一系列的深思熟虑后作出的举动。在他看来，加以控制的破产对
454 重组这两家生命垂危的汽车巨头来说可能是最好的办法。

最后，总统给予了这两家公司一线生机：在自行重组的基础上，通用和克莱斯勒各有 60 天和一个月的时间来考虑如何避免破产。显然克莱斯勒孤军奋战是行不通的。它必须在 4 月 30 日之前与菲亚特完成合并，否则就会被切断援助。如果合并成功的话，政府将考虑给予克莱斯勒 60 亿美元的额外补助。通过实际控制通用以及告诉克莱斯勒与一家外国竞争者合并否则就自行消失，奥巴马先生想要透露的信息是，经济形势已经严峻到政府有充分的理由干预到美国企业的管理之中。对于通用来说，政府作为其最后贷款人将有权作出任何一项重大决策，直至它重新回到自由市场。

最后，奥巴马政府对油耗量大、锈迹斑斑、破旧不堪的旧车车主实施了救助。这是通用和克莱斯勒拯救计划的一个组成部分。那些交易旧车的人必须购买一辆省油的新车。类似的海外刺激计划在恶劣的全球经济形势下有效促进了汽车销售。在德国，给予以旧换新车主 3 290 美元补贴的举措帮助其 2 月份的汽车销售额同比增长 21.5%。美国政府最终决定给予使用 7 年的高油耗车置换车主 4 500美元的补贴，8 到 10 年的 3 000 美元，10 年以上的 2 500 美元。该计划并不仅限于在北美地区组装的车辆。在加利福尼亚，一项全州范围内的项目已实施 10 年，而且还在不断扩张。未能通过排烟检查的汽车司机有权将车报废并获得 1 000美元的补偿。对低收入司机的补偿则更高，为 1 500 美元。该州准备了一个新版本的此类项目，其目标是一年报废 60 000 辆汽车。

奥巴马总统在 4 月的最后一天强迫克莱斯勒申请联邦破产保护，从而它能够
455 在联邦政府对私人企业的另一项重大干预中寻求与意大利汽车制造商菲亚特的结盟。该计划将使得美国汽车制造业的工人能够通过他们的退休计划来控制有菲亚特和美国政府做靠山的克莱斯勒。此外，政府将会再借给克莱斯勒 80 亿美元——之前政府已出手 40 亿美元救助克莱斯勒。这是现代历史上前所未有的创举，它随着新总统对这个奋力挣扎但被视为美国符号的汽车公司一步步地深入干预而确立。作为产业经济“顶梁柱”的克莱斯勒发明了小型货车并坐拥 Jeep 汽车品牌。

到5月中旬时，汽车公司都在极力降低成本。通用瞄准了1 100家特许经销商，准备以“业绩欠佳”为由令其关张。这只是通用一个更大计划的一部分：为进行资产重组并再次盈利，通用计划从其6 200家经销商中削减掉2 600家。这样的举动将导致成千上万个工作岗位和不可估量的税收收入损失。除了削减经销商之外，通用对旗下470家土星（Saturn）、悍马（Hummer）和萨博（Saab）这三个它打算日后卖掉的品牌的经销商就其品牌地位进行了升级。克莱斯勒也准备单方面结束789份特许经销商协议。

与此同时，银行业依然问题良多。监管者在5月初完成了对美国19家最大金融机构的检查。美联储建议至少七家最大的银行将其资本水平提高570亿美元。监管者告诉美国银行，它必须采取措施解决一个将近340亿美元的资本缺口，这是业内银行所面临的一个最大短缺。花旗银行需要找50亿美元；富国银行（Wells Fargo & Co.）150亿美元；摩根士丹利15亿美元；通用汽车金融服务公司（GMAC）则需要115亿美元。地区金融公司（Regions Financial Corp.）和道富银行（Street Corp. of Boston）也需要更多的资本。不仅如此，这些金融机构应该在不动用TARP资金的情况下增加它们的资本储备。它们都是规模庞大、影响力深远的企业，不容有失。在低利率时代，银行业想要获得丰厚利润的愿望将受到挑战；此外，保持银行的清偿能力和让它们向外贷款之间存在一个两难选择。平均来看，每周大约有两家银行倒闭。

456 在监管层面，随着华尔街试图抢占先机，设立能够占有银行大部分利润的新法律，战线被拉到了价值684万亿美元的衍生品市场。5月初，美国提议赋予证券交易委员会（Securities and Exchange Commission）和商品期货交易委员会（the Commodity Futures Trading Commission）以下职权：批准对某些衍生品的集中清算；实施新的交易报告要求；在交易或电子平台中强制执行将使得价格更加透明的“标准化”合同交易。有着大量衍生品交易业务的华尔街银行表面上都对更加严厉的监管表示赞同，但背地里，它们之间就某些提议的细节以及行业在制定新规则中所起的作用进行着较量。

行业正在细化向投资基金和其他市场参与者扩张信用违约掉期（credit-default swaps）集中清算的细节。它还提议要向存管信托和结算公司（Depository Trust & Clearing Corp.）旗下的交易信息库（trade information warehouse）汇报诸如几乎搞垮美国国际集团（American International Group）的定制信用衍生品。与此同时，存管信托和结算公司令其交易信息库接受美联储的监管，从而与监管者保持一致目标。通过电话实施标准化衍生品交易的天数将会被记录。对于违约信用掉期而言，有关一天之内交易次数和价格的信息一直以来都受到少数几家银行的控制，这几家银行对绝大多数此类交易进行处理并从它们所促成的每一笔价格不易达成的交易中赚取较多的利润。

通用5月底申请破产保护。它计划在破产法庭下进行重组，这一破产重组花费的纳税人资金将比原来的高出数十亿美元，从而使通用汽车这家曾经是世界上最赚钱的公司变为被政府保护的对象。作为修改后重组计划的一部分，美国政府将向通用汽车提供至少300亿美元融资，以帮助这家公司最终脱离破产保护，此前政府已向该公司提供了200亿美元贷款。政府还同意将它给予通用汽车的贷款

转变为对该公司的控股权，政府因此最多可持有该公司72.5%的股份，政府此
457 举可谓在通用汽车身上下了大注，如果该公司无法恢复元气，美国纳税人将蒙受巨额损失。政府此次注资通用汽车将成为美国产业政策方面一次史无前例的试验，无论是白宫还是国会都既想重塑通用汽车这一美国的企业偶像，又不想显得过深参与这家公司的日常运营。1月份以来，新车销售下降近40%，没有消费者买单，车市的回暖是不可预期的。

在破产法庭对其绝大部分债务和劳动成本进行清算以后，克莱斯勒于42天之后的7月10日在一家意大利新东家的保护下重获新生。但它依然摆脱不掉过去的阴影：它的汽车销售并不理想，它的旗舰产品是卡车和SUV车，援助还要再等一年多才能到来。它的新东家意大利菲亚特设计的汽车要到2010年下半年才能进入美国市场。即便到了那个时候，也没有人能够保证美国汽车司机将会欣然接受菲亚特所擅长制造的小型汽车。在20世纪70和80年代，菲亚特在美国市场上售卖的汽车出现了可靠性问题，这让人们戏谑其名字代表的含义应该是"再去修一下车吧，托尼。"（fix it again，Tony.）

由于企业无意招兵买马，5月份的失业率飙升至9.4%，创25年以来的新高。如果将放弃找新工作或者安于兼职工作的下岗职工包括在内，5月份的失业率将可能是16.4%，这是自1994年以来的最高纪录。由于销售和利润遭到了这次自二战以来最长的衰退的侵蚀，企业不得不采取裁员以及其他节约成本的手段，如减少工人的工作时间和压缩或削减工人工资来渡过劫难。工厂和建筑业的失业人数最多。在业人员5月份的工作时间要比美国劳工统计局（the Bureau of Labor Statistics）自1964年开始统计工作时间以来的任何月份都要少。兼职工作创历史新高。商业企业在第一季度以年均6.2%的速率削减总工资。而联邦、州和地方政府则将工资支出增加了6.1%，这在一定程度上抵消了工资的下降。教育、卫生服务和休闲产业在5月份表现良好，工作岗位有所增加。但总体来说，失业率如此之高，消费者支出是很难快速增长的。

19.4 住房和银行业危机持续

458 6月5日，监管者关闭了位于伊利诺伊州的一家小银行林肯伍德银行（Bank of Lincolnwood），这标志着联邦担保银行在今年遭遇的第37次失败。在疲软经济和不断攀升的拖欠贷款压力之下，预期将会有更多的银行倒闭。这使得银行业的危机持续升级。

在第一时间引发房产泡沫的美联储似乎并不准备收拾残局。它试图再次通过将利率降低到接近零水平来刺激贷款。但对于其资本被不断贬值的抵押贷款相关资产侵蚀一空的银行来说，由于能够更加便宜地借到资金，它们的本能反应是囤积所收到的现金，而不是冒险贷出从而陷入更深的危机。它们的囤积行为和消费者的一样，都是完全理性的行为，但它抑制了投资和消费。如果美国人的储蓄不是如此集中于住房和普通股，那么银行的垮台对经济的影响也不会那么大。当这

些由于低利率而价格虚高的资产的价值下降时，信用收缩，人们就会感到（也确实）更穷。所以人们减少他们的支出，并将更多的收入用于包括现金、政府债券和货币市场账户在内的预防性储蓄。此时，不管货币供给如何增加，人们对货币的需求是永不满足的。货币市场处于凯恩斯陷阱中！

奥巴马政府决定直接将那些面临没收房屋的民众作为援助对象。奥巴马政府发起了一个“房屋可负担计划”（Making Home Affordable plan），此计划旨在帮助近 900 万有失去房屋危险的房主调低他们的月供。这包括向 400 多万向房利美和房地美贷款的房主提供重新贷款（refinancing program）；以及向 400 多万处于“危险边缘”已经快要付不起月供的房主提供规模高达 750 亿美元的贷款调整（mortgage modifications）。那些已经拖欠贷款的借款者没有资格参与该计划。计划的细节在 3 月份就公布了。

459 申请贷款调整的房主 6 月份发现，银行通常要花 45 到 60 天才会对询问作出答复。银行要处理的包括重新贷款在内的抵押贷款业务数量要比 2006 年房产泡沫高峰时期的还要多，而随着更多的房主失去了工作，积压未办的贷款业务很可能会化为泡影。在失业率不断攀升的地区，拖欠贷款发生的几率也不断加大。如果房主的收入减少或者房价下跌的话，甚至连那些已经成功办理贷款调整的房主也会在不久的将来面临大麻烦。毕竟，房主必须拥有充足的收入来支付新的房贷。

有利于房主的重新贷款条件必然无益于银行家。而在一个创历史新低的利率水平上重新贷款使得这个问题更为严重。不仅如此，银行家是在自大萧条以来见所未见的经济形势下被要求做这件事情的。银行家不愿意冒如此之大的风险。奥巴马政府现在要依赖之前将我们卷入住房危机中的银行系统将我们拔出泥潭，却又给出对银行不利的条件，这实在是一件颇具讽刺意味的事情。

甚至连财政政策也遭到了顽强的抵制。5 月份最大的收入增长来自 130 亿美元的一次性社会保障救助支出。成百上千万的工人受益于 7 870 亿美元刺激计划中的减税措施。该计划为个人提供 400 美元的税收抵扣，为已婚夫妇提供 800 美元的税收抵扣。工人自 4 月份开始以少扣工资的形式接受这种救助，平均每周少扣 10 美元。这些救助让 5 月份的收入水平上升了 1.4%，但消费者支出只上升了 0.3%。缘何如此呢？家庭将他们 5 月份的储蓄率提高到了 15 年来的最高水平。他们选择更多的存钱而不是更多的消费。就像银行家一样，家庭这样做的目的也是为了规避风险。6 月份的消费者信心指数从 5 月份经过修正的 54.8 下降到 49.3。

危机的全球性质也在 7 月初的八国（美国、日本、德国、法国、英国、意大利、加拿大和俄罗斯）会议上得到了突出强调。八国承诺团结协作、共同努力以
460 修复金融体系，帮助银行清除它们资产负债表上的不良资产，与此同时确保全球竞争的公平有序。出于对这些问题的考虑，国际货币基金组织（IMF）预测 2009 年世界经济会有一个 1.4%的收缩。

随着次级抵押贷款债券的持有者不断在市场上以低于银行售房价的价格出售止赎房屋，美国住房市场到 7 月时正面临新的下行压力。亚特兰大地区数以万计的房贷止赎数字表明，管理证券化抵押贷款的信托机构在截至 3 月 31 日的 6 个

月里出售的住房，相当于银行所出售房屋数量的 6 倍。次级债持有者所给出的房屋价格相比银行持有房产的平均价格要低数千美元。

这对于住房价格以及希望出售房产或进行再融资的私人业主而言可不是好兆头。原因是，不少涉及次级债的低价促销房将对周边的房产价格带来下行压力。所有这些将对联邦政府稳定住房市场，促进经济体系活力的努力造成破坏。亚特兰大楼市过去两年来受止赎和房价下跌的严重打击。抵押支持证券实体在 2008 年第四季度至 2009 年第一季度期间出现 6260 宗止赎案例，这相当于同期银行房贷止赎案例总数（2 737 起）的两倍多。

亚特兰大在这方面就是一个典型。在第一季度，亚特兰大的止赎率在 203 个人口 20 万以上的都会区排名第 35。佐治亚州目前有 9 家银行因为止赎危机倒闭。在整个国家层面，第一季度一级贷款止赎率高达 1.4%。美国 20 个大城市的住房价格 4 月份平均下降 0.6%。

最终落入到投资基金或更加复杂的债务担保凭证（collateralized debt obliga-
461 tions，CDOs）手中的住房抵押贷款支持证券推动了次级贷款的蓬勃发展。在 CDO 中，基础的贷款集合最终被划分为不同的风险等级。此外，它通常和信用违约掉期（credit default swap）这种保险合同一起被售出。诸如贝尔斯登、雷曼兄弟和美林这样在过去 14 个月中申请破产保护或者被出售的公司，它们出售的证券都包括来自亚特兰大的住房贷款。

在第一和第四季度，贝尔斯登信托以 350 万美元的总价售卖掉富尔顿县（亚特兰大包括在内）的 29 处地产。这只占 580 万原始贷款的 60%。在贝尔斯登被摩根大通收购之前，这些贷款就被放在最终卖给投资者的贝尔斯登证券池中。低房价正是房市在一个极大不同于几年前的时期内对自身进行纠正的集中表现。房价下跌最严重的地区也恰恰是那些在地产牛市中迅速涨价并疯狂开发的那些地区。

7 月 24 日，监管者关闭了佐治亚的六家银行和纽约的一家小银行，至此 2009 年联邦担保银行的倒闭数量上升到 64 家。佐治亚州有 16 家银行在 2009 年倒闭，这远远高于其他州的数量。大多数倒闭的银行来自亚特兰大地区，那里的房地产市场的崩溃导致了经济动荡。

美国 6 月份的失业率达到 9.5%。15 个州的失业率为 10%。以汽车制造为支柱产业的密歇根州的失业率则超过了 15%。3 440 万人，也就是九个美国人中就有一个参加食品券计划。这让消费者变得非常谨慎。由于不确定性因素太多，企业将依然控制成本并放缓对工厂和设备的新投资。

“旧车换新车可获退款”（cash for clunkers）计划于 7 月底生效。想报废他们高油耗汽车和卡车的车主蜂拥至汽车经销商那里，他们想利用这个计划为自己换一辆新车。这极大促进了全国的汽车销售。新车销售在上半年下降了 35%，因此这个计划对于灾难深重的汽车行业来说恰逢其时。计划如此成功以至于经销商
462 很快便完成了初始的 10 亿美元退款。8 月份，国会通过法案再给予“旧车换新车可获退款”计划 20 亿美元。经过精心设计，这一财政计划取得了良好的效果。在车市回暖过程中，通用宣布其即将面世的雪佛兰沃蓝达电动车的城市行驶油耗为 230 英里每加仑（约合百公里油耗 1.02 升——译者注），这将是美国首辆实现

三位数油耗的汽车。

然而，到8月底时依然有13%的有房贷美国房主不能按时还贷或者已经被没收房屋。这一数量巨大的群体当中按照传统固定利率贷款的借款人占绝大多数，而不是人们所以为的根据可调整利率贷次级贷的人。经济衰退每天都让成千上万人失去工作。信心严重受挫，就业市场不景气，这加重了人们对消费者支出是否足够强劲以维持随时可能到来的经济复苏的疑虑。美国8月份的失业率跃升至9.7%，为1983年以来的最高水平。

经济复苏的主要希望来自国外。德国和法国以远超美国的惊人速度逃离衰退，这部分要归功于政府的刺激计划和消费者支出的回升。作为欧洲第一大经济体的德国在第二季度以年均1.3%的速度增长，而作为欧洲第二大经济体的法国则以1.4%的速度扩张。这两个国家在过去四个季度都经历了严重的经济收缩。这表明欧洲正在跟中国和其他亚洲国家——印度宣布其6月份的工业生产总值同比增长近8%——一起走向复苏。这与之前的全球经济回暖严重依赖美国消费者的局面形成鲜明对比。由于美国家庭继续受到失业、疲软的房产市场和信用紧缩的影响，美国7月份的零售额下降0.1%。

银行体系并没有稳定下来。9月初，在不断恶化的经济形势和不断攀升的拖欠贷款重压下，监管者关闭了密苏里、伊利诺伊和内华达州的一部分银行，从而
463 让2009年的银行倒闭数量上升至88家。诸如花旗这样的大银行依然要依靠TARP基金勉强度日。

最令人振奋的消息就是2009年第二季度GNP只下降了1%。一些经济学家正在谈论一个非常缓慢的复苏在下半年发生的可能性。当然，我们依然可能看到下半年的失业率升至10%，不充分就业率高达16%。衰退不可能在2010年初结束。之后会发生什么事情取决于很多因素。继续保持宽松的货币政策和低利率十分必要。随着人们重获充足的消费信心，国家的储蓄率将会下降。商业企业必须有充足的信心来重新开展新的投资项目。大量受过教育、训练有素的工人必须与重获新生的经济所需要的技能相匹配。

19.5 伯南克对货币政策的运用

艾伦·格林斯潘（Alan Greenspan）于2006年1月卸任美联储主席。本·伯南克（Ben Bernanke）在2006年2月6日接替格林斯潘成为第14任美联储主席。一开始，伯南克继续执行格林斯潘的紧缩货币政策。2007年11月至2008年8月期间，随着美国经济的温和增长，基础货币从8500亿美元温和地增长到大约8 750亿美元。美联储通过直接控制基础货币来控制美国的货币供给，基础货币由美联储发行的纸币、硬币以及商业银行系统中的准备金构成。基础货币基本上与经济体中的总支出保持相同的增长速度。

2008年秋季是美国金融体系的一个转折点。该年9月，房利美和房地美被其监管者接管。这两家美国最大的非银行住房抵押贷款金融机构正步履维艰，身

464 陷困境。美国国际集团（AIG）面临倒闭的压力，美联储和财政部一道向该公司注入大量的资金。美国联邦储备银行还在财政部的全力支持下向 AIG 提供了 8 500万美元的贷款。花旗银行 11 月也遇到了严重的资金问题，美联储向其提供了一揽子贷款和担保以期其摆脱困境；美国银行 1 月份出于类似的原因接受了美联储类似的一揽子援助。自 10 月开始，各发达经济体的中央银行和政府开始向它们的银行体系提供大规模的援助计划。

美联储即将发生一些非常事件。2008 年 9 月中旬至 2008 年年末，随着美联储在雷曼兄弟破产（此前美林被收购）之后不断向金融系统注入流动性，基础货币猛增。当其他负债被加入进来时，基础货币增长了 1.35 万亿美元。

基础货币以惊人的速度增长。8 月 27 日至 11 月 3 日期间，基础货币以几乎 500%的年均速度增长。10 月 8 日至 12 月 31 日期间，基础货币的年均增速竟高达 922%。

2000 年之前，美联储在经济出现金融压力时也曾增加过货币供给，但从来没有过如此之大的规模。米尔顿・弗里德曼（Milton Friedman）和其他现代货币主义者所灌输的畏惧通货膨胀思想制止了这样的扩张热情。但今时今日，形势发生了变化，这不仅仅包括换了一位新联储主席。自大萧条以来，人们首次担心经济会出现通货紧缩。可以想见的风险在于经济受到了缺少支出的拖累。当失业率飙升、产出不断下降时，通货紧缩或者说价格的普遍下降是比通货膨胀更大的威胁。

回想起来，伯南克对这个威胁的反应有些迟钝。他起初低估了房价下跌和次
465 级债券市场崩溃对经济造成的威胁。但自 2008 年开始，他采取了积极的行动：大刀阔斧地下调利率，安排一系列贷款计划——美联储据此允许有困难的金融企业将不能流动的证券换为纸币和国库券。伯南克的这种积极进取精神是必须的，因为商业银行不对外贷款。

流通中的货币数量并没有大的变化。绝大多数美联储创造的货币依然在金融体系内流动，支持诸如花旗这样摇摇欲坠的企业。与此同时，3 月份发生在一家大型投资银行贝尔斯登的一次流动性危机导致其被摩根大通收购。7 月，IndyMac 银行倒闭。摩根士丹利和高盛转为银行控股公司，由此其存款人将受到美国联邦存款保险公司（FDIC）的保护。正如凯恩斯和后凯恩斯主义者所推断的那样，货币供给和 GNP 之间的因果关系是双向的。当个人和企业不向银行借钱时，私人银行就没有贷款可以发放。经济体中的信用没有增长，内部货币原封不动，由此货币供给不能扩张。基础货币只在联邦储备银行和私人商业银行的限制内扩张。私人银行毫不掩饰它们对自有资金的吝啬。

一些人对雷曼是否能够被允许倒闭持质疑态度，因为在他们看来，雷曼“大到不能倒”。无论伯南克、前财政部长亨利・保尔森及其继任盖特纳（Tim Geithner）（时任纽约联邦储备银行行长）出于何种原因同意雷曼倒闭，这引发了全球金融恐慌，它吓到了许多美国人，更不用说华尔街了。股市暴跌，经济滑向无底的深渊，这让伯南克几乎没有选择。如果不是他当机立决并及时采取行动，金融体系可能已然全线溃败，流动性枯竭。

事实上，早在次贷危机爆发之前，美联储向私人银行贷款时就要求它用类似

国库券这样极其安全的证券做担保。伯南克极大放宽了联储所接受的担保物范围。其结果就是银行准备金的大量增加：在2008年8月底，银行准备金为大约
466 1 000亿美元；12月底时，准备金已超过8 200亿美元。然而，如前所述，资产负债表上准备金增加的同时没有伴随着私人银行的对外贷款。如此一来，整体经济未能创造出货币。

随着消费者进一步削减开支，以及借款者——无论是信用卡使用者、按揭购房的房主还是商业企业——发现他们的债务经过通货紧缩调整后的成本在不断上升，通货紧缩心理占据了主导。这就促成了自20世纪30年代大萧条以来的最大金融和经济衰退。

伯南克继续按照非正统的方式采取行动。1月5日，为缓解信用紧缩和降低贷款利率，美联储购买了5 000亿美元由房利美、房地美和吉利美担保的抵押贷款支持证券，这样做的目的在于激励这些机构重新向民众发放住房贷款。不仅如此，美联储还出资2 000亿美元，购买基于新近发放的汽车贷款、信用卡贷款、学生贷款以及中小企业贷款的资产支持证券，希望以此促进整个信贷市场恢复运转。当然，所有这些行动所需要的资金都是通过创造更多的银行准备金来获得的。

作为对不断恶化经济状况的理性反应，商业银行毫无扩张信用的迹象。自10月底起，工商业贷款总值持续下降。与其冒险发放永远也不能收回的新贷款，商业银行还不如把准备金放在美联储赚取零风险的利息。商业票据市场确实有所回暖，按揭利率也下降到5%甚至更低。但由于货币市场陷入了凯恩斯陷阱，所以无论以何种方式增加银行准备金，利率将不会进一步下降。

财政刺激计划导致了巨大的联邦预算赤字和不断攀升的国家债务。米尔顿·弗里德曼和现代货币主义者教会了美国人要视这种赤字和债务为洪水猛兽。因为它们会带来通货膨胀。因此，选民对奥巴马政府的抵制情绪日益上升。如果
467 2009年下半年经济进一步下滑的话，政治家们将会采取一切措施进行挽救。不仅如此，米尔顿·弗里德曼和现代货币主义者以及新古典主义者让大众深信，联储增加基础货币的政策势必会导致通货膨胀。因此，联储深感紧缩货币政策的压力不断加大。如果这个紧缩过程在2009年下半年或者2010年上半年开始实施，那么它可能终结任何已初露端倪的扩张。

19.6 成为预言家的卡珊德拉

艾伦·格林斯潘自己承认，他没能看到经济中已出现投机泡沫，更不用说泡沫破灭了。本·伯南克也是到房地产市场崩溃以后才认识到房市有泡沫。这两位都在忙着为泡沫营造氛围。这就引出这样一个问题，即有没有人正确地预见到后来将要发生的事情呢？

在几位先知先觉的人中，努里尔·鲁比尼（Nouriel Roubin）（1959—　）最为引人注目。鲁比尼是纽约大学斯特恩商学院教授，鲁比尼全球经济学咨询公司

(REG Monitor) 主席。鲁比尼最为推崇约翰·梅纳德·凯恩斯 (John Maynard Keynes) 和后凯恩斯主义者海曼·明斯基 (Hyman Minsky), 并深受他们的影响。2006 年 9 月, 他向心存疑窦的国际货币基金组织发出警告说: "美国很有可能面临一场百年不遇的住房危机, 油价会随之剧烈震动, 人们丧失消费者信心, 美国经济陷入衰退。" 他还预见到 "房主拖欠按揭款, 价值数万亿美元的抵押贷款支持证券散落世界各地, 全球金融体系岌岌可危。"[①]

2006 年 9 月, 鲁比尼指出房地产市场存在泡沫。他分析说, 供给增加房价会下降, 这是存在了几百年的铁律, 但自 1997 年开始, 房地产市场出现了异常, 美国房屋价格上升了 90%, 但并没有得到经济增长的支撑——实际工资收入、移民或者汇率因素、人口变化。这些都说明, 一个投机性大泡沫正在产生。他进
468 一步阐明, 这个大泡沫正在破裂。不仅如此, 他认为中央银行应该采取行动预防资产泡沫[②], 这与传统思维是背道而驰的。

在鲁比尼看来, 美国通过反复出现的泡沫实现经济增长。他认为太多的人力资本被投入到诸如住房这类最不具备生产力的资本形式当中, 他希望看到美国将人力资本投入到更具生产力的活动当中。不仅如此, 他认为英国、西班牙、爱尔兰、冰岛以及从波罗的海到匈牙利再到巴尔干国家的绝大部分欧洲国家都存在房市泡沫。到 2009 年 2 月时, 他依然对美国和全球经济持悲观看法。他在《外交政策》中写道: "去年, 一系列糟糕状况成为现实。我和其他一些人曾警告过的全球金融危机现已降临。但我们还只是处于危机的初始阶段。我对明年的看法更悲观: 泡沫, 很多的泡沫将要开始破裂了。"[③] 他认为我所称的 "大衰退" 要到 2011 年才结束。

业已发生的事情是可以预测的。但为什么鲁比尼预测成功而其他人预测失败, 这就需要我们重温约翰·梅纳德·凯恩斯的经典著作以及他对不确定性的强调, 后凯恩斯主义者海曼·明斯基的主张也是值得借鉴的。

① 参见 "Eight Who Saw it Coming", *Fortune*, August 2008.

② 参见 Nouriel Roubini, "Why Central Banks Should Burst Bubbles", *International Finance*, Spring 2006.

③ 参见 Nouriel Roubini, "Warning: More Doom Ahead," *Foreign Policy*, January/February, 2009. 如需了解鲁比尼对当前经济形势的评价, 参看鲁比尼全球经济学咨询公司博客, 网址为 http: //www. rgemonitor. com/blog/roubini/.

第 20 章 经济学的未来

20.1 探求“激进”的替代品

469 “激进经济学”，已经唤起人们对真实性与主流科学之间空白的关注。这是正统的经济学家时常感到困惑的一种实践活动。然而，如果我们把某些观点添加到正统经济学之中，那么，依照定义，一个“激进的”替代品就成为这其中仅有的一个游戏。激进的经济学提供了另外一个范本。

尽管古典经济学家认识到，就如同牛顿的重力原理一样，借助于“看不见的手”的力量市场形成自然的、自我调节的特征，但卡尔·马克思却看到了经济的不稳定、垄断资本和对工人权利的让渡。托尔斯坦·凡勃仑观察到了强盗男爵只是专注于金钱而不是生产的实际，并感叹促进产品市场化的重要性。

最近，约翰·肯尼思·加尔布雷斯翻新了凡勃仑对新古典经济学的攻击，并
且看到，过剩经济中的生产需要极大的资源转换以及特殊的营销和广告耗费，以
确保更具特权的收入阶层的支出而不是储蓄。罗伯特·海尔布伦纳感叹，专业经
470 济学家的习惯就是理论化一个抽象经济，而不是揭示附着在当代资本主义制度中
的若干现状。接下来，我们考察这些“极端想法”的重要性。

20.2 凯恩斯主义的挑战

到目前为止，对正统经济学最严峻的挑战来自于约翰·梅纳德·凯恩斯的经济学（以这样或那样的形式）。但是，凯恩斯主义越过了它自己设下的边界。《就业、利息和货币通论》被一些善意的传教士们庸俗化，直到这一理论不像凯恩斯而是更像新古典经济学；这或许不是作为新古典经济学异教徒的凯恩斯所要达到的目的。正如马克思最终声称他自己“并不是一个马克思主义者”一样，凯恩斯无疑也不再是一个凯恩斯主义者。

正如19世纪出现的情况一样，当科学陷于低谷，人们对它的信念就会受到动摇，这也会引发人们对这一领域的深入思考并探究“斯宾塞的未知”领域。凯恩斯主义庸俗化的失败引发了货币主义的反革命，并逐渐成为早期里根经济学的基本要义。这一失败也催生了后凯恩斯主义、新产权激进主义和新古典主义。

温和的凯恩斯主义在20世纪30年代期间获得发展，军用的凯恩斯主义在第二次世界大战期间全面扩张。之后，肯尼迪-约翰逊政府采取凯恩斯主义政策取得成功，这开启了现代宏观经济学的黄金时代。随后，里根经济学或供给学派经济学付诸实践。正如我们注意到的那样，后者需要更多的是信念而不是科学。

经济政策从尖端理论的神坛逐渐跌落到了里根经济学和撒切尔主义的平台：宁要经济科学倒退一大步，也不要人类社会后退半步。乔治·吉尔德（George Gilder），这位未曾获得诺贝尔经济学奖的学者，应该因里根经济学错误的一步而获得更大的荣誉；他有能力掌控集仁慈的宇宙、上帝和经济学于一身的白宫。“为了克服困难，我们有必要树立信心，恢复对变化的信念，坚信自由和虔诚人
471 类的创造力。这种信念可以使我们找到消除贫困、理解在上帝面前平等真理的最佳途径……”①

吉尔德甚至更新了美国牧师霍雷肖·阿尔杰（Horatio Alger）的故事，并将仁慈宇宙中的财富看成是运气、适当的获取和应得奖赏的一个结果。**镀金时代**（1870—1910年）以《旧约全书》中诺亚（Noah）、亚伯拉罕（Abraham）、约瑟夫（Joseph）和大卫（David）等人的故事的扩展而获得繁荣。对吉尔德而言，经济革新需要狭隘的理性和狂热的宗教价值观之上的权威，无论对上帝的崇拜是多么无意识。美德和运气合并为“……幸运的人被看成是受到了上帝的眷顾。他良好的运气和社会回报是上帝的恩赐。”如果“神奇地错失运气的眷顾”被一个“封闭的人类计划体系”所代替，那么所有这些就会因为“成功总是不可预知的”而丢失。② 本质上，**镀金时代**的“道德火花”被赋予了**吉尔德时代**。

艾·兰德和新奥地利学派的思想在“计划蜂窝”无效性方面优于吉尔德。然而，他们的企业家行为超出了理性知识和自由意愿，更像是纳什均衡顶点上的一

① 乔治·吉尔德：《财富与贫穷》，168页，纽约，基本图书出版社（New York，Basic Books），1981。

② 同上，267页。

个参与人；在新奥地利学派的宇宙机制中，幸运、恩赐和上帝都不占主导。吉尔德同不思悔改的供给学派人物祖德·万尼斯基（Jude Wanniski）一起，恢复了霍雷肖·阿尔杰；他们成为“为美国之梦而工作”——一个旨在粉饰迈克尔·米尔肯肖像的组织——的董事会成员。这是同一个米尔肯，他的起诉人谴责他为“精于算计的大骗子、最多谎言的制造者和最大数额的腐败分子”，他的罪行是“贪婪、傲慢和出卖灵魂”，部分属于“阴谋获取权力和积累财富罪”。①

后凯恩斯主义者或者更多是在字面意义对凯恩斯的解释者，不会挑剔新奥地利学派对新古典方法的批判，因为他们赞同牛顿均衡是不现实的看法。后凯恩斯主义者甚至也不会挑剔吉尔德较之奥地利学派更加赤裸裸地认为价值判断必然体
472 现在经济现实从而也必然体现在经济学中的看法。只要我们回忆一下，凯恩斯是对现实的大萧条做出反应，优先于理论制定了政策，那么我们就会知道为什么后凯恩斯主义既希望要理论也希望能更加现实了。

后凯恩斯主义与奥地利学派之间的不协调源自于奥地利学派对经济现实的看法。这再平常不过了，即使凯恩斯从来没有把企业家表述为关键的决策制定者。然而，在凯恩斯理论中，企业家的错误导致萧条；而在奥地利经济学中，无拘无束的企业家保证了经济繁荣。

如果我们处在一个科学因其自身原因不再受到崇拜的年代，那么，若经济学家屈从于一种新的现实主义观念，从高深的理论中分离出某些东西，则他们就不必感到遗憾。为了允许伦理道德判断进入社会科学领域，我们并非必须接受新的社会达尔文主义。相反，如果琼·罗宾逊仍然在世，她可能会号召经济学家（如果他们听从劝告的话）举起社会意识的大旗与新社会达尔文主义斗争。

生活处于危险之中，现代世界需要一种能满足人类需要的经济学，一门能够充分认识人类自身的行为，尤其是我国的社会行为，比微粒或蜜蜂的行为更加纷繁复杂、更加难以驾驭的学科。毋庸置疑，人类福利与人均实际收入及其分配紧密相关，就像福利与财富及其分配之间密切相关一样。因此，后凯恩斯主义和制度经济学对收入分配的强调使得我们更加接近一门人类科学。

资本主义，也即现在的过剩经济中衰落的制造业部门依靠低工资和低收益进行生产的全球资本主义，面临着第二次世界大战以来的第三次危机。摆脱庸俗化凯恩斯主义、用于表示通货膨胀与失业之间交替关系的菲利普斯曲线，保留着货币主义实验未曾解决的异常状态。里根经济学加剧了贫困问题，并且（连同其他
473 一些力量一起）遗留下了大停滞、不可持续的财政赤字、高实际利率、金融脆弱性以及全球债务危机。克林顿经济学终结了财政赤字，甚至创造出了至少在短期内出现的财政盈余，但也留下了更大的金融不稳定，并使得20世纪的财富集中向前跨出了最大的一步。里根经济学造就了赌场经济，而比尔·克林顿通过放权给艾伦·格林斯潘和他的财政部长，展示了这项成果。到2000年，新的民主党总统候选人阿尔·戈尔（Al Gore）背叛了凯恩斯主义经济学：戈尔声称，如果

① 这是起诉书中所使用的语言。参见詹姆斯·B·斯图尔特（James B. Stewart）：《贼窝》，441页，纽约，西蒙和舒斯特（New York，Simon & Schuster），1991。1991年3月3日，米尔肯被投到旧金山外加利福尼亚州的普莱斯顿（Pleasanton）联邦监狱，开始为期10年的首次服刑。他保留下了约5亿美元的个人财富，并且不久就被假释。

发生衰退，那么我们需要保持财政预算盈余；这时，他把凯恩斯主义政策放到了一边。

假如政治家和经济学家完全放弃可能阻止萧条的政策，我们会回到库里奇（Coolidge）和哈丁（Harding）时代吗？经济学家群体的安乐死是不能排除的；正如我们注意到的那样，这一群体中最年轻的成员对他们就业必须要学习的方法没有任何信念。更糟糕的是，赌场资本主义可能也无法生存。凯恩斯面临着一个类似结果：旧的时尚资本主义消亡。正如在 20 世纪最后几十年一样，20 世纪 30 年代，资本主义最虔诚的捍卫者出现在它最危险的敌人中间。

20.3 从旧经济到新经济：一个长波

我们已经身处我所描绘的大约开始于 1987 年的大停滞时代。停滞表示为实际量的停滞，包括实际产出、经济增长和全职工作等。停滞的另外一面是金融不稳定。停滞和金融不稳定并非必然“永恒”。从历史上看，二者不仅有开始，也有结尾。它们的结尾存在差异：停滞因其本质而缓慢结束，而金融泡沫则会突然和不能预期地破裂。

比尔·克林顿总统在 1993 年入主白宫时承诺终结大停滞，并通过加强公共设施包括提供更好的医疗保障和促进教育水平提高来重塑经济。这一计划的大部
474 分内容牺牲在了格林斯潘零通货膨胀和金融市场策略的神坛之上。克林顿这位新的民主党人成功地完成了他的两位共和党前任极力争取但未能完成的任务：平衡联邦预算。这使得美联储可以自主地去做它应该做的事情并做得更好——保持较低的工资和富裕阶层较高的非劳动收入和财富水平。

金融赌场，现在是全球性的，不能保持经营开放。在某些时点上，实际产出和安全可靠的工作必须进入人们的视线。正如我已经指出的那样，全球性弊病中很大一部分是产品周期成熟阶段以及对最近一次创新涌现所带来的成果采集失败所产生的。为什么利润现金流（最近一代创新的收获）经常不能导致基本创新呢？显然，这是因为生产标准化产品的巨头们并不经常创新（考虑现代的微软）；相反，这些公司的市场支配力却能够使得它们在长时间内通过虚构的产品创新和价格提高而获利，因为这时其销售量已经不再显著地依靠价格。孤独的企业家戴维，一般并不居住在歌利亚（Goliath）的房子里。真正的创新必须来自于外部的巨人。

在经济扩展长波中的后半程，里昂惕夫式的固定技术系数的行业模型扮演着一个未预料到的现实主义角色。一旦基本过程的创新在经济中得以广泛扩散，工业部门在技术方面就变得相当有刚性。的确，工厂和公司的规模扩大得很快，但相同的技术只是在较大的规模上进行复制。

在经过了最后的剧烈阵痛之后，生产技术最终被改进；在当前这一波中，标准化产品制造业中的自动化系统正在被高工资的劳动阶段所代替。危机开始于攻克刚性。在美国，工厂自动化系统的使用从 1980 年到 1985 年间已经增加一倍，

达1.81亿美元。计算机一体化的制造设备在20世纪90年代开始使用。不过，正如我们注意到的那样，在规模上仍有很大的下降：更糟糕的是，至少对劳动而言，制造业在低工资国家生产具有全球性的优势。

475 如果门斯奇的分析是对的，那么基本创新就会在技术僵局中形成熊彼特链。依照他提供的数据，20世纪后半段出现的技术上的基本创新中有约三分之二发生在1989年附近的十年中。最大的一波创新浪潮出现在1984年，这一年与1825年、1886年和1935年具有可比性（在创新规模上）。① 我们正处在这种机会难得的阵痛之中。

对企业家来说，这一狭窄的幸运窗口大约每半个世纪才开放一次。然而，非常类似于蝴蝶的一生，企业家时代很短，或许比每一波还要短。孤独的企业家通常是那些第一个将基本创新商业化、在一种新产品的生产上创造出暂时垄断的人们。最终，一个完整的新产业诞生。

这类企业家的活动很好地描述了历史上最近出现的快速发展的个人计算机行业的发展。企业家史蒂文·P·乔布斯（Steven P. Jobs）和斯蒂芬·沃佐涅科（Stephen Wozniak）使得行业随着1976年成立的苹果电脑公司一起变动；早在1985年，该行业的成熟期以乔布斯忍痛从苹果公司主席位置上退下来为标志。比尔·盖茨（Bill Gates）和微软已经获得了个人计算机操作系统的垄断地位。到2000年，微软已经像一个行动迟缓的垄断者了，而且美国司法部也已经宣称它是一个受到消费者指责的"垄断者"了。

最初的垄断利润吸引着（便宜的）模仿者，它们经历着计算机S曲线上指数型扩张增长阶段。然而，现在个人计算机行业中出现了一个重大震荡——到20世纪末，惠普和IBM公司异军突起——这将导致行业中留下更少的幸存者。熊彼特和凯恩斯的企业家大约每半个世纪登台表演一次。企业家蝴蝶式的表现有助于解释为什么小型的垄断者主导着行业的早期成长，而大型的垄断支配力刻画了行业晚年的时光。企业家时代很像英国传说中亚瑟王的宫殿卡姆洛特（Camelot）；只有在这里，（大约）每半个世纪才有一次简短的时刻。

476 简单的解释不可能充分。过剩的资本主义，一个极其复杂的系统，要比阿罗-德布鲁模型所提供的解释丰富得多。戴维·沃尔什（David Warsh），这位《波士顿环球报》的金融作家，以生动的语言表述了"复杂性的思想"。沃尔什指出："目前最能粗略地描绘美国经济复杂性的指标"，"是标准行业分类（SIC）代码，这好比国家的黄页"②。

沃尔什的复杂性思想涵盖了扩大的专业化和相互依存性；标准行业分类代码以10个分工部门开始，其中包括农业、采掘业和制造业；随后是800个主要的细分类别，比如非金属矿藏的开采和存放；最后是标准石材、纤维绳索和纺线等。目前在最终细分的意义上，美国有近1万个行业。所需要的劳动分工要远比亚当·斯密所想象的细致得多，价值增值的层次产生了一个处于变动之中的有关

① 格哈德·O·门斯奇：《技术的僵局》，197页，剑桥，马萨诸塞，巴林出版社（Cambridge，Massachusetts，Ballinger），1979。

② 戴维·沃尔什：《经济复杂性思想》，36页，纽约，维金出版社（New York，Viking Press），1984。

任务、工作职位和行业的复杂体系。① 当今的全球化进程将美国式的黄页扩展到了整个世界。

20.4 得自2007—2010年经济大衰退的教训

20世纪30年代的新政妙策依然具有参考价值。那时运用过的发放失业救济金和食品券，以及在各大银行实行联邦存款保险等举措也已到位，这些也是面临2008年金融危机的美国所急需的。但事实证明，这些举措不足以使得经济企稳回升。约翰·梅纳德·凯恩斯及其纯粹的经济思想再次显灵。美联储遵照凯恩斯的思路实行宽松的信贷政策以及保持低利率。但这些对恢复经济而言也不够。因为金融市场处于凯恩斯所描述的流动性陷阱状况之中，在这种情况下，增加货币供给既不能降低利率（利率已经很低了），也不能增加私人信贷的流动。此时货币政策已经到了山穷水尽的境地。

477 美国财政部和美联储开始直接向包括投资公司和证券公司在内的大型金融机构贷款，这是一项自大萧条以来从未采用过的紧急举措。减税和一个大规模财政支出计划已获国会批准。但正如正统凯恩斯主义所预测的那样，以退还资金方式实施的减税政策产生了虽迅速但短暂的刺激效果。政府支出瞄准了各州和市政当局即刻破土动工的工程。但这些项目真正进入实施阶段尚需时日。

股市股价飙升是最早表现出来并且最为显著的效果。华尔街坐享其成。与此同时，企业和家庭则表现出忐忑不安的情绪。企业和个体捂紧他们的钱袋，并尽量多存钱。企业对新厂房和设备的投资停滞下来。总需求中企业投资的下降终将不得不被政府支出的增加所替代。

联邦政府已经出现赤字，国债也是与日俱增。美国民众一直看重私债，但认为公债是一种巨大的浪费。因此，奥巴马政府正面临选民对凯恩斯财政政策的强烈反对，尽管货币政策已经失效，政府需要财政政策救急。不久的将来，当大量国债到期，需要用直至货币偿还时，央行看到的将会是另一种景象——通货膨胀。

失业率向10%看齐，收入下降的家庭付不起房贷。尽管政府做出了种种努力，但房贷危机依然没有显现出停止的势头。确实，衍生品派生衍生品的赌场经济让情况变得更加复杂。奥巴马政府能做到的最好一点就是在企业投资回暖前，一边保持金融体系的稳定，一边寻求继续实施赤字支出的政治意愿。

---

① 以沃尔什的一个最简单的例子来说，现代的猪从一出生就爬上了一条生产线，一生都生活在一个笼子中，吃着按计算机程序配制好的添加了维生素和矿物质的饲料，在5个月后进入屠宰场。它们并不是被人割断喉咙而死，而是在隆隆电机下被电击而亡，而所用电力往往又是产自于一家核电厂。沃尔什可能还会说，通过向新型的"专家"咨询，猪还应该被喂食一些抗体，以供那些可能需要医疗关注的人摄取。此外，猪肉监测人员现在使用一些诡秘的仪器，而这些仪器是由一些在远离奥马哈牲畜围栏的一个人们愿意居住地方的人设计并生产出来的。这种更加复杂的劳动分工需要一个能区别对待个人收入分配的理论，因为某一些工作简单，而另外一些又极其复杂；有一些支付过多，而另外一些又支付不足［参见E·雷·坎特伯里：《一种鲜活的个人收入分配理论》，载《南方经济杂志》，第46卷，12～48页，1979（7）］。

在凯恩斯之前，卡尔·马克思就将资本主义描述为有时呈现出兴盛景象的经济繁荣与萧条交替的循环。但马克思除了预言资本主义必将灭亡之外并没有为它
478 开出补救良方。异化工人（the alienated workers）将推翻资本主义制度并拥抱社会主义。产业巨头将被政府接管。确实，美国政府接管了通用和克莱斯勒，还对几家大型金融机构进行保护。在这里，正统经济思想的担忧不能被轻视。出于拯救大型资本主义企业免于倒闭的需要（它们一旦倒闭，结果会是灾难性的），某种适度的社会主义形式迅速布局到位。经济大衰退隧道另一端的曙光将为我们带来一个在原有基础上转型的经济体。悬而未决的一个主要问题将是金融部门是否由美联储来管理。

20.5 再论政治经济学

先前的许多讨论都表明，难以给出政治、社会和经济问题的明确界限。社会是一个密不可分的网络，其中个人发挥着几个方面的作用：一种生产要素（通常是劳动）、一个消费者和一个公民。作为消费者，一个人用货币投票；作为公民，一个人在政治程序中参与投票（有时也再次使用货币投票）。境况好的公民比境况差的公民更有可能参与投票。此外，富有的人也可以通过向政治行动委员会（PAC）提供资助而购买政治权力。即使如此，因为国会和总统不受制约而被激怒的公民，也可能割断货币与投票之间的联系。

经营厂商也有足够的"美元选票"，通过贿赂和政治影响来左右公共政策。公司拥有的政治权力可能与它所代表的人数不成比例。支持这种假设的最新证据来自于对美国烟草公司到底知道多少其产品对人们健康造成伤害的揭露。尽管这从表面上看类似于今天的公民，但更类似于洛克-斯密个人对私人产权自由解放的观点。产权又是一种不可剥夺的权利。没有任何社会责任可以伴随着所有权产生出来。这种理念非常适合于大量商人和小规模制造业厂商构成的经济。自由意
479 味着自治自理的个人。然而，随着公司走向全球化，松散的国家管制所界定的范围已经被打破。

在现代的复杂社会中，有少数占支配地位的工业企业和金融公司，竞争在很大程度上被受到管理的价格和工资所削弱，政府成为大规模经营的一部分，预先的计划成为工业制造业的特征，巨型企业的公司所有制日益与管理相分离。资本所有者只能被描绘成现已成为巨型企业牺牲品的原朝阳产业中那些虚张声势的单个创新者。

然而，一旦成为行业中占优势的个体，公司本身也就继承了个人自治自理而没有社会责任感的特性。相反，劳动处于劣势，因而被迫处于被组织地位。消费者的抱怨导致政府管制——政府成为为没有任何特定公民义务的公司承担责任的主体。经营具有较少的私人特征，而具有更多的公共性质。自由度不再有那么多了，而是转变为具体的条件：违反这些条件，自由就会受到限制。不过，现在反

对政府支配的势力在工厂可以转移到低工资国家的地方也很强。

最近呈现集中的行业是传媒和计算机，即信息产业。正如中世纪的土地、工业革命时期的资本是权力的源泉一样，当今权力的源泉是信息。随着社会的发展，或许最终货币将成为能够购买任何权力的源泉。如果信息也被掌握在少数人手中，那么，普通的公民又将如何获得它并阻止对它的滥用呢？

20.6 大师的声音

我们不要偏离大师太远。亚当·斯密并没有忽略经济权力腐败的可能性；他只是因尚未发现而保持乐观。斯密并不否认喜爱会导致送礼。但是，在他所处的
480 时代，人们关心的是如何获得启动工业的发动机，而不是这部机器能否提供人们所需要的全部东西。

阿尔弗雷德·马歇尔并不缺乏伦理基础，也不缺乏在“富有同情心的保守”年代之前就有的同情。他的传道者们只是把所有的社会变量从他的分析机制中拿掉而已。机制本身现在只是一幅有关牛顿资本主义的讽刺漫画。马克思和凡勃仑确实估计到了收入分配、公司权力过大和工人权利让渡等问题。熊彼特描述了缺乏持久性的资本主义运动过程。可是，正统的理论还是把凯恩斯与他的社会进步观和道德意图剥离开来了。但是，凯恩斯的设想仍能在《就业、利息和货币通论》中读到。事实上，精心阅读大师们的著作对每一位对经济学感兴趣的人士而言必将是一个良好的开端。

新的洞察力是批评性的。经常存在的危险是，过多的失败对社会而言是致命的。即使所有的当代问题都得到解决，也不会有任何黄金时代。过去、现在和将来实际生活的复杂性提供给我们的只有一种确定的结果，那就是，知识将会沿着一条无尽道路延续。

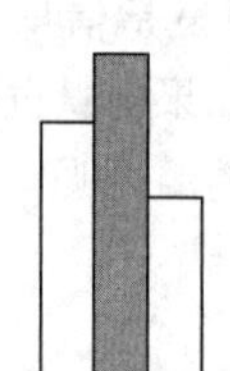

常用术语汇编

483 **绝对优势**（Absolute Advantage）

与其他一国相比，一国拥有使用相同资源生产更多某种商品的能力。这一观点是由亚当·斯密作为国际贸易具有互利性的基础提出来的，也被扩展到厂商和个人分析。

绝对剩余价值（Absolute Surplus Value）

由于工作日绝对延长而产生的超过劳动力价值以上的新价值。显然，这一观点来自卡尔·马克思。参见“剩余价值”。

物物交换（Barter）

不使用货币作为交换媒介，一种商品或劳务与另一种商品或劳务进行的直接交换。

资本（Capital）

莱昂·瓦尔拉斯将资本仅仅定义为生产者拥有的耐用品——机器、设备、工具、办公楼、厂房和仓库。现在，经济学家把生产中的商品或存货的变化也归入资本。与古典经济学家的定义相比，这个定义是狭义的，古典经济学家把以上那些项目之外的工资和购买其他物品的资金也作为资本的一部分。

484 **资本主义**（Capitalism）

一种资本积累和雇佣劳动占统治地位的经济制度。资本掌握在私人所有者手中，其中包括有限责任公司和股份公司，而劳动者用他们的劳动时间（或者根据卡尔·马克思的观点，用他们的劳动力）与资本所有者支付的工资进行交换。

赌场经济（Casino Economy）

指利用货币手段获得利润比通过生产商品或劳务获得利润更为重要的一个社会。货币市场基金、高度投机的手段和行为导致经济就如同爆发的拉斯维加斯。该术语最初是由雷·坎特伯里提出来的。

共产主义（Communism）

一种实行各尽所能、按需分配的经济组织形式。共产主义还没有以纯粹经济形式存在过。

比较优势（Comparative Advantage）

相对于其贸易伙伴而言，一国具备以更低的资源（投入）耗费生产出某一特定商品或劳务的能力。根据最初由大卫·李嘉图严格论证的这一理论，一国应该专业化生产并出口那些能以相对低廉的成本生产出来的产品，而进口那些生产成本相对较高的商品。

485 **合作经济**（Cooperative Economy）

一种竞争性市场经济的折中形式，其中，生产产品的数量和价格由自由市场体系所决定，而收入和财富的最终分配则受民主政府的影响。

黑暗时代（The Dark Ages）

出现于社会经济渐进变化的欧洲中世纪早期。始于西罗马帝国的终结（公元476年），一直持续到大约公元900年。最近的发现表明，黑暗时代的社会经济创新要比之前认识到的更加频繁。

依存效应（Dependence Effect）

生产者通过广告、宣传以及推销等手段创造出来的对其产品的需求。这个术语是由约翰·肯尼思·加尔布雷斯提出的。

萧条（Depression）

直到20世纪30年代，这一术语（连同“恐慌”一起）被用来描述所有的经济低迷时期。从大萧条开始，它被用来描述几年或十年内失业率高达10%或者更高的重大衰退。因此，萧条一词恰如其分地描述了今天俄罗斯和东欧部分地区的情况。

级差地租理论（Differential Theory of Rent）

这一理论首先由托马斯·马尔萨斯简单描述，后由大卫·李嘉图加以精炼，用于说明，随着人口膨胀以及越来越差的土地被投入耕种，粮食的价格将由肥力最差土地上的成本所决定，而肥力较好土地的所有者将得到两种平均生产成本差额之间的级差地租。

贫困增长学说（Doctrine of Increasing Misery）

相对于资本家不断改善的境况，劳动者的境况日趋恶化的理论。当相对境况变得无法容忍时，工人就会反抗。根据马克思的论述，这一学说有助于解释资本主义的崩溃。

486 **经济人**（Economic Man）

将人的行为抽象地界定为理性并因而做出理性选择的理想类型。经济人总是通过理性选择追求利益最大化，并且从不会为了个人之外的利益而偏离他的目标。尽管有些人将经济人叫做“理性的傻子”，但是经济人的行为仍然是现代新古典综合经济学、货币主义以及新古典经济学的核心。

经济租（Economic Rent）

当应用于农业部门时，是指现行粮食价格与使得农民在现有水平上耕种土地所要求的粮价之间的差额。一般来说，经济租是指一种供给固定的生产要素所获得的“超额收益”。现在可以说麦当娜获得了经济租，因为她是独一无二的。

经济学修辞（Economic Rhetoric）

经济思想的研究，指通过论证而形成的一种具有说服力的修辞形式。但这种修辞形式仍取决于时代背景下的论据。

经济表（Economic Table，tableau economique）

最初由魁奈提出来的用于表示一个经济中生产和收入循环流程的图表。

弹性（Elasticity）

通常是指需求或供给数量相对于价格变动的反应程度。例如，需求的价格弹性由需求量变动的百分比与价格变动的百分比之间的比率加以衡量。如果这一比率大于1，那么这种商品的需求相对于价格而言就富有弹性；如果这一比率小于1，则需求相对于价格就缺乏弹性。

英国工业革命（The English Industrial Revolution）

英国自1780年到1850年的一段时期，其间，几乎所有产业的生产都有了显著增长。其最显著的特征之一就是使用机器生产机器。

487 **启蒙运动**（The Enlightenment）

出现在18世纪的一次哲学运动，以政治学说的理论化、理性价值观作为进步手段，以科学研究使用经验方法为基本特征。

就业乘数（Employment Multiplier）

公共就业每增加一个人可以带来整个国家就业增长超过一个人的观点。这一观点最初源自于约翰·梅纳德·凯恩斯的直观论述，后经理查德·卡恩爵士以数学形式加以描述。

均衡（Equilibrium）

各种相反的力量或运动之间的一种平衡状态，在这种状态下，相应的变量在静态情况下趋于静止，而在动态情况下则按照一个可预测的时间路径运动。

均衡价格（Equilibrium Price）

需求量与供给量相等时的价格；市场出清价格。具体的均衡价格可以分别与产品、劳务、劳动或资本联系起来。

一般均衡（General Equilibrium）

指所有最终商品及生产要素的市场都同时处于均衡的状态及理论（参见“均衡价格”）。

镀金时代（The Gilded Age）

指美国从1870年到1910年的一个时期，在这期间，没有任何约束的自由市场资本主义通过残酷的竞争使得财富和资本集中到少数人手中，导致滥用垄断权力，包括托拉斯的形成。该名称来源于托尔斯坦·凡勃仑的一部著作。

吉尔德时代（The Gildered Age）

开端于1981年并持续至今的一个时代，是由雷·坎特伯里通过乔治·吉尔德的名字遗留下来的，因为吉尔德的著作翻新了美国牧师霍雷肖·阿尔杰的故事并且将镀金时代良性宇宙观的普遍性作为对强盗男爵行为的辩护。

生产过剩理论（The Theory of Gluts）

一个经济中由于总需求不足而导致的一般性经济过剩（即许多商品市场上的过剩）。

488 **试探过程**（Groping）

一种最终趋向于所有市场同时均衡的一般市场均衡趋势。这一思想来源于瓦尔拉斯的试探（*Tátonnement*）过程。在一个例子中，瓦尔拉斯引入记账单，用于表示企业购买和销售商品和服务的临时合同。只有当价格实际处于均衡状态时，这些记账单才能兑现。否则，企业就不予兑现，一个重新订立合同的过程也将会开始。这种试探过程实际上是一种试错，直到市场最终出清。

享乐主义（Hedonism）

指人们只寻求享乐或避免痛苦的观点。这种心理学观点成为杰里米·边沁哲学的基本信条。

中世纪盛期（The High Middle Ages）

中世纪的一段时期，大约从公元1000年到1300年。其间出现了一些重大的社会经济变革，其中自给自足封建制度的许多特征让位于地区和国家之间进行的商品和服务交换。

制度主义（The Institutionalist）

也称进化论学派（Evolutionist School），认为广义的制度，包括思想及习惯，是解释经济行为和经济活动关键因素的一些经济学家。

制度（Institutions）

按照广泛的定义，制度包括形式化的体系，如宪法、法律、税制、安全保障以及市场规则，也包括非形式化的行为规范，如习惯、道德、伦理、意识形态以及信仰体系。对于经济学中的制度学派而言，所有这些都被视为重要因素。

投资乘数（Investment Multiplier）

489 如果政府或工厂初始投资1美元，那么国民收入就会增长1美元的倍数。这是用投资需求表示出来的就业乘数。投资乘数是约翰·梅纳德·凯恩斯借用理查德·卡恩爵士的就业乘数并用数学形式发展出来的。

工资铁律（Iron Law of Wages）

工资被假定保持在只能维持工人生存需要的水平上。马尔萨斯和李嘉图都对这一“规律”进行过论证。马克思也接受这一“铁律”，但原因不同。

爵士乐时代（Jazz Age）

主要是指美国从第一次世界大战结束到大萧条（1929）之间的时期。这个名称来自于白人狄西兰形式的黑人爵士乐，这种爵士乐是当时的一种舞蹈形式，并且反映出了当时一种普遍喧嚣和自信的氛围。F·斯科特·菲茨杰拉德在他的《了不起的盖茨比》（1925）中对那个时期的浮夸和经济信心进行了非常生动的描写。

劳动价值论（Labor Theory of Value）

商品的价值是由投入生产的劳动数量决定的。尽管亚当·斯密（随后是约翰·洛克）引入了劳动价值论，但是大卫·李嘉图对其进行了重新定义，并使得劳动价值论成为了他的发明。尽管李嘉图将这一理论作为一种价格理论使用，但马克思却采用李嘉图的这种思想，用于说明销售商品获得一个超过工人劳动价值的价值，从而解释工人受到的剥削。

需求规律（The Law of Demand）

一种正常商品的需求量与价格反向相关的命题：一个人愿意并且能够购买的某种商品的数量随着商品价格的下降而上升，随着商品价格的上升而下降。

边际效用递减规律（The Law of Dimishing Marginal Utility）

从额外增加一单位消费中获得的满足比从上一单位中获得的满足更少。

490 **报酬递减规律**（The Law of Dimishing Returns）

在其他所有等质投入数量保持不变的条件下，生产中一种等质投入增加的数量越多，至少在某些点之后，所能增加的产出越少。

流动偏好（Liquidity Preference）

在特定的利率和收入水平下，持有特定数量货币的意愿。这一思想源于约翰·梅纳德·凯恩斯，他认为，利率越低，人们越偏好于持有更多的货币。

流动偏好陷阱（Liquidity Trap）

货币市场上对流动性或者货币的偏好趋于无限的一种情形。无论货币供给增加多少，每一美元都会被储藏起来。尽管这一思想与凯恩斯所描述的大萧条时期的情况相关，但该名词源自于丹尼斯·罗伯逊。经济学家保罗·克鲁格曼曾经指出，20 世纪 90 年代的日本就陷入了流动性陷阱。

宏观经济学（Macroeconomics）

经济学的一个分支，它主要关注国民收入、总产出、就业以及价格总水平。相关研究随着约翰·梅纳德·凯恩斯的经济学逐渐发展起来。

边际（The Margin）

最初来源于边沁，是指快乐或痛苦的改变点。随着被**边际效用学派**所采用，它是指任何与经济学相关的改变，通常与微积分学中的导数具有相同含义。

边际效用学派（The Marginalist School）

一个经济思想流派，于 19 世纪 70 年代在不同国家相继独立出现，居于正统的微观经济学。边际学派赋予了强调微小增加和减少或渐进主义的边际分析方法特殊的地位。

重商主义（Mercantilism）

一种政府旨在增加国民财富和政权力量而控制经济的一种经济体系。通常，政府政策的重点是内向型的，是刺激国内产出，限制国内消费，并鼓励有利的贸易余额（出口大于进口）。

微观经济学（Microeconomics）

491 经济学的一个分支，主要关注如消费者、家庭以及厂商等单个“决策单位”，以揭示他们的选择如何决定相对价格和数量、资源配置以及相应的收入分配等。

中世纪（The Middle Ages）

西欧历史上一段漫长且变化多端的时期，开端于公元 476 年西罗马帝国的崩溃，终结于君士坦丁堡和东罗马帝国（拜占庭王朝）（1453）的陷落，与之相连的是文艺复兴时代的开始。

自然法则（Natural Law）

如果自然法则存在的话，那么它就是指单独依赖其本质特征并独立于所有风俗习惯而对人们形成约束的法则体系。一般认为，我们能够认识自然法则，因为我们是理性的生物。

自然秩序（Natural Order）

由自然法则派生出来的一种虚构的社会秩序。

自然失业率（Natural Rate of Unemployment）

当劳动需求和供给在均衡实际工资水平上相等时仍存在的失业率。

新古典经济学（Neoclassical Economics）

一个经济思想流派，形成于 1870 年以后，其基础是古典经济学中亚当·斯密的见解和边际学派思想。在阿尔弗雷德·马歇尔之后，它的重点在于竞争性市场和均衡条件，以及自由经济（在 18 世纪这意味着自由主义）的原理和运行。

牛顿力学（Newtonian Mechanics）

由牛顿发展起来的一个学说体系，在这一体系中，所有的物理现象都遵循机械定律，并因此显示出数学上的规律性。牛顿发明了微积分作为处理这些运动规律的新的、必需的数学工具。

492 **帕累托最优**（Pareto Optimum）

经济中没有任何一种改变（例如价格变动）能够在边沁效用的意义下提高一个人的福利而不减少其他至少一个人福利的状态。这一概念以发明者，意大利经济学家维尔弗里多·帕累托的名字命名。

局部均衡（Partial Equilibrium）

阿尔弗雷德·马歇尔引入的一种思想，根据这一思想，除了要考察的一种商品的市场价格和数量之外，其他因素都保持不变或者是假定它们的效应很小。

哲学激进主义（Philosophical Radicalism）

由杰里米·边沁（1748—1832）的追随者们开创的一项改革运动，其目的是将来自于哲学前提的自由主义转化成法学、经济学和政治学的实际结论。在 19 世纪早期的英国，这些“激进主义者”成立了一个思想社团；其中包括古典经济学家詹姆斯·穆勒、约翰·斯图亚特·穆勒和大卫·李嘉图。

重农学派（Physiocracy）

重农主义者以**自然秩序法则**而得名。

理性预期（Rational Expectations）

人们基于所有可以获得的相关信息，包括未来信息形成预期。人们不仅可以理智地和几乎无成本地使用这些信息，而且他们的预测从本质上与从相关经济理论中得出的结论是一致的。相关的理论通常是货币主义。

实际量（Real）

名义值通过价格指数“折算”之后形成的量（比如实际工资）。

实际余额效应（Real Balance Effect）

当收入下降引起有效需求下降时，价格也随之下降，同时家庭和企业持有的流动性资产（如货币）的价值增加。实际流动资产余额增加重新激发了消费者和生产者的支出。这一理论由阿瑟·庇古提出，并由唐·帕廷金所复活。

493 **衰退**（Recession）

经济低迷的时期。依据拇指规则，在这期间，实际国民生产总值或国内生产总值连续两个季度持续下降。美国主要依靠国民经济研究局来判断是还是不是衰退。参见“萧条”。

相对剩余价值（Relative Surplus Value）

因技术革新而降低了生产一种产品所需要的劳动时间并导致工人专业分工程度提高所产生的剩余价值。可以参考卡尔·马克思对其来源的分析。

文艺复兴（The Renaissance）

欧洲由中世纪向现代转变的时期。通常认为，它开始于1453年君士坦丁堡的陷落；结束于17世纪末。这一时期以古典艺术和文化复兴以及现代科学的早期活跃而著称。

强盗男爵（Robber Baron）

指在中世纪对通过自己领地的旅客进行抢掠的封建地主。这一概念在19世纪后25年再度流行，并被用于描述那些控制美国工业的少数企业巨头。

萨伊定律（Say's Law）

在自由市场竞争条件下，生产总是能创造出与其生产出来的产品等量的需求。通俗地说，“供给自行创造等量需求”。

社会规则（Social Rules）

人类作为规范社会的手段而创立的规则。当我们谈论法律和秩序时，实际上是在谈论社会规则。

社会主义（Socialism）

一种经济组织形式，在对其功能具有决定性的那些经济部门中存在着公共或
494 公有产权。一般来说，作为一种社会控制形式，社会主义建立在机会平等、平均主义、政府管理以及私人财产积累最小化等原则的基础之上。

停滞状态（Stationary State）

一国国民净产出停止增长的一种经济状态。李嘉图对这种状态表示悲观，因为他认为这是一种停滞状态，而J. S. 穆勒和J. M. 凯恩斯则把它看做一个先进的、成熟的经济达到高水平人均产出的条件。

过剩经济（Supra-Surplus Economy）

指在先进的工业化经济中，净产出余额远远超出一般消费者的需要，以至于私人生产者和政府不得不花费大量的推销资金和精力来刺激消费。这一概念来源于E·雷·坎特伯里。

剩余价值（Surplus Value）

市场上商品的交换价值超过生产这些商品所需劳动价值的数量。这种由马克思所定义的价值是资本所有者利润的来源。

技术专家制（Technostructure）

用于描述一个巨型企业中能够给组织决策带来专门知识、才能或经验的所有的人。它经常包含一个委员会。这一术语来源于约翰·肯尼思·加尔布雷斯。

功利主义（Utilitarianism）

一种道德、政治和法律哲学，这种哲学发现了效用概念中的实用价值，并且

495 认为正确的行动、良好的品格和适当的法律就是那些使得效用最大化的准则。对正确性的检验标准是最大幸福原则，该原则坚持行动必须直接以提高绝大多数人的最大幸福为目标。

工资基金（Wages Fund）

按照古典经济学家的定义，是指生产者用来购买原料和支付工资的基金。

瓦尔拉斯的拍卖人（Walrasian Auctioneer）

在瓦尔拉斯试探过程中，有一个拍卖人专门处理竞标和出价事务，决定哪个价格能够出清市场，并进而允许交易。

世界观（World View）

一整套广泛分享的有关个人与自然界、社会中的其他人以及神灵之间关系的信念。中世纪的世界观在宇宙观中得以概述，该宇宙观是体现上帝的存在和灵魂具体化在所有现存事物中的一种和谐一致。

阅读材料评注

引　论

497 Boorstin, Daniel J. *The Discoverers* (New York: Random House, 1983).

具有思想性同时又通俗易懂的一本著作，介绍了自巴比伦人到爱因斯坦以来对我们形成世界观做出贡献的伟大思想家。布尔斯廷（Boorstin）把每一个发现看成是传记中的片段。

Hicks, John. *A Theory of Economic History* (Oxford: Clarendon Press, 1969).

尽管并不容易阅读，但是希克斯（Hicks）以独特的方式将纯粹的理论引入到经济史之中。

Klamer, Arjo. *Conversations with Economists* (Totoway, New Jersey: Rowman & Allanheld, 1983).

作者借用文学修辞的手段叙述了与著名经济学家的对话。本书以简洁的方式使读者深入了解一些当代著名经济学家的思想。

McCloskey, Deirdre. *The Rhetoric of Economics* (Madison: University of Wisconsin Press, 1985).

这是一本由最好也是最聪慧的经济学作者完成的开拓性著作，书中介绍了理解经济学的修辞方法。

498 Swedberg, Richard. *Conversations with Economists and Sociologists* (Princeton: Princeton University Press, 1990).

斯韦德伯格（Swedberg）以轻松阅读的“对话”方式展现了他对这些主题的智慧和个人品质。

第1章　封建制度及其经济社会的演化

Braudel，Fernand. *Civilization and Capitalism，15th-18th Century*，translated from the French by Sian Reynolds，three vols（New York：Harper & Row，1984）.

这部具有丰富内容的解说性著作以编年史的方式展现了导致繁荣资本主义的几个世纪里平凡的商业活动和普通人的生活。

Cipolla，Carlo M. *Before the Industrial Revolution：European Society and Economy，1000—1700*（New York：W. W. Norton & Co.，1976）.

这部杰作包含了大量的历史，但篇幅小得令人惊奇。

Collis，Louise. *Memoirs of a Medieval Woman*（New York：Harper & Row，1983）.

基于马杰里·肯普（Margery Kempe）的论文集而形成的一本传记，是第一本用英文写成的自传。马杰里是15世纪的非凡女性，她最终到达耶路撒冷朝觐以对她早年犯下的“秘密过错”忏悔。本书提供了中世纪英国和环地中海地区的人们每天丰富多彩和详尽的生活画面。

Erickson，Carolly. *The Medieval Vision：Essay in History and Perception*（New York：Oxford University Press，1976）.

一本将中世纪的思想解释为不同的现实观的精彩而成功的著作，而这种不同于阿奎奈（Aquinas）的充满魔力的现实观，达到了将全部创造力综合起来的创造性水平。

Gilchrist，John T. *The Church and Economic Activity in the Middle Ages*（New York：St. Martin's Press，1969）.

这本书中包含你真正想知道的所有有关教堂和经济状态的信息。

Hilton，Rodney. *Bond Men Made Free*（London：Temple Smith，1973）.

这本经典的著作使得封建制度变得更加鲜活。

499 Keen，Maurice. *Chivalry*（New Haven：Yale University Press，1985）.

这是另外一本经典著作，它从人们天真的想象与实际情况两个方面揭露了骑士制度。

North，Douglas C. and Robert Paul Thomas. *The Rise of the Western World：A New Economic History*（Cambridge：Cambridge University Press，1973）.

道格拉斯·诺斯（Douglas North）获得1993年度诺贝尔经济学奖，很大程度上是因为他（及联合作者）在这本经典著作中所给出的深刻见解。

Postan，M. M. *The Medieval Economy and Society*（Berkeley and Los Angeles：University of California Press，1972）.

这是一本对封建制度如何形成社会以及社会如何演变为封建制度的精彩

论著。

Tawney, R. H. *Religion and the Rise of Capitalism* (New York: Harcourt, Brace, 1937).

这是一本由一位伟大的史学家以新颖的形式撰写的可读性很强的精品。书中涉及的主题体现在书名之中。

Tuchman, Barbara W. *A Distant Mirror: The Calamitous 14th Century* (New York: Alfred A. Knopf, 1978).

这也许是有关中世纪最糟的一个世纪的历史论著中最畅销的一部，读起来很像一本小说。

第2章　亚当·斯密的伟大见解

Heilbroner, Robert. *The Limits of American Capitalism* (New York: Harper & Row, 1966).

这是一位经济学中最优秀也是最具娱乐性的作者。他在书中向人们展示了资本主义为何不能满足每个人的需求。

Heilbroner, Robert. *The Worldly Philosopher*, 7th ed. (New York: Simon & Schuster, 1999).

这是一本向读者介绍伟大经济学家生活的经典著作。

Polanyi, Karl. *The Great Transformation* (New York: Farrar & Rinehart, 1944).

这是一本有关在18世纪非市场化导向占主导的世界经济中引入市场机制困难程度的可读性非常强的著作。这本著作将会给今天那些希望苏联和东欧国家即
500 刻转型成为运转良好的市场经济的人提出忠告。

Smith, Adam. *An Inquiry into the Nature and Causes of the Wealth of Nations*, ed. Edwin Cannan, introductions by Edwin Cannan and Max Lerner (New York: Random House, 1937).

凭借此书，斯密创立了政治经济学的研究领域。尽管书中内容被分割成不同的段落，但每一部分都有许多精华之处。

Smith, Adam. *An Inquiry into the Nature and Causes of the Wealth of Nations*, abridged, with commentary and notes by Laurence Dickey (Indianapolis/Cambridge: Hackett Publishing Co., 1993).

未曾节选的斯密原著有1 000多页，这令读者生畏，除非你是一位十足的爱好者。这部经过缜密思考后最新完成的节选本保留了原来所有的精华，同时增加了迪基（Dickey）教授精辟的评论。

Smith, Adam. "The Principles which Lead and Direct Philosophical Inquiries: Illustrated by the History of Astronomy," in *The Early Writings of Adam Smith*, ed. J. Ralph Lindgren (New York: Augustus M. Kelley, 1967).

在这篇文章中，我们可以找到斯密对牛顿系统和自然法则情感的源头。

Smith, Adam. *The Theory of Moral Sentiments*, ed. Ernest Rhys (London: Everyman's Library, 1910).

一本哲学专著。书中斯密论证了同情心作为和谐社会基础的关键性作用。

第 3 章　边沁和马尔萨斯：享乐主义者与“牧师”

Bentham, Jeremy, *An Introduction to the Principles of Morals and Legislation*, introduction by Laurence J. Lafleur (Darien, Connecticut: Hafner Publishing Co., 1948).

其原创性吸引着众多的读者。

Burtt, Everett, Jr. *Social Perspectives in the History of Economic Theory* (New York: St. Martin's Press, 1972).

本书是古典经济学家著作大量引述的一个很好的素材。本书也为那些希望在图书资料中挖掘新思想的读者提供了扩展性注解。

501 Hartwell, R. M. *The Causes of the Industrial Revolution* (London: Methuen & Co., 1967).

该书是对英国的最佳解读之一。

Himmelfarb, Gertrude. *The Idea of Poverty: England in the Early Industrial Age* (New York: Alfred A. Knopf, 1984).

这是一本对那一时代贫穷状况以及它如何成为社会问题的经典历史著作。

Malthus, Thomas. "An Essay on the Principle of Population, as it Affects the Future Improvement of Society: With Remarks on the Speculations of Mr. Godwin, M. Condorcet, and Other Writers" in *On Population*, by Thomas Malthus, edited by Gertrude Himmelfarb (New York: Random House, Modern Library, 1960).

本文是马尔萨斯对人口爆炸及其灾难性后果原因的经典论述。

Mokyr, Joel (ed.) *The Economics of the Industrial Revolution* (Rowman & Littlefield, 1985).

这是一本有关第一次工业革命的优秀论文集。主编的导读使得本书更加物有所值。

第 4 章　收入分配：李嘉图与马尔萨斯

Ricardo, David. *Principles of Political Economy and Taxation* (London: J. M. Dent & Sons, 1937). [1817]

该书内容枯燥而又浓缩。李嘉图（Ricardo）的著作是晦涩难懂的读物。

Sraffa, Piero. *Works of David Ricardo* (London: Cambridge University Press, 1951).

这是一部包含李嘉图全部著作的多卷本文集。第二卷提供了马尔萨斯的《政治经济学原理》(较李嘉图的著作有很强的可读性)，并附有李嘉图在每一可能的地方给出的具有毁灭性的注解。

第 5 章　冰冷的贫困与火热的穆勒激情

Dickens，Charles. *Hard Times* (New York：E. P. Dutton，1966). [1854].

尽管不是狄更斯众多小说中最可读的一本，但却是与经济学及本章有关的社
502 会评论最相关的一本。本书也非常有趣。

Mill，John Stuart. *Principles of Political Economy*，ed. J. M. Robson，two vols (Toronto：University of Toronto Press，1965). [1848].

对初学者而言，这可能是对古典经济学最好的综述；这部权威教科书在穆勒一生中经过了七次编辑。穆勒自费出版的不太昂贵的一版是同类教材中最畅销的一本。

Williamson，Jeffrey G. *Did British Capitalism Breed Inequality*? (London：Allen & Unwin，1985).

一位杰出的经济学家对不平等原因的讨论。

第 6 章　卡尔·马克思

Bowles，Samuel，David M. Gordon and Thomas E. Weisskopf. *After the Waste Land：A Democratic Economics for the Year 2000* (Armonk，New York：M. E. Sharpe，1990).

作者是新左派或当代马克思主义思想最重要的经济学家。延续前一部著作的风格，本书充满着对美国资本主义激烈、思辨性强而又生动的批判，同时指出了对其毫无节制状况应该采取的措施。本书可供本科生阅读。

Dowd，Douglas F. *The Twisted Dream：Capitalist Development in the United States since 1776* (Cambridge，Massachusetts：Winthrop，1974).

一位优秀的思想家和值得尊敬的作家对美国资本主义给出的批评性考察。

Marx，Karl. *Capital：A Critique of Political Economy*，ed. Friedrich Engels，Vol. 1，4th ed.，revised (New York：Random House，Modern Library，1906).

初学者以本书作为学习的起点可能效果不会很好。

Marx，Karl. *Economic and Philosophic Manuscripts of 1844* (Moscow：Progress Publishers，1959).

明显具有人文主义色彩的马克思年轻时完成的这些文章对新左派具有重要的影响。

503 Tucher，Robert C. (ed.) *The Marx-Engels Reader*，revised (New York：W. W. Norton & Co.，1978).

这一读本包含了马克思和恩格斯许多精彩著作选集，其中也包括《共产党宣言》。

Wilson，Edmund. *To the Finland Station*（New York：Harcourt，Brace，1940）.

这本流行的著作包括马克思和恩格斯的传记以及对他们著作的评论。虽然看起来似乎挺古怪，但这是一本令人爱不释手的书籍。

第 7 章　阿尔弗雷德·马歇尔：繁荣的维多利亚女王时代

Eastern Economic Journal 8（January 1982）.

这一整卷本刊发了阿尔弗雷德·马歇尔的纪念文章，大多是最容易理解的散文形式。

Keynes，John M. *Essays in Biography*（London：Macmillan & Co.，1933）.

这些文集是在只有布鲁姆伯利成员才可能得到的资料基础上写成的。其中包括有关马尔萨斯的随笔，当然也包括马歇尔。

Marshall，Alfred. *Principles of Economics*，8th ed.（London：Macmillan & Co.，1920）.

由那一时代最伟大的经济学家撰写的一本经典教科书，它影响了不只一代经济学家。

Whitaker，John K. *The Early Writings of Alfred Marshall*，*1867—1900*（New York：Free Press，1975）.

作者为我们提供了《经济学原理》完成之前马歇尔的各种思想。

第 8 章　托尔斯坦·凡勃仑引领美国工业航船

Allen，Frederick Lewis，*The Lords of Creation*（New York and London：Harper & Brothers，1935）.

本书是一本有关强盗男爵的经典论著，且具有很强的可读性。

Diggins，John Patrick. *Thorstein Veblen*：*Theorist of the Leisure Class*（Princeton，New Jersey：Princeton University Press，1999）.

504 这本有关凡勃仑的历史传记非常值得一读。迪金斯（Diggins）向人们展示了凡勃仑是如何成为 19 世纪唯一一位能够理智地以他们自身的术语挑战马克思经济理论的美国社会学家。

Dorfman，Joseph. *The Economic Mind in American Civilization*，*1606—1865*，5 vols（New York：Augustus M. Kelley，1966）.

这本书令人叹为观止。作者独一无二地揭示了几个世纪以来美国人是怎样看待美国资本主义组织的。

Gruchy，Allan G. *Contemporary Economic Thought*：*The Contribution of the*

Neoinstitutionalist Economics (New York: Augustus M. Kelley, 1972).

这是一本有关制度经济学的经典教科书。

Hofstadter, Richard. *Social Darwnism in American Thought*, revised ed. (Boston: Beacon Press, 1955).

这是许多有关社会达尔文主义颇有见地的一些观点的经典来源。

Lebergott, Stanley. *The American: An Economic Record* (New York and London: W. W. Norton & Co., 1984).

这是一本特别强调工业化进程中美国社会经济历史故事的著作。作者是经济史学会的前任主席。

Tilman, Rick. *Thorstein Veblen and His Critics, 1891—1963* (Princeton: Princeton University Press, 1992).

这是一本以考察冲击旧习的凡勃仑为中心、综合知识发展历史的文献,同时也是一篇有关社会和经济哲学的论文。

Tilman, Rick. *A Veblen Treasury: from Leisure Class to War, Peace, and Capitalism* (Armonk, New York: M. E. Sharpe, 1993).

这是一本颇具价值的著作,本书以编辑好的形式完整展示凡勃仑打破传统、取得非凡成就的过程,是目前可以找到的唯一一本这类著作。它关注的焦点包括有闲阶级论、对包括马克思主义在内的其他经济理论的谴责、制度的根源,特别是商业企业、美国文化以及"病态的"国际关系。

505 Veblen Thorstein. *The Theory of the Leisure Class* (New York: Viking Press, 1931).

为什么不追求黄金?这是凡勃仑最好也最全面的辛辣有趣的讽刺作品。

第9章　爵士乐时代:战争的后果和大萧条的序幕

Bell, Quentin. *Bloomsbury* (New York: Basic Books, 1968).

这是一本由布鲁姆伯利圈子里的两位成员的亲戚撰写的有关这一社交圈简短历史的著作。作者本身是一位艺术家和作家,他捕捉到了成员之间的内部情报和势利言行。这本书同时包含了凯恩斯的一些稀有艺术作品和两张稀有照片。

Dos Passos, John. *U. S. A.* (Boston: Houghton Mifflin, 1946).

本书对两次世界大战之间的美国历史进行了通俗介绍,是一部内容广泛而惊人的三卷本小说。多斯-帕索斯(Dos Passos)从托尔斯坦·凡勃仑那里得到了启发,同时凡勃仑也是他小说中的一个人物。

Fitzgerald, F. Scott. *The Great Gatsby* (New York: Charles Scribner's Sons, 1925).

这是一本沿袭了菲茨杰拉德早期作品传统的经典著作,书中命名并且界定了爵士乐时代。作为真实的参与者,他和他的妻子塞尔达(Zelda)成为这一定义中不可分离的一部分。

Keynes, John Maynard. *The Economic Consequences of the Peace* (London:

Macmillan & Co., 1919).

无论是从文学角度还是从历史的角度来看，这一巨著至今都仍具有很强的可读性。

Skidelsky, Robert. *John Maynard Keynes. Volume One, Hopes Betrayed, 1883—1920* (New York/London: Penguin Books, 1983).

对于任何人物和任何时代来说，本书都是最好的传记之一，本卷提供了凯恩斯性格形成时许多有吸引力的细节。书中包括了对凯恩斯和他在剑桥以及布鲁姆伯利圈子中的朋友之间关系的深刻认识，也包括《和平的经济后果》一书的写作过程。

Sraffa, Piero. "The Laws of Returns Under Competitive Conditions," *Economic Journal* 36 (December 1926): 535—550.

这是一本关于企业巨头的经典理论解释。

第 10 章　凯恩斯与大萧条

506 Allen, Frederick Lewis. *Only Yesterday* (New York: Harper, 1932).

这是有关大萧条历史最具娱乐性的描述，也是被广泛阅览的著作之一。

Chick, Victoria. *Macroeconomics After Keynes: A Reconstruction of the "General Theory"* (Cambridge, Massachusetts: MIT Press, 1983).

这是从凯恩斯主义者的角度拯救凯恩斯的一次勇敢尝试。

Dillard, Dudley, *The Economics of John Maynard Keynes* (Englewood Cliffs, New Jersey: Prentice-Hall, 1948).

这是第一次对凯恩斯"通论"提供了博学的阐释，同时也是全球最被广泛阅读的著作之一。

Galbraith, John Kenneth. *The Great Crash 1929* (Boston: Houghton Mifflin, 1988). [1954].

该书描述了 1929 年股票市场大崩溃的经典历史，是一本充满智慧和活力的非同寻常的著作。

Galbraith, John Kenneth. *A Life in Our Times: Memoirs* (Boston: Houghton Mifflin, 1981), pp. 68—70.

在 20 世纪很大一部分时间里加尔布雷斯（Galbraith）密切接触了许多重大事件和重要领导人。在这些回忆录中，他把这些经历用令人印象深刻而且诙谐幽默的方式表达出来。特别是，他重点阐述了新政、凯恩斯即将对美国的访问以及肯尼迪政府。

Galbraith, John Kenneth. *Name-Dropping: From F. D. R. On* (Boston: Houghton Mifflin, 1999).

如果你正在寻求相关传记但希望更加简短有趣，那么你会非常欣赏这本小册子。

Keynes, John M. *The Collected Writings of John Maynard Keynes* (London:

Macmillan & Co.; New York: St. Martin's Press, 1971), vols 8, 10, 13—16 and 19.

这些卷的内容与本章有关。

Keynes, John M. *The General Theory of Employment, Interest and Money* (New York: Harcourt, Brace & World, 1936).

它始终是20世纪最具影响力的经济学著作。

507 McElvaine, Robert S. *The Great Depression*, revised ed. (New York: Times Books 1993). [1984].

这是一本出自历史学家之手的不同寻常且容易阅读的经典著作，同时也是以经济学视角对于社会和文化的解释。

Skidelsky, Robert. *John Maynard Keynes. Volume Two, The Economist as Saviour, 1920—1937* (New York/London: Penguin Books, 1994).

在传记第二卷中，斯凯德尔斯基（Skidelsky）追溯了凯恩斯的生活、工作以及这些活动与世界事件之间通过1937年《就业、利息和货币通论》的广泛流传而建立起来的联系。在描述布鲁姆伯利小圈子对凯恩斯与俄罗斯芭蕾舞演员莉迪娅·洛普科娃（Lydia Lopokova）的婚姻构成威胁时，斯凯德尔斯基再一次受到了人身攻击。

Steinbeck, John. *The Grapes of Wrath* (New York: Viking Penguin, 1939).

一位伟大的小说家捕捉到的大萧条中人类承受的极端痛苦。

第11章　若干现代凯恩斯主义者

Boland, Lawrence A. *The Foundation of Economic Method* (London: George Allen & Unwin, 1982).

如果你想知道更多一点掌握新古典经济学的知识的相关方法，那么这本书会告诉你答案。

Davidson, Paul. *Money and the Real World* (New York: Wiley, Halstead Press, 1972).

一本描述现代生产体系中货币所产生影响的经典著作。书中给出了美国后凯恩斯主义的定义。

Davidson, Paul. *Post Keynesian Macroeconomic Theory* (Cheltenham, United Kingdom: Edward Elgar, 1994).

同之前的书一样，这本书鼓励学生回归凯恩斯对真实世界经济问题的关注以及为解决这些问题而思考的政策设计。同时，这本书也讨论了新古典主义和新凯恩斯主义理论的局限性。

Eichner, Alfred S. (ed.) *A Guide to Post-Keynesian Economics* (Armonk, New York: M. e. Sharpe, 1979).

这本书对后凯恩斯经济学进行了介绍，非常值得阅读。

508 Eichner, Alfred S. (ed.) *Why Economics Is Not Yet a Science* (Armonk, New

York: M. e. Sharpe, 1983).

这本书中的论文赞成凯恩斯最初的观点。总的来说，作者们认为经济学不能成为一门与物理同样有意义的科学。

Hicks, John R. *The Crisis in Keynesian Economics* (New York: Basic Books, 1974).

在这本可读性很强的著作中，希克斯（Hicks）公开认错：他在论述 IS—LM 模型时误解了凯恩斯。希克斯公开承认错误的精神非常可嘉。

Johnson, Elizbeth, and Donald Moggridge (eds.) *The Collected Writings John Maynard Keynes* (London: Macmillan & Co., 1971), Vol 14.

这一卷包含的文章与本章所述问题相关。

Robinson, Joan. *The Accumulation of Capital* (London: Macmillan & Co., 1956).

该书对现代资本主义提供了经典解释。

Sraffa, Piero. *Production of Commodities by Means of Commodities* (Cambridge University Press, 1960).

这一短篇名著将意大利学派引入了后凯恩斯主义。但对于普通读者来说却过于简洁了。

Weintraub, Sidney. *A General Theory of the Price Level, Output, Income Distribution and Economic Growth* (Philadelphia: Chilton, 1959).

这一名著界定了后凯恩斯主义有关收入分配对宏观经济效应的观点。

第 12 章　货币主义和新古典主义深入的反革命

Friedman, Milton. "The Quantity Theory of Money—A Restatement," in *Studies in the Quantity Theory of Money*, ed. Milton Friedman (Chicago: University of Chicago Press, 1956).

这篇文章经常作为推动现代货币主义发展和芝加哥学派复兴的重要文献而被引用。

509 Friedman, Milton and Anna J. Schwartz. *A Monetary History of the United States, 1967—1960* (Princeton, New Jersey: Princeton University Press, 1963).

该书对从 1867 年开始的美国货币供给进行了细致研究。货币主义者经常引用其中有创意的资料来证明只有货币能起作用。不过，这本书很难读懂。

Galbraith, John Kenneth. *A Tenured Professor* (Boston: Houghton Mifflin, 1990).

这是一部对 20 世纪 80 年代获取钱财的习惯方式以及固有的、乏味的学术规范教条予以讽刺的作品。加尔布雷斯在这本时兴的小说中对于美国隐藏的议程给予了灵巧的嘲讽，颇具喜剧色彩。包括理性预期学派在内的经济学家都没有幸免。

Lucas, Robert E. Jr. and Leonard A Rapping. "Price Expectations and the

Phillips Curve," *American Economic Review* 59 (June 1970): 342—350.

这篇经典文献首次将理性预期的观点融入了宏观经济学之中。

Lucas, Robert E. Jr. and Leonard A. Rapping. "Real Wages, Employment and Inflation," *Journal of Political Economy* 77 (September 1969): 721—754.

在这篇创新文章中，卢卡斯（Lucas）和拉平（Rapping）将理性预期引入到了对劳动市场的分析之中。这在新古典学派中引出了将劳动市场视为拍卖市场的提法。

Rand, Ayn. *Atlas Shrugged* (New York: Random House, 1957).

兰德（Rand）的客观主义原则通过书中男主角之一约翰·高尔特（John Galt）一篇 60 页的演讲充分展现出来。这本书共有 1 168 页，比《国富论》还要长。不幸的是，尽管有过一些尝试，但这部作品还是没有被拍成电影，因而真正的“粉丝”也只得接受一个苦涩的结局。

Sargent, Thomas J. *Rational Expectations and Inflation* (New York: Harper & Row, 1986).

如果你想更多地了解理性预期，这将是一本好书。第一章非常数学化并且很难阅读下去。但后面会变得越来越容易，也更加有趣。书中包含了一个对里根经济政策的有意思的批评。

510 Solow, Robert. "The Intelligent Citizens' Guide to Inflation," *Public Interest* 38 (Winter 1975): 30—66.

该书对通货膨胀的成因及后果提供了一个灵巧而又正式的入门介绍。

第 13 章　经济增长和技术:熊彼特与资本主义的运动

Canterbery, E. Ray. "Galbraith, Sraffa, Kalecki and Supra-Surplus Capitalism," *Journal of Post Keynesian Economics* 7 (Fall 1984): 71—89.

如果你对标题所描述的相互关系所涉及的更多内容感兴趣，那么这篇文章可以满足你的需要。就好像《地球的战栗》一样，不要为等待这本书的电影版而烦恼；我们可能永远也等不到。

Landes, David S. *The Wealth and Poverty of Nations: Why Some are So Rich and Some So Poor* (New York/London: W. W. Norton & Company, 1998).

带着从亚当·斯密（Adam Smith）那里得来的暗示，经济史学家兰德斯（Landes）讲述了一个有关财富和权力主题的故事，引人入胜；在最近 600 多年里，世界上最富有的经济体大多在欧洲国家。他的证明令人信服，欧洲的主要优势在于发明创造和实际运用知识，比如在战争、运输、现代工业以及金属加工业中所运用的技术。

Mensch, Gerhard O. *Stalemate in Technology* (Cambridge, Massachusetts: Ballinger, 1979).

这是一本量化熊彼特长波观点的重要著作。

Olson, Mancur. *The Rise and Decline of Nations* (New Haven: Yale University Press, 1982).

这本书有一个狭窄的开始但却得到了广阔的视野。

Rostow, W. W. *The World Economy* (Austin: University of Texas Press, 1980).

这是一本按照《乱世佳人》的模式写成的经济学，它为我们提供了一个全球视角下的全景图。

Schumpeter, Joseph A. *Capitalism, Socialism, and Democracy*, 3rd ed. (New York: Harper & Brothers Publishers, 1950).

这是熊彼特处于最佳创作期中的代表作。

511 Swedberg, Richard. *Schumpeter: A Biography* (Princeton: Princeton University Press, 1991).

斯韦德伯格以传记形式小心揭示了这位卓越思想家性格中的不同层面。

Warsh, David. *The Idea of Economic Complexity* (New York: Viking Press, 1984).

这本流行的著作充满着智慧。这本由《波士顿环球时报》金融记者撰写的书中包含了对长期通货膨胀令人惊奇而又颇有见地的阐述。

第 14 章　资本主义的多重面孔：加尔布雷斯、海尔布伦纳与制度经济学

Ayres, Clarence. *The Theory of Economic Progress* (Chapel Hill: University of North Carolina Press, 1944).

这是一部由美国重要的制度经济学家之一撰写的经典作品，它充分强调了技术在经济变革中的重要性。

Canterbery, E. Ray (ed.) "Galbraith Symposium," *Journal of Post Keynesian Economics* 7 (Fall 1984): 5—102.

这是一系列阐述和评价加尔布雷斯贡献的系列论文，其中包含一篇由阿瑟·施莱辛格 (Arthur Schlesinger) 撰写的《政治上的加尔布雷斯》和作者本人撰写的论文。

Galbraith, John Kenneth. *The Affluent Society*, 2nd ed., revised (Boston: Houghton Mifflin, 1969).

这是一本经典而有趣的著作。书中引入的一些术语，现在被广泛使用，例如"丰裕社会"。

Galbraith, John Kenneth. *The New Industrial State* (Boston: Houghton Mifflin, 1967).

以我个人的标准来评判，这部著作是加尔布雷斯经济学方面最好的书。其中涉及的厂商的"技术结构"(technostructure)和"计划体系"(planning system)都成为了英语语言的一部分。

Heibroner, Robert. *The Nature and Logic of Capitalism* (New York: W. W.

Norton, 1985).

这是将这一论题写成散文的一部作品。

第 15 章　赌场经济的兴起

512 Anders, George. *The Merchants of Debt* (New York: Basic Books, 1992).

书中描绘了 20 世纪 80 年代华尔街杠杆收购之王科克罗有限公司引人注目的一些故事。这本书以简洁明快的讲述，带着读者经历了杠杆收购时代美国商业复杂的融资过程，并且揭示了科克罗公司与德崇证券垃圾债的首席代表迈克尔·米尔肯 (Michael Milken) 之间的紧密联系。

Bartlett, Bruce. *"Reaganomics": Supply Side Economics in Action*, foreword by Rep. Jack Kemp (Westport, Commecticut: Arlington House Publishers, 1981).

这是一本早期论述"里根经济学"将会如何带来无尽繁荣的改革式书籍。

Canterbery, E. Ray. *Wall Street Capitalism: The Theory of the Bondholding Class* (Singapore/River Edge, New Jersey/London: World Scientific, 2000).

这本书对外行读者来说也通俗易懂。它提供了许多如何转向赌场经济以及由此对普通家庭产生影响的细节。

Canterbery, E. Ray. "Reaganonics, Saving, and the Casino Effect," in *The Economics of Saving*, ed. James H. Gapinski (Boston/Dordrecht/London: Kluwer Academic Publishers, 1993).

本书的一些章节解释了里根经济学中存在的矛盾并说明了它为什么能促使赌场经济产生。

Chernow, Ron. *The House of Morgan* (New York: Atlantic Monthly Press, 1990).

这本引人入胜的长篇著作，叙述了美国银行业的兴起、衰落和复苏。本书以 20 世纪 80 年代期间 RJR. 纳贝斯克 (RJR. Nabisco) 公司的杠杆收购作为结束。

Doan, Edwin G. (ed.) *The Foundations of Modern Austrian Economics* (Kansas City, Kansas: Sheed & Ward, 1976).

这是一本关于这一学派很好且极具可读性的入门著作。

Feldstin, Mattin. "The Retreat from Keynesian Economics," *Public Interest* 64 (Summer 1981): 92—105.

513 这是由里根经济顾问委员会主席撰写的攻击凯恩斯主义并为"里根经济学"极端辩护的文章。

Minsky, Hyman P. *Can "It" Happen Again? Essays on Instability and Finance* (Armonk, New York: M. E. Sharpe, 1982).

"它"指的是大萧条。明斯基 (Minsky) 得出结论，只要中央银行能够成为贷方最后的求助对象，大萧条就不会再次发生。

Minsky, Hyman P. *John Maynard Keynes* (New York: Columbia University

Press, 1976).

该书阐述了与大师心目中的想法较为一致的凯恩斯的观点。

Partnoy, Frank. *FIASCO: The Inside Story of a Wall Street Trader* (New York/London: Penguin, 1999).

这是一个令人恐惧的业内人士对衍生产品交易血淋淋的控诉。书中对奥兰治县 (Orange County)、巴林银行 (Barings)、宝洁 (Procter & Gamble) 公司等的真实命运进行了充满智慧而又幽默的描绘。

Shand, Alexander H. *The Capitalist Alternative: An Introduction to Neo-Asutrian Economics* (New York and London: New York University Press, 1984).

这是一本极具可读性的著作。本书涵盖了奥地利学派从价值论到经济周期的所有观点。如果你想要查阅更多的出处，那么它也提供了一套很好的参考书目。

Tobin, James. "Reaganomics and Economics," *New York Review of Books*. December 3, 1981.

这是一位凯恩斯主义的领军人物、诺贝尔经济学奖得主对里根经济学较早而又巧妙的攻击。

第16章 全球经济

Canterbery, E. Ray. *Wall Street Capitalism: The Theory of the Bondholding Class* (Singapore/River Edge, New Jersey/London: World Scientific, 2000).

作者发现了经济一体化进程中的黑暗面，美国劳动力处于悲惨境地，并且表达了对国际资本流动，特别是那些与金融衍生品相关的资本不受约束的关注。

514 Gray, H. Peter. *Global Economic Involvement: A Synthesis of Modern International Economics* (Copenhagen: Copenhagen Business School Press, 1999).

这是对全球化进程中跨国公司作用的最新综合。在解释制度如何影响全球环境方面，本书表现得尤为出色。

Siebert, Horst. *The World Economy* (London/New York: Routledge, 1999).

希尔伯特 (Siebert) 比格雷 (Gray) 更多地使用了传统的经济学分析方法。然而，如果读者可以越过那些传统的图表，通过它将能够更多地了解全球经济中的历史变迁。

第17章 攀登经济学理论的高峰

Nasar, Sylvia. *A Beautiful Mind* (New York: Simon & Schuster, 1998).

这是一本关于诺贝尔经济学奖得主约翰·纳什 (John Forbes Nash) 的传记。本书理应获奖，因为它或许是唯一一本能够被非专业人士所理解的讨论博弈论的书。本书不仅足以引起了人们对于纳什知识力量的敬畏，同时也细致地描绘了纳什的精神疾病。在好莱坞式的结局中，纳什的情感有生以来第一次与他的智慧融为一体。

Heilbroner, Robert and William Milberg. *The Crisis of Vision in Modern Economic Thought* (Cambridge University Press).

这是一个对于宏观经济学高级理论巧妙而又有说服力的批评。

第 18 章　2008 年的住房和信贷危机

515 E. Ray Canterbery, *Alan Greenspan: The Oracle Behind the Curtain* (Singapore, New Jersey, London: World Scientific, 2006).

对格林斯潘和美联储如何创造出注定会破灭的住房泡沫进行阐述的第一书。它揭示出了一项制度的虚伪性,该制度表面声称政治独立性,实则创造出华尔街资本主义。

William A. Fleckenstein, *Greenspan's Bubbles* (New York: McGraw Hill, 2008).

本书向我们全方面描述了一位缺点颇多但却又散发着迷人魅力的人物,他的言行让一代人走上了歪路,并且会在将来的岁月继续给我们带来挑战。被《纽约时报》命名为"泡沫先生"的格林斯潘不过是一系列泡沫的制造者,他做错误决策的历史由来已久。他著名的"格林斯潘对策"(Greenspan Put)带来了"金发女孩经济"(即还不错的经济形势,译者注)——但事实表明,金发女孩经济终以熊市收尾。

第 19 章　2007—2010 年的经济大衰退

E. Ray Canterbery, *Wall Street Capitalism* (Singapore, New Jersey, London: World Scientific, 2000).

本书深入到《华尔街日报》标题的背后,揭示华尔街的真实力量。在里根政府财政政策的推动、美联储官员的强化以及克林顿政府的支持下,华尔街创造出了"金发女孩经济"(不过热又不过冷的经济)。由于华尔街积累了历史上最大的财富,所以普通的美国民众在遭遇接下来发生的全球金融风暴时乱了阵脚。坎特伯里向读者表明两点:个人储蓄的蒸发(天使飞升,the Angles share)对华尔街资本主义的必要性以及它对经济增长和大街上人们的工资的危害。本书中所讨论的补救政策对现行的赌场经济依然适用。

Charles R. Morris, *The Trillion Dollar Meltdown* (New York: Public Affairs, 2008).

莫里斯描述了近来历史上最惨烈的金融环境。他向我们阐明,为什么说次贷危机只是金融资产更糟表现的一个前奏。他指出,几十万亿美元的信用衍生品赌注是更多震荡的来源。大银行的超大杠杆率以及它们的对冲基金和私有权益客户
516 最终导致了全球市场的大规模混乱。四分之一个世纪以来为资产剥离、恣意借贷和对冲基金唱赞歌的自由市场不知不觉间灰飞烟灭。本书的分析有助于定义后危

机时代。

第 20 章　经济学的未来

Brockway，George P. *The End of Economic Man*，revised ed.（New York/London：W. W. Norton，1991）.

这是一本充满智慧和常识的著作。布洛克威（Brockway）认为，许多传统的经济思想被耗费在了沉闷科学之中。本书是考虑经济学应该向何处去的一个很好的出发点。

索　引*

* 于泽、牛筱颖、江艇、唐小锋、高东明、吕志华、吕辉、马二排、马慕禹、曾景、付欢、王博、刘瑞、张伟、钟红英、刘兴坤、罗宇、徐志浩、王晓、胡安荣、张宏宇、孙晖、程诗、王小芽、冯丽君、王建昌、李军校对了书中文献。

索引

译后记

本书的作者雷·坎特伯里是一位著名的经济思想史专家，他以敏锐的才思、开阔的视角和幽默诙谐的写作方式，使得略显枯燥的经济学说发展史变得生动有趣。通过这本《经济学简史》，读者可以深刻地理解，自封建制度以来，伴随着资本主义经济的变迁，一些影响着社会走向的伟大经济思想的形成与发展。借助于历史上一些重要的事件和广为人知的文学人物，坎特伯里带领广大经济学爱好者亲身经历了一次经济社会和经济学的演进。在第二版中，新增加了关于全球发生的近几年来的经济大衰退，立意深刻，思想性很强。

虽然是一本入门级著作，但翻译本书对我们来说仍然非常具有挑战性。严密的经济学理论、生动的经济史实和极具娱乐性的文学故事“三位一体”，使得翻译工作的困难指数大大增加。但我们仍然希望中文译本能够体现原作的风格，使得读者在轻松愉快中了解或应用经济学，或者开始经济理论的创新研究。

译　者

2013 年 5 月

翻译说明

翻译图书是个艰苦的过程，一本几十万甚至上百万的英文书译成中文至少需要一两年或者更长的时间，并且需要经过许多环节，这期间需要许多人的不懈努力才能完成，不管是教材还是学术著作的翻译都是一个艰难的过程，也是对一个人意志的磨练，许多译者感叹道，之所以还愿意默默无闻地在翻译田野里耕耘着（翻译周期长，报酬低），是因为喜欢这图书，这应该是大多数译者的境界，这些年来，许多译者参加了《经济科学译丛》、《当代世界学术名著》、《行为与实验经济学经典译丛》多部图书的推荐工作，这里要感谢的有：周业安、贺京同、姚开建、贾根良、杨斌、赵英军、王忠玉、陈彦斌、李军林、张友仁、柳茂森、陈宁、李辉文、马志英、覃福晓、李凤华、江挺、王志标等，许多译者不辞辛苦参加了多部图书翻译或校译工作，这里要感谢的有：顾晓波、冯丽君、马幕远、胡安荣、曾景、王晓、孙晖、程诗、付欢、王小芽、马慕禹、张伟、李军、王建昌、王晓东、李一凡、刘燕平、刘蕊、范阳阳、秦升、程悦、徐秋慧、钟红英、赵文荣、杨威、崔学峰、王博、刘伟琳、周尧、李君、彭超、徐志浩、李朝气、马二排、罗宇、潘碧玥、王杰彪、秦旭、胡善斌、刘兴坤、蔡彤娟、邓娟、张宏宇、王宝来、陈月兰、刘立文、赵旭东、张华、唐海波、于欣、杭鑫、唐仁、杨介棒、王新荣、李非、段颀、杨媛、徐晨、周尧、李冬蕾、曾小楚、李陶亚、冯凌秉、胡棋智、张略钊、许飞虎、姚东旻、米超、罗建平、侯锦慎、肖璇、王行焘、何富彩、李昊、周嘉舟、高梦沉、林榕、施芳凝、宗旋、洪蓓芸、陆洪、高东明、吕志华、吕辉、刘志彬、牛筱颖、彭博、李昕、张鹏龙、崔尔南、赵彤彤、李果、张岩、周鑫遥、周莉、艾文卫、蒋东霖、史可心、刘霁、林燕丽、孙琳、陈梅紫、赵丹、程婧、郭婧雅、程元宁、周洪荣、李婷婷、杨娟、邹紫露、程栩、杨腾、王梦雨、魏冰清、刘冠群、张茵兰、方庆、柯唱、鲁蕾、连洪泉，此外，赵燕伟、杨林林、黄立伟、韩裕平、郭媛媛、周斌、张小芳、朱军、胡京利、苗玮参加了多部图书的校对工作（一校、二校），他们付出了艰辛的劳动，在此表示感谢。

经济科学译丛						
序号	书名	作者	Author	单价	出版年份	ISBN
1	投入产出分析:基础与扩展(第二版)	罗纳德·E. 米勒等	Ronald E. Miller	98.00	2019	978-7-300-26845-3
2	宏观经济学:政策与实践(第二版)	弗雷德里克·S. 米什金	Frederic S. Mishkin	89.00	2019	978-7-300-26809-5
3	国际商务:亚洲视角	查尔斯·W. L. 希尔等	Charles W. L. Hill	108.00	2019	978-7-300-26791-3
4	统计学:在经济和管理中的应用(第10版)	杰拉德·凯勒	Gerald Keller	158.00	2019	978-7-300-26771-5
5	经济学精要(第五版)	R. 格伦·哈伯德等	R. Glenn Hubbard	99.00	2019	978-7-300-26561-2
6	环境经济学(第七版)	埃班·古德斯坦等	Eban Goodstein	78.00	2019	978-7-300-23867-8
7	美国经济史(第12版)	加里·M. 沃尔顿等	Gary M. Walton	98.00	2018	978-7-300-26473-8
8	管理者微观经济学	戴维·M.克雷普斯	David M. Kreps	88.00	2019	978-7-300-22914-0
9	组织经济学:经济学分析方法在组织管理上的应用(第五版)	塞特斯·杜玛等	Sytse Douma	62.00	2018	978-7-300-25545-3
10	经济理论的回顾(第五版)	马克·布劳格	Mark Blaug	88.00	2018	978-7-300-26252-9
11	实地实验:设计、分析与解释	艾伦·伯格等	Alan S. Gerber	69.80	2018	978-7-300-26319-9
12	金融学(第二版)	兹维·博迪等	Zvi Bodie	75.00	2018	978-7-300-26134-8
13	空间数据分析:模型、方法与技术	曼弗雷德·M. 费希尔等	Manfred M. Fischer	36.00	2018	978-7-300-25304-6
14	《宏观经济学》(第十二版)学习指导书	鲁迪格·多恩布什等	Rudiger Dornbusch	38.00	2018	978-7-300-26063-1
15	宏观经济学(第四版)	保罗·克鲁格曼等	Paul Krugman	68.00	2018	978-7-300-26068-6
16	计量经济学导论:现代观点(第六版)	杰弗里·M. 伍德里奇	Jeffrey M. Wooldridge	109.00	2018	978-7-300-25914-7
17	经济思想史:伦敦经济学院讲演录	莱昂内尔·罗宾斯	Lionel Robbins	59.80	2018	978-7-300-25258-2
18	空间计量经济学入门——在R中的应用	朱塞佩·阿尔比亚	Giuseppe Arbia	45.00	2018	978-7-300-25458-6
19	克鲁格曼经济学原理(第四版)	保罗·克鲁格曼等	Paul Krugman	88.00	2018	978-7-300-25639-9
20	发展经济学(第七版)	德怀特·H.波金斯等	Dwight H. Perkins	98.00	2018	978-7-300-25506-4
21	线性与非线性规划(第四版)	戴维·G.卢恩伯格等	David G. Luenberger	79.80	2018	978-7-300-25391-6
22	产业组织理论	让·梯若尔	Jean Tirole	110.00	2018	978-7-300-25170-7
23	经济学精要(第六版)	巴德、帕金	Bade, Parkin	89.00	2018	978-7-300-24749-6
24	空间计量经济学——空间数据的分位数回归	丹尼尔·P. 麦克米伦	Daniel P. McMillen	30.00	2018	978-7-300-23949-1
25	高级宏观经济学基础(第二版)	本·J. 海德拉	Ben J. Heijdra	88.00	2018	978-7-300-25147-9
26	税收经济学(第二版)	伯纳德·萨拉尼耶	Bernard Salanié	42.00	2018	978-7-300-23866-1
27	国际宏观经济学(第三版)	罗伯特·C. 芬斯特拉	Robert C. Feenstra	79.00	2017	978-7-300-25326-8
28	公司治理(第五版)	罗伯特·A.G. 蒙克斯	Robert A. G. Monks	69.80	2017	978-7-300-24972-8
29	国际经济学(第15版)	罗伯特·J. 凯伯	Robert J. Carbaugh	78.00	2017	978-7-300-24844-8
30	经济理论和方法史(第五版)	小罗伯特·B. 埃克伦德等	Robert B. Ekelund. Jr.	88.00	2017	978-7-300-22497-8
31	经济地理学	威廉·P. 安德森	William P. Anderson	59.80	2017	978-7-300-24544-7
32	博弈与信息:博弈论概论(第四版)	艾里克·拉斯穆森	Eric Rasmusen	79.80	2017	978-7-300-24546-1
33	MBA宏观经济学	莫里斯·A. 戴维斯	Morris A. Davis	38.00	2017	978-7-300-24268-2
34	经济学基础(第十六版)	弗兰克·V. 马斯切纳	Frank V. Mastrianna	42.00	2017	978-7-300-22607-1
35	高级微观经济学:选择与竞争性市场	戴维·M. 克雷普斯	David M. Kreps	79.80	2017	978-7-300-23674-2
36	博弈论与机制设计	Y. 内拉哈里	Y. Narahari	69.80	2017	978-7-300-24209-5
37	宏观经济学精要:理解新闻中的经济学(第三版)	彼得·肯尼迪	Peter Kennedy	45.00	2017	978-7-300-21617-1
38	宏观经济学(第十二版)	鲁迪格·多恩布什等	Rudiger Dornbusch	69.00	2017	978-7-300-23772-5
39	国际金融与开放宏观经济学:理论、历史与政策	亨德里克·范登伯格	Hendrik Van den Berg	68.00	2016	978-7-300-23380-2
40	经济学(微观部分)	达龙·阿西莫格鲁等	Daron Acemoglu	59.00	2016	978-7-300-21786-4
41	经济学(宏观部分)	达龙·阿西莫格鲁等	Daron Acemoglu	45.00	2016	978-7-300-21886-1
42	发展经济学	热若尔·罗兰	Gérard Roland	79.00	2016	978-7-300-23379-6
43	中级微观经济学——直觉思维与数理方法(上下册)	托马斯·J·内契巴	Thomas J. Nechyba	128.00	2016	978-7-300-22363-6
44	环境与自然资源经济学(第十版)	汤姆·蒂坦伯格等	Tom Tietenberg	72.00	2016	978-7-300-22900-3
45	劳动经济学基础(第二版)	托马斯·海克拉克等	Thomas Hyclak	65.00	2016	978-7-300-23146-4
46	货币金融学(第十一版)	弗雷德里克·S·米什金	Frederic S. Mishkin	85.00	2016	978-7-300-23001-6
47	动态优化——经济学和管理学中的变分法和最优控制(第二版)	莫顿·I·凯曼等	Morton I. Kamien	48.00	2016	978-7-300-23167-9
48	用Excel学习中级微观经济学	温贝托·巴雷托	Humberto Barreto	65.00	2016	978-7-300-21628-7
49	宏观经济学(第九版)	N·格里高利·曼昆	N. Gregory Mankiw	79.00	2016	978-7-300-23038-2
50	国际经济学:理论与政策(第十版)	保罗·R·克鲁格曼等	Paul R. Krugman	89.00	2016	978-7-300-22710-8
51	国际金融(第十版)	保罗·R·克鲁格曼等	Paul R. Krugman	55.00	2016	978-7-300-22089-5
52	国际贸易(第十版)	保罗·R·克鲁格曼等	Paul R. Krugman	42.00	2016	978-7-300-22088-8
53	经济学精要(第3版)	斯坦利·L·布鲁伊等	Stanley L. Brue	58.00	2016	978-7-300-22301-8
54	经济分析史(第七版)	英格里德·H·里马	Ingrid H. Rima	72.00	2016	978-7-300-22294-3
55	投资学精要(第九版)	兹维·博迪等	Zvi Bodie	108.00	2016	978-7-300-22236-3

经济科学译丛

序号	书名	作者	Author	单价	出版年份	ISBN
56	环境经济学(第二版)	查尔斯·D·科尔斯塔德	Charles D. Kolstad	68.00	2016	978-7-300-22255-4
57	MWG《微观经济理论》习题解答	原千晶等	Chiaki Hara	75.00	2016	978-7-300-22306-3
58	现代战略分析(第七版)	罗伯特·M·格兰特	Robert M. Grant	68.00	2016	978-7-300-17123-4
59	横截面与面板数据的计量经济分析(第二版)	杰弗里·M·伍德里奇	Jeffrey M. Wooldridge	128.00	2016	978-7-300-21938-7
60	宏观经济学(第十二版)	罗伯特·J·戈登	Robert J. Gordon	75.00	2016	978-7-300-21978-3
61	动态最优化基础	蒋中一	Alpha C. Chiang	42.00	2015	978-7-300-22068-0
62	城市经济学	布伦丹·奥弗莱厄蒂	Brendan O'Flaherty	69.80	2015	978-7-300-22067-3
63	管理经济学:理论、应用与案例(第八版)	布鲁斯·艾伦等	Bruce Allen	79.80	2015	978-7-300-21991-2
64	经济政策:理论与实践	阿格尼丝·贝纳西-奎里等	Agnès Bénassy-Quéré	79.80	2015	978-7-300-21921-9
65	微观经济分析(第三版)	哈尔·R·范里安	Hal R. Varian	68.00	2015	978-7-300-21536-5
66	财政学(第十版)	哈维·S·罗森等	Harvey S. Rosen	68.00	2015	978-7-300-21754-3
67	经济数学(第三版)	迈克尔·霍伊等	Michael Hoy	88.00	2015	978-7-300-21674-4
68	发展经济学(第九版)	A.P.瑟尔沃	A. P. Thirlwall	69.80	2015	978-7-300-21193-0
69	宏观经济学(第五版)	斯蒂芬·D·威廉森	Stephen D. Williamson	69.00	2015	978-7-300-21169-5
70	资源经济学(第三版)	约翰·C·伯格斯特罗姆等	John C. Bergstrom	58.00	2015	978-7-300-20742-1
71	应用中级宏观经济学	凯文·D·胡佛	Kevin D. Hoover	78.00	2015	978-7-300-21000-1
72	计量经济学导论:现代观点(第五版)	杰弗里·M·伍德里奇	Jeffrey M. Wooldridge	99.00	2015	978-7-300-20815-2
73	现代时间序列分析导论(第二版)	约根·沃特斯等	Jürgen Wolters	39.80	2015	978-7-300-20625-7
74	空间计量经济学——从横截面数据到空间面板	J·保罗·埃尔霍斯特	J. Paul Elhorst	32.00	2015	978-7-300-21024-7
75	国际经济学原理	肯尼思·A·赖纳特	Kenneth A. Reinert	58.00	2015	978-7-300-20830-5
76	经济写作(第二版)	迪尔德丽·N·麦克洛斯基	Deirdre N. McCloskey	39.80	2015	978-7-300-20914-2
77	计量经济学方法与应用(第五版)	巴蒂·H·巴尔塔基	Badi H. Baltagi	58.00	2015	978-7-300-20584-7
78	战略经济学(第五版)	戴维·贝赞可等	David Besanko	78.00	2015	978-7-300-20679-0
79	博弈论导论	史蒂文·泰迪里斯	Steven Tadelis	58.00	2015	978-7-300-19993-1
80	社会问题经济学(第二十版)	安塞尔·M·夏普等	Ansel M.Sharp	49.00	2015	978-7-300-20279-2
81	博弈论:矛盾冲突分析	罗杰·B·迈尔森	Roger B. Myerson	58.00	2015	978-7-300-20212-9
82	时间序列分析	詹姆斯·D·汉密尔顿	James D. Hamilton	118.00	2015	978-7-300-20213-6
83	经济问题与政策(第五版)	杰奎琳·默里·布鲁克斯	Jacqueline Murray Brux	58.00	2014	978-7-300-17799-1
84	微观经济理论	安德鲁·马斯-克莱尔等	Andreu Mas-Collel	148.00	2014	978-7-300-19986-3
85	产业组织:理论与实践(第四版)	唐·E·瓦尔德曼等	Don E. Waldman	75.00	2014	978-7-300-19722-7
86	公司金融理论	让·梯若尔	Jean Tirole	128.00	2014	978-7-300-20178-8
87	公共部门经济学	理查德·W·特里西	Richard W. Tresch	49.00	2014	978-7-300-18442-5
88	计量经济学原理(第六版)	彼得·肯尼迪	Peter Kennedy	69.80	2014	978-7-300-19342-7
89	统计学:在经济中的应用	玛格丽特·刘易斯	Margaret Lewis	45.00	2014	978-7-300-19082-2
90	产业组织:现代理论与实践(第四版)	林恩·佩波尔等	Lynne Pepall	88.00	2014	978-7-300-19166-9
91	计量经济学导论(第三版)	詹姆斯·H·斯托克等	James H. Stock	69.00	2014	978-7-300-18467-8
92	发展经济学导论(第四版)	秋山裕	秋山裕	39.80	2014	978-7-300-19127-0
93	中级微观经济学(第六版)	杰弗里·M·佩罗夫	Jeffrey M. Perloff	89.00	2014	978-7-300-18441-8
94	平狄克《微观经济学》(第八版)学习指导	乔纳森·汉密尔顿等	Jonathan Hamilton	32.00	2014	978-7-300-18970-3
95	微观经济学(第八版)	罗伯特·S·平狄克等	Robert S.Pindyck	79.00	2013	978-7-300-17133-3
96	微观银行经济学(第二版)	哈维尔·弗雷克斯等	Xavier Freixas	48.00	2014	978-7-300-18940-6
97	施米托夫论出口贸易——国际贸易法律与实务(第11版)	克利夫·M·施米托夫等	Clive M. Schmitthoff	168.00	2014	978-7-300-18425-8
98	微观经济学思维	玛莎·L·奥尔尼	Martha L. Olney	29.80	2013	978-7-300-17280-4
99	宏观经济学思维	玛莎·L·奥尔尼	Martha L. Olney	39.80	2013	978-7-300-17279-8
100	计量经济学原理与实践	达摩达尔·N·古扎拉蒂	Damodar N.Gujarati	49.80	2013	978-7-300-18169-1
101	现代战略分析案例集	罗伯特·M·格兰特	Robert M. Grant	48.00	2013	978-7-300-16038-2
102	高级国际贸易:理论与实证	罗伯特·C·芬斯特拉	Robert C. Feenstra	59.00	2013	978-7-300-17157-9
103	经济学简史——处理沉闷科学的巧妙方法(第二版)	E·雷·坎特伯里	E. Ray Canterbery	58.00	2013	978-7-300-17571-3
104	管理经济学(第四版)	方博亮等	Ivan Png	80.00	2013	978-7-300-17000-8
105	微观经济学原理(第五版)	巴德、帕金	Bade,Parkin	65.00	2013	978-7-300-16930-9
106	宏观经济学原理(第五版)	巴德、帕金	Bade,Parkin	63.00	2013	978-7-300-16929-3
107	环境经济学	彼得·伯克等	Peter Berck	55.00	2013	978-7-300-16538-7
108	高级微观经济理论	杰弗里·杰里	Geoffrey A. Jehle	69.00	2012	978-7-300-16613-1
109	高级宏观经济学导论:增长与经济周期(第二版)	彼得·伯奇·索伦森等	Peter Birch Sørensen	95.00	2012	978-7-300-15871-6

经济科学译丛						
序号	书名	作者	Author	单价	出版年份	ISBN
110	宏观经济学(第二版)	保罗·克鲁格曼	Paul Krugman	45.00	2012	978-7-300-15029-1
111	微观经济学(第二版)	保罗·克鲁格曼	Paul Krugman	69.80	2012	978-7-300-14835-9
112	克鲁格曼《微观经济学(第二版)》学习手册	伊丽莎白·索耶·凯利	Elizabeth Sawyer Kelly	58.00	2013	978-7-300-17002-2
113	克鲁格曼《宏观经济学(第二版)》学习手册	伊丽莎白·索耶·凯利	Elizabeth Sawyer Kelly	36.00	2013	978-7-300-17024-4
114	微观经济学(第十一版)	埃德温·曼斯费尔德	Edwin Mansfield	88.00	2012	978-7-300-15050-5
115	卫生经济学(第六版)	舍曼·富兰德等	Sherman Folland	79.00	2011	978-7-300-14645-4
116	宏观经济学(第七版)	安德鲁·B·亚伯等	Andrew B. Abel	78.00	2011	978-7-300-14223-4
117	现代劳动经济学:理论与公共政策(第十版)	罗纳德·G·伊兰伯格等	Ronald G. Ehrenberg	69.00	2011	978-7-300-14482-5
118	宏观经济学:理论与政策(第九版)	理查德·T·弗罗恩	Richard T. Froyen	55.00	2011	978-7-300-14108-4
119	经济学原理(第四版)	威廉·博伊斯等	William Boyes	59.00	2011	978-7-300-13518-2
120	计量经济学基础(第五版)(上下册)	达摩达尔·N·古扎拉蒂	Damodar N.Gujarati	99.00	2011	978-7-300-13693-6
121	《计量经济学基础》(第五版)学生习题解答手册	达摩达尔·N·古扎拉蒂等	Damodar N. Gujarati	23.00	2012	978-7-300-15080-8
122	计量经济分析(第六版)(上下册)	威廉·H·格林	William H.Greene	128.00	2011	978-7-300-12779-8
123	国际贸易	罗伯特·C·芬斯特拉等	Robert C.Feenstra	49.00	2011	978-7-300-13704-9
124	经济增长(第二版)	戴维·N·韦尔	David N.Weil	63.00	2011	978-7-300-12778-1
125	投资科学	戴维·G·卢恩伯格	David G. Luenberger	58.00	2011	978-7-300-14747-5

金融学译丛						
序号	书名	作者	Author	单价	出版年份	ISBN
1	银行风险管理(第四版)	若埃尔·贝西	Joël Bessis	56.00	2019	978-7-300-26496-7
2	金融学原理(第八版)	阿瑟·J. 基翁等	Arthur J. Keown	79.00	2018	978-7-300-25638-2
3	财务管理基础(第七版)	劳伦斯·J. 吉特曼等	Lawrence J. Gitman	89.00	2018	978-7-300-25339-8
4	利率互换及其他衍生品	霍华德·科伯	Howard Corb	69.00	2018	978-7-300-25294-0
5	固定收益证券手册(第八版)	弗兰克·J. 法博齐	Frank J. Fabozzi	228.00	2017	978-7-300-24227-9
6	金融市场与金融机构(第8版)	弗雷德里克·S. 米什金等	Frederic S. Mishkin	86.00	2017	978-7-300-24731-1
7	兼并、收购和公司重组(第六版)	帕特里克·A. 高根	Patrick A. Gaughan	89.00	2017	978-7-300-24231-6
8	债券市场:分析与策略(第九版)	弗兰克·J·法博齐	Frank J. Fabozzi	98.00	2016	978-7-300-23495-3
9	财务报表分析(第四版)	马丁·弗里德森	Martin Fridson	46.00	2016	978-7-300-23037-5
10	国际金融学	约瑟夫·P·丹尼尔斯等	Joseph P. Daniels	65.00	2016	978-7-300-23037-1
11	国际金融	阿德里安·巴克利	Adrian Buckley	88.00	2016	978-7-300-22668-2
12	个人理财(第六版)	阿瑟·J·基翁	Arthur J. Keown	85.00	2016	978-7-300-22711-5
13	投资学基础(第三版)	戈登·J·亚历山大等	Gordon J. Alexander	79.00	2015	978-7-300-20274-7
14	金融风险管理(第二版)	彼德·F·克里斯托弗森	Peter F. Christoffersen	46.00	2015	978-7-300-21210-4
15	风险管理与保险管理(第十二版)	乔治·E·瑞达等	George E. Rejda	95.00	2015	978-7-300-21486-3
16	个人理财(第五版)	杰夫·马杜拉	Jeff Madura	69.00	2015	978-7-300-20583-0
17	企业价值评估	罗伯特·A·G·蒙克斯等	Robert A. G. Monks	58.00	2015	978-7-300-20582-3
18	基于Excel的金融学原理(第二版)	西蒙·本尼卡	Simon Benninga	79.00	2014	978-7-300-18899-7
19	金融工程学原理(第二版)	萨利赫·N·内夫特奇	Salih N. Neftci	88.00	2014	978-7-300-19348-9
20	投资学导论(第十版)	赫伯特·B·梅奥	Herbert B. Mayo	69.00	2014	978-7-300-18971-0
21	国际金融市场导论(第六版)	斯蒂芬·瓦尔德斯等	Stephen Valdez	59.80	2014	978-7-300-18896-6
22	金融数学:金融工程引论(第二版)	马雷克·凯宾斯基等	Marek Capinski	42.00	2014	978-7-300-17650-5
23	财务管理(第二版)	雷蒙德·布鲁克斯	Raymond Brooks	69.00	2014	978-7-300-19085-3
24	期货与期权市场导论(第七版)	约翰·C·赫尔	John C. Hull	69.00	2014	978-7-300-18994-2
25	国际金融:理论与实务	皮特·塞尔居	Piet Sercu	88.00	2014	978-7-300-18413-5
26	货币、银行和金融体系	R·格伦·哈伯德等	R.Glenn Hubbard	75.00	2013	978-7-300-17856-1
27	并购创造价值(第二版)	萨德·苏达斯纳	Sudi Sudarsanam	89.00	2013	978-7-300-17473-0
28	个人理财——理财技能培养方法(第三版)	杰克·R·卡普尔等	Jack R. Kapoor	66.00	2013	978-7-300-16687-2
29	国际财务管理	吉尔特·贝克特	Geert Bekaert	95.00	2012	978-7-300-16031-3
30	应用公司财务(第三版)	阿斯沃思·达摩达兰	Aswath Damodaran	88.00	2012	978-7-300-16034-4
31	资本市场:机构与工具(第四版)	弗兰克·J·法博齐	Frank J.Fabozzi	85.00	2011	978-7-300-13828-2
32	衍生品市场(第二版)	罗伯特·L·麦克唐纳	Robert L. McDonald	98.00	2011	978-7-300-13130-6
33	跨国金融原理(第三版)	迈克尔·H·莫菲特等	Michael H. Moffett	78.00	2011	978-7-300-12781-1
34	统计与金融	戴维·鲁珀特	David Ruppert	48.00	2010	978-7-300-11547-4
35	国际投资(第六版)	布鲁诺·索尔尼克等	Bruno Solnik	62.00	2010	978-7-300-11289-3

图书在版编目（CIP）数据

经济学简史：处理沉闷科学的巧妙方法（第二版）/坎特伯里著；陈叶盛译．—北京：中国人民大学出版社，2013.8
（经济科学译丛）
ISBN 978-7-300-17571-3

Ⅰ.①经…　Ⅱ.①坎…②陈…　Ⅲ.①经济思想史-世界　Ⅳ.①F091

中国版本图书馆 CIP 数据核字（2013）第 120229 号

"十一五"国家重点图书出版规划项目
经济科学译丛
经济学简史——处理沉闷科学的巧妙方法（第二版）
E·雷·坎特伯里　著
陈叶盛　译
刘凤良　校
Jingjixue Jianshi——Chuli Chenmen Kexue de Qiaomiao Fangfa

出版发行	中国人民大学出版社		
社　　址	北京中关村大街 31 号	**邮政编码**	100080
电　　话	010－62511242（总编室）		010－62511770（质管部）
	010－82501766（邮购部）		010－62514148（门市部）
	010－62515195（发行公司）		010－62515275（盗版举报）
网　　址	http://www.crup.com.cn		
经　　销	新华书店		
印　　刷	涿州市星河印刷有限公司		
规　　格	185mm×260mm　16 开本	**版　　次**	2013 年 8 月第 1 版
印　　张	24.25　插页 2	**印　　次**	2019 年 6 月第 2 次印刷
字　　数	525 000	**定　　价**	58.00 元
